복 있는 사람

오직 여호와의 율법을 즐거워하여 그 율법을 주야로 묵상하는 자로다.
저는 시냇가에 심은 나무가 시절을 좇아 과실을 맺으며 그 잎사귀가 마르지 아니함 같으니
그 행사가 다 형통하리로다. (시편 1:2-3)

이 책은 역사의 창고에 있는 신학자들을 21세기로 불러내는 소환장입니다. 속사도 교부로부터 20세기의 신학자들 가운데서, '지금' '여기'에 여전히 적합성을 지닌 선배들을 초대하여 지적 만찬을 즐기도록 돕는 안내장입니다. 이 책을 읽으면 첫째로, 자신이 그동안 과거보다 현재가 모든 면에서 훨씬 더 발전하고 진보했다는 "연대기적 오만함"에 빠져 있음을 후회하게 될 것입니다. 둘째로, 이 책이 소개하는 인물들이 쓴 고전들을 읽고 싶은 열망에 사로잡히게 될 것입니다. 신학의 깨끗하고 깊은 샘으로 인도하는 이 책을 집어 드십시오. 그리고 그 샘으로 가서 청정수를 마음껏 마시고 목마름을 해소하십시오!

박경수 장로회신학대학교 종교개혁사 교수

신앙은 주관적이다. 그렇기 때문에 신앙을 객관화하는 일은 주관적인 신앙이 견고하도록 지탱하는 지극히 중요한 작업이다. 신앙의 객관화가 부실하게 되면, 신앙은 임의적이고 종파적이며 결국에는 진리의 말씀에서 떠나는 어리석은 비극으로 끝이 나기까지 한다. 열정적인 신앙이란 "믿습니다!"를 힘주어 말하는 주관적 신앙의 강렬함에 토대를 두어서는 안 된다. 신앙은 무엇을 믿어야 하며, 왜 믿어야 하는지, 그리고 그것을 믿는다는 것의 의미는 무엇인지를 해설하는 객관적 토대 위에 서 있을 때라야 비로소, 열정적 신앙이 예수 그리스도를 향한 헌신의 아름다움을 비추게 된다. 우리가 손에 들고 있는 바로 이 책은 이러한 필요를 만족하는 길을 열어 준다. 속사도 시대로부터 중세에 이르는 교회사 속에서 6명의 알곡 같은 신학자들과 종교개혁 이후 20세기에 이르는 기간에 활동한 소중한 7명의 신학자들을 선택해 그들의 삶과 사상을 소개한다. 주요 저서를 요점 정리하고 연표를 정리해 신학의 입문서 역할을 제공한다. 리브스의 신학자 선택은 다분히 종교개혁 이후 개혁신학의 줄기를 따른다. 이 책이 안내하는 신학자들을 이해하는 것은 신학 전반의 윤곽을 그리는 데에 필수적이며 핵심적이다. 이 책을 손에 들고 단숨에 읽어 내려가면, 얼마 안 되어 독자는 새로운 신앙 이해의 차원으로 들어간다. 그 오랜 2천 년에 이르는 신학의 요체들을 한눈에 훑어보는 기쁨과 감격을 누리게 될 것이다. 그리고 이제 스스로 자신이 믿는 바, 믿는 이유, 믿음의 의미가 이전보다 뚜렷해지는 확신도 맛보게 될 것이다. 여러분은 결코 이 땅에 얼마 되지 않는 고립된 신자가 아니며, 오랜 역사를 지나면서 신학을 일구어 온 전통의 빛 아래 거하는 보편교회에 속한 그리스도의 지체임을 깨닫게 될 것이다. 이 책으로 주님의 몸된 교회의 소속감을 확인하고, 견고하게 믿음을 주님 뵈올 날까지 세워 가기를 기원한다.

김병훈 합동신학대학원대학교 조직신학 교수

인간은 역사적 존재라는 말에 누구나 동의를 하지만, 역사를 통해 사유하는 사람은 실제로 많지 않다. 그리스도교 신학과 신앙에서 성서와 교리가 중요하다는 것을 인정하더라도, 신학의 역사라는 큰 틀이 없다면 성서와 교리적 진리 역시 자기식대로의 해석과 수용에 함몰될 위험이 있다. 물론 그리스도교의 찬란한 과거 유산을 배우고, 신학의 역사에 진지하게 주의를 기울이려는 노력이 없었던 것은 결코 아니다. 그런데도 이 광대하고 난해한 주제를 읽을 만한 분량으로 압축하면서도 충실한 내용과 균형 있는 시각을 전달하는 입문서를 이제껏 찾기가 쉽지 않았다. 영국의 복음주의 신학자 마이클 리브스의 『처음 읽는 신학자』는 이러한 오랜 아쉬움을 넉넉히 달래 줄 만한 작품이다. 국내에 소개됐던 이전 저작에서 그리스도교의 핵심 교리와 종교개혁의 역사를 뛰어난 통찰과 글솜씨로 풀어낸 리브스는 이제 2천 년 교회의 역사를 장식했던 위대한 신학자의 생애와 주요 작품의 핵심을 간추려 풍성한 이야기와 함께 소개한다. 이 책은 특정 교단이나 학파의 관점에 얽매이지 않고, 대표 신학자들을 그들의 저술과 역사에 남긴 흔적으로 평가한다. 중요한 작품을 꼼꼼하고 친절하게 설명하지만, 나무를 보느라 숲 전체를 보지 못하는 실수를 범하지 않는다. 풍문으로 들은 내용이 아니라 1차 문헌으로 각 신학자의 사상을 재구성하지만, 학자의 전문성과 날카로움보다는 오늘날 교회의 현실과 미래를 걱정하는 공감적 정서로 신학의 역사를 훑어 내린다. 한마디로 말해, 읽다 보면 다른 이에게 권하고 싶고, 마지막 장을 덮으면 이런 식의 글을 써 보고 싶게 만드는 리브스 특유의 장점이 고스란히 잘 드러난 작품이다.

김진혁 횃불트리니티신학대학원대학교 조직신학 조교수

신학자에 대해 말하는 책은 때로 그 신학자의 저작을 읽어 보지 못한 사람들이 도무지 접근하지 못하도록 고안된 레이저 철조망 같은 역할을 한다. 나만 해도 조나단 에드워즈를 읽기 전에 그에 관하여 말해 주는 산더미 같은 책들을 보며 지레 겁을 먹고 "저 신학자의 글들은 너무나 위대해서 나 따위는 도저히 이해하지 못할거야"라고 생각했으니까. 이 책에서 리브스는 정반대의 일을 해낸다. 한 장章이라는 제한된 지면 안에 신학자들의 생애와 사상, 그리고 주요 저작들을 깔끔하게 정리해 놓고, 리브스라는 다리를 건너서 직접 신학자들을 만나도록 유혹하니 말이다. C. S. 루이스는 오래된 신학자들의 글을 가리켜 "우리의 지성에 불어오는 수세기의 청명한 해풍"이라고 말했는데, 리브스의 『처음 읽는 신학자』는 고전이라는 '청명한 해풍이 불어오는 시원한 언덕'으로 우리를 안전히 데려다주는 최신식 리무진과도 같다.

이정규 시광교회 담임목사

『처음 읽는 신학자』는 독자에게 감탄을 불러일으키며 독자를 과거의 위대한 신학자들과 이어 준다. 신학에 관심하는 평신도와 교회 지도자들은 이 책을 통해 지적인 채움을 받고 신학에 대한 의식이 고양되는 경험을 하게 될 것이다.

칼 트루먼 웨스트민스터 신학대학교 역사신학 교수

마이클 리브스는 이 책에서 교회사 초기부터 20세기까지 주요 신학자들과 그들의 저작을 아주 읽기 쉽게 소개해 준다.

토니 레인 런던 신학대학교 역사신학 교수

처음 읽는 신학자

Michael Reeves

INTRODUCING MAJOR THEOLOGIANS
From the Apostolic Fathers to the Twentieth Century

• 일러두기

인명은 그 사람이나 지역이 속한 언어 표기를 따랐으나, 우리가 보통 널리 쓰는 표기는 그대로 사용했다.

아우구스티누스에서 ──────── 칼 바르트까지

처음 읽는 신학자 🔍

마이클 리브스

복 있는 사람

처음 읽는 신학자

2018년 12월 4일 초판 1쇄 인쇄
2018년 12월 11일 초판 1쇄 발행

지은이 마이클 리브스
옮긴이 장호준
펴낸이 박종현

도서출판 복 있는 사람
주소 서울특별시 마포구 연남동 246-21(성미산로23길 26-6)
전화 02-723-7183(편집), 7734(영업·마케팅)
팩스 02-723-7184
이메일 hismessage@naver.com
등록 1998년 1월 19일 제1-2280호

ISBN 978-89-6360-268-4 03230

이 도서의 국립중앙도서관 출판예정도서목록(CIP)은
서지정보유통지원시스템 홈페이지(http://seoji.nl.go.kr)와 국가자료공동목록시스템
(http://www.nl.go.kr/kolisnet)에서 이용하실 수 있습니다. (CIP 제어번호: 2018033123)

Introducing Major Theologians
by Michael Reeves

Copyright © 2015 by Michael Reeves
Originally published in English under the title
Introducing Major Theologians
by Inter-Varsity Press, London, England.
All rights reserved.

This Korean translation edition © 2018 by The Blessed People Publishing Co., Seoul, Republic of Korea.
This translation of *Introducing Major Theologians* first published in 2015 is published by arrangement with Inter-Varsity Press, London, England through rMaeng2, Seoul, Republic of Korea.

이 한국어판의 저작권은 알맹2 Agency를 통해 Inter-Varsity Press와 독점 계약한 도서출판 복 있는 사람에 있습니다. 신저작권법에 따라 한국 내에서 보호받는 저작물이므로 무단 전재와 무단 복제를 금합니다.

차례

감사의 말 008
도입 010

01 오직 나로 예수 그리스도께 이르게 하라 017
| **속사도 교부들**

02 전투 준비 039
| **순교자 유스티누스와 이레나이우스**

03 세상에 맞서다 067
| **아타나시우스**

04 사랑의 지혜 097
| **아우구스티누스**

05 이해를 추구하는 믿음 123
| **안셀무스**

06 우둔한 황소 153
| **토마스 아퀴나스**

간주곡 184

07 말씀이 모든 것을 했다 185
| **마르틴 루터**

08 사랑하시는 하나님을 아는 지식 215
| **장 칼뱅**

09 다 함께 천국을 추구하자 249
| **존 오웬**

10 아메리카의 신학자 279
| **조나단 에드워즈**

11 현대 신학의 아버지 311
| **프리드리히 슐라이어마허**

12 신학자들의 놀이터에 떨어진 폭탄 337
| **칼 바르트**

13 청교도 신학 연구가 363
| **J. I. 패커**

근원으로 돌아가자 388
주 391

감사의 말

이처럼 별로 독창적이지 않은 책을 출판하지만, 감사를 표해야 할 사람들이 많다. 누구보다 먼저, 지금부터 내가 소개하려고 하는 신학자들에게 깊은 감사를 표해야 할 것 같다. 수년 동안 이들로부터 너무 많은 것을 배웠기 때문이다. 이 책이 빛을 볼 수 있도록 뒤에서 또 다른 중요한 역할을 해준 IVP Inter-Varsity Press의 두체 Philip Duce 박사께 특별한 감사의 말을 전하지 않을 수 없다. 그와 같은 친절하고 능숙한 솜씨의 편집자가 아니었으면 도무지 할 수 없는 일이었다.

또한 크로스웨이 북스 Crossway Books의 저스틴 테일러 Justin Taylor에게도 감사의 말을 전하고 싶다. 그의 현명한 조언 덕분에 이 개정판이 나올 수 있게 되었다. 이 책의 기획에 영감을 준 존 웹스터 John Webster 교수에게도 감사한다. 알란 밀라드 Alan Millard 교수, 칼 트루먼 Carl Trueman 교수, 스티브 홈즈 Steve Holmes 박사, 스티브 니콜스 Steve Nichols 박사, 그리고 론 프로스트 Ron Frost 교수는 이 책의 원고가 향상되도록 친절한 노력을 해주었다. 도메니코 지오다노 Domenico Giordano 박사의 자상한 도움과 명쾌한 설명에 감사드린다. 초기 속사도 교회에 대한 소중한 통찰력을 제공해 준 폴 멜랑크레오스 Paul Melankreos 박사께도 감사드린다. 기꺼이 조언하기를 마다 않은 토마스 윌리엄즈 Thomas Williams 교수에게도 감사한다. 끊임없이 나를 격려해 준 다니엘 헤임즈 Daniel Hames에게도 감사한다. 연대표를 포함하도록 제안해 준 엘리자

베스 프레이저Elizabeth Fraser에게도 감사한다. 이 믿음의 영웅들이 여전히 주일에 모이는 회중을 가르치고 그들에게 영감을 불러일으킬 수 있다고 믿은 에드워즈 쿰즈Edwards Coombs에게도 감사한다. 시간 여행과 관련해 나에게 많은 가르침을 주었던 작고한 콜린 건튼Colin Gunton 교수에게 감사한다. 나름대로 할 수 있는 아주 특별한 기여를 해준 루시Lucy와 미아Mia에게도 감사한다. 물론 한결같은 격려를 보내 준 지혜롭고도 유능한 튤립 보이즈 TULIP boys에게도 감사한다(저자를 후원하는 사적인 모임—옮긴이). 정말이지 그들은 지혜롭고도 유능한 이들이다.

하지만 그 누구보다도, 사랑스럽고 항상 놀라운 나의 아내 베단Bethan에게 감사한다. 나처럼 고루한 사람과 생을 함께한다는 것이 쉬운 일이 아님에도, 넘치는 사랑과 은혜로 나와 함께해 주었다.

도입

속물, 시골뜨기, 고루한 자

C. S. 루이스Lewis는 스스로 시대에 맞지 않는 고루한 자임을 고백했다. 자신이 현대에 속한 자가 아님을 너무나 잘 알았기 때문이다. 하지만 맞지 않는 시대에 태어난 덕분에 시대에 맞게 태어난 자들이 볼 수 없는 것을 간파할 수 있었다. 다른 무엇보다도 그가 당대 문화에서 본 것은, 역사는 항상 발전하고 개선되며 진보한다는 아름다운 신화에 숨막히게 맹종하는 것이었으리라.

    이것은 우리의 무의식 속에 아주 당연한 것처럼 들어앉아 있는 일종의 신념으로, 우리가 부모나 조상보다 더 빠르고 더 낫고 더 똑똑하고 더 진보했으며 더 많은 지식을 소유하고 있다는 은근한 우월감을 갖도록 한다. 그러나 루이스가 이 신화에서 간파한 문제들 가운데 하나는, 그런 우월감은 필연적으로 지혜가 아닌 무지를 낳는다는 사실이다. 만약 과거를 열등한 것으로 치부한다면, 우리는 번거롭게 과거에서 교훈을 얻으려 하지 않을 것이다. 결국 시간이 갈수록 우리가 사는 시대라고 하는 미미하고 황량한 섬에 좌초된 자신을 발견하게 될 것이다. 아니면 우리는 루이스가 말한 것처럼,

    자신의 마을(그가 아는 유일한 세상)이 세상의 중심이고 그곳에서 이루어지

는 것만을 유일하게 바른 길로 아는 무지한 사춘기의 독단적인 확신으로 가득한 시골뜨기와 같이 될 것이다.¹

물론 이 '연대기적 오만함'chronological snobbery은 속물근성을 절대 인정하지 않으려고 한다. 오만한 사람이 스스로 무지한 촌뜨기로 여겨지는 것을 달가워할 리 없다. 실제로 연대기적 오만함을 가진 사람은 종종 먼저 자신을 역사적인 인용들로 치장한다. 현대의 작가는 지난 시대의 작가를 언급할 것이다. 하지만 단순히 산 자가 망자를 이용하는 것으로 그치는 경우가 얼마나 많은지 모른다. 아우구스티누스, 루터, 칼뱅의 저작들 가운데 유명한 구절을 원래의 문맥과 상관없이 다른 주장들을 위해 억지로 밀어 넣는 식, 다시 말해 그들을 최신 신학적 패싸움에서 쓸 무기로 전락시키는 방식으로 이들의 명성을 이용하는 것이다.

 그러나 루이스는 모든 시대가 명백한—전혀 의문이 제기되지 않을 만큼—가정들로 이루어진 거대한 체계로 움직이는 것을 발견했다(이것은 과거 시대의 책을 읽음으로써 더 분명해진다). 흡사 냄비 속의 개구리처럼, 우리가 들어가 있는 물의 온도를 실제로 느끼는 것은 거의 불가능함을 알고도 우리의 신념이 얼마나 일시적인지 알아채지 못할 수 있다. 지금 나에게는 슬기로운 문화 비평가인 양 거드름을 피우면서 오늘날 우리에게 전혀 의심을 사지 않는 가정들이 무엇인지 나열하고 싶은 유혹이 아주 크다. 하지만 지금부터 오십 년이 지난 뒤, 저작권 관련 도서관의 먼지가 수북이 쌓인 바구니에서 이 책을 발견한 누군가가 내가 심대한 문제를 간과한 것을 보고 어이없이 웃어 버리고 말지도 모른다. 이런 문제는 우리가 날마다 들이마시는 공기의 일부이기 때문에 우리 눈에는 거의 띄지 않는다.

 이 문제를 해결하기 위해 우리가 할 일은 무엇인가? 루이스는 "이런 상황을 완화시키는 유일한 길은 우리의 지성에 수세기의 청명한 해풍이 계속해서 불어오도록 하는 것이다"라고 말한다.² 다시 말해, 숨이 턱 막히는 현재라는 청소 도구함에 자신을 가두기를 거부하고 다른 시대로부터

불어오는 상쾌한 바람을 향해 문을 활짝 열어젖히는 것이다. 그럼 실제로 어떻게 하는 것인가?

　신간을 한 권 마치면 바로 또 다른 새로운 책을 집어 들지 말고 그 사이에 고전을 한 권 읽는 것이 좋다. 만약 그렇게 하는 것이 너무 힘들면 신간 세 권당 고전을 적어도 한 권은 읽기로 하는 것이다.……물론 과거에 마술 같은 것이 작용하는 것은 아니다. 지금처럼 사람들이 영리하지도 않았다. 우리처럼 저들도 많은 실수를 했다. 하지만 우리와 **똑같은** 실수는 아니다. 우리가 이미 범하는 오류라고 해서 우리에게 잘한다고 하지 않을 것이고, 그들이 범한 오류들은 이미 명백히 드러났기 때문에 우리를 위험에 빠뜨리지도 않을 것이다. 두 사람이 머리를 맞대는 것이 혼자 씨름하는 것보다 낫다. 둘 중 하나는 오류가 없기 때문이 아니다. 둘 다 동일한 방향으로 잘못 갈 가능성은 희박하기 때문이다. 물론 미래 시대로부터 온 책 역시 과거의 책만큼이나 우리의 오류를 교정해 줄 것은 분명하다. 그러나 불행하게도 우리는 그것을 구할 수 없다.[3]

　『처음 읽는 신학자』는 이처럼 독자들이 옛 시대의 책을 집어 들도록 돕기 위한 책이다. 우리를 현 시대와 동떨어진 고루한 자로 만들려는 것이 아니다. 고전을 읽는다고 우리가 이 시대와 상관없는 시골 무지렁이가 되진 않는다. 오히려 우리의 시야가 넓어진다. 다른 세기로부터 우리 시대의 것만으로는 섭취할 수 없는 풍성함을 맛본다. 일반 고전에서도 그런데 옛 신학자들의 책에서는 더하지 않겠는가. 신학은 교회를 통해 공동체적으로 이루어져야 하는 작업이다. 그래서 역사를 통해 대부분의 교회들이 말해 온 바를 무시한다면, 우리는 마치 오늘날 이 땅의 교회를 무시하는 분리주의자와 같이 행동하는 것이다. 솔직히 말해, 그보다 더 심한 일을 하는 것이다.

루이스가 경악하지 않았을까?

의심할 여지 없이, 이 책은 루이스의 토대 위에서 이루어진 작품이다. 하지만 이 책이야말로 루이스가 우려했던—건강을 가져다주는 시원한 바람이 사람들에게 부는 것을 막아 버리는—따분한 현대서가 아닌가? 사람들이 고전을 읽도록 하는 것이 목적이라고 하면서 또 신간을 내놓는 이유가 무엇인가?

바로 루이스가 수많은 글을 쓴 것과 같은 이유에서다. 사실 아타나시우스나 칼뱅과 같은 신학자는 파티에 초대된 저명한 명사와 같다. 대부분의 사람들이 그와 잠깐이라도 시간을 가졌으면 하고 간절히 바란다. 그렇지만 정작 점잖은 인사말을 생략하고 다짜고짜 그들에게 다가가는 사람은 거의 없다. 그렇기 때문에, 너무나 좋아하지만 어쩌면 그래서 더욱 그 앞에서 주눅들 수 밖에 없는, 유명한 신학자들에 대해 몇 마디 소개를 제공하는 것이 이 책의 목적이다.

거인들을 단지 몇 페이지 안에 욱여넣듯 담아낸다는 것이 어쩌면 매우 오만하게 보일 수 있다. 하지만 바로 그 점 때문에 이 책은 사실 대단한 책이라도 되는 양 으스대지 않는다. 오히려 독자들을 더 나은 책으로 이끌려고 한다. 그렇기 때문에 나는 권위자가 되어 '안셀무스의 신관'이나 '바르트의 성경관'에 대해 거들먹거리느라 시간을 보내지 않을 것이다. 그렇게 하다가는 이 위인들에게 직접 다가가는 것처럼 보여 독자들이 겁먹고 주눅들 수 있기 때문이다. 오히려 나는 독자들이 이 신학자들을 나름의 방식대로 알아가도록 나의 개입을 최소화하려고 한다. 물론 전혀 개입하지 않기란 불가능하겠지만(내가 언급을 하지 않고는 못 배길 때가 있을 것이기 때문이다), 어쨌든 나의 의도는 독자들의 이해를 돕는다는 미명하에 무엇을 빠뜨리거나 덧대서 밋밋하고 단조롭게 하는 것이 아니라, 실제 사람, 다시 말해 그 생각이 허물과 아름다운 것으로 어지럽게 소용돌이치는 사람을 소개하는 것이다.

소개글 읽기

신학자들에 대한 각각의 소개글은 간략한 생애와 배경으로 시작할 것이다. 외부와 단절된 상태에서 밑도 끝도 없이 기록된 신학은 없다. 아타나시우스가 보인 유머감각과 어린시절 경험한 모험들에 대해 알면 그를 보다 쉽게 이해할 수 있다. 그리고 나서 신학을 다룰 것이다. 하지만 각 신학자들의 주요 저작(들)을 살짝 훑고 지나가는 정도가 될 것이다. 자, 주목해 보자. 이렇게 하는 것은 '칼뱅의 선택 교리'와 같은 주제에 대해 글을 쓰는 것과는 다르다. 오히려 나는 독자들과 함께 칼뱅의 『기독교 강요』 Institutes를 따라 읽으며 그 구조와 느낌과 주장하는 바를 배워 갈 것이다. 그렇기 때문에 칼뱅의 선택 교리에 관심이 있는 독자들은 나를 무시하고 칼뱅과 직접 대화할 자신을 가져도 될 것이다. 각 소개 말미에서는 해당 신학자를 더 잘 알기 위한 몇 가지 제안과 더불어 그가 살았던 시대 정황을 엿볼 수 있도록 연표를 제공할 것이다.

    이 책을 통해 드러나는 이야기가 있다. 독자들은 각 신학자들에 대한 소개를 하나씩 읽어 가는 가운데 말미에 이르면 수세기를 통해 이루어지는 기독교 사상의 전반적인 움직임과 흐름에 대한 감을 잡을 것이다. 하지만 이 책은 맛보기에 불과하다. 이 책은 기독교 사상의 흐름에 대한 거대 담론을 제공하기보다는 그 안에 있는 몇몇 핵심 인물을 만나고 알기 위한 것이다. 게다가 이 인물들의 면면이 몹시 다양하다. 보다 매력적이고 믿을 만하고 익숙하게 다가오는 인물이 있는가 하면 상당히 생소하거나 반감을 갖게 하는 인물도 있을 것이다. 그렇기 때문에 당신을 몹시 분개하게 하거나 미궁에 빠뜨리는 신학자가 있다면 부담 없이 다음 신학자로 넘어가라. 단언컨대, 그 신학자는 앞의 신학자와 상당히 다를 것이다.

    그렇다면 왜 하필 다른 신학자들이 아닌 이 신학자들인가? 이유는 아주 간단하다. 평소에 어렵게만 느껴지는 내용을 보다 쉽게 접하게 하는 것이 이 책의 목적이기 때문이다. 분량이 너무 많아지면 본서가 목적하는 바를 이루기가 어렵기에, 소개할 신학자들을 먼저 선별해야 했다. 물론 자신이 위대하게 여기는 신학자들이 포함되지 않아 실망할 독자들이 있을 것이다. 그렇다고 단순히 내가 개인적으로 선호하는 신학자들로만 채운 것은 아니다. 이 책에 소개된 각각의 신학자들과는 작은 부분이라도 내가 동의하지 않는 부분이 있고, 또 개중에는 내가 크게 문제를 삼는 부분도 있기 때문이다. 또한 내가 '위대한 그리스도인'이라고 여기는 사람을 여기에 포함시킨 것도 아니다. 아시시의 프란체스코, 존 번연John Bunyan, 존 웨슬리John Wesley가 위대하고 유력한 그리스도인이었던 것이 분명함에도 여기에 포함시키지 않았다. 그들이 보였던 위대함은 **신학자로서의** 위대함은 아니었기 때문이다. 오히려 나는 특별히 영어권 세계에 잘 알려지고 중요한 영향을 미친 신학자들을 선별하려고 했다(그중 많은 이들은 영어권 사람들이 가장 더 알고 싶어 할 사람들이라고 생각한다). 결과적으로 오리게네스Origenes, 팔라마스Palamas, 게르하르트Gerhardt, 투레티니Turreti'ni, 수아레스Suarez 와 같은 신학자도 여기에 포함되지 않았다(이런 신학자들의 이름을 열거하자면 끝도 없을 것이다). 이 신학자들이 포함되지 않은 것을 아쉬워하는 독자들에게는 양해를 구한다. 무엇보다도 접근 가능성을 고려한 선택이었다.

C. S. 루이스의 말로 소개를 마치려고 한다. 그는 신학과 씨름하는 유익을 잘 알고 있었다.

나 같은 경우 교리서가 경건서적보다 경건의 시간을 위해 훨씬 더 도움이 되는 것을 발견하곤 한다. 나 말고도 그렇게 느끼는 사람들이 꽤 있을 것이다. 내가 믿기로, 앉아서나 무릎을 꿇고서 경건서적을 읽을 때 '아무런 감흥이 일어나지 않아도' 파이프를 물고 연필을 손에 쥔 채 신학의 녹록치 않은 부분을 따라가다 보면 어느새 속으로 노래를 흥얼거리고 있는 자신을 발견하는 사람들이 많을 것이다.[4]

당신이 그러기를 바란다.

01

오직 나로
예수 그리스도께
이르게 하라

속사도 교부들　　*The Apostolic Fathers*

주후 1세기 말까지 예수님의 사도들은 모두 세상을 떠났고, 예루살렘과 성전은 파괴되었다. 이 시기는 기독교 세계에 아주 중요한 전환기였다. 로마제국이 기독교를 제국의 전복을 꾀하는 새로운 종파로 보고 적대시하기 시작하면서 상황은 더 어려워졌다.

속사도 교부들의 저작은, 사도 시대 이후 첫 세대가 어떻게 사고하고 어떻게 살고 죽었는지 이해하는 데 가장 중요한 역할을 한다. 속사도 교부 전집은 1세기 말부터 2세기 중엽에 활동한 열 명의 저자들로 구성된다. 학자들이 이들을 선별했고 '속사도 교부'라 이름 붙였다. 그렇게 이름이 붙여지기는 했지만 이 저작집에 포함된 글들은 그야말로 다양하다. 스미르나의 폴리카르푸스Polycarpus와 같이 당시 유명한 인물의 저작이 있는가 하면, 저자 미상의 저작도 있다. 여러 장르들이 있고, 광범위하고 다양한 신학들을 대변한다(서신, 변증서, 설교, 묵시문학, 순교에 대한 진술, 교회 질서에 대한 가르침). 아마도 당대 최고의 신학이 아니라 사도 이후 세대를 대표하는 베스트셀러로 보는 것이, 이 저작들을 이해하는 가장 좋은 방법일 것이다. 그렇게 볼 때 이 저작들은 중요한 의미가 있을 뿐 아니라 유익하다.

이 저작들이 말하는 내용뿐 아니라 초기 속사도 시대의 기독교와 신학에 대해 말해 주는 바를 알기 위해 우리는 이 전집에 포함된 것으로 알려진 저작들을 하나씩 살펴볼 것이다.

파피아스

전승에 따르면, 소아시아 히에라폴리스의 감독 파피아스Papias는 사도 요한의 제자다. 그는 사도가 구술하는 것을 받아 적어 요한복음을 기록했다. 『주의 말씀의 해설』An Exposition of the Saying of the Lord이라는 책을 다섯 권 썼지만, 지금은 일부만 남아 있다. 2세기 동안 파피아스의 저작은 널리 알려지고 굉장히 소중하게 평가되었다. 하지만 대체로 이 시대 믿음의 특징을 이루었던 문자적인 미래의 천년왕국에 대한 그의 믿음 때문에, 천년왕국을 보다 상징적으로 이해하는 이후 세대들로부터 그리 호응을 얻지는 못했다. 이런 이유에서 3-4세기에 걸친 위대한 교회사가였던 유세비우스Eusebius는 파피아스를 "지적인 능력이 지극히 미미한 사람"으로 치부했다.[1]

파피아스가 오늘날 특별히 가치 있는 한 가지 이유는, 그가 초기 속사도 시대의 기독교를 위한 구전 전승의 중요성을 보여주기 때문이다. 아직까지 전해져 오는 그의 저작들을 보면, 예수님과 사도들의 삶과 말씀에 관한 엄청나게 많은 구전들이 당시에 회자되었던 것이 분명하다. 구전이 결코 풍문에 불과한 것이 아니었다는 사실 역시 분명하다. 오히려 진위를 쉽게 가릴 수 있었기 때문에 소중하게 여겨졌다. 일례로, 파피아스는 요한과 빌립이 소아시아로 가서 전도하고, 빌립이 자신의 가족과 함께 파피아스가 살던 히에라폴리스에 정착한 것으로 적고 있다(전승에 따르면 빌립은 이곳에서 순교를 당했다). 요한은 에베소에 자리를 잡았다. 그 후 잠시 밧모섬에 유배되었다가 네르바Nerva 황제를 통해 다시 회복되었다. 거기서 에베소로 돌아온 뒤 마가복음 10:38-39의 성취로서 사도들 가운데 마지막으로 그곳에서 죽임을 당했다고 파피아스는 말한다. 그는 또한 마가가 베드로의 증언을 토대로 자신의 복음서를 기록했다고 말한다(벧전 5:13, 마가는 로마에서 베드로의 제자요 동역자로 있었다). 파피아스의 말이 사실이라면, 베드로가 예수님을 배반한 사건을 적나라하게 기술하는 마가의 진술과 더할 나위 없이 잘 들어맞는다. 그럼에도 불구하고 유다에 대한 파피아스의 진술만큼 섬뜩하게 이목을 잡아끄는 것도 없다. 유다가 스스로 목매어 죽은 것이 아니라 죽기 직전 줄이 끊어져 땅으로 떨어졌다고 이해한다면, 유다의 마지막에 대한 신약성경의 두 진술(마 27:3-10, 행 1:15-19)이 조화를 이룰 수 있다고 파피아스는 믿었다. 아직 죽지 않은 상태에서 줄이 끊어져 몸이 땅으로 곤두박질쳤고, 이때 창자가 터져 나올 정도로 배가 나온 사람이었다는 것이다.

파피아스에 따르면, 유다는 이 세상에서 불경건이 무엇인지를 보여주는 예시였다. 그의 살은 통통 부어올라 마차도 너끈히 지나가는 길을 통과하지 못할 정도였다. 부어오른 그의 머리 때문에라도 그렇게 할 수가 없었다. 그의 눈두덩이 역시 부어올라 빛을 전혀 볼 수 없었다. 두 눈 역시 눈두덩이에 가려 전혀 보이지 않았다. 의사조차 광학도구를 사용해서야 볼 수 있을 만큼 그의 두 눈은 부풀어 오른 눈두덩이 아래로 깊이 함몰되어 있었다. 그의 생식기는 유달리 크고 혐오스러워 보였다. 용변을 보자 수치스럽게도 고름이 흘러나왔고, 몸의 각 부분마다 벌레들이 꾸물거렸다. 극심한 고통과 심판 가운데 마침내 그는 그 자리에서 숨을 거두었다. 악취가 얼마나 심했던지 그 지역은 버려지다시피 했고, 심지어 지금까지도 사람이 살 수 없는 곳으로 남아 있다. 실제로 오늘날까지도 악취 때문에 코를 막지 않으면 그곳을 지나갈 수 없을 정도다. 당시 그 정도로 엄청난 배설물이 그 몸에서 나와 땅 위로 흘러갔던 것이다.[2]

로마의 클레멘스

『클레멘스 전서』

속사도 교부들의 전집에서 온전하게 남아 있는 가장 오래된 작품은, 아마도 주후 95년경에 기록되고 전통적으로 바울의 동역자요(빌 4:3) 베드로 이후 로마의 3대 감독인 클레멘스가 쓴 것으로 알려진 저자 미상의 서신일 것이다. 이 서신은 항상 문제 교회로 언급되는 고린도 교회를 향해 기록된 것으로, 당시 교회를 소란하게 했던 몇 가지 문제들을 다루고 있다. 여기서 다루는 문제들 가운데 하나는 여전히 몸의 부활에 관한 것이었다. 그때까지도 고린도 교인들은 고린도전서 15장의 메시지를 진심으로 받아들이지 않았던 것이 분명하다. 하지만 이 서신이 언급하는 중심 문제는, 오랫동안 영향을 미친 교인들의 불화로 급기야 교회의 장로들을 내치고 그 자리를 다른 사람들로 채운 것이었다.

『클레멘스 전서』1 Clement 는 장로들을 내친 행동은 교만과 탐욕에서 비롯된 것이기 때문에 전적으로 잘못되었고 내쳐진 장로들은 복권되어야 한다고 주장한다. 이 서신에 따르면, 그와 같은 행동은 합당하게 교회의 직분자를 세우신 하나님을 향한 반역이었다. 하나님께서 그리스도를 세우셨고, 그리스도께서 사도를, 사도가 감독을, 감독이 집사를 세웠기 때문이다.³ 흔히 공식화하는 것처럼 이것이 사도직 계승 교리를 가리키는 것인지에 대해서는 논란의 여지가 있다(어쨌든 여기서 장로는 "전체 교회의 동의에 따라" 임명된 것으로 언급된다).⁴ 그럼에도 불구하고 『클레멘스 전서』는 교회에서의 장로 역할에 대해 고린도전서에는 찾아볼 수 없는 중요성을 부여하고 있다. 이제 교회의 일치가 성령 안에서보다 장로들을 통해 추구되는 것처럼 보인다.

감독교회 체제를 옹호하는 자들은 『클레멘스 전서』야말로 감독주의 정치episcopalism가 교회의 아주 초기부터 자연적으로 발전되어 왔음을 말해 주는 증거라고 주장한다. 클레멘스가 로마의 감독이었다는 사실은 교황 수위권자들 주장의 근거로 활용된다. 로마의 감독이라는 권위 때문에 다른 교회에 편지를 쓸 수 있다고 주장하지만 편지 안에 이런 주장을 뒷받침하는 증거는 없다.

이런 관점과 상반되는 또 다른 극단에서는 신약성경의 급진적 회중주의와 이어지는 세대에서 나타나는 군주적 감독주의 사이에 연결성이 거의 없다고 본다. 이 관점을 따르면, 가장 초기 사도 시대의 기독교에는 장로직에 대한 개념이 없었다. 당시 교회는 그 같은 지위가 필요 없는 은사 공동체였다. 이는 곧 교회 직분에 대한 관심을 표현하는 목회서신(디모데전후서와 디도서)은 바울의 저작이 아닌 보다 후대에 기록된 '후기 바울 서신'deuteron-Pauline 으로 치부되어야 함을 의미한다. 발터 바우어Walter Bauer의 저작인 『초대교회의 정통과 이단』Orthodoxy and Heresy in Earliest Christianity이 출판된 이후 이런 해석이 촉발되었다. 바우어에 따르면, 처음에는 다양했던 기독교가 이내 로마에 근거를 둔 권위주의적인 단일한 집단에 의해 지배되기 시작했다. 로마 교회는 자신들의 믿음을 정통으로 놓고 그것을 반대하는 그룹을 이단으로 딱지를 붙여 역사를 다시 썼다는 것이다. 바우어의 주장은 심각하게 잘못된 것이었다(만약 권력으로 '정통'이라는 딱지를 샀다고 한다면, 아리우스주의자였던 황제들이 어떻게 이단으로 정죄될 수 있었겠는가?). 하지만 이로 인해 "정통은 단지 권위주의"로 묘사하는—오늘날 작가들에게 인기 있는—한 사조가 시작되었다.[5]

『클레멘스 후서』

『클레멘스 후서』2 Clement는 제목을 잘못 붙였다. 이 글은 서신도 아닐 뿐더러 클레멘스가 쓴 것도 아니기 때문이다. 이 글은 설교다. 클레멘스의 첫 번째 서신 이후 복권된 고린도 교회 장로들 가운데 하나가 전한 설교일 가능성이 크다. 이 설교는 회개를 촉구하고, 그리스도를 하나님으로 여기며 부활을 믿으라고 촉구한다. 이 설교가 우리에게 가장 가치 있는 점은 바로 성경에 대한 태도일 것이다. 이 글은 신약성경의 단락을 구약성경과 나란히 같은 '성경'Scripture으로 언급하는 가장 빠른 예시(신약성경을 제외하고)를 담고 있다.[6] 이런 사실은 당시에 벌써 신약성경 정경에 대한 분명한 이해가 있었음을 보여준다.

안디옥의 이그나티우스

속사도 시대의 첫 세대에서 가장 두드러지고 중요한 인물 중 하나는 시리아 안디옥의 감독 이그나티우스Ignatius였다. 그가 주후 110년경 순교를 불과 몇 주 앞두고 갑작스럽게 역사의 무대로 뛰어들기 전까지 그에 대해 알려진 사실은 이상하리만큼 거의 전무하다. 박해가 온 도성을 휩쓸고 있는 가운데 붙잡힌 그와 몇몇 다른 그리스도인들은, 원형 경기장의 야수들에게 던져지기 위해 무장한 군인들의 호위 아래 로마로 압송되었다. 그 와중에도 그는 자신이 지나가게 될 길목에 자리한 교회들에게 전달하기 위해 일곱 편의 편지를 급하게 써 내려갔다. 에베소, 마그네시아, 트랄레스, 빌라델비아, 스미르나(물론 스미르나의 감독이던 폴리카르푸스에게도 한 편을 썼다), 로마의 교회들. 일곱 서신은 실제로 아주 급하게 기록되었다(문체에서도 상당한 긴박함이 드러난다). 그럼에도 불구하고 이 서신들은 아주 매력적이고 큰 일깨움을 준다. 브루스 메츠거Bruce Metzger의 말을 빌리면, 이 서신들은 살 날이 불과 몇 주 밖에 남지 않은 사람이 남긴 마지막 말에 불과하지만, "2세기에 기록된 기독교 신앙을 담아내는 가장 섬세한 문학적 표현 가운데 하나로 여겨질 만큼 그리스도의 불가항력적 사랑과 그에 대한 견고한 믿음"이 넘쳐난다.[7]

이그나티우스가 적은 바와 같이, 그의 중심에 세 가지 관심사가 있었다. 첫 번째 관심은, 교회들이 각자가 속한 감독의 권위 아래서 하나가 되는 것이다. 이 부분과 관련하여 이그나티우스는 강력한 감독주의자였다. 그런 그에 비추어 볼 때 클레멘스가 현저한 회중주의자로 보일 정도다. 이그나티우스는 교회는 감독을 통해 일치를 이룬다고 보았다. 그래서 그는 "감독과 장로 없이는 어떤 것도 해서는 안된다"고 적고 있다. 실제로 "감독 없이 세례를 주거나 애찬식을 거행하는 일을 절대로 허용하지 않았다."[8] 이그나티우스에게 감독은 교회에 그리스도를 나타내는 직분이기 때문에, 감독 없이 모이는 교회는 더 이상 그리스도의 교회일 수 없었다. "집

주인이 자신의 집을 감독하도록 보내는 사람을 주인을 맞는 것처럼 환영해야 한다. 그렇기 때문에 우리는 감독을 주님 자신으로 여겨야 한다."[9]

이그나티우스의 두 번째 관심은 거짓된 가르침에 관한 것이었다. 특히 그가 염두에 둔 두 가지 형태의 거짓 교사는 가현설 신봉자Docetists와 유대주의자Judaizers였다. 이들은 모두 나름의 방식으로 그리스도께서 육신으로 오심을 부인했다(요한일서 참조).

가현설 신봉자는, 예수는 완전한 신이고 단지 인간으로 **보인 것**뿐이었다고 주장했다('가현'Docetic이라는 말은 '…로 보이다' 혹은 '…라고 여겨지다'라는 의미의 그리스어인 도케오dokeō에서 비롯되었다). 가현설을 가르친 가장 악명 높은 교사는 아마도 마르키온Marcion일 것이다. 그는 신약성경에 나오는 선하신 구원자 하나님은 구약성경에 나오는 악한 창조주 하나님과 전혀 별개의 존재라고 가르쳤다. 따라서 예수는 악한 창조자 하나님이 지은 물리적 세상과 아무런 상관이 없었고, 또 그렇기 때문에 사실상 물리적 몸을 가지고 있을 수도, 음식을 먹을 수도, 죽을 수도 없었다는 것이다. 이 주장과 전혀 상반되게 이그나티우스는 '하나님의 피'를 담대히 말하곤 했다. 만약 하나님인 그리스도가 진실로 우리의 인성을 입지 않았다면, 우리의 죄를 위해 죽을 수 없기 때문이다.[10] 사실 이그나티우스가 자신의 순교를 받아들인 유일한 동기는 그리스도가 실제로 성육신하셨다는 믿음에 근거한다. 이그나티우스는 순교를 열망했다. 그래야 그리스도를 본받을 것이기 때문이다. 하지만 만약 그리스도가 실제로 그의 몸으로 고난을 당하지 않았다면, 이그나티우스는 전혀 그리스도를 본받을 수가 없다. 그래서 그는 "그렇다면, 나는 헛되이 죽는 것이다"라고 적었다.[11] 대신에 이그나티우스는 자신의 삶과 죽음을 통해 "세상에는 오직 한 분의 의원만 계시는데, 그는 육신인 동시에 영이시고, 나셨으면서 또한 나지 않으셨고, 사람으로 계신 하나님이시며, 죽음 안에 있는 참 생명이시고, 마리아와 하나님 모두로부터 나시고, 먼저 고난을 당하신 후 그것을 넘어서신 예수 그리스도, 우리의 주시다"라고 선포하기를 원했다.[12] 이 같은 자료를 보면 예수의 온전한 신성과 온전한 인성은 후대인 4세기에 고안되었다는 주장에 대해 의구심을 갖지 않을 수 없다.

이그나티우스는 또한 유대주의자라는 또 다른 형태의 거짓교사에 대항할 수 있도록 그리스도인들(특히 마그네시아와 빌라델비아에 있는)을 준비시키기를 원했다. 유대주의자는 그리스도인이 유대의 관습, 그중에서도 특히 할례와 모세 율법을 준수해야 한다고 가르쳤다. 이런 가르침은 이제 막 기독교가 유대교와 구별되는 종교로 인식되기 시작하는 때에 등장한 가장 긴급한 문제였다. 이그나티우스는 유대주의자의 가르침은 구약성경의 본질을 오해한 것에서 비롯되었다고 주장하며 다음과 같이 말했다. "우리가 만약 계속해서 유대주의를 따라 산다면, 이는 우리가 은혜를 받지 않은 자임을 시인하는 것이다. 가장 경건한 선지자들은 그리스도 예수를 따라 살았기 때문이다."¹³ 유대주의자의 잘못은, 구약시대 신자 자체가 "그리스도를 의지함으로 구원을 받은 그리스도인이라는 사실을 알지 못했다"는 데 있다.¹⁴ 유대 성경은 그리스도와 그의 복음을 선포하기 위해 존재했다. 앞으로 보게 되겠지만, 이 문제는 이제 제일 큰 이슈가 되었다. 당시 많은 그리스도인들은 믿음의 정통성이 본질적으로 기독교적인 히브리어 성경을 토대로 한다고 믿었기 때문이다. 그렇지 않다면 기독교가 아닌 유대교가 옳았을 것이다.

이그나티우스의 세 번째 관심은, (당연한 일이지만) 서신에 적은 대로 자신의 죽음과 관련이 있었다. 이는 로마에 있는 교인들에게 쓴 서신에서 가장 분명히 드러난다. 자신은 순교를 간절히 바라니 로마에 도착하면 자신을 구명하지 말라고 로마 교인들에게 간청한다. 이것이 이 서신의 요지다.

> 때를 분변하지 못한 채 나에게 친절을 베풀지 말기를 간청합니다. 나로저 야수들의 먹잇감이 되도록 내버려 두십시오.……여러분의 이해를 구합니다. 나는 이 길이 최선임을 믿습니다. 이제 드디어 그리스도의 제자로 드러날 것입니다. 내가 예수 그리스도께 이르도록, 눈에 보이는 것이

든 아니든 어떤 것으로도 내 길을 가로막지 마십시오. 예수 그리스도께 이를 수만 있다면, 불과 십자가와 야수들을 대면하고, 수족이 절단되고, 온 몸이 찢기며, 뼈 마디마디가 뒤틀리고, 사지가 뜯겨 나가고, 온 몸이 으스러지고, 마귀가 잔인하게 고문하도록 나를 내버려 두십시오. 나를 오직 예수 그리스도께 이르도록![15]

도무지 불가해한 열정 때문에 그는 많은 현대 주석자들에게 정신병자로 치부되곤 한다. 하지만 그는 순교의 때가 오면 용기를 잃게 될 것을 우려할 정도로 지극히 현실적인 사람이었다. 그래서 그는 이렇게 적는다. "내가 로마에 이르거든 여러분은 절대 내가 하는 어떤 말에도 설득되어서는 안됩니다. 부탁합니다."[16] 당시 그리스도인은 그리스도를 부인해야만 다시 감옥에서 풀려날 수 있었다. 그렇기 때문에 설사 로마 교회가 다른 방식으로 그를 석방시키기 위해 백방으로 노력할지라도, 이그나티우스가 풀려나면 사람들이 그가 그리스도를 부인해서 풀려난 것이라 생각할 여지가 많았다. 그는 이것을 우려했다. 사람들이 그렇게 생각하도록 하느니 차라리 죽기를 원했다. 물론 무엇보다 중요한 점은, 자신이 그리스도를 따르는 가장 좋은 길은 그리스도와 똑같이 폭력적인 죽음을 당하는 것이라고 그가 믿었다는 사실이다. 이런 방식으로 그는 실제로 가장 그리스도처럼 되었고, 가장 확신 있게 자기 하나님이 고난 중에 구원하신다고 고백했다.[17]

스미르나의 폴리카르푸스

이그나티우스의 서신들 가운데 하나는 폴리카르푸스에게 보내는 것이었다. 사도 요한의 제자요 스미르나의 감독이었던 폴리카르푸스 역시 곧 마주하게 될 순교로 인해 가장 잘 알려진 속사도 교부들 가운데 하나일 것이다.

『폴리카르푸스가 빌립보 교인들에게 보낸 편지』

폴리카르푸스 자신도 이그나티우스가 죽은 지 몇 주 뒤 빌립보 교회가 당면한 몇 가지 어려움을 다루기 위해 편지를 썼다. 그들의 장로 가운데 한 명인 발렌티누스가 교회 공금 일부를 횡령한 것이 문제였다.[18] 하지만 그 외에도 거짓 가르침의 문제가 있었다. 60여 년 전 빌립보 교인들에게 보낸 편지에서 바울은 유대교의 가르침으로 교회를 어지럽히는 일부 거짓 교사들의 문제를 다루어야 했다(빌 3:2-3). 폴리카르푸스 때까지는 예수 가현설이 이 거짓 가르침의 주를 이루었다.[19] 폴리카르푸스의 편지에서 가장 흥미로운 점은, 발렌티누스와 거짓 교사들을 각각 다르게 책망한 것이다. 부도덕했던 발렌티누스에게는 다소 온화한 태도로 회개를 촉구한 반면에, 거짓 교사들에 대해서는 "사탄의 장자들"이라는 저주를 서슴지 않았다.[20] 폴리카르푸스는 신학적 신념을 행위의 원동력으로 보았기 때문에, 잘못된 신념은 교회를 오염시키고 무너뜨린다고 확신했다. 잘못된 가르침에 몸살을 앓았던 당시 교회가 바로 서기 위해서는 바른 교리에 든든히 서 있어야 했던 것이다.

폴리카르푸스의 순교

폴리카르푸스가 순교하기까지 일어난 사건들에 대한 목격담을 통해 우리는 속사도 시대 교회의 순교 신학이 무엇인지, 당시 그리스도인들은 왜 핍박을 받았는지를 이해할 수 있다.

이 목격담은 당시 그 지역에 밀어닥친 박해의 파고를 구성했던 최후의 너울로 폴리카르푸스의 순교를 묘사한다. 먼저, 다른 지역에서 박해받고 순교당한 그리스도인들을 묘사하면서 글을 시작한다. 대부분의 그리스도인들이 가장 용기가 필요한 때에 특별한 용기를 발휘했다고 언급한다. 하지만 한 사람, 퀸투스만큼은 성급하게 순교를 자처하다가 순교의 위협을 받자 굴복하고 배도의 길을 걷고 만다. 순교의 자리로 이끌리는 사람에게 그것이 아무리 좋은 일이더라도 경계하라는 의미로 그의 행위를

묘사한다.[21]

그때 사람들은 폴리카르푸스를 찾았다. 그는 순교를 추구하지 않았지만 그렇다고 순교를 마다한 것도 아니다. 그 후로 그리스도의 마지막 시간과 폴리카르푸스의 최후 순간 사이의 많은 유사점들 때문에, 폴리카르푸스를 그리스도를 따르는 모범으로 보여준다. 이그나티우스와 마찬가지로, 그는 그리스도의 제자로서 자신의 순교를 대면한다. 로마 관원들은 폴리카르푸스에게 "카이사르가 주시다"라고 말하고 우상에게 향을 피우며 그리스도를 욕하도록 폴리카르푸스를 설득했다. 그는 계속해서 거부하다가(그러던 중 그는 "86년을 그분의[그리스도의] 종으로 지내오면서 단 한 번도 그분은 나를 부당하게 대하신 적이 없는데, 내가 어찌 나를 구원하신 나의 왕께 불경스런 말을 지껄인단 말인가?"라는 불후의 명언을 남긴다.[22]) 마침내 화형을 언도받는다. 그러나 화형으로 폴리카르푸스가 죽지 않자 칼로 찔러 그를 죽였다.

이 진술에서 우리는 몇 가지 교훈을 얻을 수 있다. 당시 그리스도인들에 대한 국지적인 박해를 촉발시킨 것은 로마 당국보다는 폭도로 변한 군중 때문임을 알 수 있다. 일반적인 박해의 패턴이 그와 같았다. 조직적인 박해가 로마제국의 정책이 되기도 했지만,[23] 대체로 박해는 대중적으로 촉발되었고 따라서 간헐적이고 국지적인 양상을 보였다. 그리스도인들이 박해를 받은 이유는 말 그대로 그들이 그리스도인이기 때문이 아니라 제국의 신들, 특히 황제 숭배하기를 거부했기 때문이다. 당시 종교가 지극히 정치적인 개념을 가지고 있었기에, 황제 숭배를 거부하는 것이 로마 사람들의 눈에는 제국의 전복을 선동하는 것처럼 보였다. 또한 제국의 신들을 예배하지 않는 것은 기존의 사회 풍습에 반하는 지극히 위험한 모습으로 비쳤다. 신들을 숭배하지 않는 그들 때문에 신들의 진노를 사 역병에서 흉작에 이르기까지 사회적으로 온갖 종류의 심판이 초래될 수 있다고 믿었기 때문이다. 로마 사람들의 입장에서 보면 불경한 자들을 향한 박해는 자기방어였다. 이런 이유에서 한 세대가 지난 뒤 위대한 아프리카의 신학자 테르툴리아누스Tertullianus는 이렇게 적었다.

> 티베르 강이 성벽까지 차오르거나, 나일강이 들판을 적시지 않거나, 하늘에서 비가 내리지 않거나, 지진이나 기근 혹은 역병이 있을 때마다 즉각적으로 들리는 외침은 "그리스도인을 사자의 밥이 되게 하라!"는 것이다.[24]

『디다케』

『디다케(사도들의 가르침)』The Didache of the Apostles는 1873년 콘스탄티노플의 한 도서관에서 발견되어 큰 반향을 불러일으키기 전까지, 그저 이름만 알려진 저작이었다. 주후 100년경에 기록된 이른 작품인 데다가 초기 속사도 시대 교회의 삶과 실천, 믿음에 대한 상세한 논의를 담고 있는 만큼, 이 책의 발견은 큰 반향을 불러일으키기에 충분했다.

윤리적 가르침을 담은 부분으로 시작하는 『디다케』는 우리를 위한 두 길, 즉 생명의 길(엄격한 도덕규범을 지킴)과 사망의 길(규범을 불이행함)이 있음을 설명한다. 이 부분과 관련하여 놀랍고도 불편한 사실은, 윤리적 가르침을 담고 있는 전체 부분에 기독교적인 가르침이 명백히 존재하지 않는다는 점이다. 안타깝게도, 칭의와 은혜의 복음은 찾아 볼 수 없고 자유보다는 율법주의적 삶이 더 강조되어 있다는 인상을 받는다. 아이러니하게도, 우리가 신약성경에서 볼 수 있는 사도들의 실제 가르침과는 전혀 다르게 다가온다. 오히려 일찍부터 기독교 율법주의의 모습이 나타나는 것으로 보아, 『디다케』의 이 진술은 경악스러울 정도로 신속하게 그리스도의 은혜에서 다른 복음으로 돌아설 수 있다는 사도 바울의 주장을 강력하게 뒷받침해 준다(갈 1:6).

이어지는 부분에서는 당시 점증하던 문제인 순회 '사도와 선지자들'에 대해 어떻게 할 것인가를 다루기에 앞서, 세례와 기도, 금식, 성찬을 어떻게 시행할지를 가르친다. 당시까지 기독교 지도자 상은 두 가지 형태로 발전된 것이 분명하다. 사도 바울의 사역 모범을 따른 순회 선지자와 한 교회의 종신회원으로 이루어진 지역 교회의 장로 형태이다. 하지만 바울과 달리 순회 선지자들 가운데 일부가 지역 교회에 얹혀삶으로써 교회에 짐이 되기 시작했다. 『디다케』는 순회 선지자직을 장로직과 동등한 직분으로 존중하면서도 거짓 선지자를 구별해 내는 방법에 대해서 엄격한 가르침으로 답하고 있다. 예를 들어, 만약 이틀 이상을 머물면서 "선지자의 영으로" 음식을 차려 오도록 명령하거나 돈을 요구하거든 거짓 선지자로 알고 단호하게 거부해야 한다고 말한다.[25]

『디다케』는 짧은 묵시로 마치는데, 묵시는 속사도 교부들이 경각심을 일으키기 위해 사용한 방법 중 하나였다. 묵시 가운데 묘사된 그리스도의 재림은 당시 그리스도인들에게 큰 충격을 주었다. 그들이 어떻게 죽을 것인지에만 아니라 어떻게 살 것인지에도 강하게 영향을 미쳤다.

『헤르마스의 목자서』

당시 속사도 교부들의 가장 유명하고 영향력 있던 작품은 긴 유사-묵시론적 quasi-apocalyptic 책인 『헤르마스의 목자서』 The Shepherd of Hermas 였다. 여기서 저자(헤르마스)는 자신이 당시 교회의 상태와 성격에 대해 받은 몇 가지 환상을 화려한 종교적 색채로 기록하고 있다. 이 책의 전반부에서는 교회를 나타내는 여성이 등장해 그가 받은 환상을 해석해 준 것을 적고 있다. 후반부에서는 헤르마스의 수호천사가 목자의 형상을 하고 나타나 그가 받은 환상을 해석해 준다(그래서 이 책의 제목이 『헤르마스의 목자서』다).

헤르마스는 티베르 강에서 목욕하는 여인을 목격한 후 그 여인을 욕망하던 때에 대한 기록으로 이 책을 시작한다. 이어서 그의 첫 번째 환상이 시작되는데, 여기서 그는 바로 그 여인이 하늘에서 자신을 비난하는 것을 본다. 놀랍게도 그는 처음에는 굉장히 놀라면서 "내가 당신에게 죄를 지었단 말입니까? 어떻게요? 아니면 언제 내가 단 한 마디라도 당신에게 음란한 말을 한 적이 있습니까? 내가 항상 당신을 여신으로 생각하지 않았습니까?"(강에서 벌거벗은 그녀를 보았을 때 그녀에 대해 그와 같이 생각한 것이 분명하지만, 누가 생각해도 최상의 변호는 아니었다.)[26] 하지만 그녀는 그의 정욕이 죄임을 확신시킨다. 그로 하여금 '그것조차 내가 지은 죄로 남아 있다면, 내가 어떻게 구원을 받겠는가? 심지어 내가 알고 지은 죄악에 대해서는 어떻게 하나님과 화해할 것인가?'라고 놀랄 수밖에 없도록 한다.[27] 이 책의 나머지 부분을 위한 배경을 마련해 주는 대목으로, 이후부터 주로 죄 용서의 가능성을 다룬다.

여기에 네 가지 환상이 더 이어지는데, 그중에 가장 중요한 환상은 물 위에 지어진 탑에 관한 것이다.[28] 이 탑은 세례 위에 세워진 교회를 나타낸다. 당시 특정한 기독교 집단들 내에서 세례를 얼마나 소중히 여기기 시작했는지를 보여주는 대목이다. 이 책의 주요 관심사와 당대의 가장 대중적인 관심사가 정확히 무엇이었는지가 명확해지기 시작하는데, 이는 다름 아닌 '세례의 씻음 이후에도 죄 용서가 가능한가' 하는 것이다. 여기서 주고 있는 대답은 '가능하다'는 것이다. 하지만 오직 한 번만 가능하다. "하나님의 종에게는 오직 한 번의 회개만 있기 때문이다."[29] 이 무자비한 믿음이 임종이 가까울 때까지 세례를 미루는 행태를 더욱 부추겼다. 헤르마스가 이 환상에서 본 것은 탑에서 돌을 제거하는 천사같은 건축자들이었다. 이는 신자에게서 죄를 제거하는 것을 상징했다. 그는 또한 맞지 않는 둥그런 돌들을 보았다. 이는 부유한 신자가 이 탑에 들어맞도록 하기 위해 자신의 많은 재산을 나누어 주어야 함을 의미했다.[30]

그 다음에 이어지는 환상은 모두가 대체로 실제적이고 도덕적인 열두 개의 '계명'이다. 여섯 번째 계명은 행위 구원에 대한 가장 원색적인 진술을 포함하고 있다. 가장 주요한 이단인 펠라기우스^{Pelagius}보다 앞서서 내놓은 진술이었다.

그는 말했다. "이제 믿음에 대해 들으라. 사람에게는 두 천사가 함께하는

데, 하나는 의로운 천사고 하나는 악한 천사다.……이 계명은 네가 의로운 천사의 행위를 의지하고 의로운 천사를 따라 행함으로써 하나님 앞에서 살도록 믿음에 대해 설명한다. 반대로 악한 천사의 행위는 위험하다고 믿고 악한 천사를 본받지 않으면 하나님 앞에서 살 것이라고 강조한다.³¹

하지만 그중에서도 가장 기이한 것은 열 번째 계명일 것이다.

> 그러므로 항상 하나님의 지지를 얻게 하고 그가 받으실 만한 일인 쾌활함으로 옷 입고 그 안에서 항상 기뻐하라. 쾌활한 사람은 누구나 선한 일을 하고 선한 일을 생각하며 슬픔을 경멸하기 때문이다. 반대로 수심에 찬 사람은 항상 악을 행한다.³²

사도 바울은 과연 이런 가르침에 어떻게 반응했을지 누구나 궁금해할 것이다(롬 9:2 참조). 이 가르침은 바울이 말한 자유롭게 하는 기쁨의 신학과 전혀 다르기 때문이다.

이 책은 열 가지 '비유들' 혹은 나무, 포도나무, 돌 등으로부터 배워 얻어야 할 교훈으로 끝난다. 이 교훈은 또한 공로가 아닌 은혜로만 얻는 구원에 대해서는 전혀 무지한 것처럼 보이는 '지혜'를 포함하고 있다.

> 주의 계명을 지키라. 그러면 그를 기쁘시게 하고 그의 계명을 준행한 자들의 수효에 들게 될 것이다. 그러나 무엇이나 하나님 계명의 요구 이상의 선한 일을 한다면 스스로 더 위대한 영광을 얻고, 하나님의 목전에서 선한 일을 하지 않을 때 당신이 받게 될 것보다 더 많은 영예를 누리게 될 것이다.³³

우리가 하나님의 명령 이상의 선한 행위를 할 수 있다는 '여분의 공로'works of supererogation 개념은, 종교개혁 시대에 프로테스탄트들에 의해 철저히 거부되었다. 하나님 앞에서 인간의 죄악된 무능력과 하나님의 은혜를 약화시키는 오만한 가르침으로 여겨졌기 때문이다.³⁴ 그러나 헤르마스는 복음을 하나님으로부터 온 새로운 율법으로 이해했다.³⁵ 그런 그가 하나님 앞에서 의롭게 되기에 믿음만으로는 충분하지 않다고 여기는 것은 전혀 놀라운 일이 아니다. 이처럼 『헤르마스의 목자서』는 은혜의 복음에서 가혹한 율법주의로 돌이키는 일이 2세기 초에 광범위하게 일어났음을 가장 극명하게 보여준다.

『디오그네투스에게 보내는 편지』

마지막 살펴볼 두 편의 속사도 교부들의 저작은 본질적으로 변증적인 작품으로, 유대교에 맞서 기독교 신앙을 변호하려고 했던 『바나바 서신』 Letter of Barnabas과 이교주의에 맞서 기독교 신앙을 변호하려고 했던 『디오그네투스에게 보내는 편지』 Letter to Diognetus이다.

    기독교 신앙을 증진시키고자 하는 열망과, 종종 폭력적인 양상을 띤 공격으로부터 기독교 신앙을 보호해야 할 필요가 커짐에 따라, 변증은 2세기 그리스도인들 사이에 인기 있는 문학 형태가 되었다. 또 다른 예로 미누키우스 펠릭스 Minucius Felix의 『옥타비우스』 Octavius와 순교자 유스티누스 Justinus Martyr의 저작들을 포함시킬 수 있다. 『옥타비우스』를 보면 그리스도인들이 당시 사회로부터 지독하게 성적으로 문란하고 근친상간을 일삼으며 사람 고기를 먹고 살인을 저지른다는 공격을 자주 받았음을 알 수 있다. 이런 비난들은 박해를 피해 은밀히 만난 그리스도인들이 형제와 자매로서 평화의 입맞춤으로 서로 문안하고(근친상간이라는 비난은 여기서 비롯되었다), 하나님 아들의 살과 피를 먹고 마시는 모습(사람 고기를 먹는다는 비난은 여기서 비롯되었다)을 완전히 오해한 데서 비롯된 것임을 펠릭스는 설명한다.

    『디오그네투스에게 보내는 편지』의 사본이 1436년에 콘스탄티노플의 생선 가게에서 생선을 싸주는 종이로 발견되기 전까지는 이 편지에 대해서 아무도 아는 사람이 없었던 것처럼 보인다![36] 유세비우스나[37] 폴리카르푸스가 언급한 쿠아드라투스Quadratus의 잃어버린 변증일 가능성이 있기는 하지만, 이 편지는 저자 미상의 작품이다. 수신자로 언급되는 '디오그네투스 각하'는 마르쿠스 아우렐리우스Marcus Aurelius 황제의 개인 교사였던 디오그네투스일 것이고, 이 사실을 볼 때 이 저작은 이교도 독자들을 향한 공개편지로 쓰여졌을 가능성이 크다.

디오그네투스는 왜 그리스도인이 이교도의 신들을 예배하지 않을 뿐 아니라 유대인과 다른 방식으로 예배하는지에 관심을 표명했던 것이 분명하다. 이에 저자는 이사야 44장을 연상시키는 우상숭배에 대한 비난으로 답한다. 나무와 돌로 된 신들은 귀머거리요 벙어리요 소경이다. "각하가 신들로 부르는 것은 바로 이런 것들입니다. 각하는 이런 것들을 섬기고 그것들에게 절하다가 결국에는 그것들과 같이 될 것입니다."[38] 이것은 사실이 아니지만, 사람은 자신이 섬기는 신과 같이 된다는 신학적인 주장을 교묘히 담은 말이다.

그는 계속해서 유대인 역시 하나님을 잘못 알고 있다고 주장한다. 이교도가 자신이 바치는 것을 받지도 못하는 신들에게 제사를 드리는 것처럼, 유대인도 하나님이 받지 않는 제사를 드린다.[39] 이런 주장은 『디다케』와 『헤르마스의 목자서』가 말하는 율법주의에 속시원하게 대답하며, 복음이 말하는 하나님에 대한 이해에 부합한다. 실제로 비교해 보면 『디오그네투스에게 보내는 편지』를 읽는 것은 루터를 읽는 것과 같다. 예를 들어, 그는 하나님에 대해 이렇게 적는다.

우리 불의함의 때가 차고 그 삯―형벌과 사망―을 치러야 함이 더할 나위 없이 분명해졌을 때……하나님은 친히 자신의 아들을 우리를 위한 속전으로 내어주셨습니다. 거룩한 자를 무법한 자들을 위해, 죄 없는 자를 범죄한 자들을 위해, 의로운 자를 불의한 자들을 위해, 타락하지 않은 자를 타락한 자들을 위해, 죽을 수 없는 자를 죽어야 할 자들을 위해 주신 것입니다. 그의 의로움 외에 무엇으로 우리의 죄를 가릴 수 있겠습니까? 무법하고 불경건한 자들인 우리가 하나님의 아들이 아니면 누구를 통해 의롭게 될 수 있었겠습니까? 오, 이 얼마나 달콤한 교환이요, 측량할 수 없는 하나님의 역사요, 예기치 않게 주어진 복입니까! 한 사람의 의로 많은 죄인들이 의롭다 함을 받고, 많은 사람들의 죄가 의로운 한 사람으로 다 가리어지다니요!⁴⁰

디오그네투스는 계속해서 그리스도인의 결백을 변호한다. 그러면서 "그리스도인이 이 세상과 갖는 관계는 곧 영혼이 몸과 갖는 관계와 같습니다"라고 주장한다. 다시 말해, 영혼이 몸에 있지만 몸에 속한 것은 아니듯이, 그리스도인 역시 세상에 속하지 않았지만 세상에 있기 때문에 세상의 멸시를 받는다는 말이다. 또한 금식을 통해 영혼이 증진되는 것처럼, 그리스도인은 핍박을 받음으로써 자라간다.⁴¹

마지막으로, 우리의 구원을 위해 그리스도를 보내심으로 어떻게 하나님의 사랑이 우리 같은 죄인에게 나타났는지를 설명하는 가운데, 저자는 디오그네투스에게 자신을 위해 하나님을 아는 즐거운 지식을 얻으라고 요청한다. "각하가 다른 불을 이해한다면, 의를 위해 잠시 지나가는 불을 견디는 자들에 대해 탄복하고 그들을 오히려 복 있는 자들로 여기게 될 것입니다."⁴² 다시 한 번 저자는 다가오는 심판이 당시 박해 아래 있는 그리스도인들에게 가장 큰 위안이었음을 분명히 한다.

『바나바 서신』

속사도 교부들의 마지막 저작은 사도 바울의 동역자인 바나바가 썼다고 여겨지는 저자 미상의 서신이다. 이 서신은 하나님의 참된 백성으로서 기독교회가 유대 민족을 능가하고 대체했다는 주장을 하는 것으로 자주 해석된다. 비록 이스라엘 민족 대부분이 자신들의 성경이 선포하는 그리스도를 깨닫지 못했음에도 불구하고, 애초부터 신실한 자들은 항상 그리스도인이었다고 주장한다.

바나바는 이그나티우스와 같이 구약성경이 원래 기독교의 책으로 의도된 것이라고 주장했다. 성경의 원 저자들이 기독교 복음을 가르치려고 하지 않았다면, 그리스도인은 유대인으로부터 구약의 책들이 원래 의도하지 않은 의미를 부여한다고 비난받아 마땅할 것이다. 하지만 만약 구약성경을 기독교적으로 이해하는 것이 후대에서야 가능하다고 한다면, 기독교 신앙은 신뢰할 만하고 참된 것일 수 없을 것이다. 유대교와 마르키온에 맞설 수 있기 위해 바나바는, 모세를 바르게 이해하면 그리스도를 믿는 믿음에 이르게 된다고 주장했다.[43] 그래서 그는 이렇게 적는다. "처음 할례를 시행했던 아브라함은 할례를 행하면서 영으로 예수님을 바라보았다."[44] 모세는 출애굽기 17장에서 그의 두 손을 펼쳐 들고 민수기 21장에서 불뱀을 장대 위에 달아 올림으로써 의도적으로 백성에게 "예수님에 대한 상징"으로 드러났다.[45] "아버지께서 자기 아들인 예수님에 대해 계시한 모든 것을 모든 백성이 듣도록 하는 것이 유일한 목적이었음을 생각할 때, 선지자로서 모세가 눈의 아들 '여호수아'(예수)에게 이 이름을 줄 때 그가 눈의 아들 '여호수아'(예수)에게 말하는 것은 무엇인가?"[46] 여기서 바나바는 모세와 선지자들이 의도적으로 예수님의 사역을 예언했음을 나타내고자 했다. 이런 이유에서 그는 자신의 주장을 뒷받침하기 위해 신약성경에 호소하지 않는다(어쨌든 그가 그렇게 할 수 없었던 것이 당시는 신약성경이 아직 정경으로 확정되지 않은 시기이기 때문이다). 대신에 그는 자신이 본래 의미대로 성경을 이해하고 있다는 사실이 잘 드러나도록 구약성경을 그 자체의 말씀들로 해석하려고 한다.

제사 제도의 모습과 출애굽기의 사건 등을 살핀 후 바나바는 솔로몬의 성전을 다루기 시작한다. 그가 이 성전을 다루는 방식은 그가 전체적으로 어떤 접근법을 취하고 있는지를 보여준다. 그는 예루살렘의 성전이 영적인 실체를 선포하기 위해 존재하는 이 땅의 모형이었다고 주장한다. 이 건물에 소망을 두었던 유대인의 잘못은, 그것을 통해 영적인 실체에 대해 배웠어야 함에도 불구하고 모형을 주목하여 바라보았다는 데 있었다.[47] 할례와 전체 율법도 마찬가지였다. 이 땅의 표지를 그것들이 나타내는 영적인 실체와 혼동한 것이다. 땅 위의 것만을 바라봄으로써 그들은 스스로 이 세대 주관자와 그의 천사들에게 종노릇 하고 있는 자신들을 발견했다.[48] 이렇게 바나바는 그들이 맡았던 성경을 통해 그리스도께로 이끌리지 못했기 때문에 유대인이 전혀 다른 신을 예배하게 되었다고 주장한다.

『바나바 서신』이 순교 신학과 같이 당대의 긴급하고 중요한 문제를 다룬 것 같지는 않다. 하지만 기독교에 적대적인 2세기에 기독교 신앙이 살아남기 위한 싸움은 무엇보다 성경의 소유권을 위한 싸움이었다는 사실을 명확히 보여준다.

계속 읽어 가기

속사도 교부들의 저작 읽기를 시작하는 최상의 책은 마이클 홈즈Michael Holmes의 탁월한 현대어 번역인 *The Apostolic Fathers in English* 3판(Grand Rapids: Baker, 2006)일 것이다. 홈즈는 또한 각 저작들에 대한 간략한 소개를 제공한다. 그 다음으로 클레이튼 제포드Clayton Jefford 는 속사도 교부들의 저작에 대한 두 권의 가장 유용한 소개서들을 제공한다. 그중 보다 짧은 책은 *The Apostolic Fathers: An Essential Guide* (Nashville: Abingdon, 2006)이고, 이것보다 약간 긴 책으로는 *Reading the Apostolic Fathers* (Peabody: Hendrickson, 1996)가 있다.

속사도 교부 연표

60-135? 파피아스
64 로마의 대화재
64-8 화재를 핑계로 한 네로의 박해
70 예루살렘 성전 파괴
70-135 『바나바 서신』
95? 『클레멘스 전서』
96? 『클레멘스 후서』
100? 『디다케』
100-165 순교자 유스티누스
110? 이그나티우스의 순교
110-40? 『헤르마스의 목자서』
130-200 리옹의 이레나이우스
150-90 『디오그네투스에게 보내는 편지』
155? 폴리카르푸스의 순교
160-225 테르툴리아누스
303-12 대박해
312 콘스탄티누스 황제의 기독교 개종
325 니케아 회의

02

전투 준비

순교자 유스티누스와 이레나이우스

Justinus Martyr and Irenaeus

주후 2세기 후반까지 기독교는 유대교에게 멸시의 대상, 로마제국이 공인하는 이방 종교에게는 두려움의 대상이 되었고, 이단들은 들끓었다. 이에 따라 기독교의 본질을 가르치는 신학자와 변증가의 필요가 절실했다. 많은 신학자와 변증가들이 일어났는데, 그중에 발군은 순교자 유스티누스Justinus Martyr와 이레나이우스Irenaeus였다.

순교자 유스티누스

유스티누스는 주후 100년경에 플라비아 네아폴리스에서 태어났다. 팔레스타인에 자리한 이곳은 고대 세겜이 있었고 오늘날에는 나블루스Nablus라 불린다. 그의 가족은 그 지방 출신의 사마리아인이 아닌 이방인 이교도인 것으로 추정하지만, 그리스 교육을 받은 것은 분명하다. 이러한 환경을 통해 그는 문명화된 그리스인과 유대교라는 양면의 공격으로부터 기독교 신앙을 변증해 갈 적합한 사람으로 빚어졌다. 유스티누스는 스스로 자신이 받은 교육을 통해 스토아주의Stoicism, 소요학파Peripateticism, 플라톤학파로 자리잡기 전의 피타고라스학파Pythagoreanism 같은 그리스 철학의 주된 흐름을 일부 접할 수 있었다고 말한다.

언젠가 에베소로 간 그는 그리스도인들이 담대하게 죽음을 맞이하는 모습을 보고 큰 충격을 받았다. 저들의 믿음이이야말로 가장 참되고 고상한 철학이라 절감하고 기독교로 개종했다. 그 후 그는 지식을 향한 모든 추구는 결국 기독교로 귀결됨을 나타내기 위해 당시 그리스 철학자들이 전통적으로 걸치는 가운을 입고 다녔다. 여러 곳을 다니다가 로마를 방문한 그는 콜로세움 근처에 살면서 그곳에 신학교를 세웠다.

유스티누스는 신학과 변증학에 대한 여러 작품을 기록했지만 오늘날에는 학자들이 그의 저작으로 인정하는 세 작품만 남아 있다. 바로『제1변증서』I Apology 와『제2변증서』II Apology, 그리고『유대인 트리포와의 대화』Dialogue with Trypho 이다.

『제1변증서』

유스티누스의『제1변증서』는 주후 153-54년경에 기록된 공개편지로 안토니우스 피우스Antoninus Pius와 그의 뒤를 이을 두 인물, 마르쿠스 아우렐리우스와 루시우스 베루스Lucius Verus에게 보낸 것이다. 이 세 명은 모두 명민한 철학자요 의로운 통치자로 명성을 얻은 자들이었고, 유스티누스는 바로 이런 그들의 특징에 호소한다.

『제1변증서』는 증거를 토대로 그리스도인들을 판단하고, 그들에 대한 판결을 내리기 전에 먼저 그들을 반대하는 고소들을 면밀히 조사해 줄 것을 호소하면서 시작한다. 이렇게 호소한 것을 보면 그리스도인들이 입증되지 않은 소문에 따라 형벌을 받았던 것이 분명하다. 유스티누스는 세 가지 주된 형태로 자신의 논박을 이어간다. 첫째, 흔히 사람들이 우기는 것과 달리 그리스도인은 무신론자가 아니다. 그들은 성부, 성자, 성령을 예배하기 때문이다. 둘째, 그리스도인은 부도덕하지 않다. 자신의 행위에 따라 기꺼이 합당한 재판을 받으려고 한다. 셋째, 그리스도인은 반란을 선동하지 않는다. 그들이 추구하는 나라는 이 세상에 속한 것이 아니다. 그리스도인은 성실하게 세금을 납부하는 선량한 시민이다.

기독교에 대한 통상적인 고소들을 다룬 후 계속해서 유스티누스는 기독교의 긍정적인 가치를 설명한다. 기독교 신앙이야말로 가장 분별 있는 것이기 때문에 기독교 신앙을 배제하는 것은 비합리적인 일이라고 주장한다. 기독교 신앙의 많은 부분이 로마인이 기꺼이 받아들인 이교의 특징과 유사하다는 사실을 제시한다(로마인은 내세와 신격화[적어도 로마 황제에 대해서는 그렇게 했다]¹와 동정녀 탄생[페르세우스가 동정녀에게서 났다고 여겼다]을 믿었다). 차이가 있다면 이교도가 가진 것은 입증되지 않은 신화에 불과한 반면에, 그리스도인에게는 자신이 믿는 바에 대한 구체적인 역사적 이유들이 있었다.

그럼에도 불구하고 유스티누스의 중심 주장은 대부분 당시 로마 사람들이 기독교를 거부한 가장 핵심적인 이유들로 이루어져 있다. 2세기 무렵은 고대의 풍습이 숭상되었고, 새로운 것은 업신여김을 받았다. 그렇기 때문에 자신들의 다원주의와 제국에서 행하는 의식과 전혀 맞지 않았을 유대교의 유일신론에 대해서는 로마가 대체로 관용적이었던 데 반해, 난데없이 발흥한 분파의 하나 정도로 생각한 기독교에서 나타나는 여러 가지 모습들을 두고 보지 못했던 것이다. 그래서 유스티누스는 사실 기독교는 가장 오래된 종교라는 주장으로 대응했다. 그리스도의 출생은 무엇보다도 야곱(창 49:10), 이사야(사 7:14), 미가(미 5:2)를 통해 이미 예언된 바다. 그의 죽음 역시 많은 사람들이 예언했다(시 22편). 그리스도에 대한 예언을 이해했기 때문에 아브라함과 같은 신자는 사실 그리스도인이었다. 유대인이 그리스도인이 아닌 이유는, 유대인의 성경이 말하는 아버지와 아들에 대한 증거와 그리스도의 오심에 대한 약속을 이해하지 못했기 때문이라고 그는 주장한다. 더욱 심각한 점은, 심지어 그들은 자신들이 가장 불쾌하게 여기는 구절들을 성경에서 삭제하기까지 했다는 사실이다. 그가 예로 제시한 구절 중 하나는 시편 96:10이다. 실제로는 "여호와께서 그 나무로부터 통치하시니"라고 읽어야 하는 구절임에도 불구하고, 유대인들은 "그 나무로부터"가 십자가를 가리키는 것이 명백하기 때문에 이 부분을 누락시켰다고 한다.²

계속해서 유스티누스는 기독교가 가장 오래된 종교이기 때문에 고대의 존경받는 철학자들이 기독교에서 최상의 개념들을 몰래 차용했다고 주장한다. 특히 플라톤은 모세를 모방하여 자신의 철학을 세웠다고 말한다. 예를 들어, 모세는 시내산에서 자신이 본 천상의 양식을 따라 성막을 만들었는데, 플라톤이 이 개념을 도용해 이 땅에 있는 만물은 이데아적 실체의 모형들이라고 했다.

"그가 그를 전 세계에 십자가형으로 두었다"고 말하는 플라톤의 『티마이오스』 Timaeus 에 나오는 하나님의 아들에 대한 생리학적 논의 역시 마찬가지로 모세로부터 빌려 온 것이었다. 모세의 기록에 보면, 출애굽하여 광야에 머물던 이스라엘 백성은 그들을 죽이는 코브라와 독사와 온갖 종류의 뱀과 같은 해로운 짐승들로 인해 쓰러져 갔다. 그래서 모세는 하나님의 영감과 감화로 놋을 취해 십자가 형상을 만들었다.……플라톤은 이 사실에 대해 읽었으나 제대로 정확하게 이해하지 못했고 그것이 십자가를 상징하는 것임을 깨닫지 못했지만, 그것을 취해 십자가형으로 위치시키는 것이라는 말을 사용함으로써 제1위 하나님 곁에 있는 능력이 십자가형으로 세계에 자리하게 되었다고 한다. 플라톤이 제3위를 말한 것은 앞서 언급했듯 모세가 "하나님의 영이 수면 위에 운행했다"고 말한 구절을 그가 읽었던 것이다. 왜냐하면 세계에 십자가형으로 자리하게 되었다고 말한, 하나님과 함께 있는 로고스를 두 번째로 언급하기 때문이다. 그리고 세 번째 자리는 수면 위를 운행한다는 성령께로 돌아간다.³

유스티누스에 따르면 단지 플라톤만 잘못 표절한 것이 아니다. 마귀는 항상 인간을 우상숭배로 꾀기 위해 참된 종교를 흉내낸다. 일례로, 술의 신 디오니소스의 개념은—신과 여인 간의 결합에서 태어나고 술을 마심으로써 영광을 받는다—그리스도와 패역한 자들에 대한 모세의 예언들을 도용한 것이었다.⁴

더욱이 그리스도는 참된 로고스다. 모든 인간은 '논리적'인 피조물로서 그들의 본성에 로고스의 일부를 가지고 있다고 유스티누스는 말한다 (명시적으로 그것을 하나님의 형상과 연결시키지 않는다 할지라도). 정확한 논리를 말할 때 그들은 그리스도 안에서 발견되는 충만을 이야기하는 것이다. 바로 이런 토대 위에서 우리는 고대 아테네의 모든 거짓 신에 대항하여 정확한 논리를 증진하던 소크라테스를 향하여 그리스도를 "부분적으로 알았다"고 말할 수 있는 것이다.[5] 그러므로 이는 단순히 표절의 문제가 아니다. 그리스도가 로고스이기 때문에 실체에게서 발견되는 그리스도 중심적인 본질은, 인간 철학과 신화는 필연적으로 복음 진리에 대한 메아리를 포함할 수 밖에 없음을 뜻한다. 하지만 이 메아리는 항상 너무나 왜곡되고 미약하고 자기 모순적이어서, 메아리를 믿는 자는 스스로 한 말을 통해 정죄를 받는다. 메아리는 그 자체로 무익함을 드러내기 때문이다.

유스티누스는, 기독교는 참된 철학이기 때문에 정죄할 것이 아니며, 오히려 그것을 면밀히 살피고 주의 깊게 따라가야 한다고 결론을 내린다.

『제2변증서』

유스티누스가 『제1변증서』 저술을 마친 후 얼마 되지 않아 단순히 그리스도인이라 고백했다는 이유로 세 사람이 로마에서 참수되었다. 이에 유스티누스는 서둘러 자신의 저작에 대한 부록으로 대응했다. 실제로 별도의 저작은 아니지만, 이것이 우리가 지금 『제2변증서』라 부르는 것이다.

여기에는 전작에서 다룬 동일한 주제들이 재등장한다. 하지만 유스티누스는 항간에 보다 널리 유포된 기독교에 대한 두 가지 반대를 다룬다. 첫째, 순교를 그토록 사모한다면서 왜 그리스도인은 다 자살하지 않는가? 둘째, 하나님은 왜 그들을 보호하지 않는가? 첫 번째 반론에 대해 그는 그리스도인이 기꺼이 죽음을 대면하기는 하지만, 그들은 하나님의 뜻을 따라 산다고 말한다. 하나님의 뜻은 그리스도인이 다른 이에게 생명을 가져다주는 것이라는 것이다. 두 번째 반론에 대해 그는 악한 천사들이

세상에 고통을 초래하지만 고통을 허락하시는 하나님은 그것을 통해 그
분의 사랑하는 자를 연단하신다고 말한다. 이렇게 대답한 후 유스티누스
는 그리스도인이 죽는 방식은 모든 철학자와 온갖 미신에는 없는 진리를
기독교가 가지고 있다는 증거라고 주장하면서 순교에 대한 반대를 통해
오히려 그들에게 도전한다.

『유대인 트리포와의 대화』

유스티누스가 마지막으로 쓴 그의 가장 중요한 작품은 유대교의 반(反)기
독교적인 주장에 답하기 위해 쓴 또 다른 변증이다. 이 작품은 학식 있는
유대인(트리포)과 이틀간 벌인 논쟁을 담고 있다. 이 유대인은 미쉬나에서
언급되는 대 랍비 타르폰 Tarphon으로 추정된다. 이 작품이 속기사의 기록이
아닌 것은 분명하다. 그렇다고 해서 회의적인 일부 학자들이 생각하는 것
처럼 단순한 문학 기법은 아닌 것으로 보인다. 유스티누스와 트리포 사이
의 생동감 있는 대화처럼 보이기 때문이다.

다음 몇 가지 이유로 이 『유대인 트리포와의 대화』는 흥미롭다. 첫째,
유스티누스가 얼마나 철저한 삼위일체주의자인지를 볼 수 있다. 그는 성
부, 성자, 성령을 구분된 세 분의 위격으로 본다.[6] 둘째, 우리는 랍비 유대
교의 성경 이해와 초기 속사도 시대 기독교의 성경 이해 사이의 극명한
차이를 본다. 트리포에게 있어서 히브리어 성경은 예수님이 그리스도도
하나님도 아님을 증거하지만, 유스티누스에게는 동일한 성경이 정확히
그 반대를 증거하기 때문이다!

우리가 보는 바와 같이 이 작품은 철학자의 가운을 입은 트리포가 유
스티누스에게 다가와 말을 거는 것으로 시작한다(원 저작에 있는 도입 부분
의 일부는 소실되었다). 그러자 유스티누스는 플라톤주의에 심취해 있던 자
신이 어떻게 "한 노인"과의 대화를 통해 플라톤주의와 결별하게 되었는지
를 증언한다. 그 노인은 유스티누스에게 철학자들이 있기 오래 전에 신령
한 영을 통해 말했던 선지자들이 어떻게 참 하나님을 그의 아들과 더불어

나타냈는지를 말해 주었다. 그러자 "곧바로 내 영혼에 불꽃이 타올랐다."⁷

자신이 생각했던 것만큼 유스티누스가 세련된 철학자가 아니라는 사실에 크게 실망한 트리포는, 그리스도인은 단지 허위로 지어낸 말들 때문에 불필요하게 고통을 당하고 있다고 말한다. 그는 또한 그리스도인은 법을 준수하지 않기 때문에(특히, 할례받지 않고 살아가기 때문에) 의로울 수 없다고 덧붙인다. 유스티누스는 (마음에 할례를 받음으로써) 율법을 영적으로 이해해야 함에도 불구하고 트리포가 율법을 육신적으로만 해석하고 (물리적인 할례만을 중요하게 생각하고) 있다고 대답한다. 만약 육신적 할례가 필요했다면, 애초에 아담도 할례받은 자로 창조되었어야 했을 것이다. 에녹, 노아, 그리고 초기 족장들이 하나님을 기쁘시게 하는 자로 드러났을 때 그들은 할례를 받지 않은 상태였다. 의롭다 함을 받을 당시 아브라함 역시 할례받지 않은 상태였다. 또한 할례를 받을 수 없는 여자는 어떻게 한단 말인가?

이어서 트리포는 예수가 다니엘이 예언한 영광스러운 인자가 아니라 하나님께 저주를 받아 죽은 인간이었다고 말한다. 이에 유스티누스는 그리스도께서 두 번 오실 것이 예언되었다는 사실을 트리포가 놓치고 있는데, 이는 그가 성경을 잘못 해석하고 있기 때문이라고 되받았다. 예를 들어, 시편 110편은 트리포가 단언하는 것처럼 히스기야에 대한 것일 수 없다. 히스기야는 영원한 제사장이 아니었기 때문이다. 이사야 7장 역시 히스기야에 대한 예언일 수 없다. 또한 시편 72편은 솔로몬에 대한 예언일 수 없다. 만왕이 그 앞에 엎드리지 않았고, 그 또한 땅 끝까지 다스리지 않았기 때문이다.

'예수가 예언된 그리스도인가'에 대한 물음으로부터 트리포는 이제 '예수가 주와 하나님인가'에 대한 논쟁으로 나아간다.

당신은 십자가에 못 박혀 죽은 이 사람이 모세와 아론과 함께 있었고 구름 기둥에서 그들에게 말한 것으로 우리를 설득하려고 그가 사람이 되었고, 십자가에 못 박혔으며, 하늘로 올랐고, 세상에 다시 올 것이고, 예배를 받아야 한다는 등의 신성모독적인 말들을 쏟아 내고 있다.[8]

이에 유스티누스는 구약성경에 나타난 하나님의 모습을 보게 한다.

> 거기에 나는 이렇게 대답했다. "구약성경으로 돌아가 나는 아브라함과 야곱, 모세에게 나타나고 하나님으로 일컫는 이는 만물을 지으신 이와 구분되는데, 이는 수에 있어서 그렇다는 것이지 의지에 있어서 구분된다는 뜻은 아님을 설득해 보겠다."[9]

유스티누스는 창세기 18-19장으로 시작한다. 하나님께서 아브라함에게 두 천사들과 더불어 나타나셨지만, 창세기 19:24에서는(여호와께서 "여호와께로부터" 유황을 비와 같이 내리셨다고 하는 구절) 그가 하늘에서 주와 구분되시는 것을 볼 수 있다고 주장한다. 주와 하나님으로 불릴 수 있는 "서로 연합된 복수의 위격"이 있기 때문이다(그는 또한 창 1:26, 3:22, 시 45:6-7, 110:1을 언급한다).[10] 그렇기 때문에 하늘에 계신 주 하나님과 구분되는, 아브라함에게 나타났던 주 하나님은 주의 천사(혹은 사자)로 불릴 수 있다(그는 또한 이 천사에 대해 더 알기 위해 창 31:11-13, 32:22-30을 살핀다). 성부 하나님은 하늘에 계시는 전혀 초월적이고 불가견적인 분이라는 것이 그 주장의 요지다. 하지만 자신의 로고스와 천사를 통해 알려진 분은 하나님을 족장과 선지자들에게 알리기 위해 나타나고 우리의 구원을 위해 육신을 취하신 분이시다.

예수가 바로 이 로고스 혹은 천사였다는 자신의 주장을 뒷받침하기 위해 유스티누스는 '예수'가 하나님의 이름이라고 설명한다. 하나님은 이스라엘을 약속의 땅으로 인도하기 위해 이스라엘에 앞서 보내신 이 안에 있겠다고 하셨다(출 23:20-21). '호세아'Hoshea가 바로 그 이름이었고 민수기 13:16에서 이 이름은 '예수'의 히브리어 형태인 '여호수아'로 변했다.[11]

유대인들은 이 사실을 보지 못하고 성경에 대한 고의적인 무지만을 드러낸다고 유스티누스는 주장한다. 아브람의 이름이 아브라함으로 바뀌었는지에 대해서는 세세하게 연구하면서 호세아의 이름이 여호수아로 바뀐 것에 대해서는 생각하지 않기 때문이다.

그러자 트리포가 말했다. "온 나라가 그리스도를 기다리고 있음을 확신하라. 당신이 인용한 모든 성경구절이 그리스도를 가리킨다는 것은 우리도 인정한다. 더욱이 나 역시 나베Nave, 눈의 아들을 일컫는 예수라는 이름에 대한 견해를 받아들이고자 하는 마음이 내 안에 강하게 일어나는 것을 인정한다. 하지만 왜 그리스도가 십자가에서 그토록 수치스러운 죽음을 당해야 했는지에 대해서는 여전히 의구심이 든다. 율법을 보면 누구든지 십자가에 달린 자는 저주를 받은 자라고 하기 때문이다. 이 부분은 믿기가 아주 어렵다."[12]

이에 대해 유스티누스는 민수기 21장과 시편 22편과 같은 구약성경에서 어떻게 십자가가 예표되고 있는지를 보인다.

여기서 주목해야 할 중요한 사실이 있다. 지금 우리가 신약성경이라 부르는 책들이 트리포에게는 아무런 의미가 없다는 것을 알기에, 유스티누스는 자신이 주장하는 근거를 히브리어 성경으로 제한하고 있다는 것이다. 트리포와 유스티누스는 기독교가 히브리어 성경에 의해 흥하거나 망할 수 있다는 데 동의한다. 이런 사실은 이어지는 트리포의 질문에 대한 유스티누스의 대답에서도 확인된다. 트리포는 그리스도인이 죽은 자의 부활을 믿는 것이 사실인지 묻고 있다. 이에 대한 유스티누스의 대답은 단호하다. "죽은 자의 부활이 없다고 말하면서 사람이 죽으면 영혼이 하늘로 올라간다고 하는 자는 자신을 그리스도인이라 생각하지 말라." 이어서 그는 이사야 65장을 트리포를 향한 증거 구절로 제시한다![13]

이 대화의 나머지 부분은 기본적으로 이방인이 포함되는 것에 대한 질문에 할애되고 있다. 트리포는 여기에 반대한다. 하지만 유스티누스는 (창 9:27을 언급하면서) 노아의 때 이래로 이방인이 포함될 것이 줄곧 예언되어 왔다고 주장한다. 더욱이 그는 창세기 32장을 암시하면서 그리스도야말로 자기에게 속한 자들이 하나님의 복을 얻도록 하기 위해 하나님과 씨름하고 그 과정에서 상함을 입은 참 이스라엘이라고 주장한다.

> 이스라엘이라 불리던 야곱 한 사람을 통해 당신의 온 민족이 야곱과 이스라엘로 불리던 것처럼, 야곱, 이스라엘, 유다, 요셉, 다윗과 같이 우리를 하나님께로 낳으신 그리스도로 말미암아 부르심을 입은 우리는 하나님의 참 자녀로서 그리스도의 계명을 지킨다.[14]

오리게네스나 아우구스티누스와 같은 후대의 교부들에 비해 유스티누스는 성경에서 많은 알레고리를 찾지 않는다. 다만 구약성경이 예표들로 가득 차 있음을 발견한다(십자가에 대한 '예표'로서의 모세의 놋뱀, 예수께서 자기 백성의 마음에 이루시는 할례에 대한 '예표'로서의 여호수아의 할례 등).[15] 하지만 그는 이방인의 문제와 관련해서는 알레고리가 유용하다고 본다. 바울이 아브라함의 두 아내인 하갈과 사라를 알레고리로 사용하는 것에 고무된 그는 야곱의 두 아내들에게서도 알레고리를 발견한다. 야곱의 첫째 부인인 안력이 좋지 않은 레아는 고대의 인종적 이스라엘을 나타내는 반면(레아를 통해 유다가 태어났다), 그가 사랑했던 두 번째 아내인 라헬은 새 이스라엘을 나타낸다.[16]

유스티누스는 만약 트리포가 성경을 제대로 읽었더라면 그리스도를 의지하고 이러한 사실들을 알았을 것이라고 하면서 트리포를 향한 호소로 자신의 주장을 맺는다. 유스티누스에게 있어 문제의 핵심은, 그리스도인은 자기 소견에 따라 히브리어 성경을 읽을 것이 아니라 정확하게 해석해야 한다는 것이다.

트리포, 만약 당신이······한때 기묘자와 모사로 불리고, 에스겔을 통해서는 한 사람으로, 다니엘을 통해서는 인자와 같은 이로, 이사야를 통해서는 한 아이로, 다윗을 통해서는 예배받으셔야 할 그리스도와 하나님으로, 많은 사람들에게 그리스도와 한 돌로, 솔로몬을 통해서는 지혜로, 모세를 통해서는 요셉과 유다와 한 별로, 스가랴를 통해서는 동쪽 감람산에 서신 이로, 이사야를 통해서는 고난받는 이, 야곱, 이스라엘, 또한 진노의 막대기, 꽃, 모퉁이돌로, 하나님의 아들이라 불리는 이가 누군지 안다면, 이제 이 땅에 오신, 한 아기로 태어나 고난받으시고, 하늘로 올리우신 그분에 대해 그렇게 불경스러운 말을 하지 않았을 것이다. 또한 그분은 다시 오실 것이고 그때에는 당신의 열두 지파가 탄식하게 될 것이다. 선지자들을 통해 기록된 것을 당신이 깨달았다면, 그가 유일하시고 자존하시고 이루 말로 표현할 수 없는 하나님의 아들이요 하나님이셨다는 사실을 부인하지 않았을 것이다.[17]

랍비가 아닌 그리스도를 의지하고 그를 믿으라는 유스티누스의 마지막 요청에 트리포는 "하나님 나라에서 멀지 않은" 자로서 그 자리를 뜬다.

유스티누스의 순교

그로부터 5년 후, 유스티누스는 로마의 신들에게 제사하기를 거부했다는 이유로 여섯 명의 친구들과 함께 로마의 행정관 앞으로 끌려갔다. 거기서 그는 자신을 그리스도인으로 고백했고, 현장에서 채찍질을 당한 뒤 참수되었다. 신자의 육신은 죽음 이후로도 계속된다고 굳게 믿는 사람들의 통례를 따라 동료 그리스도인들은 그의 유해를 가져다가 정성껏 장사를 지냈다.

리옹의 이레나이우스

이레나이우스가 한번은 이렇게 적었다.

> 켈트족과 더불어 살면서 야만인의 방언에 길들여진 나에게 결코 배워 본 적 없는 현란한 수사나, 한 번도 연습해 본 적 없는 탁월한 작문이나, 결코 내 것이라고 볼 수 없는 아름답고 설득력 있는 화법을 바랄 수 없을 것이다.[18]

그런 영향인지 모르지만, 이레나이우스는 어느새 서투르고 혼란스럽게 하는 신학자로 치부되어 다소 잊혀진 인물이 되었다. 확실히 그의 글은 이해하기 어렵고 비평가들의 분노를 조장하는 경향이 있다. 그러나 그에 대한 에밀 브루너Emil Brunner의 재평가가 점진적으로 그를 이해하는 표준으로 자리잡았다.

> 공식적인 의미에서 이레나이우스는 조직신학자가 아니었다. 하지만 확실히 그는 진리들 간의 연결성을 간파하고 어느 진리가 어디에 속했는지를 아는—루터와 같은—일급 조직신학자요, 가장 위대한 조직신학자였다. 이레나이우스와 같이 다른 사람이 무심코 빠뜨린 개념들을 서로 융합해 내는 사상가는 어디에도 없었다. 심지어 아우구스티누스나 아타나시우스도 그 정도는 아니었다.[19]

그렇다면 도대체 이레나이우스는 누구인가?

그는 주후 130년 어간에 소아시아 스미르나에서 태어나 자랐다. 당시 스미르나 감독이었던 폴리카르푸스가 그의 멘토가 되어 사도 요한과 주를 목도했던 사람들에 대해 자신이 기억하는 사실을 전해 주었다. 사도들과 이처럼 직접적인 연결 고리를 가질 수 있었던 기회는 이레나이우스에게 너무나 중요했다. 그가 폴리카르푸스와 함께 로마를 방문했을 수도 있다. 어쨌든 이 둘 모두는 로마를 방문했다. 거기서 이레나이우스는 이단 문제가 얼마나 만연해 있는지 보았고 유스티누스(그로부터 많은 것들을 빌어 온 것이 분명하다)와 같은 사람들로부터 배움을 얻었던 것으로 보인다.

그 후 갈리아 지방으로 가서 정착했고 얼마 안 있어 루그두눔의 수도(리옹)에 교회가 세워졌다.

그 후 177년에 당시 로마의 감독으로 있던 엘레우테루스Eleutherus에게 교회의 대표로 파견되었는데, 아마도 갈리아 지방에 횡행하던 거짓 가르침의 문제를 논의하기 위해서였을 것이다. 어쨌든 그가 로마로 떠난 사이 흉폭하고 거센 박해의 파고가 리옹을 휩쓸었다. 많은 이레나이우스의 친구와 동료 신자들이 끔찍한 고문을 받고 살해되었다. 노년의 감독 포티누스Pothinus 역시 그중 하나였다. 로마에서 돌아온 이레나이우스는 포티누스에 이어 리옹의 감독으로 세워졌다.

그 후 이레나이우스의 삶에 대해 우리가 아는 사실은 유월절(부활축일) 논쟁Paschal controversy을 중재한 것이 전부다. 엘레우테루스를 이어 로마의 감독으로 있던 빅토르Victor는 니산월 14일을 유월절(나중에 부활절로 불렀다)로 기념했다는 이유로 이레나이우스의 고향인 소아시아 교회들을 출교하겠다고 으름장을 놓았다. 로마에서처럼 일요일인 그 다음 날을 유월절로 기념하지 않았기 때문이다. 이레나이우스는 빅토르와 아시아 교회의 감독들에게 그런 부차적인 문제에 대해서는 각각의 전통에 따라 자유롭게 날을 기념할 수 있어야 한다고 촉구하는 유화적인 편지를 썼다. 이레나이우스가 그동안 사도적 전통의 일치를 강조해 왔음에도 불구하고, 로마 감독에 대한 무조건적인 순복을 장려하지 않고 교회마다 각기 다르게 실천할 수 있도록 요청한 것이다. 이는 작지만 중요한 사건이었다.

이레나이우스는 다수의 신학 작품들을 기록했다. 그럼에도 불구하고 그가 쓴 다수 저작의 단편들을 제외하면, 오늘날 남은 온전한 저작은 두 작품뿐이다. 흔히 『이단 논박』Against Heresies이라는 간략한 제목으로 잘 알려진 『'지식'이라고 잘못 불리는 것을 간파하고 논박함』Detection and Refutation of What Is Falsely Called 'Knowledge'과 보다 짧은 『사도들의 설교에 대한 논증』Demonstration of the Apostolic Preaching이다. 이 작품들에서 우리는 기독교 교리를 조직적으로 구축하려는 최초의 진지한 시도들을 본다. 이처럼 이레나이우스는 기독교 사상을 구축한 핵심 설계자들 가운데 하나다. 그렇기 때문에 그의 영향력이 그토록 급격하고 광범위하게 확장되어 간 것은 전혀 놀라운 일이 아니다 (그가 아직 살아 있을 때 기록된 것으로 추정되는 『이단 논박』의 일부가 이 작품을 기록한 지역과 전혀 다른 곳인 이집트의 옥시링쿠스Oxyrhynchus에서 발견되었다).

후대의 전승에 따르면 주후 202년 6월 28일에 그는 순교를 당했다. 하지만 사실 그가 언제, 어떻게 죽었는지 확인된 바는 전혀 없다.

『이단 논박』

2세기 중엽까지 우리가 지금 뭉뚱그려 영지주의Gnosticism라 부르는 다수의 분파들이 동방과 서방 철학으로부터 다양하게 변이되어 많은 교회들에 유입되었다. 그중에 특히 발렌티누스주의Valentinianism라고 불리며 눈에 띄게 성장하는 한 분파가 있었다. 한때 로마의 차기 감독이 될 것으로 기대되었던 이 분파의 중심 인물인 발렌티누스Valentinus는, 영향력과 재능을 겸비한 호소력 있는 신학자로 그만의 특별한 믿음을 추종하는 많은 제자들을 거느렸다. 리옹의 교회에서도 많은 이들이 그를 추종했다. 이레나이우스는 이러한 영지주의를 자신의 양들을 위협하는 많은 머리 달린 괴물로 보았다. 이레나이우스는 다섯 권으로 이루어진 『이단 논박』을 통해 그리스도인을 보호하고, 영지주의자들이 오류로부터 돌이켜 구원 얻는 지식에 이르도록 하며, 궁극적으로는 이 괴물을 죽이는 것을 목적으로 삼았다. 물론 『이단 논박』을 통해 영지주의는 심대한 타격을 입었다.[20]

1권: 많은 머리 달린 괴물

1권은 많은 머리 달린 괴물에 대한 묘사로 시작한다. 발렌티누스주의에 따르면 모든 것은 영적인 영역을 함께 구성하고 있는 삼십 천사 존재들의 집합으로 시작되었다('아이온'aeons로 알려졌다). 그 후 보다 하위의 아이온들이 악한 생각을 갖게 되었다. 완전한 영적인 영역으로부터 이 악한 생각은 제거되어야 했다. 그리고 이 악한 생각은 물리적인 우주의 토대가 되었다. 이렇게 창세기의 논리는 타락에 이어 창조가 일어난 식으로 뒤집혔다.

그런 가르침을 통해 영지주의는 노골적으로 기독교 복음의 중심에 도전했다. 이러한 모델에서 창조는 선한 것이 아니라 악한 것이다. 따라서 인간의 몸은 가치 있는 영과 혼을 가두는 비루한 무덤일 뿐이다. 그렇다면 성육신에 대해서는 무엇이라 말하겠는가? 영지주의에 있어서 성육신은 불가능하다. 오히려 "물이 관을 통과하듯, 그리스도는 마리아를 통과해 지나갔다"(참 육신을 취하지 않았다는 말이다).[21] 그 결과, 많은 영지주의자들이 그리스도는 죽을 수 없었기 때문에 그와 같이 보이는 다른 사람이 그를 대신해 십자가에 못 박혀 죽었다고 믿었다. 십자가 사건은 신인 그리스도가 사람인 예수를 떠났을 때 일어났다고 믿는 영지주의자도 있었다(그래서 예수는 "나의 하나님, 나의 하나님, 어찌하여 나를 버리셨나이까?"라고 부르짖었다고 한다).

어떤 경우든 간에 영지주의자는 그리스도가 죽지 않아도 된다고 생각했다. 문제는 죄가 아니라 육신을 가졌다는 사실에 있기 때문이다. 영지주의자에게 '구원'은 예수님을 믿는 믿음으로 이루어지는 것이 아니었고, 내면을 주시하여 언젠가 육신으로부터 해방될 소중한 신적인 불꽃을 발견함으로써 이루어지는 것이었다. 그래서 영지주의적 실천은 항상 두 가지 서로 상반되는 극단 중에 하나로 치우치기 쉬웠다. 한편으로, 육신과 영을 극단적으로 이분한 일부 영지주의자는 진흙 속의 진주와 같이 영은 육신 속에서 전혀 손상되지 않은 채 남아 있을 것이라고 믿어 자신의 육체를 탐닉했다. 다른 한편으로는 육체를 증오한 나머지 급진적인 금욕주의자로 드러나기도 했다. 세상에 속했으나 그 안에 머무는 것을 욕망하지 않았다.

그렇다면 예수는 무엇인가? 발렌티누스에게 있어서 예수의 모든 생애는 하나의 예시code였다. 예수는 상징적으로 행동함으로써 영적인 영역에서 일어난 일들을 나타냈다고 생각했다. 공생애 이전에 그가 살았던 30년간의 '감추어진 삶'은 삼십 개의 무한히 긴 영겁의 아이온을 말하는 것이며, 열두 번째 사도인 유다의 배도는 열두 번째 아이온의 죄를 말하는 것과 같았다. 핵심은 어느 것도 명확하지 않다는 데 있었다. 영지주의자들은 예수가 비유로 가르치고 자신이 가장 신뢰하는 제자들에게만 그에 대한 은밀한 지식을 가르쳐 주었다고 주장했다. 이 은밀한 지식은 교회가 인정한 사도들의 저작을 통해서 분명하게 나타나지 않고 구전을 통해 은밀하게 전해졌다고 주장했다. 오늘날 우리에게는 이 모든 주장이 매우 편향되게 보이겠지만, 2세기 구전의 높은 위상을 생각해 보면 이는 당시 교회에 매우 심각한 위협이었다.

그러므로 영지주의자는 이러한 지식에 대한 은밀한 전승을 가진 자였다('영지주의'라는 말은 '지식'에 해당하는 그리스어 *gnōsis*에서 유래되었다). 일반적인 의미의 구원이 아닌 자신 안에 자리한 신적인 불꽃에 대한 지식을 추구했다. 이레나이우스가 『'지식'이라고 잘못 불리는 것을 간파하고 논박함』을 통해 반대했던 것이 바로 이 영지주의였다.[22]

2권: 용을 살해함

이레나이우스의 첫 번째 반론은 영지주의가 하나님이 창조자이심을 부인한다는 것이었다. 존재 자체가 악한 우주를 조성한 이는 스스로가 틀림없이 악한 자일 수 밖에 없다고 영지주의는 주장했다. 그렇다면 창조자요 이스라엘의 하나님인 야훼는 신약성경을 통해 알려진 지극히 높고 참된 하나님일 수 없다. 기껏해야 지존한 신인 것처럼 가장하는 악한 천사일뿐이다. 마르키온과 같이 히브리어 성경을 거부하고 이 성경과 연관된 사도들의 저작들을 모두 거부해 예수의 하나님을 가능한 한 야훼와 별개로 하려는 자도 있었다. 가인의 후예를 자처하는 종파와 같이 보다 급진적이고, 구약에서 신을 자처하는 악한 자에게 복종하기를 거부하는 자신들의 결정이 지혜로운 것이라는 근거로 가인(구약성경에서 야훼에게 복종하기를 거부한 모든 다른 인물과 더불어)을 롤 모델로 내세우는 자도 있었다.

이레나이우스는 성부보다 더 존귀한 하나님이 있을 것이라는 영지주의자들의 제안을 다름 아닌 그들이 몰락한 원인으로 보았다. 서로 경쟁하는 복수의 신들을 믿는 영지주의자들이 온갖 서로 상충되는 사고를 가진 것은 너무나 당연한 결과였다. 이와 달리 이레나이우스는 기독교 신앙의 일치성을 견지했다. 한 분 아버지가 자신의 한 말씀을 통해 한 성령 안에서 하나의 진리를 모두를 위해 한 교회에 주시는 사실로부터 기인하는 일치성이었다.

하지만 이레나이우스는 영지주의자가 성경을 어떻게 이해하는지가 문제의 근원이라고 주장한다. 영지주의자는 자신이 좋아하는 타일 조각을 골라 자신이 상상한 이미지를 만들어 내어 성경을 모자이크처럼 다루었다고 말한다. 이를테면 원래 왕의 모습을 전혀 다른 모습, 어쩌면 개나 여우의 모양으로 변형시켜 버리고 있는 것이다. 영지주의자는 이처럼 성경을 왜곡하고, 남용하며, 악하게 해석하는 자라고 그는 말한다. 하지만 그에게 중요한 것은 영지주의자가 성경을 왜곡하는 방식이었다. 영지주의자가 성경을 왜곡하는 이유는 비성경적인 원리를 따라 성경을 읽고 성경과 전혀 어울리지 않는 틀에 끼워 맞추기 때문이다. 이레나이우스에 따르면 성경은 그렇게 읽을 수 있는 책이 아니다. 성경은 오직 성경을 통해서만 이해될 수 있다. 다른 어떤 지식이나 신학적 체계나 구전으로는 성경이 말하는 참된 의미를 올바로 전달할 수 없다.[23]

3권: 웅대한 계획

이런 영지주의 해석에 적절하게 대응하기 위해서 이레나이우스는 이른바 영지주의 '지식'을 공격하는 데에 그치지 않고 그들이 실상은 무지한 성경에 대한 참된 지식을 제시해야 했다. 그래서 3권에서는 성경을 바로 해석하는 것이 무엇인지 보여주기 시작한다.

그는 무엇보다 한 분 하나님으로 시작한다. 먼저, 성부(창조자)와 성자(구원자)는 각각 다른 두 신이 아니라 한 분 하나님이다. 둘째, 구약성경의 하나님이 바로 신약성경의 하나님이라는 의미에서 하나님은 한 분이다(유스티누스와 마찬가지로 이레나이우스는 명백한 이유로 구약성경에서 이 두 가지 사실을 입증하는데, 특히 창 19:24과 시 45, 110편을 인용하여 구약성경에서 성부와 성자가 함께 역사했다는 사실을 보인다).

여기로부터 그는 영원한 말씀이 단순히 예수라 불리는 참 사람 위에 머문 것이 아니라, 다시 말해 참 사람인 체한 것이 아니라 진실로 육체가 되셨음을 논증한다. 이레나이우스는 만약 하나님께서 육체를 멸시해서 성육신하기를 거부하셨다면, 구원은 있을 수 없음을 알았다. 따라서 영지주의자처럼 성육신을 거부하는 것은 영적으로 무서운 일이다. 이는 또한 순교에 직면한 그리스도인으로부터 그리스도를 향한 모든 충성을 앗아갈 것이다. 그리스도께서 십자가에서 죽음의 고통을 실제로 겪은 것이 아니라 그 자리에 다른 사람을 있게 하고 사라져 버렸는데, 그런 그를 따르려는 그리스도인이 고통을 감내해야 할 이유가 어디 있단 말인가? 그렇기 때문에 그리스도인은 반드시 예수 그리스도께서 참 육신을 입으시고 우리와 함께 하시는 참 하나님임을 확신해야 한다고 이레나이우스는 주장한다.

"그렇다고 하더라도 왜 하나님이 육신을 취한단 말인가?" 하는 물음에 답하기 위해, 이제 이레나이우스는 그의 유명한 '총괄갱신' 이론을 설명한다. 한마디로, '총괄갱신' 개념은 그리스도는 처음 아담으로부터 비롯된 타락을 없애는 두 번째 아담이다. 불행한 금요일 한 날(이레나이우스는 창세기 3장을 창조의 여섯째 날에 일어난 사건으로 본다)에 한 나무(선악을 알게 하는 나무)와 결혼을 약조한 불순종하는 동정녀(하와)의 사주를 받아 그 나무의 실과를 먹은 한 사람을 통해 죄와 사망이 세상에 들어왔다. 수난일에 한 나무와 결혼을 약조한 순종하는 동정녀(마리아)를 힘입은, 금식하는(광야에서) 한 사람을 통해 생명과 구원이 찾아왔다.[24]

하지만 '총괄갱신'이라는 말은 이레나이우스가 그리스도가 단순히 우리를 타락으로부터 다시 에덴으로 되돌려 놓는 것 정도로 생각했다는 인상을 갖게 할 소지가 다분하다. 그러나 그는 구원을 일종의 유턴으로 여기지 않았다. 그에게 구원이란 죽음을 통해 에덴에서는 전혀 불가능했던 완전으로 나아가는 것이었다. 이레나이우스는 아담과 하와는 결코 하나님의 목적이 아니었다고 믿었다. 그들은 단지 미성숙한 자들에 불과했다. 하나님의 구원 계획은 인류가 성숙에 이르는 것이었다. 구원은 우리를 위해 아기로 오셔서 온전한 장성함에 이른 그리스도 안에서 성취되었다.[25] 아담은 "오실 자의 모형"이었다(롬 5:14). 하나님의 참 형상이신 예수 그리스도의 형상이었고, 성령으로 충만하게 된 이의 모형으로서 생기로 충만했다.

그렇다면 인간은 창조된 순간부터 그리스도 안에서 성령으로 충만하여 장성함에 이르도록 운명 지어졌다. 하지만 만약 그리스도께서 피조된 인간을 그 지어진 목적으로 데려가야 했다면 그는 '물이 관을 통과하듯 마리아를 통과해 지나갈' 수 없었다. 다시 말해 아담이 그랬던 것처럼 흙으로부터 새롭게 육신을 취할 수 없었다. 아담 족속과 연결해 주는 탯줄을 가져야 했다. 아담 족속과 같은 실제 육체를 가져야만(마리아를 통해서) 아담의 육체가 구원을 얻을 수 있었다. 피조된 인간은 이런 방식으로 구속될 것이다.

이렇게 보면 이레나이우스가 구원받기 위해 인간이 창조되었다고 말하는 것처럼 보이는데, 이를 통해 몇 가지 심오한 의문들을 불러일으킨다. 아담이 죄를 짓지 않았다면 그리스도가 오셨을까? 아담이 타락한 것인가, 아니면 타락으로 떠밀린 것인가? 그는 이 사실을 이렇게 말한다. 하나님께서 일정한 시간 동안 요나를 집어삼킬 괴물을 예비하신 것처럼, 하나님께서는 사탄으로 하여금 일정한 시간 동안 사망을 통해 인간을 집어삼키도록 정하셨다. 그러나 인간은 하나님이 긍휼을 베푸시는 소망 가운데 사망에게 굴복하게 되었고, 외견상 사탄의 승리로 보였으나 마침내 참되고 최종적인 그리스도의 승리로 귀결되었다.[26] 심판의 행위로 사망이 임했으나 그 가운데 드리운 긍휼이 있었으니, 사망으로 말미암아 하나님과 단절된 벌거벗은 상태로 불멸하는 일이 차단된 것이다. 사망을 통해 인간은 그들이 피조된 대로 단순한 피조물 이상의 존재가 되었다. 사망을 통해 인간은 신적인 존재가 된 것이다.

　　이 대목부터 이레나이우스가 하는 말은 전혀 예상 밖으로 들리기 시작하는데, 섣불리 그릇된 결론을 내리기 쉽다. 그러나 이레나이우스의 어조는 단호하다. 인간은 궁극적으로 신적인 존재가 되기 위해 창조되었다는 것이다. 어떤 식으로든 우리가 인성을 초월하고 벗는 날이 있을 것이라는 말이 아니다. 전혀 그렇지 않다. 인간이 되신 때에도 하나님은 여전히 완전한 하나님으로 남아 계셨던 것처럼, 신적인 존재가 되는 때에도 인간은 전혀 인간으로 남는다. 여기서 이레나이우스가 뜻하는 바는 인간의 소망은 단순히 '무죄'로 선언되거나, 심지어 원방에서 하나님을 알게 되는 정도가 아니다. 인간의 소망은, 성자로 말미암아 성령의 영원한 교제 안에서 양자된 자로 성부의 사랑을 받아 삼위일체 하나님의 생명과 함께 함으로써 하나님의 존재에 참여하는 것이다. 인간이 하나님의 생명과 영광에 참여할 때 하나님은 영광을 받으시고 인간은 본래 창조된 목적에 이른다. 이레나이우스에 따르면, 이것이야말로 인간이 하나님의 영광에 포함되는 창조의 웅대한 계획이다.

4권: 한 분 하나님, 한 말씀, 한 계획

물론 하나님의 웅대한 계획에 대한 이레나이우스의 전체 묘사는 마르키온의 주장이 잘못된 것과 관계가 있다. 다시 말해 창조와 계시와 구속의 하나님은 한 분 동일한 하나님이시라는 사실에 기초한다. 이레나이우스는 계속해서 설명을 이어간다. 한 분이신 참 하나님은 단 하나의 위대한 계획을 가지고 계신다. 그분은 한결같이 그분의 말씀을 통해, 그리고 자신과 관련해서만 예정하시기 때문이다. 다시 말해, 성부는 항상 자기 아들을 통해 스스로를 알리시고 자신의 목적을 성취하신다. 구약성경과 신약성경은 정확히 동일한 목적을 가지고 있다.

　　율법은 결코 사람이 하나님의 아들을 믿는 것을 방해하지 않는다. 뿐만 아니라, 심지어 죄악된 육신의 모양으로 이 땅에서 순교의 나무 위로 높이 들리시고 만물을 자기에게로 이끄시고 죽은 자에게 생명을 주시는 그를 믿는 것만이 뱀의 옛 상처로부터 구원받는 유일한 길임을 말함으로써 오히려 아들을 믿을 것을 촉구한다.[27]

따라서 구약성경 신자라고 그리스도인이 예배하는 하나님과 다른 하나님을 예배한 것이 아니다. 그 역시 그리스도인과 동일한 믿음을 가졌다. 그 역시 말씀을 통해 성부를 알았고, 성령을 통해 오실 성자를 내다보았기 때문이다. 실제로 이레나이우스는 종종 말씀을 일컬어 단순히 "모세와 더불어 말씀하신 이"라고 한다. 이 말씀이 모세와 다른 선지자와 족장들과 이야기함으로써 그가 가지고 올 구원을 그들에게 선포하고 그들을 성부께로 이끌었다고 믿었기 때문이다.[28]

이처럼 사도행전에서 사도들이 선포한 내용이 유대인 청중에게 새로웠던 이유는 단 하나, 이미 족장들이 알았던 동일한 말씀이 육신으로 오셨기 때문이다.

> 선지자들로부터 가르침을 받았던 그에게 부족한 것은 (세례 외에는) 아무 것도 없었기 때문이다. 그는 성부 하나님에 대해서도 알았고 (합당한) 삶의 방식과 관련된 규칙들에 대해서도 알고 있었다. 다만 하나님의 아들이 오심에 대해서는 모르고 있었다.[29]

이는 마르키온에 대항하여 구약성경이 기독교 성경이라는 사실을 강조한 강력한 진술이었다. 이레나이우스에게 있어서 신약성경과 구약성경 간에는 어떤 근본적인 차이도 있을 수 없었기 때문이다. 성부는 항상 성자를 통해서 알려졌다. 그렇다면 성육신의 핵심은 무엇이었는가? 자신의 마지막 책에서 이레나이우스는 이 질문으로 나아간다.

5권: 육체의 구원

처음 몇 줄을 통해 이레나이우스는 "우리의 주 예수 그리스도께서 우리를 심지어 자기 자신과 같이 되게 하려고 그의 초월적인 사랑을 통해 우리와 같이 되셨다"는 유명한 말로 성육신을 요약한다.[30] 그렇다면 이레나이우스에게 성육신이란, 단순한 신현神顯과는 전혀 다른 것이다. 성육신은 구약성경의 신자들이 대망했던 육체의 구원이다. 이레나이우스는 하나님의 말씀이신 예수 그리스도께서 하나님의 참 형상이라고 믿었다. 아담은 그의 형상을 따라 창조되었다. 또한 아담이 그의 생기로 채워졌던 것처럼, 영원토록 예수 그리스도는 이레나이우스가 "하나님의 지혜"와 "하나님의 형상"으로 부르기도 하는 성령으로 충만하다.[31] 성육신을 통해 일어난 일은, 육신이 마침내 하나님의 형상을 항상 충만하게 채우고 있는 성령으로 충만해지도록 하나님의 형상이 인간 육신을 취한 것이다. 이렇게 육신이 하나님의 형상을 덧입고 하나님의 형상으로 충만해진다. 그리하여 인성은 진실로 하나님의 지혜 Sapientia로 채워진 호모 사피엔스 Homo sapiens가 된다. 따라서 성육신은 하나님이 지으신 육체를 가진 인간을 본래 지음받은 목적에 이르도록 하는 하나님의 웅대한 계획의 핵심 열쇠다.

이레나이우스가 이 주제에 대한 글로 자신의 저작을 마치는 이유는, 영지주의가 육신의 구원이나 죽음 이후의 육신에 대한 소망을 완전히 거부하기 때문이다. 기독교와 완전히 상반되게 영지주의는 몸이 죽으면 영만 하늘에서 사는 것으로 믿었다. 영지주의적 소망은 육신의 부활이 아닌 영의 부활에 있었다. 리옹의 발렌티누스주의자들은 자신들의 주장을 위해 고린도전서 15:50을 즐겨 인용했다("혈과 육은 하나님 나라를 받을 수 없고"). 이레나이우스에게 있어서 이 말은 구원 자체를 부정하는 것이었다. 예수께서 육체를 가지고 부활하신 것을 아는 그는 대신에 사도 바울의 주장을 그와 전혀 상반되는 방향으로 설명했다. 육체 자체만으로는 하나님 나라를 유업으로 받지 못하나, 성육신을 통해 성령이 육체에 결합함으로써 육체가 구원을 받을 수 있게 된다는 것이다. 죽음을 통해 영이 육

61

체로부터 벗어나게 됨으로써 이 둘은 영영 결별하게 된다고 하는 영지주의의 주장과 달리, 이레나이우스는 결혼을 육체와 영이 결혼한 상태로 보았다. 성육신을 통해 그리스도께서 성령이 인간 육체와 결합하게 하심으로써 인간 육체도 장래를 기약하게 되었다. 그래서 신령한 몸을 향한 부활의 소망은 조금도 덜 육신적이지 않다. 오히려 보다 참되고 온전하게 육신적이다. 성령은 인간으로부터 육신을 앗아가기 위해서가 아니라 모든 궁핍함과 상해를 입히는 것으로부터 인간을 구속하고, 본래 육체가 창조된 목적으로 인간을 이끌기 위해 오신다. 이레나이우스는 다른 무엇보다 단순한 빵이 이전의 단순한 빵 이상의 것이 되는 성찬식은 육신의 구원을 말해 주는 더할 나위 없는 증거라고 여겼다. 빵이 다른 무엇으로 대체되지는 않지만(마찬가지로 부활을 통해 육신이 성령으로 대체되는 것은 아니다), 빵은 더 이상 단순한 빵이 아니다. 단순히 말해서 성찬식은 빵, 포도주, 살, 피와 같이 물리적인 것과 관계가 있다. 그렇기 때문에 이레나이우스는 물리적인 것을 멸시하는 영지주의자들이 어떻게 빵과 포도주와 같은 물리적인 것들을 취할 수 있는지 도무지 이해할 수가 없었다.

이레나이우스는 자신의 요지를 되풀이하면서 주장을 마무리 짓는다. 그리스도께서 모든 인간의 역사를 종합하고 완성하시는 것처럼, 적그리스도는 모든 악을 종합하고 완성할 것이다. 2세기에 흔히 볼 수 있었던 것처럼, 이레나이우스는 악인이 최후의 심판으로 부활하기에 앞서 의인이 천 년 동안 안식을 누릴 것으로 기대했다.

『사도들의 설교에 대한 논증』

『사도들의 설교에 대한 논증』이라 불리는 작품은 오랫동안 이레나이우스의 저작으로 알려졌다. 이 작품 자체는 오래전에 사라졌었다. 그러다 1904년에 한 사본이 미국 에레반에 있는 한 교회 도서관에서 발견되었다. 사람들은 이 사본이 출간되기를 간절히 열망했다. 기독교 신앙을 간명하게 요약한 가장 초기의 기독교 저작이었기 때문이다. 결국 그 열망대로

1907년에 출간되었다.

『이단 논박』 직후에 기록된 이 논증은 "전체 진리의 모든 요소를 이해하도록" 한 마르키온주의자에게 주는 기독교 가르침에 대한 간략한 요약의 형태로 되어 있다. 제목에서 볼 수 있듯이, 이 저작은 또한 사도들의 설교가 구약성경의 참된 메시지라는 사실을 논증하려고 한다. 이레나이우스는 사도들이 전한 메시지의 내용을 기록하면서 시작한다. 창조자이신 한 분 하나님, 그분의 말씀과 성령으로 시작해야 하고, 또한 세례로부터 성부, 성자, 성령이 우리 믿음의 체계가 된다고 한다. 그러고 나서 창조를 주목하며 어떻게 인간이 낙원에서 하나님의 말씀과 더불어 행하고 이야기하도록 지어졌고, 어떻게 우리가 타락했는지에 대한 설명으로 바로 나아간다. 여기서부터 시작해 그는 구약성경이 어떻게 성육신과 이방인 구원을 예고하고 있는지를 보여준다.

이 저작의 후반부에서 이레나이우스는 사도들의 설교 전체 내용이 구약성경으로부터 비롯되고 있음을 논증한다. 먼저 그는 예수님이 족장과 선지자들에게 알려진 영원한 하나님의 말씀이고, 그가 태초에 성부와 함께 계셨으며, 아브라함과 야곱에게 나타나셨고, 떨기나무로부터 모세에게 말씀하신 분임을 보인다. 이어서 그는 영원한 말씀이 우리와 같은 육신을 입고 동정녀로부터 태어나 이제 우리와 함께하시는 하나님이 되셨다는 사실이 어떻게 구약성경에서 약속되었는지로 나아간다(이 글을 쓸 당시에도 유대인과의 대화는 여전히 이슈로 남아 있었다).

이레나이우스는 모든 이단을 피하라고 경고하면서 결론을 내린다. 이단은 기본적으로 세 가지 형태를 띤다. 첫째 형태는 성부를 부인하고 다른 하나님을 상상한다. 둘째 형태는 성자를 부인하고 성육신이 없으니 인간이나 우리의 육신을 향한 하나님의 사랑도 없었다고 생각한다. 셋째 형태는 성령을 부인하고 성경의 참된 예언을 멸시한다. 이레나이우스는 이런 오류에 빠지지 말라고 말한다. 참 하나님과 그 아들의 오심과 그 성령의 선물을 설교하는, 가장 오래되고 참된 설교에 착념하라고 촉구한다.

계속 읽어 가기

단순한 역사적 호기심에 따라 유스티누스와 이레나이우스를 지적 박물관에 놓아두기 쉽다. 하지만 그들이 다루고 있는 이슈는 모두 여전히 중요한 주제이다. '성경을 어떻게 해석해야 하는가', '하나님은 누구신가', '구원은 무엇인가'를 다루기 때문이다. 하지만 이들의 저작을 읽어 가기가 어려울 수 있다. 2세기 신학자들의 저작을 읽기 시작하면 종종 전혀 다른 행성에 다다른 느낌이 든다. 저자와 시간상 차이가 날수록 보다 생경하게 느껴지기 마련이다. 그렇기 때문에 지금의 독자들은 특별한 인내를 발휘해 2세기의 신앙을 보다 익숙한 사고 형태로 억지로 끼워 맞추려고 하지 말아야 한다. 그럴수록 더욱 성급하게 받아들이거나 거부할 수 있기 때문이다.

불행하게도, 초기의 신학자들에 대한 무수한 책과 글들이 이런 경향을 띠고 있기 때문에 독자들은 섣불리 2차 자료를 의존하지 않도록 주의해야 한다. 사실 직접 다룰 원 자료가 많지 않기 때문에 가장 믿을 만하다고 여겨지는 사람을 곧바로 찾아가는 것이 더 빠르고 쉽다.

아쉽게도 유스티누스의 저작 같은 경우, 언어적으로 준비가 안 되거나 경제적 여력이 없는 독자는 일부 어설픈 19세기 번역판들을 의존하지 않을 수 없다. 하지만 현존하는 그의 모든 저작은 온라인(http://www.ccel.org)이나 『니케아 이전의 교부들』Ante-Nicene Fathers 시리즈(제1권)를 통해 접할 수 있다. 아마도 그가 쓴 『유대인 트리포와의 대화』가 유스티누스의 사상을 전반적으로 파악하기 위해 시작할 수 있는 최적의 작품일 것이다.

이레나이우스의 『이단 논박』 역시 온라인(http://www.ccel.org)과 『니케아 이전의 교부들』 시리즈(제1권)를 통해 접할 수 있다. 어느 정도 시간을 들여 읽을 충분한 가치가 있는 작품들이다. 2세기 영지주의에 대해 배우고 싶은 것이 아니라면 처음 두 권은 건너뛰어도 된다! 단지 이레나이우스의 저작을 맛보는 것이 목적이라면, 유용한 주석과 소개가 포함된 사도들의 설교에 대한 논증에 대한 존 베어John Bher의 번역서가 탁월하다(*The Demonstration of the Apostolic Preaching*, Crestwood, N. Y.: SVS, 1997). 성육신과 총괄갱신과 같은 이레나이우스의 중심 주제에 계속해서 관심이 있는 사람에게 추천할 만한 탁월한 소개서는 다음과 같다. Gustaf Wingren, *Man and the Incarnation: A Study in the Biblical Theology of Irenaeus*(Edinburgh: Oliver & Boyd, 1959).

유스티누스와 이레나이우스 연표

100? 유스티누스 출생
100-60? 마르키온 출생
100-60? 발렌티누스 출생
130? 이레나이우스 출생
153-5 유스티누스의 『제1변증서』, 『제2변증서』
155? 폴리카르푸스의 순교
160? 『유대인 트리포와의 대화』
160-225 테르툴리아누스
165? 유스티누스 순교
175-89 『이단 논박』과 『사도들의 설교에 대한 논증』
177 루드두눔에서의 핍박으로 이레나이우스는 로마로 파견되었다가 다시 돌아와 감독이 됨
185-254 오리게네스
195? 유월절 논쟁
202 셉티무스 세베루스를 통해 촉발된 핍박이 이어짐. 이레나이우스 순교?
303-12 대박해
312 콘스탄티누스 황제의 기독교 개종
325 니케아 회의

03

세상에 맞서다

아타나시우스   *Athanasius*

아타나시우스Athanasius의 이름은 '불멸'이라는 뜻으로 이보다 더 알맞은 이름도 그에게 없다. 지칠 줄 모르는 활동과 대담한 행동, 면도날과 같은 예리한 지성, 시원한 미소와 감화력 있는 인격 등 그의 모든 것이 그를 완전히 잊혀질 수 없는 존재로 만든다. 하지만 아타나시우스가 '그리스도인 명예의 전당'에 헌액될 만한 더 큰 이유가 있다. C. S. 루이스가 그 이유를 설명한다.

"그의 비문에는 '세상에 맞선 아타나시우스'Athanasius contra mundum 라고 적혀 있다. 우리 조국이 한 번 이상 세상에 맞서 싸웠다는 사실을 우리는 자랑스러워한다. 아타나시우스가 그랬다. 모든 문명세계가 기독교에서 아리우스의 종교—오늘날 강력하게 추천되고 지금과 같이 당시에도 매우 교양 있고 양식 있는 많은 성직자들이 추종하던, '사리에 맞는' 통합적인 종교들 가운데 하나—로 미끄러져 내려갈 때, 그는 '온전하고 순전한' 삼위일체 교리를 위해 일어났다. 그는 시대정신에 따라 흘러가지 않았다. 이것이 그가 받는 영예다. 또 모든 시대가 그런 것처럼 그의 시대 역시 흘러갔지만, 그는 지금도 여전히 머물러 있다. 이것이 그가 받은 상이다."[1]

아타나시우스의 생애

아타나시우스는 주후 296-98년 어간에 태어났다. 출생 이후 그의 유년기나 외모에 대해서 우리가 확인할 수 있는 사실은 거의 없다. 그의 열렬한 지지자들은 그가 천사 같은 선한 얼굴을 가졌다고 했다. 반면 그에게 반감을 가진 이들은 아주 작은 키 때문에 그를 '검은 난쟁이'라고 불렀다. 이것이 우리가 확인할 수 있는 유일한 신체 특징이다. 이집트의 붐비는 대도시 알렉산드리아의 감독 알렉산더Alexander는 일찍부터 아타나시우스의 재능을 알아보고 그에게 최상의 신학교육을 제공했다. 어린 아타나시우스는 바로 앞 세대의 가장 탁월한 그리스도인들이 로마제국으로부터 받은 가장 극심했던 박해의 여파가 온 도시를 휩쓸고 지나가는 모습을 목도했을 것이다.

318년 알렉산드리아에 있는 교회의 장로였던 아리우스Arius는 알렉산더가 성부, 성자, 성령의 관계를 제대로 구분하지 못했다고 비난하기 시작했다.[2] 대신 아리우스는 사실 성자는 성부에게 창조된 존재이며, 그를 통해 우주가 시작되고 창조되게 만들었다고 가르치기 시작했다. 번뜩이는 선동가 아리우스는 잘 알려진 곡조에 자신의 신학을 담은 짧은 구호를 맞추었고, 이를 통해 자신의 견해를 지지하는 군중을 재빨리 확보했다.[3] 군중은 이내 도시를 행진하며 아리우스 신학의 슬로건을 연호했다. 이에 대한 반응으로 알렉산더는 아리우스의 견해를 검토하기 위해 100명이 넘는 감독들을 불러 모았다. 이들은 신속히 이 새로운 가르침을 이단으로 정죄하고 아리우스를 장로에서 제명하여 도시를 떠나게 했다. 그러나 문제는 해결되지 않고 오히려 확산되었다. 아리우스는 그를 지지하는 유세비우스가 감독으로 있는 니코메디아(오늘날 이스탄불 인근)로 피신했다.[4] 유세비우스는 자신의 강한 영향력을 이용해 알렉산드리아에서 아리우스를 정죄하지 않은 감독들의 지지를 얻으려는 움직임을 도왔다.

오래지 않아 기독교인이자 10년이 넘도록 서방 로마제국의 황제로 있던 콘스탄티누스가 남은 동방 지역 역시 자신의 통치 아래 두었다. 기독교를 제국의 연합을 위한 잠재력으로 보았기 때문인지, 이듬해(325년) 그는 아리우스의 가르침으로 인한 문제를 해결하고자 온 제국으로부터—일부는 외부에서—감독들을 니케아(이 또한 오늘날 이스탄불 인근)에 공회로 불러 모았다. 300명이 넘는 감독들이 운집했다. 여기에는 알렉산드리아의 알렉산더와 젊은 보좌관 아타나시우스도 포함되었다. 감독들은 아마도 믿기지가 않았을 것이다! 불과 몇 년 전만 해도 박해를 선동했던 로마의 황제가 아니던가! 실제로 여기 참석한 감독들 가운데는 박해로 인해 불구가 되거나 박해의 흉터를 지닌 자들도 있었다. 하지만 지금 그들이 바로 그 황제 앞에서 대접을 받으며 신학을 토론하고 있는 것이다!

그에 비해 아리우스주의를 대표해서 온 소규모 파견단은 아주 몹쓸 대접을 받았다. 하나님의 아들에 대한 견해를 표명했을 때 그들은 다른 감독들의 극심한 반감을 샀다. 개중에는 자신의 귀를 막은 감독이 있는가 하면 자제력을 잃고 멱살잡이를 하는 감독도 있었다. 이 회의의 결과물이 바로 성자는 "피조되지 않고 성부로부터 나신, 성부와 동등한 본질"homoousion tō Patri 이셨다는 핵심적인 반反아리우스주의에 대한 확증을 담고 있는 니케아 신조Nicene Creed였다.⁵ 바로 이 신조가 아타나시우스라는 젊은 보좌관이 평생 수호해 온 것이자 그를 가장 심오한 신학으로 이끈 원동력이었다.

그로부터 3년 후 알렉산더가 죽었고, 젊은 아타나시우스가 알렉산드리아의 감독으로 세워졌다. 얼마 지나지 않아 변덕스런 황제는 아리우스를 장로로 복권시키도록 그에게 명령했다. 아타나시우스는 아리우스가 니케아 신조에 서명하지 않는 한 명령을 따를 수 없다고 거부했다. 그러자 이로 인해 어려움이 시작되었다. 그의 대적들은 기회를 틈타 그에 대한 음흉한 소문을 퍼뜨리기 시작했다. 아타나시우스가 감독직을 매수했고, 아르세니우스Arsenius라고 불리는 다른 감독을 살해해 시신을 토막 냈으며, 그 토막 낸 손을 흑마법에 사용한다고 했다. 심지어 이를 증명할 '아르세니우스의 손'이 있다는 소문도 돌았다. 이런 소문에 대해 해명하도록 아타나시우스는 두로의 회의에 소환되었고, 앞서 말한 손이 증거로 제시되었다.

사실 아타나시우스가 유죄 판결을 받도록 대적들이 아르세니우스를 잠적시킨 상태였다. 그러나 아타나시우스는 곧 그가 있는 곳을 추적해 두로로 은밀하고 신속하게 압송시켰다. 그리고 나서 그를 망토에 싸서 회의로 데려오도록 했다. 망토를 벗기고 적어도 한 손이 여전히 그대로 있는 것을 먼저 보였다. 극적인 효과를 위해 잠시 멈추고 나서 그는 다시 다른 한 손 역시 멀쩡한 것을 확인시켰다. 그러자 사람들은 그에게 언제 세 번째 손이 절단되었는지 물었다. 놀랍게도, 이 회의에는 대부분 아리우스주의자들이 참석했기 때문에 아타나시우스는 유죄 판결을 받았다. 그래서 그는 황제에게 항소하기 위해 콘스탄티노플로 도망쳤다. 그러나 이제 아타나시우스는 분리를 일삼은 인물로 알려졌고 콘스탄티누스는 갈리아 지방에 자리한 황제의 관저에 그를 감금했다. 알렉산드리아에서는 이 결정에 반대하는 시위를 벌어졌다.

아타나시우스가 망명 생활을 하는 동안 아리우스가 죽었고(그의 영향력은 확산일로에 있었음에도 불구하고) 아타나시우스는 이를 서방 로마에 아리우스주의의 해악을 경고하는 기회로 삼았다. 그가 『이교주의에 대항하여』*Against the Heathen* 와 『성육신에 관하여』*On the Incarnation* 라는 위대한 두 저작을 쓴 것도 이 시점이었을 것이다.

그 후 337년, 콘스탄티누스가 죽고 아타나시우스는 알렉산드리아로 돌아올 수 있게 되었다. 많은 군중이 환호하며 그를 맞이했다. 그러나 2년이 채 지나지 않아 아리우스주의자들이 그가 불법을 저질렀다고 새롭게 고소했다. 알렉산드리아의 상황은 아타나시우스가 로마로 피신해야 할 정도로 위험한 지경에 이르렀다. 알렉산드리아로 다시 돌아가기까지 이번에는 7년의 시간을 보내야 했다. 이후 그가 돌아온 시기는 어떤 방해도 받지 않은 사역의 황금기였다.

그렇다고 문제가 끝난 것은 아니었다. 새 황제로 등극한 콘스탄티누스의 아들 콘스탄티우스Constantius가 아리우스주의자였다. 그는 니케아 회의에서 이루어진 모든 것을 뿌리째 뽑으려 했다. 이는 곧 아리우스주의자에 대항했던 니케아 공회 정통주의자를 대표하는 인물인 아타나시우스를 억압하는 것을 의미했다. 그리하여 356년 5,000명의 로마 군사들이 아타나시우스가 인도하는 철야기도회가 열리는 교회를 급습했다. 교회 문을 박차고 군사들이 들이닥쳤고, 무수한 칼과 화살들이 회중을 향했다. 아타나시우스는 아무도 다치지 않게 하기 위해 모두에게 피하라고 명령했다. 하지만 아수라장 속에서 혼란한 틈을 타 그의 수도사들이 무작정 그를 움켜잡고 피신시켰다.

현상금이 그의 목에 걸렸다. 황제의 수색대는 사막까지 샅샅이 뒤졌다. 그러나 그를 피신시킨 신실한 수도사들은 수색대가 아주 가까이 오면 무작정 그를 다른 곳으로 옮겨 계속해서 숨어 지내게 했다. 때로는 물이 마른 웅덩이에 숨기도 하고 공동묘지에 숨기도 했다. 심지어 알렉산드리아 인근으로 돌아가 잠시 동안 그곳에서 은둔하기도 했다. 하지만 교회에 대한 콘스탄티우스의 공격은 계속되었다. 계속해서 니케아 신조 지지자를 찾아내 참수하려고 했다. 그러나 이런 악행의 결과는 결국 그에게 되돌아갔다. 아타나시우스가 자신의 망명 생활을 아리우스주의를 매장시킬 무기를 마련하는 기회로 사용했기 때문이다. 바로 그의 역작인 『아리우스주의에 대항하여』Against the Arians가 그것이다. 그의 삶 전반을 볼 때 사막은 생산성이 극대화되는 장소였다. 사막에서 지내면서 아리우스주의자를 향해 치명적인 일격을 가했을 뿐 아니라, 세라피온Serapion에게 보낸 편지에서 성령의 신성을 탁월하게 변호했다. 또한 사막 수도사들에게 영감을 받아 『성 안토니오전』Life of Antony을 집필했는데, 이 책은 수도원 운동의 촉매 역할을 한 작품으로 평가된다.

몇 년 후 콘스탄티우스가 죽고 콘스탄티누스 이후 최초(최후이기도 하다)의 이교도 황제인 율리아누스Julianus가 계승한다. 율리아누스는 아타나시우스를 기독교 내에 불화를 촉발시키는 문제적인 인물로 여기고 그에게 감독직 복귀를 허락한다. 감독으로 복귀하자마자 아타나시우스는 자신이 숨어 지내는 동안 등장한 새로운 신학을 맞닥뜨려야 했다. 이 신학에서는 성자가 "성부와 **동일한** 본질의*homoousios* 존재"(동일본질)라는 니케아 신조의 진술은 오히려 성부와 성자가 전혀 서로 구별됨 없이 단순히 동일한 존재라는 믿음으로 쉽게 빠지게 한다고 주장했다. 오히려 성자는 "성부와 **유사한** 본질의*homoiousios* 존재"(유사본질)라고 하는 게 낫다고 제안했다.[6]

아타나시우스는 알렉산드리아에서 공회를 소집해 성부와 성자가 실제로는 구별이 불가능하다는 개념과 유사본질 개념을 둘 다 거부했다. 오히려 그는 반드시 구분되는 두 존재가 있음을 분명하게 하는 동일본질 개념이 성부와 성자의 구별을 확증한다고 주장했다. 다시 말해, 동일본질 개념은 유사본질 개념이 아리우스주의자들에게 열어 놓은 문을 닫아 버린다.

이 대목에서 독자들은 아타나시우스가 깐깐한 문법 선생처럼 이 두 단어 간의 사소한 차이에 지나치게 집착한다고 느낄 수도 있겠다. 에드워드 기번Edward Gibbon은 "동일본질*Homoousion*과 유사본질*Homoiousion*의 차이는 심지어 가장 예리한 신학자의 눈에도 거의 드러나지 않는다"고 말했다.[7] 하지만 알렉산드리아 공회에서 하나님의 한 위격*hypostasis*이라고 해야 할지 아니면 하나님의 한 실체*ousia*라고 해야 할지에 대한 문제가 제기되었을 때, 아타나시우스는 중요한 것은 용어 자체가 아니라 그것이 갖는 의미라고 했다. 그렇게 함으로써 아타나시우스는 자신이 신학적인 문제로 다투기 좋아하는 사람이 아니라 섬세하고 현실적인 목사임을 보여주었다. 그가 유사본질의 개념을 반대한 것은 가운데 있는 'i' 때문이 아니라, 이로 인해 성자가 참된 하나님과 단지 '유사'하기만 할 뿐 실제로는 하나님보다 열등한 존재로 비춰지기 때문이었다.

아타나시우스의 영향력을 두려워한 율리아누스 황제는 8개월 만에 다시 그를 망명시켰다. 사막의 수도사들에게 합류하기 위해 나일강을 거슬러 올라가던 아타나시우스는 평상시와 마찬가지로 재기가 발동했다. 자신의 뒤를 밟고 있는 자들을 발견하고는 배를 돌렸고 곧 추적자들과 뱃전을 마주하게 되었다. 아타나시우스를 보았느냐는 물음에 번뜩이는 눈으로 "그렇게 멀리 있지 않다"고 대답했다. 추적자들은 그 길을 계속 따라갔고, 그는 강을 따라 다시 알렉산드리아로 숨어들어 갔다.

다음 황제를 통해 잠시 회복이 되었지만, 그것도 잠시였다. 이제 어느 정도 짐작할 수 있는 바와 같이 그는 또 다시 야밤에 피신을 해야 했다. 바로 이듬해였다(365년). 미리 경고를 받은 아타나시우스는 자신의 다섯 번째이자 마지막 망명길에 오른다. 그러나 이때까지도 아타나시우스의 영향력이 얼마나 컸던지 그가 망명길에 오르자 온 이집트가 동요하게 되었다. 이로 인해 그는 남은 생애를 감독으로 마치도록 다시 부름받는다. 이 기간에 그는 정말 유명해졌다. 니케아 신조를 반대하는 감독이 알렉산드리아에 도착했을 때 아타나시우스가 피습당할 것을 우려해 군대의 호위를 해야 할 정도였다. 성자와 성령의 참된 신성을 수호하고자 하는 그의 비범한 불굴의 집념 때문에 그에게 반감을 가진 사람들이 많았다. 그러나 더 많은 사람들이 바로 그 집념 때문에 그를 사랑했다. 373년에 아타나시우스는 많은 존경과 사랑을 받는 가운데 숨을 거두었다. 하지만 그는 승리자였다. 그의 신학이 아리우스주의에 대항해 승리했고, 8년 뒤 콘스탄티노플 공회에서 신조로 확인될 참이었다.

『이교주의에 대항하여』와 『성육신에 관하여』

승리에 찬 이 신학은 무엇을 말하는가? 다음과 같은 아타나시우스의 주요 저작들에 관심을 집중함으로써 우리는 이 신학을 가장 잘 이해할 수 있을 것이다. 『이교주의에 대항하여』, 『성육신에 관하여』, 『아리우스주의에 대항하여』, 『성 안토니오전』.

『이교주의에 대항하여』와 『성육신에 관하여』는 실제로 한 저작을 두 권으로 나눈 책들에 따른 각각의 제목이다. 이 저작이 언제 집필되었는지는 알려져 있지 않다. 약 335-36경으로 오늘날 추정되고 있다. 그러나 이 책을 집필한 목적은 확실하다. 마카리우스라는 새로운 회심자에게 기독교 신앙을 소개하기 위해서다. 이러한 목적에 따라 이 책은 처음부터 목회와 깊이 연관된 신학을 담고 있다.

『이교주의에 대항하여』

첫 번째 책은 창조와 죄와 악의 본성에 초점을 맞추고 이교와 우상에 대한 신랄한 신학적 비판을 담고 있다.

아타나시우스는 먼저 성부 하나님의 형상인 예수 그리스도로 시작한다. 그렇게 해야만 창조의 참 본질과 목적을 바로 이해할 수 있다고 설명한다. 그리스도가 성부의 형상이라는 말은 곧 그리스도가 자신의 아버지를 완전히 아시고 아버지와 완전한 교제를 누리신다는 것을 뜻한다고 말한다(그래야만 그리스도가 자신의 아버지를 진실로 세상에 보여줄 수 있다). 그리고 인간은 그리스도의 형상을 따라 창조되었다. '형상'이라는 개념은 인격적인 지식과 교제를 토대로 한다는 사실은 이미 보였다. 이는 곧 인간 정체성의 중심에는 인간 형상의 원형이신 그리스도를 알고 교제하는 목적이 있음을 의미한다. 또한 그리스도는 성부의 형상이기 때문에 그를 통해 우리는 아버지를 안다. 이 지식과 교제는 영생이다.

이런 목적을 따라 창조되었음에도 불구하고 인간은 "하나님께 속한 것에 몰두하기보다 자신에게 속한 것을 좋아했고 스스로의 정욕으로 인해 타락했다."[8] 하나님을 알고 하나님께서 몰두하도록 지음받았음에도 하나님을 등진 채 오직 자신에게 몰두했다. 그렇게 함으로써 인간은 자기 자신과 육신적 즐거움에 중독되었고, 죽음에 의해 그러한 즐거움을 잃어버리게 될 것이라는 두려움에 휩싸이게 된다. 하나님의 말씀과 형상이신 그리스도를 아는 대신 염려와 절망밖에 알지 못한다. 이런 상태에 빠진 인간은 다른 신을 상상하나, 그가 상상할 수 있는 신이라고는 하나같이 염려와 절망을 불러일으키는 신뿐이다.

아타나시우스는 악의 기원에 대해 기독교가 아닌 다른 종교에서 제시하는 것과 전혀 다른 설명을 한다. 특히 그리스 철학자들의 설명과 눈에 띄게 다르다. 이교적이고 그리스적인 사고에서 악은 물질의 존재와 맞물려 있다. 물질은 본유적으로 불완전하기 때문이다. 아타나시우스의 체계에서 악은 인간 자유의 오용에서 비롯된다. 악은 죄로부터 온다. 아타나시우스는 죄가 근본적으로 관계의 문제요, 하나님을 등지는 것이라고 주장한다. 하지만 하나님은 모든 존재의 토대가 되시기 때문에 하나님으로부터 돌아서는 것은 죽음으로 돌아서는 것이다. 죄를 향해 가는 것은 무-존재unbeing로 들어가는 것이다. 죄는 반-존재anti-being이다. 죄가 약속하는 행복을 결코 맛볼 수 없는 것이 바로 그런 이유다. 죄는 존재를 정면으로 거스르기 때문이다. 죄악된 상상력이 만들어 낸 신과 마찬가지로 그 역시 반-존재이다. 따라서 인간이 창조된 모든 의도를 좀먹는다.

하나님의 형상인 그리스도로부터 시작한 아타나시우스는 하나님의 로고스인 그리스도로 초점을 옮겨간다. 먼저 영혼과 관련하여 설명한다. 영혼은 로고스를 알도록 설계되었기 때문에 논리적인 존재로 창조되었다. 그러나 로고스를 저버림으로써 인간은 부조리하게 되었다. 그 결과는 아주 끔찍했다. 로고스가 세상을 다스리기 때문에 우리 역시 우리 몸을 다스리도록 논리적으로 지어졌다. 그러나 우리는 그 논리를 저버림으로써 논리가 우리 육체를 다스리는 것이 아니라 우리 육체가 우리를 다스리도록 했다. 창조 질서가 전도된 것이다. 다시 말해, 로고스를 아는 아름다움과 질서, 평화가 추한 무질서와 두려움을 가져오는 포로된 자기 망상으로 바뀌어 버렸다.

하지만 아직 하나님의 로고스 안에서 발견될 수 있는 좋은 소식이 있다. 이는 말씀이 피조물과 갖는 관계 때문이다. 아타나시우스는 피조물은 말씀을 통해 존재하게 되었을 뿐 아니라 말씀을 통해 매 순간 보존되고 존재한다고 말한다. 피조물에게는 스스로 존재할 수 있는 본유적 능력이 없다. 말씀이 없이는 존재하는 것을 멈출 수밖에 없다. 이런 사실을 통해 아타나시우스는 두 가지를 보여주고자 한다. 첫째, 하나님의 말씀은 피조물이 아니고, 모든 피조물이 그에게 의존되어 있다는 것이다. 둘째, 말씀은 피조물로부터 거리를 두고 있지 않고 매순간 피조물을 붙들 만큼 긴밀하게 관련되어 있다는 것이다.

아타나시우스가 계속해서 하나님의 말씀과 성부와의 관계를 설명할 때 이런 사실이 의미심장하게 보이기 시작한다. 다시 말해 말씀은 성부와 구분되는 반면, 성부의 참된 '해석자'와 '천사'(혹은 '사자')가 될 수 있을 정도로 성부와 친밀한 관계가 있다. 그 결과 성부는 창조자이시고, 그리스 사상에서와 마찬가지로 그와 피조물 사이에 무한한 심연은 없다. 오히려 그는 말씀과 친밀한 관계가 있고, 말씀은 피조물과 긴밀한 연관이 있다. 만약 말씀이 성부와 피조물 간 거리를 잇도록 존재하게 된 제3의 존재라면, 성부는 우리와 무한히 멀리 떨어져 있어 궁극적으로 알 수 없는 존재로 남아 있을 것이다. 그러나 그가 말씀과 갖는 관계와 말씀이 피조물과 갖는 관계로 말미암아 성부는 "우리 각 사람에게서 멀리 계시지" 않다(행 17:27).

하나님의 자기 계시에 대해서 아타나시우스는 담대한 주장을 한다. 말씀으로 말미암아 하나님은 어둠이 없는 분, 가리워지지 않고 무관심하지 않는 분, 무한히 자신을 주시는 분이라는 것이다. 말씀 안에서 하나님이 친히 우리에게 오심으로써 우리가 다시 그의 존재를 주목할 수 있게 되었다. 이 말씀을 대면하여 보는 것은 하나님을 대면하여 보는 것이다. 바로 이 좋은 소식을 아리우스가 말씀과 성부의 관계를 부인함으로써 훔쳐간 것이다. 아리우스에게 하나님의 참된 계시란 있을 수 없다. 말씀이 계시할 수 있는 것이라 해봐야 하나님의 참 모습을 어설피 흉내내는 것이 전부다. 그러나 우리에게 성부를 계시하시는 말씀을 부인하고 등지는 것이야말로 죄의 비참함의 핵심이라고 아타나시우스는 탄식한다. 우리의 본이 된 하나님의 형상이 오셔서 자신의 형상으로 인류를 개조하고 또 하나님과의 교제 역시 개조하셔야 했던 것도 바로 그런 이유다.

『성육신에 관하여』

이 두 번째 책에서 아타나시우스는 말씀을 **창조자**로 보는 것에서 **구속자**로 보는 것으로 나아간다. 초점이 창조에서 피조물의 구속으로 옮겨가지만, 주제는 동일하다. 바로 하나님의 말씀이다. 이 두 권의 책들은 단연 예수 그리스도에 관한 것이다. 이런 이해가 이 두 번째 책의 중심 주장인 **"태초에 천지를 지으신 동일하신 말씀이 피조물의 갱신을 성취하셨다"**를 명확히 하는 데 도움을 준다.[9] 그러나 『성육신에 관하여』는 『이교주의에 대항하여』를 읽을 때의 느낌과는 상당히 다르다. 죄와 악과 우상숭배라는 어두운 주제들이 말씀이 이루는 구속을 통해 물러가는 느낌이 든다. 『성육신에 관하여』는 (C. S. 루이스가 표현한 것처럼) "쾌활함과 확신으로 넘쳐나는 활력과 생명력이 가득한 책"이다.[10] 이런 차이를 느끼는 것이 중요한데(어렵지 않음에도 불구하고 중요하다. 아타나시우스의 강력한 수사가 감동적이다), 『성육신에 관하여』는 유쾌하고 놀라운 역전의 개념을 특징으로 하기 때문이다. 심지어 말씀을 통한 하나님의 계시는 너무나 놀랍다. "인간으로서 그들이 불가능하다고 배제한 것들이 실제로는 가능하다는 사실을 하나님은 명백히 보여주신다.……또한 그는 자신이 가진 본유적 능력으로 현인인 체하는 자들이 '인간적'이라고 비웃는 것들을 신적인 것으로 선언하신다."[11]

아담과 하와의 창조로부터 시작하여 아타나시우스는 그들이 선하게 창조되었지만 타락할 수 있었음을 설명한다. 물론, 그 후 그들은 타락에 이르렀다(아타나시우스의 설명을 보면, 인성을 하나님 자신의 타락 불가능성에 연합하도록 해서 그들에게 타락할 수 없는 생명을 주는 것이 하나님의 목적이었기 때문에, 타락이 불가피했던 것으로 느껴질 정도다). 타락이 있은 후 하나님은 어떻게 하셔야 했는가? 인간이 완전히 멸망하도록 내버려두는 것은 하나님의 선하심에 합당하지 않았을 것이라고 아타나시우스는 단언한다. 그러나 타락으로 인해 인간의 멸망이 이어졌다. 말씀이 창조를 통해 무-존재를 존재로 부르셨던 반면에, 죄로 말미암아 인간은 다시 무-존재의 나락으로 미끄러졌기 때문이다. 이 말씀이 오셔서 인간을 재창조해야 했다.

그럼에도 불구하고 말씀이 무로부터 창조하려고 했던 것은 타락한 인성과 전혀 다른 인성이 아니었다. 만약 그렇다면 그것은 전혀 구원이 아니고, 흑암의 나락으로 미끄러진 인간의 문제를 해결하지 못할 것이다. 오히려 그는 **우리**의 인성을 취하시되 동정녀로부터 취하셨다. 타락한 인성을 물려받지 않기 위함이었다. 그는 본성적으로 죽을 수밖에 없는 인간이 아니라 순전한 인간이어야 했다.

핵심은, 인성을 재창조할 수 있는 유일한 존재는 하나님의 형상인 말씀뿐이었다는 사실이다. 먼저, 인간이 그의 형상을 따라 지어졌기 때문이다. 아타나시우스는 하나님의 형상으로 지어진 인간을 손상된 초상화와 비교함으로써 이 부분을 설명한다. 이 초상화의 주인공은 손상된 초상화를 내다 버리지 않고 자신의 형상을 다시 그리기 위해 다시 와서 자리에 앉는다. 그때 인간은 원래 창조된 형상을 따라 진실로 새롭게 될 수 있었다. 둘째, 하나님의 형상을 따라 창조된다는 것은 하나님을 인격적으로 아는 지식을 위함임을 아타나시우스가 이미 설명했다. 또한 오직 하나님의 말씀만이 이 일을 실현한다. 하나님의 말씀이 가져다주는 하나님을 아는 지식은, 인간이 죄 가운데 자기 자신을 향해 돌아서서 무-존재로 타락하면서 저버린 바로 그 지식이다. 그러나 하나님의 말씀이 하나님을 아는 지식을 회복하시는 때 그는 인간을 타락과 무-존재로부터, "이렇게 인간을 비인간화하는" 모든 것으로부터 구하신다.[12] 오직 말씀과 하나님의 형상만이 다시 우리를 인간답게 하실 수 있다.

이어서 아타나시우스는 "우리 믿음의 참 중심"인 십자가를 언급한다. "죽음이 있어야 했다. 그리고 그것은 모든 죄값을 치르도록 하는 모두를 위한 죽음이어야 했다."[13] 그럼에도 불구하고 그리스도는 여느 사람과 같이 죽을 수 없었다. 첫째, 그의 죽음은 사형을 통해 이루어져야 했다. 그는 흠이 전혀 없기 때문에 죽을 이유가 없었다. 따라서 그의 외부—죄로 넘쳐나는 세상—로부터 온 요인이 없었다면 그는 죽지 않았을 것이다. 둘째, 그는 우리를 위하여 저주를 받기 위해, 모든 인간을 자신에게로 부르고 이끌기 위해 두 팔을 활짝 펼친 채로 나무에 달려 죽으셔야 했다(갈 3:13). 셋째, 공중으로 들리셔야 했다. "공중은 마귀의 권세가 드리운 영역"이고(엡 2:2), "주께서는 마귀를 없이하고 공중을 깨끗하게 하기 위해 오셨기" 때문이다.[14] 인간에게 있는 부패(모든 악의 뿌리)를 도말한다는 것은 마귀를 이기는 것뿐 아니라 우주 자체를 고치고 깨끗하게 하는 것을 뜻한다.

그 후 3일째 되는 날, 그의 몸이 부패했어야 할 때에 그리스도는 모든 부패를 이기시고 죽음에서 살아나셨다. 인간은 처음으로 하나님께서 계획하신 대로 모든 죽음을 뛰어넘어 부패할 수 없는 상태를 누린 것이다. 또한 우리는 그리스도가 참으로 살아 계시고 죽음을 이기신 승리자임을 확신한다고 아타나시우스는 주장한다. 그가 보인 바와 같이, 오직 살아 계신 그리스도만이 이교주의의 옛 신들을 권좌에서 끌어내리고, 수많은 사람들을 날마다 계속해서 그리스도를 믿는 믿음으로 이끌어 들일 수 있기 때문이다(이는 분명히 콘스탄티누스 황제가 기독교로 개종한 후 수년 동안 가장 효과적인 변증이었다). 그리스도가 죽음을 정복했다는 아타나시우스의 다른 증거 역시 마찬가지로 당대의 탁월한 변증이었다. 죽은 사자를 놀려대는 어린아이와 같이 그리스도인은 "죽음을 멸시하고" "모든 힘을 상실한 죽은 것으로 죽음을 조롱한다."[15] 아타나시우스가 순교를 대면하는 그리스도인들에게서 놀라운 담대함을 목도했던 것이 분명하다.

여기서부터 그는 계속해서 믿지 않는 유대인과 이방인을 설득하기 위한 주장을 이어간다. 먼저, 유대인을 위한 주장을 펼친다. 아타나시우스는 구약성경을 아우르면서 구약성경이 얼마나 분명하게 그리스도의 오심을 예언하고 있는지를 보인다. 다니엘 9:24-25도 언급하면서 다시 오실 그리스도를 기다리는 것이 부질없음을 보인다. 그리스도가 언제 오실지를 다니엘이 특정했기 때문이고("네 백성과 네 거룩한 성을 위하여 일흔 이레를 기한으로 정하였나니"), 예수의 시대 이후로는 이스라엘에 더 이상 선지자나 제사장이나 왕이 없기 때문이다. 이어서, 아타나시우스는 말씀이 육신이 될 수 있다는 생각을 어리석은 것으로 여기는 이방인을 향해 말한다. 여기서 이방인이란 그리스 사람을 의미한다. 아타나시우스는 그들의 조소를 단순히 모순된 행동일 뿐이라고 거부한다. 그들이 우주를 전체로 통합하는 하나님의 로고스 혹은 말씀은 인정하기 때문이다(심지어 우주를 말씀의 '육체'로 말한다). 그러나 만약 말씀이 모든 우주와 결합할 수 있다고 한다면 그가 자신을 우주의 일부와 결합하는 것을 어리석은 생각이라고 할 이유가 어디 있는가? 계속해서 그는 또한 그리스도는 단순한 사람이 아니라 하나님의 말씀이라고 한다. 그렇지 않으면 '그가 어떻게 신들을 이기셨겠는가?'라고 묻는다. 그는 또한 단순한 마술사가 아니다. 그는 마술을 파하셨다. 마귀도 아니다. 그가 마귀들을 내쫓았기 때문이다.

    이 작품의 마지막 부분에 나오는 일부 변증적 주장들은 당대 상황을 반영함에도 불구하고 오늘날 우리에게 확실히 설득력이 떨어지는 것이 사실이다. 하지만 그가 마지막으로 다시 중심 주장을 펼치는 것을 보면 변증의 대가의 모습으로 돌아온다. 마지막 주장은 '왜 성육신인가?' 하는 것이다. "진실로 그는 우리가 신적 존재가 되도록 인간이 되셨다"고 말한다.[16] 분명히 지금 아타나시우스는 우리가 인성을 벗어 버린다는 의미에서 신적 존재가 된다고 말하는 것이 아니다. 그렇게 말한다면 인간의 재창조와 관련하여 그가 주장한 모든 것과 맞지 않는다. 오히려 그는 지금 그리스도가 성부를 아는 것처럼 성부를 아는, 하나님과의 친밀한 교제로 들어가는 것을 말하고 있다.

    아타나시우스가 하나님의 계시와 관련하여 담대한 주장을 한 것처럼, 이제는 하나님의 구원에 관해 담대한 주장을 펼친다. 아타나시우스에 따르면 구원은 '구원된' 지위를 받거나 저 멀리 있는 하나님으로부터 받는 복들의 목록에 관한 것이 아니다. 구원은 성부와 성자와의 참 교제로 들어가는 것이다. 다시 말하지만, 아리우스가 탈취해 갔던 것이 바로 이 구원이었다. 성자를 단순한 피조물로 전락시킴으로써 성자가 성부와 누리는 참 교제를 부정했다. 아리우스의 생각에 성자는 성부와의 교제를 전혀 나누어 줄 수 없는데, 그 이유는 성자 자신이 결코 그것을 모르기 때문이다. 따라서 아리우스에게 하나님과의 참된 교제란 있을 수 없는 것이었다.

아타나시우스의 신학, 특히 『성육신에 관하여』에 제기되는 두 가지 비판이 있다. 그가 성령을 배제했고, 그가 결코 말씀이 온전하고도 참된 인간이 되도록 하지 않았다는 것이다. 이 두 가지 비판을 짚어 보자.

먼저, 성령의 부재다. 초기 저작들을 보면 아타나시우스가 성령과 관련된 논의에 많은 지면을 할애하지 않는 것이 사실이다(여기서 그는 성령을 삼위 하나님 가운데 한 분으로 반복적으로 언급하지만, 성령의 역할에 대해 풀어놓지는 않는다). 아리우스가 성자의 신성을 부정하는 것이 당시 당면한 큰 문제였음을 생각해 보면 이는 충분히 이해가 가는 대목이다. 하지만 비판자들은 정작 아타나시우스를 통해 성자의 신성한 의가 더 부요해진 점에 대해서는 간과하고 있다. 그렇기 때문에 이 부분을 아타나시우스의 신학에서 늘 발견되는 문제라고 말하는 것은 부당하다. 아타나시우스가 세 번째로 망명 생활을 할 때, 그의 친한 벗이자 동료 감독인 세라피온은 성령의 신성을 부정하는 자들에게 어떻게 대응해야 할지에 대해 그에게 자문을 구하는 편지를 썼다. 이에 아타나시우스는 성령은 성부, 성자와 **동일본질**이심을 주장하는 네 통의 편지로 답했다. 우리를 신성과 연합하게 하려고 오시는 분이 성령이라면 진실로 그는 하나님이셔야 한다.

아타나시우스의 기독론과 관련해서는 그가 말씀이 실제로 인간이 된 것이 아니라 벗을 수 있는 피부나 혹은 현대 용어로 일종의 우주복을 입은 것으로 생각한다는 비난이 있다. 수년 동안 이런 비난이 아타나시우스에 대한 비난으로 받아들여졌다. 이는 아타나시우스가 여러 번 예수님의 몸을 말씀이 "사용하는 도구"라고 언급하는 것에 기반을 두고 있다. 이에 따르면, 아타나시우스는 육신은 말할 것도 없고 하나님이 어떤 것이 "되는 것"을 결코 상상할 수 없다고 할 정도로 하나님의 절대불변성이라는 철학 개념에 사로잡혀 있었다. 이런 비난은 계속 이어진다. 말씀이 그 자신을 인성의 우주복으로부터 안전하도록 멀리 떨어져 있게 하고 이를 통해 그의 완전히 불변하는 본성을 보존했다는 것이다.

그러나 이런 주장은 최근 몇 년 사이에 효과적으로 파쇄되었다.[17] 먼저, 아타나시우스의 기독론이 하나님의 불변성의 철학에서 비롯되었다는 생각은 일종의 침묵 논법이다. 오히려 아타나시우스가 의미했던 바는 말씀이 사람이 되셨을 때도 그는 여전히 자기 자신으로 남아 있었다고 하는 것처럼 보인다. 말씀에서 전혀 다른 어떤 것(사람)으로 변성되지 않았다. 그는 여전히 말씀이셨고, **또한** 동시에 사람이셨다. 말씀이 자신의 인성을 "도구"로 사용했다는 점을 볼 때, 그가 의미했던 바는 그의 인성이 그가 임의로 취하고 벗을 수 있는 외적인 객체와 같다는 뜻이 아니었다. 단순히 그의 인성을 통해 인간이 구원받을 수 있었다는 의미를 전달하고 싶던 것이다. "진실로 그는 우리로 하여금 신적 존재가 되도록 인성을 취하셨다." 실제로 상대적으로 연구가 덜 된 그의 편지들 가운데 일부를 보면, 아타나시우스는 그리스도의 인성은 껍데기가 아니라 그 자체로 완전했다는 자신의 주장을 최대한 명확히 했다.[18] 만약 그리스도가 인간을 완전히 고치시기로 하셨다면 마땅히 그래야 한다.

『아리우스주의에 대항하여』

황제가 파견한 수색대를 피해 사막에서 생애 세 번째 망명 생활을 하는 동안 아타나시우스는 그의 이름을 가장 확실하게 후세에 길이 남길 작품을 저술한다. 그의 논설집인 『아리우스주의에 대항하여』는 성자의 영원한 신성을 옹호하는 핵심적인 변론과 아리우스주의 신학의 심장을 꿰뚫는 말뚝으로 드러났기 때문이다.

논설 1

여는 글에는 아타나시우스가 아리우스주의의 위협을 얼마나 심각하게 여겼는지가 잘 나타난다. "진리에서 떠난 모든 다른 이단 가운데서 유독 이들만이 자신들의 광기를 드러낸 것을 알 수 있다. 근자에 아리우스주의가 일개 이단에 불과함에도 적그리스도의 전조로서 발흥하고 있다." 이 부분에서 의견을 달리하는 한 우호적인 일치란 전혀 없을 것이다!

먼저, 아타나시우스는 아리우스주의에 대해 설명함으로써 자신의 목표를 분명히 한다. 아리우스는 하나님이 어떠해야 하는지에 대한 철학적 전제로 시작했다. 하나님은 본질상 '창조되지 않거나' 자존해야 한다. 실제로 '창조되지 않는다'는 말이 하나님에 대한 가장 기본적인 정의로 사용된다고 그는 주장했다. 따라서 이는 성자가 아버지로부터 창조되거나 혹은 난 자이기 때문에 그가 하나님일 수 없다는 것은 분명하다. 오히려 하나님으로부터 난 자이기 때문에 그에게는 시작이 있는 것이 분명하다. 그는 어느 한 시점부터 존재하기 시작했고 따라서 그는 피조물일 수 밖에 없다. 이러한 철학의 우쭐함 속에서 영원한 성자는 실종되어 버렸다. 하지만 전혀 새삼스럽지 않는 것이, 아리우스주의는 (C. S. 루이스가 말한 바와 같이) "이성주의적 단일신론의 구체화와 전형으로, 오늘날에도 사람들에게 강하게 인기를 끌고 있기 때문이다. 지금과 마찬가지로 당시에도 고등 교육을 받은 교양 있는 많은 성직자들이 아리우스주의를 따랐다".

또한 아리우스에 따르면 하나님의 아들은 전혀 하나님과 같지 않다. 높아졌을지는 모르지만 피조물에 불과했다. 성부가 항상 피조물과 어떤 관계가 있기에는 너무나 초월적이셨기 때문이다. 이를테면, 우리는 성자를 위해서 피조된 것이 아니다. 오히려 성자가 우리를 위해 피조되었고 선물로서 특정한 신적 성품에 참여하도록 허락된 것이다. 따라서 그가 '하나님'으로 불릴 수는 있으나 실제로 하나님도 아니고, 하나님을 실제로 아는 것도 아니다. 다만 우리에게 '하나님'이다.

아타나시우스는 먼저 아리우스주의자들(아타나시우스는 그들을 "아리우스의 미치광이들"이라고 부르곤 한다)이 하는 주장의 방법론을 공격한다. 본질적으로 이들의 하나님 개념은 사변에서 비롯된 것이라고 주장한다.

그들은 인간의 자녀는 그가 태어난 특정한 시점부터 존재하기 시작했기 때문에, 하나님의 아들 역시 그런 것이 틀림없다고 주장한다. 아타나시우스는 "그렇게 말하기 전에 그들은 건축가가 재료 없이도 건물을 지을 수 있는지를 먼저 살펴보아야 한다. 만약 건축가가 그렇게 할 수 없다면 하나님도 재료가 없이 우주를 창조할 수 없다고 할 것인가"라고 응수했다.[19] 그런 생각을 하나님을 아는 참된 지식으로까지 상향 적용하는 것은 불가능하다고 못 박았다.

오히려 "하나님을 그의 역사만으로 명명하고 그를 기원이 없는 이로 부르는 것보다, 아들을 통해 하나님을 나타내고 그를 아버지로 부르는 것이 더 경건하고 정확하다."[20] 다시 말해, 그리스도인은 아버지께 기도하지, "기원이 없는 이"에게 기도하지 않는다. 그는 아버지이시지, 단순히 추상적으로 정의된 "기원이 없는" 존재에 불과한 것이 아니기 때문이다. "아들로부터"만 하나님을 아버지로 아는 것이 가능하다. 그러나 만약 우리가 하나님을 창조자와 같은 존재로 먼저 정의한다면 우리는 하나님을 추상적으로("기원이 없는" 혹은 "나지 않은"과 같은 것 정도로) 정의할 것이고 아들 역시 그의 신성과 상관없이 정의하게 될 것이다. 또한 그렇게 할 때 우리 스스로가 참된 아버지가 아니고 실제로는 아들도 없는 하나님을 예배하는 것을 발견한다. 우상숭배자가 되는 것이다. 이것이 바로 아리우스주의에서 비롯되는 문제의 핵심이라고 아타나시우스는 주장한다. 아들을 통해서가 아닌 다른 방식으로 하나님을 알려고 함으로써 전혀 다른 하나님을 알게 된다. 아타나시우스가 아들의 신성을 양보할 수 없는 문제로 주장한 것도 바로 이런 이유다. 어느 누구라도 항상 아들을 앎으로써만 하나님이 누구신지 알 수 있게 되기 때문이다.

지금까지 말한 바와 같이, 아리우스주의자의 하나님에 대한 이해는 성경에서 비롯된 것이 아닌데도 그들은 성경을 빌어 자신의 견해를 뒷받침하곤 했다. 특히 그들은 "내 아들이라. 오늘 내가 너를 낳았다"(히 1:5)라고 하는 구절과 아들이 존귀하게 된 것(그들에게 아들이 존귀하게 되었다는 말은 그가 애초에 하나님과 동등하지 않음을 의미하는 것처럼 보였기 때문이다) 등을 언급하는 히브리서 1장을 좋아했다. 이에 대해 아타나시우스는 히브리서 1장에서 아들을 영원한 보좌에 좌정하신 하나님(시 45편)과 창조주(시 102편)로 언급하는 구절들을 들어 구약성경에서 아들은 항상 주로 예배를 받았다고 맞받았다. '높아지다', '낳다'는 용어와 관련하여 아타나시우스는 아들이 인성을 취하셨고, 바로 이 인성이 그리스도의 승천과 더불어 높아진 것이라고 설명한다. 아들과 연합된 인성은 이제 아들이 항상 누리던 아들의 상태로 높아졌다. 실제로 양자됨이 성육신의 목적이었다.

논설 2

첫 번째 논설에서 이미 아타나시우스는 아리우스의 하나님은 초월성을 가졌음에도 자신의 피조된 조력자인 아들의 도움 없이는 원하는 바를 이룰 수 없는 유약하고 결핍된 존재임을 적시했다. 그는 "시간을 따라 완전해져 가는 과정에 있는" 하나님이었다.[21] 이제 아타나시우스는 정통 기독교가 말하는 대안을 제공한다. 하나님은 창조자이기 전에 먼저 아버지이셔야 한다고 그는 말한다. 다시 말해, 하나님이 창조를 통해 나오실 수 있기 위해서는 본질상 풍성하고 생명을 주시는 분이셔야 한다. 성부는 **아버지**이시지, 아리우스가 말하는 대로 혼자 고립되어 외로운 "기원되지 않은" 존재가 아니다.

이처럼 아타나시우스는 자신이 믿는 하나님은 당시 그리스 철학자들의 신과는 전혀 다른 존재임을 보였다. 그의 하나님은 정적이지 않은 역동적이고 인격적인 존재요, 본유적으로 외부를 향하시는 충만한 분이시다. 아타나시우스는 성부를 원천과 태양에 빗대어 말한다. 원천에서 물이 솟아나 샘을 이루고 태양이 빛을 발산하는 것처럼, 아버지이기 위해 성부는 '넘쳐나거나' '발산하거나' 아들을 낳는 분이셔야 한다. 반대로, 아리우스가 말하는 아들이 없는 아버지는 말라 버린 원천이나 빛을 발하지 않는 태양과 같이 아들을 낳지 못하는 하나님을 의미한다.

두 번째 논설의 나머지 대부분은 구약성경을 통해 그리스도가 영원한 주와 왕이심을 증거하는 데 할애한다.

> 아브라함이 그리스도를 주로 예배하고, 모세가 "여호와께서 하늘 곧 여호와께로부터 유황과 불을 소돔과 고모라에 비같이 내리사"라고 말하고, 시편에서 다윗이 "여호와께서 내 주에게 말씀하시기를……너는 내 우편에 앉으라 하셨도다"라고 하고, "하나님이여, 주의 보좌가 영영하며 주의 나라의 홀은 공평한 홀이니이다"라고 하는 것을 보아 그분은 사람이 되시기 전부터 성부의 형상과 말씀으로서 영원한 왕과 주이셨다고 하는 것과 같다.²²

실제로 아타나시우스가 아리우스와 치른 주석과 관련된 전투의 중심에는 다른 무엇보다 구약성경 잠언 8:22이 자리하고 있었다. 『아리우스주의에 대항하여』의 많은 부분이 이 구절과 관련된 문제들에 할애된다. 지혜는 그리스도를 일컫는 이름이었다는 점에 모두가 동의했다. 하지만 히브리어 본문과 달리 (양측 모두가 근거로 삼았던) 칠십인역은 잠언 8:22에서 지혜를 "피조된" 것으로 말한다. "피조물"은 성육신 때 그를 위해 "피조된" 그리스도의 인성을 가리킨다고 말함으로써 아타나시우스는 이 대목을 히브리서 1장을 다룰 때와 동일하게 주석했다.

이어서 아타나시우스는 그리스도의 인성이 "창세 이전"에 터를 두고 있는 것이 무엇을 의미하는지 심도 있게 논한다. 창조 이전부터 성부가 그리스도로 말미암아 구원하실 목적을 가지고 계신 것으로 이 사실을 이해했고, 그는 이런 이해를 아우구스티누스의 선택 교리에 앞서 거의 가장 정교하다고 할 수 있는 선택 교리로 발전시킨다. 아타나시우스의 선택 교리는 개인이 양자되기 위해 예정된 것에 집중하는 경향이 있는(특히 후기에 이르러) 아우구스티누스의 믿음과 사뭇 다르다. 아타나시우스는 오히려 아들이 예정된 분이고 그 안에서 우리가 선택되었다고 주장한다.

그가 스스로 말하는 것처럼 그 안에서 미리 우리를 주신 것이 아니라면 우리가 존재하기도 전에 그가 어떻게 우리를 선택했단 말인가? 아들 자신이 '창세 전부터 계시고' 우리를 위한 경륜을 취하신 것이 아니라면 도대체 어떻게 우리가 창조되기도 전에 우리를 양자됨으로 예정하셨단 말인가?……우리에게까지 이른 은혜가 그리스도 안에 있지 않았다면 어떻게 시간이 있기 전 우리가 아직 존재하지도 않았던 '창세 전'에 그 은혜를 받는단 말인가? 또한 그는 사람이 각각 그 행위에 따라 보응을 받는 심판의 때에 "내 아버지께 복 받을 자들이여, 나아와 창세로부터 너희를 위하여 예비된 나라를 상속받으라"고 하신다. '창세 전부터' 이 목적을 위해 세우심을 받은 주 안에서가 아니라면 우리가 있기도 전에 어떻게, 누구 안에서 이것이 예비되었단 말인가?[23]

논설 3

이때까지도 아타나시우스는 자신이 성부와 성자 간의 관계를 충분히 명확하게 설명했다고 느끼지 못했다. 따라서 아타나시우스는 이제 니케아 신조(성자는 "만들어진 것이 아니라 아버지로부터 난 아버지와 동일본질"이시다)를 마음의 중심에 분명히 두고 계속해서 논증해 간다.[24]

니케아 신조는 그 전까지 충분히 분명하지 않던 '낳는' 것과 '만들어진' 것 간의 구별을 명확히 했다. 이는 아타나시우스의 하나님의 교리를 위해서 아주 핵심적인 역할을 하게 될 것이었다(교회 전체를 위해서도 마찬가지였다). 다시 말해, 한 주체는 오직 그 자신과 **동일한** 종류의 것만을 '낳을' 수 있다. 그래서 사람은 사람을 '낳고' 성부는 성자를 '낳으신다.' 반면에, 어떤 주체는 자신과 **다른** 종류의 것을 '만들' 수 있을 뿐이다. 그래서 사람은 도넛을 '만들고' 하나님은 세상을 '지으신다'. 사람은 도넛을 '낳을' 수 없고, 하나님도 세상을 '낳을' 수 없다. 마찬가지로 사람은 사람을

'만들' 수 없고, 하나님 역시 아들을 '만들' 수 없다.

니케아 신조는 '본질'ousia, being이라는 말이 의미하는 것이 무엇인지를 분명하게 하지 않았고, 이로 인해 '동일본질'이라는 말이 성부와 성자 간의 구별이 제대로 되지 않는 인상을 주었다고 느끼는 사람들이 있었다. 그럼에도 불구하고 아타나시우스의 전체 접근법은 이 구별을 상당히 명확히 함으로써 그런 우려를 불식시켰다. 동일본질은 동일한 사탕에서 두 가지 단맛이 우러나는 것과 같은 방식으로 성부와 성자가 동일한 본질을 구성하고 있다는 의미가 아니다. 만약 그렇다면 두 하나님을 의미하게 되는데, 이는 결코 받아들일 수 없는 것이다. 오히려 성부와 성자는 그들이 동일한 하나님, 동일한 존재라는 의미에서 동일본질이다.

아타나시우스는 성자가 '**성부의 동일본질**'homoousion tō Patri이라는 사실을 강조함으로써 니케아 신조가 함축하는 내용을 분명히 한다. 그렇다고 성부와 성자가 공유하는 제3의 신적인 요소나 '본질'이 있다는 의미는 아니다. 성자가 **하나님**의 본질로부터 비롯되었다고 하지 않는다. 성자는 **성부로부터** 나왔다. 성부나 성자의 공통적인 토대가 되는 하나님 성분 같은 것은 없다는 말이다. 성부의 본질은 그가 아버지라는 것보다 더 근본적인 것이 아니다. 아버지가 되기 전에는 무엇이었고 또 보다 근본적으로는 무엇인지 물어볼 정도로 아버지가 된 어느 시점이 과거에 있었던 것이 아니다. 오히려 하나님은 아들을 낳으신 아버지이고, 이렇게 낳는 것은 하나님께 더해진 것이 아니다.

니케아 신조는 "우리는 성부이신 한 분 하나님을 믿사오며"라는 고백으로 시작했다. '기원되지 않은' 이가 아닌 '성부'를 고백했다. 아타나시우스는 '성부'가 이 하나님의 존재에 관한 실제 진술이라면 그가 특정한 시점에 아버지가 된 것이 아니라는 사실을 분명하게 확립하려고 했다. 성부는 성자를 낳는 자신의 존재를 가져야 한다. 이 말은 "우리가 하나님을 아버지로 부르는 즉시 우리는 성부와 더불어 성자의 존재를 나타낸다"는 의미다.[25] 다른 말로 하면, 성부가 실제로 영원히 아버지라면 성자 역시 영원해야 함을 뜻한다.

또한 아타나시우스는 이런 사실이 아리우스주의자들에게 문제가 된다고 결론 내릴 수 있었다. 영원한 성자를 부정함으로써 그들은 성부의 존재 자체와 정체성을 부정하고 조금도 그와 상관이 없게 될 수 있었기 때문이다. 아타나시우스가 왜 그토록 이 부분에 확고했는지를 보여주는 대목이라고 하겠다. 자신이 하나님의 정체성과 구원에 이르는 지식을 위해 싸우고 있었던 것이다. 만약 아리우스주의자들이 성자를 모른다면 성부 역시 알지 못하는 것이었다. 하나님을 모르는 것이다. 자신들의 철학적 전제를 통해 믿은 그 하나님은 다른 신이었다.

이제 아타나시우스는 그와 같은 지고의 영역에 대한 논의로부터 피조물 안에서 일어난 말씀의 이야기로 급강하한다. 구약성경의 성도들은 종종 이 말씀을 여호와의 천사로 알았다(여기서 그는 창 48:15-16, 32:24-30과 같은 구절들을 언급한다). "그만이 성부를 계시하기 때문이다."²⁶ 그러나 이 말씀이 육신을 취했을 때 전혀 다른 일이 일어났다. 그래서 아타나시우스는 "이전에 이 말씀이 성도 각 사람에게로 오셨던 것처럼, 이제 그가 사람으로 머무는" 정도로 생각하지 말아야 함을 강조했다.²⁷ 단순히 육신으로 머무는 정도가 아니라 "육체를 말씀으로 만들기" 위해 완전한 육체를 취하셨다. 그리고 나서(마침내!) 아타나시우스는 그가 성령으로 하심을 설명한다. "성령이 아니면 우리는 하나님으로부터 떠나 있는 이방인이다. 성령이 참여하셔서 우리는 신격과 결합된다."²⁸

논설 4

네 번째 논설은 실제로는 처음 세 논설에 부록으로 더해진 다른 저작이다. 그럼에도 불구하고 이 저작을 통해 아타나시우스의 총구가 이제 아리우스주의로부터 양태론─modalism─성부, 성자, 성령은 단순히 모양을 바꿀 수 있는 양태들에 불과하거나 한 하나님이 쓴 가면에 따라 달라진 모습일 뿐이라고 믿는다─으로 어떻게 향하는지 보여주는 가치가 있다.

양태론자에게는 어떻게 대답해야 하는가? 물론 아타나시우스는 다수의 신구약성경 구절들을 인용해 성자가 실제 분명한 존재임을 보인다. 양태론자는 "아들의 개념으로, 그리고 아리우스주의자는 아버지의 개념으로 논박해야 한다!"고 그는 말한다.29 앞에서 성자를 부정함으로써 성부를 부인하는 아리우스주의자의 문제를 보았다. 이제 아타나시우스는 양태론자를 향하여 역으로 그들의 문제는 성부 곁에 실제로 계시는 성자의 존재를 인정하지 않는 데 있다고 말한다. 그리고 이는 실제로 아리우스주의자가 했던 것보다 더 나쁜 짓이라고 말한다.

> 성자는 이름만 있을 뿐 하나님의 아들, 곧 성부의 말씀은 비본질적이고 비실제적이라고 하는 자들이 '그가 존재하지 않았던 때가 있었다'고 하는 자들을 향해 화를 내는 척하는데, 이 또한 웃기는 일이다. 그의 존재조차 인정하지 않는 자들이 그래도 시간 안에서는 그의 존재를 인정하는 자들에게 화를 내고 있기 때문이다.30

또한 그는 양태론자가 성자를 살해함으로써 실제 일어난 선한 창조에 대한 믿음을 살해한다고 주장한다. 만약 말씀이 단순히 하나님의 존재의 한 양태로서 그에게서 나와 피조물을 존재하게 했다면, 그 말씀이 하나님께로 다시 돌아가면(승천하여 하나님 나라를 최종적으로 성부에게 넘겨드리기 위해) 어떤 일이 벌어지겠는가? 피조물을 붙드는 분은 말씀이다. 하지만 말씀이 하나님께로 다시 돌아가 존재하지 않으면 피조물은 더 이상 존재하지 않을 것이다. 이는 마치 피조물은 곧 무로 삼켜질 운명을 가진 존재, 하나님 안에서 일어난 일시적 확장에 불과한 존재 정도가 될 것이다.

『성 안토니오전』

아타나시우스는 사막의 수도승들 가운데 유배 생활을 하면서 『아리우스주의에 대항하여』를 쓰는 동시에 그들의 유명한 지도자이자 얼마 전 세상을 떠난 은자 안토니에 대한 전기를 써 내려갔다. 이 작품은 아우구스티누스의 회심과 수도원의 이상이 전파되는 데 핵심적인 역할을 해서 크게 유명하고 영향력 있는 작품으로 드러났다.

이 작품은 예수님이 젊은 부자 관원에게 하시는 말씀—"가서 네 소유를 팔아 가난한 자들에게 주라. 그리하면 하늘에서 보화가 네게 있으리라. 그리고 와서 나를 따르라"(마 19:21)—을 듣고 그 말씀을 문자 그대로 실천한 한 이집트 청년에 대한 이야기다. 그러나 안토니오가 가진 소유를 다 처분하고 열심을 내는 것을 못마땅해 한 마귀는 그에게 나타나 전혀 새로운 차원의 유혹들을 퍼부었다. 그러자 이 일에 보다 진지하고 심각해져야겠다고 결심한 안토니는 엄격한 금욕적 생활을 하며 은자로 살기 위해 사막으로 들어갔다. 거기서 그는 마귀와 씨름하고, 예언하며, 환상을 보고, 기적을 행했다. 그의 거룩함에 대한 명성이 어찌나 자자했던지 병자들이 치료받고자 그에게로 나아갔고, 많은 제자들이 그를 따르겠다고 몰려들 정도였다.

책 내용은 악과 마귀적인 것들('뱀들과 전갈과 같이 그리스도인인 우리 발 아래 밟히게 된 것들')을 이긴 그리스도의 승리에 전율하는 듯하고 대체적으로 놀랍도록 낙관적이고 들뜬 느낌을 준다.[31] 항상 그리스도인의 고난과 자기 부인과 같은 보다 어두운 주제를 빛과 즐거움과 같은 황금빛 감각으로 물들게 하는 전형적인 아타나시우스의 모습을 여기서도 본다. 예를 들어, 사순절 금식을 맞아 알렉산드리아의 그리스도인들에게 전한 편지에서 그는 자기 부인과 같은 우울한 생각이 아닌 참된 향연인 그리스도를 만끽하기 위해 금식으로 들어가는 것에 초점을 맞추고 있다. 아타나시우스에게 금식과 자기 부인은 감사와 관계가 있다. 자기애를 부추기는 감각적인 쾌락으로부터 눈을 돌려 하나님을 묵상하고 그 안에서 즐거움을 발견하는 것이다. 심지어 아타나시우스에게는 고통도 이와 다르지 않다. 그래서 그는 병과 고통을, 자아의 정욕을 몰아내고 기쁨으로 자신이 그리스도의 형상으로 빚어져 가는 방편으로 알고, 소망 가운데 그것들을 품으라고 그리스도인에게 조언한다.

하지만 이 모든 것에도 불구하고 아타나시우스가 실제로 안토니오의 금욕주의에 전적으로 동의한 것은 아니다(안토니오에 대한 깊은 존경심으로 그를 비판하는 듯한 여지를 전혀 남기고 있지 않음에도 불구하고). 안토니오의 자기 부인은 항상 아타나시우스가 그의 강한 창조 교리 때문에 결코 동의할 리가 없는 반-물질주의로 빠질 위험이 농후했다. 다른 수도사에게 쓴 편지에서 그는 "순전함이라는 미명하에" 성적 관심과 같은 육신적인 것을 본유적으로 악한 것으로 암시하는 것은 마귀가 하는 일이라고 경고했다. 아타나시우스는 오히려 그 반대라고 말한다. "하나님이 지으신 모든 것이 아름답고 순전하다. 하나님의 말씀이 쓸모없거나 부정한 것은 결코 만들지 않으셨기 때문이다."[32]

계속 읽어 가기

아타나시우스의 글은 솔직하고 간결하다. 그러나 처음 그의 글을 접하는 사람들에게는 그가 별안간 다른 이야기를 하는 것 같아 당혹스럽게 느껴질 수도 있다. 따라서 처음 아타나시우스를 읽는 사람들은 보다 어려운 저작인 『이교주의에 대항하여』는 건너뛰고 『성육신에 관하여』로 바로 들어가는 것이 나을 것이다. SVC가 C. S. 루이스의 탁월한 서론이 실린 쉬운 번역본을 제공하고 있다. 조금 더 깊이 들어가고자 한다면 물론 『아리우스주의에 대항하여』를 이어서 읽는 것이 좋다. 온라인(http://www.cce.org)이나 *Nicene and Post-Nicene Fathers*(2nd series, vol. 4)에서 읽을 수 있다.

토마스 웨이낸디 Thomas Weinandy의 『아타나시우스: 신학적 소개』*Athanasius: A Theological Introduction*, Alder-shot: Ashgate, 2007가 아마도 가장 탁월한 전반적인 소개서일 것이다. 또한 가장 최근의 학술적인 견해를 반영하는 이점까지 있다. 아리우스주의자와의 복잡한 논쟁에 대한 고전적인 소개서로는 R. P. C.

핸슨의 『기독교 신론 연구: 아리우스 논쟁(318-381년)』*The Search for the Christian Doctrine of God: The Arian Controversy 318-381*, Edinburgh: T. & T. Clark, 1988이 있다. 학문성에 있어서 약간 시대에 뒤진 감이 없지 않지만, 워낙 분명한 주장을 펼치기 때문에 지금도 이 분야에서 표준적인 책으로 남아 있다.

아타나시우스 연표

251? 안토니오 출생
256? 아리우스 출생
296-8 이집트 알렉산드리아에서 아타나시우스 출생
303-5 디오클레티아누스 황제의 대박해
311 이집트에서 다시 박해가 시작됨
312 콘스탄티누스 황제의 기독교 개종
318 아리우스가 성자가 없었던 때가 있었다고 가르치기 시작함
325 니케아 공의회
328 아타나시우스가 알렉산드리아의 감독으로 임명됨
335-7 아타나시우스의 첫 번째 유배. 『이교주의에 대항하여』, 『성육신에 관하여』 저술?
336 아리우스의 죽음
339-46 아타나시우스의 두 번째 유배
354 아우구스티누스 출생
356? 안토니오의 죽음
356-62 아타나시우스의 세 번째 유배. 『아리우스주의에 대항하여』, 『성 안토니오전』, 「세라피온에게 보내는 편지」 저술
362 알렉산드리아 공의회
362-4 아타나시우스의 네 번째 유배
365-6 아타나시우스의 다섯 번째 유배
373 아타나시우스의 죽음

04

사랑의 지혜

아우구스티누스 *Augustinus*

주후 4세기는 역사에 있어서 격변기였다. 4세기가 시작할 때 로마제국은 이교도의 나라였다. 그리스도인은 핍박받는 소수였다. 4세기가 끝났을 때 제국은 기독교를 공인했고 이교의 제사는 법으로 금지되었다. 한편 한때 강력했던 로마가 계속 약탈을 당하고 제국의 서반부가 완전히 몰락할 정도로 로마제국의 지배력이 급속도로 무너지기도 했다.

이 모든 일만큼이나 중대한 사건은, 주후 354년에 아우렐리우스 아우구스티누스Aurelius Augustinus가 태어난 것이다. 이교도 아버지인 파트리키우스Patricius와 그리스도인 어머니 모니카Monica에게서 태어난 그는 그야말로 시대의 아들이었다. 그의 삶과 저작은 그를 둘러싸고 일어난 사건들과 무관하지 않았다. 로마와 마찬가지로 그 역시 이교 신앙에서 기독교로 개종했다. 얼마 지나지 않아 그는 주교, 다시 말해 제국의 공직자가 되었다. 로마와 마찬가지로, 몸져누워 있는 로마를 야만족 무리가 둘러쌌을 때 그 역시 임종을 맞았다.

그는 삶의 대부분을 북아프리카에 있는 제국의 변방에서 살았다. 그가 주교로 있던 도시인 히포 레기우스Hippo Regius(오늘날 알제리 해안에 자리한 항구)라는 도시도 잘 알려지지 않았다. 그럼에도 아우구스티누스는 성경 이외에 가장 영향력 있는 그리스도인 사상가로 남아 있다. 적어도 그가 서구 세계에 미친 영향은 아무리 말해도 지나치지 않다. 예를 들어, 16세기 종교개혁은 여러 가지 면에서 아우구스티누스의 머릿속에서 일어난 논쟁이었다. 로마 가톨릭교도와 종교개혁자 모두 자신들이 아우구스티누스의 진정한 후예라고 주장했고, 이런 주장을 증명하기 위해 양쪽 모두 아우구스티누스를 광범위하게 인용했다. 루터와 에라스뮈스 모두 한때는 아우구스티누스 수도회 수사들이었다. 또한 그의 영향은 신학을 넘어서 심리학과 철학에까지 미쳤고, 서양 세계에 사는 우리가 자신에 대해 생각하는 사고방식을 형성하기까지 했다. 우리는 뼛속까지 아우구스티누스의 깊은 영향 아래 있다. 또한 그가 대면했던 여러 사상들은 여전히 오늘날까지 영향을 미치고 있으며, 앞으로도 계속해서 대단히 중요한 영향을 미칠 것으로 보인다.

아우구스티누스와 같은 거대한 지성이 수많은 저작을 남긴 것은 너무도 당연한 일이다. 그는 수천 편의 편지와 설교뿐 아니라 신학적·철학적·목회적인 주제와 관련하여 200권 이상의 저작을 남겼다. 하지만 그의 많은 작품들에 압도적인 심오함이 더해져(그가 살던 문화와 우리의 문화의 차이도 포함해서) 대부분의 독자들에게 아우구스티누스가 부담스럽게 다가오는 것은 사실이다. 하지만 부담을 가질 필요가 없다. 그의 문체는 읽기가 쉽고, 그의 생각은 잘 드러나 있기 때문이다. 여기서 우리는 그와 관계 맺기 위한 출발점으로 그의 사상의 윤곽과 배경을 개략적으로 살펴볼 것이다.

출발점은 당연히 아우구스티누스의 『고백록』 Confessions 이다. 그는 친히 자신의 유년기와 초기 신학 그리고 영적인 여정을 묘사한다. 여기서 우리는 인간 아우구스티누스와 그의 많은 핵심적인 사고들을 대면한다. 『고백록』을 꼼꼼하게 파악한 뒤, 그가 생의 후반부에서 대면했던 주요한 이슈들을 (대략적인 연대기적 순서를 통해) 꿰어 맞춤으로써 비로소 그의 삶에 대한 전체 그림을 완성할 수 있다.

『고백록』

『고백록』은 아우구스티누스가 생의 중반에 자신의 젊은 날에 대해 쓴 책이다. 하지만 현대적 의미의 자서전과는 상당히 다르다. 한 가지 예로, 이 책에는 자화자찬을 전혀 찾아볼 수 없다. 또한 『고백록』은 기도 형식으로 기록되었다. 이런 사실은 (제목과 아울러) 이 책의 성격을 드러낸다. 이 책은 하나님을 향한 고백이다. 자신의 죄와 자신에게 베푸신 하나님의 은혜를 고백한 책이다. 하지만 이 고백은 회심 직후까지의 삶을 다루는 아홉 '권' 혹은 장들을 마친 뒤 기억, 시간, 성경해석, 창세기 1장 주석을 담은 네 '권'으로 끝을 맺는다. 이 마지막 부분을 읽는 독자들이 종종 어리둥절해하는 것은 조금도 이상한 일이 아니다! 그러나 어떻게 마지막 네 권을 처음 아홉 권과 연결 짓느냐가 아우구스티누스가 『고백록』을 쓴 목적을 이해하는 데 중요한 열쇠가 된다.

제1권

아우구스티누스는 전체 작품을 요약하는 하나의 단락으로 『고백록』을 시작한다.

> 오 주여, 주님은 위대하시오니 크게 찬양을 받으소서. 주님의 능력이 지극히 크고 지혜가 다함이 없나이다. 주님이 지으신 피조물의 일부인 인간이 주님을 찬송하기를 열망합니다. 인간은 자신의 죄의 표지요 주께서 교만한 자를 물리치신다는 증거인 죽음을 지니고 다닙니다. 하지만 주님이 창조하신 일부로서 여전히 인간은 주를 찬송하기를 갈망하나이다. 주께서 우리를 불러일으키사 주를 찬양함을 기뻐하게 하시나이다. 주께서 우리를 주님 자신을 위해 지으셨습니다. 주님 안에서 안식하기까지 우리 마음은 쉬지 못하기 때문입니다.[1]

이 단락에서 아우구스티누스는 이 책의 중심 주제를 소개한다. 바로 자기 자신과 모든 인간이 추구해 가는 하나님 안에서의 안식으로의 여정이다. 이 대목은 지극히 기독교적인 단락이다(시 145:3, 147:5, 벧전 5:5, 롬

10:14). 또한 지극히 신플라톤주의적이다. 안식을 향해 가는 영혼의 움직임을 중시하는 신플라톤주의적 전통은 하나님을 향한 기도로 된 저작들로 가득했다(조금 후에 살펴볼 것이다). 여기서 우리는 『고백록』을 쓴 성숙한 아우구스티누스에 대한 매우 중요한 사실을 목도하게 된다. 이는 그가 기독교적 사고와 신플라톤적 사고가 혼합된 마음을 가지고 있었다는 것이다.

단락을 마친 뒤 아우구스티누스는 유아기를 반추하며 자신의 이야기를 시작한다. 그가 실제로 그때를 기억해서 쓴 것이 아니다. 갓난아이에게서 나타나는 지극한 이기심을 통해 갓난아이조차 죄책 아래 있음을 증거함으로 고백을 써 내려가기 위함이다. 실제로 유년기에 그가 어떻게 거짓말을 하고 속이고 도둑질했는지에 대한 묘사는, 자신의 악함과 자기 집착에 대한 고백으로서만이 아니라 '순진무구'한 유년시절이라는 개념에 대한 반박으로서 기능한다.

아우구스티누스는 죄책 아래서 죄로 가득한 유년기였지만, 그처럼 이른 시기에도 하나님을 향한 여정이 시작되고 있었다고 믿었다. 어렸을 때 그는 고전 라틴 문학을 좋아했다. 실제로 그의 삶은 『고백록』에서 묘사된 바와 같이 책과의 조우에 관한 이야기다. 어렸을 때 그가 가장 좋아했던 작품은 베르길리우스Vergilius의 『아이네이스』Aeneis다. 트로이가 멸망한 뒤 트로이의 영웅 아이네이스가 어떻게 방황했는지, 나중에 로마가 될 도시를 계속해서 세우기 전에 그가 어떻게 카르타고에 이르렀는지를 묘사하는 이야기다. 이 이야기는 아우구스티누스 삶의 모델이 되었다. 자신의 영적 방황을 기록하는 『고백록』은 『아이네이스』의 영적 버전이며, 아이네이스와 같이 자신도 카르타고에서 로마로 떠났다.

제2권

이어서 아우구스티누스는 설득력 있고 확신에 찬 어조로 죄를 짓는 것이 무엇인지 묘사하는 가운데 죄악된 자신의 젊은 시절을 감명 깊게 추적해 간다. 2권이 묘사하는 주된 사건은 16세 되던 해에 일어난 작은 사건이다.

하지만 그는 이 사건을 죄의 본질을 면밀히 살피는 기회와 모범으로 사용한다. 그는 몇몇 친구들과 함께 이웃집 배나무에서 배 몇 개를 훔쳤다. 사소한 일일 수도 있지만, 그는 나중에 실제 자신이 어떤 사람인지를 적나라하게 보여주는 사건이라고 느꼈다. 여기서 그는 금지된 과일을 훔치는 또 다른 아담이었다. 그렇다면 왜 그런 짓을 했는가? 사실 배 몇 개를 얻으려고 한 짓은 아니었다(심지어 그 배를 먹었는지조차 기억하지 못한다). 그는 단순히 불법을 행하기를 즐겼다. 이것이 바로 인간의 상태를 여실히 보여준다고 생각했다. 그는 이 사건을 통해 죄란 율법을 이용해 주를 거슬러 반역하려는 본성적인 욕구임을 나타낸다(롬 7:7-11). 그는 하나의 아이러니에 주목한다. 그가 자신을 율법 위에 둠으로써 스스로를 신적으로 자유롭게 한다고 생각했던 바로 그때에, 실제로는 자신의 친구들을 따르고 그들과 함께 어울리기 위해 죄를 짓고 있었고, 결과적으로 아무런 행복도 누리지 못했다는 것이다.

제3권

그는 아이네이스와 마찬가지로 계속해서 교육을 받기 위해 카르타고(오늘날의 튀니스)로 갔다. 역시 아이네이스와 마찬가지로 그곳에서 사랑을 발견했다. 아이네이스의 경우 그가 발견한 사랑은 디도Dido 여왕이었다. 아우구스티누스는 달랐다. 공부를 하는 중 위대한 로마의 웅변가이자 철학자인 키케로Cicero가 쓴 『호르텐시우스』Hortensius를 읽고 그가 가진 고상한 웅변 스타일에 매료되었다. 『호르텐시우스』는 철학으로의 권면이었다(문자 그대로의 의미는 '지혜를 사랑함'이다). 이 책에서 키케로는 독자들에게 영원한 지혜를 찾으라고 권면한다. 이 책을 읽고 아우구스티누스는 지혜를 사랑하는 철학자로 탈바꿈했다(아우구스티누스가 중심으로 느낀 사랑으로, 그에게 철학은 결코 순전히 지성에만 호소하는 것일 수 없었다). 그래서 수년이 지난 후 그리스도를 지혜로 믿는 그리스도인으로서(고전 1:24) 자신의 지난 삶을 반추하는 가운데 『고백록』을 써 내려갔다. 그렇게 하는 가운데—당시에는 알지 못했지만—그리스도를 찾기 시작한 것이었다. 그래서 아우구스티누스는 키케로의 『호르텐시우스』에 대해 "오 주여, 이 책이 저의 사랑을 바꾸어 놓았고 제 기도가 주님을 향하도록 했나이다"라고 기도한다.[2]

어머니가 가진 기독교 신앙 덕분에 그는 자신이 추구하던 지혜를 성경에서 찾기 시작했다. 키케로의 수사학적 허세 때문이기도 했지만, 그가 사용했던 서투른 라틴어 역 성경(불가타 Vulgata)과 그 내용은 그에게 고지식하게만 다가왔다(특히 아담과 하와의 이야기). 그의 마음에는 항상 의문이 일었고, 특히 하나님의 본성과 몸, 그리고 악의 기원에 관한 의구심이 끊이지 않았다(그의 일생 동안 핵심적인 물음으로 남아 있게 된다). 하지만 당시 기독교는 만족할 만한 어떤 대답도 주지 못했다.

그래서 그는 악의 문제에 대해 보다 분명한 대답을 주는 마니교의 해롭고도 우려할 만한 분파로 돌아섰다. 마니교도는 3세기 페르시아의 선지자 마니를 추종했다. 마니는 스스로를 요한복음 14-16장에서 예수님이 약속하신 보혜사로 믿었다. 육신은 악한 것으로, 영혼은 선한 것으로 생각하는 엄격한 이원론자들이었음에도 불구하고 마니교도는 자신을 기본적으로 그리스도인으로 보았다. 결과적으로 그들은 창조자를 참되고 선하신 하나님이라고 받아들일 수 없었다. 모든 악한 것을 존재하게 한 당사자이기 때문이다. 이는 곧 구약성경과 신약성경의 상당 부분을 거부하는 것을 의미했다. 더욱이 이들은 예수님이 참 사람이었다는 사실, 즉 그가 실제로 십자가에 못 박혔다는 사실을 믿을 수 없었다. 영을 나무에 못 박는 것은 불가능하기 때문이다. 그보다도 십자가가 온 인류의 곤궁함을 상징적으로 나타낸다고 보았다. 하지만 아우구스티누스가 씨름하던 악의 문제에 대해서만큼은 매력적일 만큼 단순했다. 물질이 존재하기 때문에 악이 존재한다고 보았다. 이제 막 시작한 한 여인과의 부적절한 육체적 관계에도 그의 영혼은 부정해지지 않을 수 있다는 그들의 가르침은, 아우구스티누스에게 이 여인과의 관계만큼이나 매력적이었다.

제4권

이제까지 아우구스티누스가 가졌던 개념들은 곧 자신의 가까운 마니교 친구의 죽음으로 시험대에 오르게 되었다. 그 친구가 중병에 걸려 의식이 없는 와중에 비겁한 그리스도인들에게 은밀하게 세례를 받게 되었다(당시 북아프리카에서는 이런 일들이 실제 있었던 것으로 전해진다). 그의 의식이 돌아왔을 때 아우구스티누스는 이 세례를 가지고 그를 놀렸다. 그의 친구도 재미있게 생각할 줄 알았던 것이다. 그런데 오히려 그 친구는 진심으로 회심했다. 그래서 아우구스티누스의 말에 함께 웃기보다 되레 그를 엄중히 책망했다. 얼마 지나지 않아 그 친구가 죽자 아우구스티누스는 큰 충격과 슬픔에 휩싸였다. 자신을 돌아보며 아우구스티누스는 그 슬픔이 우정을 불멸할 것처럼 여기고 하나님과의 우정이 아닌 친구와의 우정으로 만족하려고 했던 자신의 잘못에서 비롯된 것으로 보았다.

제5권

고뇌에 빠진 영리한 젊은 아우구스티누스는 곧 의문을 갖기 시작했는데, 그 지역의 마니교도들은 답을 주지 못했다. 그럴 때마다 너나 할 것 없이 파우스투스Faustus라 불리는 존경받는 마니교 지도자가 다음에 그곳에 올 때 물어보라고 그에게 권면했다. 마침내 파우스투스가 도착했고 아우구스티누스는 그에게 물어보기 시작했다. 그러나 파우스투스 역시 만족할 만한 대답을 하지 못했다. 마니교에 대한 환멸이 생겨날 즈음 아우구스티누스는 자신의 질문에 답을 해줄 명석한 사람들(또한 수사학 교사로서 자신의 명성을 드높여 줄 좋은 학생들은 물론)을 발견할 기대를 안고 로마로 향했다. 그리고 나서 그는 동일한 이유로 로마로부터 서로마제국의 중심부가 된 밀라노로 옮겨갔다.

이탈리아에서 그는 그가 알았던 북아프리카 사람들과 다른 역량을 가진 지성들을 맞닥뜨리기 시작했다. 이로 인해 그는 마니교보다 훨씬 더 복잡한 철학을 마주하게 된다. 3세기 철학자 플로티누스Plotinus는 신흥세

력인 기독교에 대항해 이교주의를 방어하는 무기로서 제자인 포르피리오스Porphyrios가 집어든 플라톤에 대한 해석을 로마 세계에 제공했다(비록 당사자들은 자신을 플라톤주의자로 보았음에도 불구하고, 오늘날 이 운동은 '신플라톤주의'로 불린다). 신플라톤주의자는 마니교의 이원론과 전혀 상반된 일원론자였다. 이들은 존재에는 위계가 있고 신성한 셋이 최상위에 있다고 가르쳤다. 일자One, 지성Mind, 영혼Soul이 그것이다. 이 세 가지가 가장 실재하는 존재이고, 육신적인 것과 전혀 상관이 없는 가장 선한 존재다. 이로부터 모든 존재가 유출된다. 이 범위의 맨 끝에 자리한 것이 악이다. 빛과 선함이 다한 이곳에는 어둡고 악한 무無만이 자리한다. 신플라톤주의의 사고에서는 존재와 선함의 결핍이 악이다.

신플라톤주의가 가진 이교적이고 심지어 반기독교적 전통에도 불구하고 4세기의 많은 그리스도인들이 '이 세상에 속하지 않은' 실체에 대해 지적으로 말하는 이 철학 운동에 끌리기 시작했다. 밀라노의 덕망 높은 주교인 암브로시우스Ambrosius도 그런 그리스도인들 가운데 하나였다.

제6권

수사학 교사로서 아우구스티누스는 먼저 암브로시우스의 설교를 들으러 갔다. 그의 웅변가로서의 자자한 명성 때문이었다. 그러나 아우구스티누스는 암브로시우스가 메시지를 전달하는 방식이 아니라 그가 전하는 내용에 감명을 받았다. 암브로시우스는 많은 성경 이야기들, 특히 구약성경의 이야기들은 문자적으로가 아니라 상징적으로 이해해야 한다고 가르쳤다. 이와 더불어 그는 정교하고 섬세한 적용을 했고, 이는 아우구스티누스에게 아주 호소력 있게 다가갔다. 이때부터 아우구스티누스는 알레고리 방식으로 작품 읽기를 좋아했다. 당시 그의 성향은 독자들이 어떻게 『고백록』을 읽어야 할지에 영향을 미치는 것이 분명하다(예를 들어, 젊은 시절 배나무에서 배를 몰래 따먹은 그의 모습이 타락의 상징으로 해석되기를 바랐을 것이다).

북아프리카의 기독교인들보다 훨씬 더 정교하고 섬세했던 암브로시우스를 통해 곧 기독교는 아우구스티누스의 눈에 전혀 새로운 모습으로 다가왔다. 많은 부분에 있어서 암브로시우스가 아우구스티누스에게 기독교를 신뢰할 만하게 했다는 점에 의심의 여지가 없다. 당시 아우구스티누스는 신플라톤주의에 매료되었고 암브로시우스는 신플라톤주의에 호의적이었기 때문이다. 그가 전한 기독교 신앙은 플로티누스의 철학과 어렵지 않게 양립하는 것처럼 들렸을 것이다.

제7권

『고백록』의 한가운데 자리한 이 흥미로운 7권에서 아우구스티누스는 기독교가 가진 지적 우월성을 확신하게 된다. 신플라톤주의 철학을 읽으면서 확신하게 되었다는 점이 색다르다. 그는 신플라톤주의가 성육신과 속죄를 제외한 기독교의 모든 핵심 요소를 이해했다고 믿었다. 바로 이 교리 때문에 기독교가 더 우월한 철학이었다. 그래서 키케로를 통해 그가 하나님을 향하게 된 것처럼, 여기서 그는 신플라톤주의자들이 자신에게 하나님의 말씀을 가르쳤다고 주장한다.

이 모든 사실이 아우구스티누스가 신학을 하는 방법을 이해하는 데 중요하다. 물론 신플라톤주의자는 계시가 아닌 이성을 통해 자신의 철학에 이르렀다. 이런 사실은 또한 그의 신학에 자리한 얼마간의 결함과 편중을 보여준다. 7권에서 여러 사건들을 언급한 직후 그는 자신의 **독백** Soliloquies을 기록한다. 여기서 그는 자신이 알고 싶어 한 것은 다름 아닌 "하나님과 영혼"이었음을 진술한다.³ 하지만 그리스도와 그의 성육신과 십자가에 못 박히심에 대해서는 무엇을 아는가? 이 세상에 대해서는 어떤가? 아우구스티누스는 보다 명백하게 기독교적인 주제에 관심을 기울일 필요가 있었다. 그러나 지금까지 그의 마음을 움켜쥐고 있던 신플라톤주의가 결코 호락호락 놓아줄 리 없었다. 그가 기록으로 남긴 최후의 말 역시 플로티누스를 인용한 것이었다.⁴

제8권

이 책에서는 키케로에서 시작해서 마니, 플로티누스, 마침내 그리스도에 이르는 그의 기나긴 지적·영적·도덕적 여정의 절정을 기술한다. 서두에서 그가 분명히 밝히는 것은 도덕적 측면이다. 여정 내내 그가 끊임없이 싸웠던 것은 두 명의 정부와 한 아이의 출생으로 이어진 성에 대한 탐닉이었다. "주님, 제게 성적 절제와 순결을 주소서. 하지만 아직은 그렇게 하지 마소서"는 그가 드린 기도의 유명한 한 대목이다.[5] 그는 자신이 원했던 것조차 원할 수 없을 만큼 정욕의 노예로 살고 있음을 깨달았다.

이어서 그는 밀라노에 있는 자신의 집 정원에서 회심한 순간을 묘사한다. 앞서 정원에 있는 배나무 아래서 하나님께 반항했던 것처럼 그는 정원의 무화과나무 아래서 하나님과 화해했다. 정원을 거닐다가(상징을 엿볼 수 있다) 죄에 사로잡힌 자신의 상태를 깨닫고 울고 있던 그는 "**집어 들고 읽어라** Tolle lege"라는 소리를 반복해서 듣게 되었다. 이를 '성경을 읽으라'는 신적 명령으로 여긴 그는 바울 서신서를 펴서 눈에 들어오는 대목을 읽었다. "방탕하거나 술 취하지 말며 음란하거나 호색하지 말며 다투거나 시기하지 말고 오직 주 예수 그리스도로 옷 입고 정욕을 위하여 육신의 일을 도모하지 말라"(롬 13:13-14).[6] 바로 그 순간 모든 어두운 의심의 구름이 걷히고 완전히 하나님께로 돌아섰다고 그는 말한다.

제9권

그 후 아우구스티누스는 친한 친구와 자신의 아들과 함께 세례를 받는다. 하지만 얼마 지나지 않아 (그를 따라 이탈리아로 온) 그의 어머니 모니카와 아들, 그리고 2명의 친구가 모두 숨을 거둔다. 이 일로 그는 자신의 삶에서 지배적인 영향을 끼쳐 온 어머니에 대해 자세한 기록을 남기게 된다. 그녀는 아들에게 강인하고 억척스런 어머니였을 뿐 아니라, 그토록 오랫동안 기도해 온 두 사건 곧 아들의 회심과 세례에 기뻐하는 신실한 그리스도인이었다. 그러나 여기서 아우구스티누스는 모니카가 알코올을 완전히 끊고 마침내 중독에서 벗어났지만, 그 전까지 수년 동안을 알코올 중독으로 지냈다는 놀라운 사실을 밝힌다. 이 일을 계기로 아우구스티누스는 습관의 중독에 대해 자세히 살핀다.

이런 사실은 흔히 아우구스티누스가 '성행위를 반대하는' 입장이었다는 비난이 이는 이유를 짐작하게 한다. 아우구스티누스가 성을 원죄가 전해지는 통로로 보고 일반적으로 성에 대해 부정적인 입장을 취한 것은 사실이다. 그러나 모니카가 자신의 음주 습관에 대해 절주로 대응한 것처럼, 아우구스티누스 역시 자신의 성 중독에 대해 강하게 반응한 것이었다. 더욱이 4세기 그리스도인에게 그의 입장은 사실 아주 온건한 편이었다. 그를 서양 세계의 모든 고상한 체하는 것의 주범으로 만드는 것은 그의 입장이 아닌 그가 가진 명성 때문이다.

제10권

내러티브 부분이 끝나고 아우구스티누스는 계속해서 자기 자신에 대한 묘사를 이어간다. 여기까지 그는 타락에서 다시 하나님께로 돌이키는 창조 이야기를 반영하는 작은 거울로서 자신의 삶에 초점을 맞추었다. 마지막 네 권의 책에서 그는 시야를 넓혀 자신의 삶이 반영하는 보다 큰 그림에 대해서 보다 명시적으로 이야기한다.

기억memory의 개념을 통해 이해된 인간 정체성에 대한 논의에서부터 시작한다(처음 아홉 권의 책에서 그가 얼마나 많은 것들을 회상했는가를 볼 때 적절한 출발점이다). 그는 기억을 자기 정체성—매 순간 어떤 모습으로 남아 있는가—의 참된 근원으로 본다. 기억 외에 내적 자아의 다른 핵심 요소들은 **지성**intellect과 **의지**will라고 믿었다. 그래서 그는 각 사람의 마음은 삼위일체와 유사하게 내면의 3요소로 이루어진다고 주장했다(기억을 성부 하나님, 지성[논리]을 성자[로고스], 의지를 성령에 비유한다).

『고백록』을 쓰던 시기에 아우구스티누스는 자신의 중요한 저작인 『삼위일체론』On the Trinity을 쓰기 시작했다. 이 책에서 그는 성부, 성자, 성령을 (다른 무엇보다) 인간 개인의 마음이 가진 여러 측면들에 비유함으로써 자신이 삼위일체를 어떻게 이해하는지를 설명했다.

제11권

기억으로부터 시작한 아우구스티누스의 논의는 자연스럽게 (이 작품의 나머지 부분을 채우게 될 창세기 1장 주석을 통해 분석된) 시간 time 에 대한 물음으로 이어진다. 아우구스티누스는 시간이 특별히 심오한 신비라는 점을 인정한다. "그렇다면 시간이란 무엇인가? 아무도 묻지 않았을 때 나는 알고 있다. 그러나 누군가에게 질문을 받아서 설명하려고 하면 나는 모른다."[7] 그러나 '창세 전에 하나님은 무엇을 하고 계셨는가?'라는 질문에는 익살스런 대답('그 같은 신비를 엿보려고 하는 자들을 위한 지옥을 마련하고 계셨다')을 하고 싶어 입이 근질거린다. 하지만 그는 이 물음을 진지하게 받기를 원했다. 그래서 그는 시간은 창조의 한 부분이기 때문에 창조 '이전'에는 시간이 없었다고 답한다. 기본적으로 시간과 시간이 없는 영원 사이를 날카롭게 구분한 플라톤과 같은 모델을 주장했다. 이 대답이 신플라톤주의에 영향을 받은 청중에게 호소력 있게 다가간 것은 물론이다. 이 모델이 얼마나 성경적인 모델과 부합한지에 대해서는 여전히 신학자들 간에 의견이 분분하다.

제12권

자신이 여러 책들(베르길리우스의 『아이네이스』, 키케로의 『호르텐시우스』, 플라톤주의자들의 책들, 그리고 마지막으로 성경)과 맞닥뜨린 이야기를 한 아우구스티누스는 이제 창세기 1장을 보다 체계적으로 살펴 가기 시작한다. 여기서 그는 성경을 책 중의 책, 호메로스 Homeros 와 베르길리우스의 존경 받는 모든 책보다 뛰어난 책, 지혜를 바르게 나타내고 요약한 책으로 말한다. 어떤 면에서 12권은 성경 해석(한마디로, '알레고리 해석')에 대한 안내서다. 다른 의미에서 이 책은 플라톤주의와 마니교에 대한 논박이다. 모든 형태의 플라톤주의에 대항하여 성경은 하나님이 무에서 창조하신 것을 보여준다(선재한 질료를 가지고 만드신 것이 아니다). 마니교에 대항하여 창조는 이원론과 물리적인 것에 대한 모든 혐오를 부정한다.

　　이는 아마도 마니교의 이원론을 훌륭하게 논박하는 아우구스티누스의 악에 대한 성숙한 이해를 보여주는 대목일 것이다. 악은 실재가 아니라고 아우구스티누스는 주장한다. 하나님이 모든 것을 지으셨고 하나님의 피조물은 선하기 때문이다. 오히려 악은 존재의 결핍이다. 어떤 것에 난 구멍과 같아서 그것을 망치지만, 그 자체로 존재할 수 있는 실재적인 존재는 아니다.

제13권

아우구스티누스는 창세기 1장을 교회에 대한 알레고리로 해석하면서 자신의 『고백록』을 맺는다(예를 들어, 둘째 날 궁창의 창조를 교회 위에 드리운 성경에 대한 알레고리로 해석한다).[8] 이렇게 아우구스티누스는 창조에서 시작한 『고백록』을 안식의 주제와 더불어 창조의 한 주제로 마친다. 그의 마음은 하나님 안에서 안식을 찾았고, 이제 영원한 안식일에 약속된 안식을 바라본다.

『고백록』 이후의 생애와 신학

회심 후 2년이 지나 아우구스티누스는 아프리카로 돌아갔다. 아우구스티누스는 마니교로부터 돌이킨 능력 있는 회심자로서 이 분파에 대항하여 싸우는 북아프리카 교회의 핵심적인 자산으로 크게 환영받았다. 그래서 아우구스티누스는 곧 거의 반강제로 히포의 주교로 임명되었다(당시 그 지역에서 흔히 볼 수 있었던 비밀 세례처럼). 철학적 성찰을 하면서 지내려는 그의 꿈은 산산조각 났다. 대신 그가 맡은 새로운 역할 때문에 교회를 섬기는 가운데 신학을 하지 않으면 안 되었다.

회심한 이후로 아우구스티누스는 수도사적인 삶을 살았다. 주교로 임명되기 전까지 현실 사회와 결별하고 산 것이다. 아우구스티누스는 남은 생애를 수도원에서 엄격한 규칙을 지켜 가며 살고자 했다. 하지만 이따금씩 수도원은 아프리카를 위한 신학교 역할을 했다. 특히 아우구스티누스가 히포의 주교가 된 지 4년이 지난 뒤부터 그가 있는 곳으로 유능한 젊은이들이 몰려들었고, 이들은 북아프리카 전역에 걸쳐 주교로 세워졌다.

도나투스주의자에 맞서다

히포의 교회는 마니교도뿐 아니라 도나투스주의자Donatist와도 맞닥뜨렸다. 실제로 도나투스주의자의 숫자는 히포의 가톨릭 교도의 수를 넘어섰다(여기서 가톨릭은 프로테스탄트의 반대가 아닌 이단의 반대로 단순히 '정통'을 의미한다). 도나투스주의는 거의 한 세기 전에 일어난 한 사건을 통해 탄생하게 되었다. 콘스탄티누스가 기독교로 개종하기에 앞서 303년부터 305년까지 디오클레티아누스 황제는 기독교를 박해하기 위한 치밀한 프로그램을 가동했다. 성경을 모조리 불사르기 위해 주교들에게 성경을 다 내놓으라고 요구한 것이다. 어떤 주교는 순순히 응했다. 문제는 여기서 시작되었다. 일부 기독교인이, 그와 같이 변절한 주교는 죄를 지었기 때문에 더 이상 주교로서 자격이 없고 교회에서 아무런 권위를 가질 수 없다고 주장한 것이다. 이런 주교의 손을 빌어 받은 임직과 세례는 참된 것이 아니었다. 그들이 감독으로 있는 모든 교회는 오염된 것이었다. 이들의 영향으로, 이들과 경쟁관계에 있는 '순수한' 주교들이 선출되었다. 이들 가운데 하나가 카르타고의 도나투스Donatus라는 자였다. 결국 아프리카의 교회는 둘로 갈라지게 되었다. '타락한' 가톨릭 잔류파와 '지극히 순수한' 도나투스 추종자 및 잔류파의 경쟁 주교로 나뉘었다.

이 지역의 가장 유능한 신학자인 아우구스티누스에게는 도나투스주의자의 주장에 대답을 할 책임이 있었다. 그러나 그는 먼저 의도적으로

학자적인 대답을 하지 않았다. "도나투스주의자들에 대한 그의 반응은 그를 추종한 사람들의 예상을 벗어난 것이었다.······ 그는 이 논쟁이 갖는 대중적인 성격을 알아차리고 그것을 한껏 활용했다. 대중적인 노래를 지어서 반대 운동을 시작할 참이었다."9 다른 한편으로 그는 도나투스주의자가 말하는 '순수한 교회'에 대하여 교회와 성례의 신학으로 맞섰다. 이 신학은 오늘날까지도 결정적인 요소로 작용하고 있다.

아우구스티누스는 마지막 때에 그리스도가 분리하시기까지는 가라지와 알곡이 함께 있을 수밖에 없기 때문에, 교회는 순수한 사회가 아니라고 주장했다. 교회 밖에는 구원이 없지만, 교회 안에서도 구원받지 못한 자가 발견된다. 참된 교회와 외적인 교회의 구분이 가능하다는 데에는 동의하지만, 도나투스주의자가 생각하는 것처럼 미숙한 인간이 이 둘을 구분할 수 없고, 최후의 심판 때에 오직 하나님께서 나누실 것이라고 주장했다. 이런 방식으로 그는 완전한 교회나 교단의 가능성을 부인했다.

성례와 관련해서는, 성례의 가치는 그것을 집례하는 사람의 거룩함에 달려 있지 않다고 주장했다. 그는 성례가 "보이는 말씀"이라고 했다.10 말씀은 우리에게 하나의 실체를 나타내는 표지다. 하나님의 말씀으로서 성경 자체는 우리에게 하나님을 가리키는 표지다. 성례는 은혜의 선물의 표지다. 우리가 이 표지를 믿음으로 따라갈 때 우리는 그것이 가리키는 은혜의 실체를 받는다. 도나투스주의자의 잘못은 표지와 실체를 혼동한 것이라고 주장했다.

몇 년이 지나지 않아 도나투스주의는 공적으로 이단으로 정죄되고 활동이 금지되었다. 처음에 아우구스티누스는 믿음의 문제와 관련해 강제력을 동원하는 것을 반대했다. 그러나 도나투스주의자들이 강제로 해산되고 가톨릭 교회로 다시 들어가는 것을 본 뒤, 자신의 입장을 바꾸었다. 이단을 억제하는 데 있어서 무력 사용을 옹호하는 방식으로 글을 쓰기 시작했다. "핍박에 대해 장문의 글을 쓴 유일한 교부요 스스로 핍박받는 분파의 일원이었던"11 그가 "여호와께서 그 사랑하시는 자를 징계"하시기 때문에(잠 3:12), 폭력을 꼭 필요한 징계 수단으로 보기 시작했다는 것은 확실히 아이러니였다.

이어지는 교회 역사에서 이단으로 여겨지는 자들에 대한 모든 형태의 폭력을 정당화하기 위해 그의 주장이 사용됨으로써 아우구스티누스의 명성이 심각하게 훼손되었다. 예를 들어, 17세기 프랑스 위그노파Huguenots의 핍박을 옹호하던 세력은 아우구스티누스를 지극히 편향적으로 해석해 그의 주장을 빌어 핍박을 정당화했다. 아우구스티누스가 말한 원리는 강제만큼이나 자제를 의미하며, 아버지가 발휘하는 사랑의 징계를 권한다. 고문이나 사형과 같은 것은 그의 안중에도 없었다.

『하나님의 도성』

410년 8월 24일 알라리쿠스가 이끄는 서고트족이 제국의 상징적 심장부인 로마를 약탈했다. 이는 문화적으로 볼 때 경악스런 사건으로 로마인들은 큰 충격에 휩싸였다. "로마가 패배하면 어디에서 도움을 구한단 말인가?"라고 히에로니무스Hieronymus는 적었다.¹² 갑자기 북아프리카 지방으로 로마 난민들이 몰려들기 시작했고, 히포의 시민들은 부유하고 유명한 이교 귀족들이 자신들의 도성을 활보하는 모습을 어렵지 않게 볼 수 있었다. 이교도들은, 800년 동안 한 번도 침략을 허락하지 않았던 로마가 기독교를 공식 종교로 채택한 직후 무너졌다고 목소리를 높였다. 오랫동안 자신들을 보호해 온 신들을 저버린 결과라고 주장했다. 고전적 이교주의로의 회귀를 부르짖는 강력한 변증이었다.

바로 이런 상황에서 아우구스티누스가 거대한 반대-변론으로 기록한 것이 바로 『하나님의 도성』The City of God이다. 그러나 이 작품은 단순히 그 시대만을 위한 대답이나 책자가 아니다. 오히려 아우구스티누스는 역사와 정치에 관한 명확한 신학을 세우기 위해 410년의 사건을 디딤돌로 삼았다. 그는 지금 아프리카에 머물면서 저 위대한 도성으로 다시 돌아가기만을 고대하는 로마 난민들이 바른 생각을 가지기를 바랐다. 그들의 잘못은 다른 도시를 갈망하고 있다는 데 있다. 그들은 하나님의 도성인 하늘의 예루살렘을 바라야 한다. 이것을 아는 그리스도인들은 이 세상에 있는 거류민처럼 항상 하늘의 본향을 갈망한다고 설명한다. 하늘을 향한 비전이 로마와 같은 이 땅의 제국들의 운명에 대해 바른 시각을 갖도록 한다고 역설한다.

그는 이교의 신들이 로마 시민이나 그들의 예배자를 보호해 왔다는 이론을 가차 없이 무너뜨림으로써 자신의 주장을 시작한다(1-7권). 그러고 나서 이어지는 플라톤주의의 장점과 결점에 대해서는 보다 호의적으로 논의를 이어간다(8-10권). 이렇게 잘못된 이론을 타파한 후부터 이어지는 이 저작의 후반부에서는(11-22권) 기독교의 진리를 옹호하는 긍정적인 주장을 펼쳐간다. 창조로부터 천국과 지옥에 이르기까지 성경에서 묘사된 대로 모든 역사를 연대기적으로 훑어간다. 인간 역사는 처음부터 자기애를 토대로 세워진 인간의 도성과 하나님의 사랑을 토대로 세워진 하나님의 도성 간의 싸움이었음을 보여준다. 인간 역사에 대한 이런 진술은 아우구스티누스의 변증에 있어서 아주 핵심적인 부분이다. 로마 사회 전반에 고대의 것을 숭상하고 새로운 것에 대해서는 의구심을 갖는 경향이 있었기 때문에, 상대적으로 아주 늦게 등장한 기독교가 매력적으로 다가갈 리가 없었다. 하지만 사실은 그렇지 않다고 아우구스티누스는 주장했다. 아담의 때로부터 하나님의 도성은 그리스도의 은혜로 구원을 받고 하나님을 사랑하는 자들로 채워져 왔다.

이러한 구조에도 불구하고 『하나님의 도성』은 변증서 이상이다. 아우구스티누스가 이 책을 쓴 목적은 또 하나 있었다. 당시 점증하던 명목상의 기독교인을 도전하기 위함이다. 그가 분명하게 진술한 기독교 신앙은 하나님의 도성을 향한 정치적 충성이었지, 당시의 새로운 기독교 제국의 질서를 향한 정치적 충성이 아니었다. 이 책은 그가 '어리석은 것'이라고 부른 이 땅의 기관을 하나님의 도성과 혼동하는 것을 막기 위해 쓴 것으로, 그 어느 때보다도 오늘날 우리에게 적절한 메시지다.

펠라기우스주의자들과 맞서다

로마로부터 북아프리카 해안에 자리한 히포에까지 밀려든 난민의 행렬 중에는 펠라기우스^{Pelagius}라 하는 엄숙하지만 재기 넘치는 영국 수도사가 한 명 있었다. 그는 로마에서 고위층(교황 자신을 포함하는 집단) 가운데 지내면서 기독교가 형식화되고 도덕적으로 타락하는 것을 앞장서 반대하는 가운데 수년을 로마에서 가르쳤다. 히포에 오래 머물지는 않았지만 그는 계속해서 아우구스티누스와 논쟁을 이어갔다. 이로 인해 아마도 그의 추종자들만큼 아우구스티누스를 잘 아는 자들도 없을 정도였다. 펠라기우스를 보면서 아우구스티누스는 자신이 더 이상 지방의 이류 분파주의자들을 상대하는 것이 아님을 알았다. 전혀 중량이 다른 신학적 상대와 논쟁을 벌이고 있었던 것이다.

펠라기우스가 가졌던 믿음은 기본적으로 단순했다. 그는 모든 사람이 각각 책임이 있고 도덕적인 완전에 이를 만한 잠재력이 있다고 믿었다. "완전하라"는 하나님의 명령이 이를 증명한다. 하나님이 불가능을 명하실 리가 없기 때문이다. 우리에게 실제로 완전에 이를 능력이 없다고 하는 말은 추악하게 죄를 용납하는 것과 다르지 않다고 믿었다.

이런 기본적인 입장에서 몇 가지 주장들이 파생되었다. 먼저, 그는 죽음은 죄에 대한 형벌이 아니라 단순한 생물학적 필요일 뿐이라고 했다(부단히 애를 써서 죄 없이 살아온 사람들도 결국에는 모두 죽기 때문이라고 그는 믿었다). 둘째, 물려받은 죄책 같은 것은 없다고 주장했다. 아담이 죄를 지었을 때 자신의 죄 때문에 그만 심판을 받았다. 펠라기우스는 로마서 5장 주석에서, 바울이 의미한 바는 아담이 지은 죄를 따라 죄를 짓는 자는 그가 벌을 받은 것처럼 심판을 받지만, 모든 아담의 후손이 아담 안에서 저주를 받고 죄책 아래 있는 것은 아니라고 이해했다. 펠라기우스는 타락

이전의 아담처럼 우리가 죄 없이 태어난다고 믿었다. 그렇다면 저주는 아담을 본받아 죄를 짓기 때문에 받는 것이지, 태어날 때 아담으로부터 물려받아서 받는 것이 아니다. 마찬가지로 구원은 그리스도를 본받아 살아서 얻는 것이지, 새로운 출생을 통해 선물로 받는 것이 아니다. 하나님이 율법을 주신 것은, 그것에 순종함으로써 하나님이 요구하시는 완전에 이르고 이 땅에서 낙원으로 다시 돌아갈 수 있기 위함이다.

펠라기우스와 아우구스티누스의 신학을 비교해 보면, 펠라기우스가 더 대중적인 인기를 끌었다. 펠라기우스는 매력적인 두 가지 요소, 즉 인간에 대한 낙관과 개인의 자유를 옹호했기 때문이다. 자력구원 신학을 설파한 펠라기우스가 더 많은 환영을 받은 것은 놀랄 만한 일이 아니다. 그러나 사실 그의 신학은 황량하고 냉랭하기 이를 데가 없다. 개인에게 도무지 견딜 수 없는 책임을 부과하기 때문이다. 그의 말대로라면 우리 각자는 반드시 완전해야 한다.

아이러니하게도 펠라기우스는 자신의 주장을 입증하기 위해 아우구스티누스가 마니교의 결정론을 논박하기 위해 쓴 초기 작품인『자유의지론』On the freedom of the Will 을 자주 인용했다. 하지만 펠라기우스가 히포에 이른 때에 아우구스티누스는 이미 펠라기우스의 신학에 대한 자신의 반대 입장을 분명히 한 터였다. 아마도 도나투스주의에 대한 경험이 도움이 되었을 것이다. 아우구스티누스는 두 이단 사이의 유사성을 간파했다. 두 이단은 모두 완전한 교회를 세울 수 있다고 믿었다. 그렇다고 아우구스티누스는 이 두 이단을 동등한 위협으로 보지는 않았다. 펠라기우스주의는 하나님의 은혜를 인간의 노력으로 대체함으로써 실제로 보다 이교적이고 스토아적인 메시지를 전했다.

기이하게도 아우구스티누스가 쓴 펠라기우스주의에 대항하는 보석과 같은 글들이 관심을 거의 받지 못했다. 교회 역사에서 반복해서 드러나는 중요성 때문에 대개 아우구스티누스와 펠라기우스 간의 논쟁은 다소 추상적으로 읽혀 왔다. 혹은 아우구스티누스의 입장은 16세기 종교개혁자들의 말로 대체되었다. 이로 인해 이 논쟁은 온통 무미건조하고 형식적인 방향으로 흘렀다. 이 논쟁이 갖는 세밀함과 아우구스티누스의 답변에서 드러나는 미려함이 간과되기 일쑤였다. 그럼에도 불구하고 아우구스티누스의 주장은 아주 뛰어났다. 펠라기우스에 대항한 그의 글들을 읽다 보면, 독자들은 진리에 대한 추구만큼이나 복음의 따뜻함과 매력이 넘치는 아우구스티누스의 신학을 마주하게 되는데, 냉랭하고 신랄한 펠라기우스 신학과 명백한 대조를 이루는 데에 놀랄 것이다.

펠라기우스에 대해 아우구스티누스가 첫 번째로 반대한 것은 지독히 개인주의적인 관점이다. 펠라기우스에게 있어서 각 사람은 본질적으로 하나의 섬이다. 각자의 노력이 자신의 운명을 결정짓고 스스로가 자신을 규정하는 개인이다. 아우구스티누스는 이런 가르침이 얼마나 부당하고 잔인한지를 분명히 보았다. 특히 심신의 장애를 가진 사람에게 그랬다. 그의 결점이 아담의 죄로 인한 결과가 아니라 철저히 개인의 죄에서 비롯된 것으로 해석한다면, 그의 장애는 그의 책임인가?

인류는 서로 분리된 개인으로 이루어진 거대한 모임이 아니라 단지 두 인간으로 이루어진다고 아우구스티누스는 답변했다. 바로 **아담**과 **그리스도**다. 우리 각자는 자신이 속한 몸의 머리에 운명이 결정되는, 이 둘 중 하나의 지체일 뿐이다. 아담 안에서 아담의 후손으로 태어난 우리는 자신의 행위와 상관없이 본질상 그의 죄책과 본성을 나누어 받는다. "우리가 모두 그 한 사람이었을 때 우리는 모두 그 한 사람 안에 있었다."[13] 구원은 그리스도 안에서 그리스도로부터 다시 태어나 그 몸의 지체가 되어 그의 의에 참여하는 것이다.

펠라기우스에 대한 아우구스티누스의 또 다른 주된 반대는 그가 사랑을 복음의 핵심으로 이해하지 않는다는 데 있었다. 이런 사실은 반(反)펠라기우스 저작들 가운데 아마도 가장 중요한 작품인 『성령과 율법에 관하여』*On the Spirit and the Letter*에 잘 드러난다. 펠라기우스는 모든 경건과 구원을 위해 필요한 것은 율법의 조문에 따라 사는 것이라고 믿었다. 율법의 조문은 사랑을 촉발시키지 않는다. 따라서 율법으로는 정죄만 있을 뿐이다(고후 3:6). 우리는 율법 대신에 사랑할 능력을 우리에게 주시는 성령이 필요하다.

아우구스티누스는 참된 사랑을 "하나님 때문에 하나님을 즐거워하는 것"이라고 정의한다.[14] 하나님은 "다함이 없는 만족"[15], "모든 쾌락보다 더 감미로운 분"[16]이기 때문에 우리는 그분을 사랑하고, 그분이 우리의 상급이기를 열망하며, 다른 것을 바라지 말아야 한다고 주장했다(『고백록』에서 그는 이미 하나님 대신에 다른 어떤 것을 즐거워하려는 것의 오류를 나타냈다). 이처럼 아우구스티누스는 펠라기우스가 하나님이 아닌 자기 자신만을 사랑하고 있음을 보았다. 하나님을 이용해 지옥을 면하고 자기 자신을 위해 천국을 얻으려고 하고 있었다("또한 지옥 불 때문에 죄를 지을까 두려워하는 사람은 죄 짓기를 두려워하는 것이 아니라 지옥 불을 두려워하는 것이다"[17]). 아우구스티누스의 신학 전반에 나타나는 쾌활한 기조는 바로 이와 같은 깨달음에서 비롯된 것이다. 그는 사랑의 신학자였다. 카르타고에서 보낸 학생시절부터 시작해 사랑 안에 있는 존재의 개념에 매료되었을 때, 지혜를 사랑했을 때는 물론이거니와 성에 중독되고 친구를 사랑했던 모든 시간 내내 그의 마음을 흥분하게 하고 그의 생각을 형성했던 것은 사랑이다.[18]

아우구스티누스의 사랑 신학과 관련하여 주의해야 할 한 가지 중요한 점은, 신학 작품으로서의 모든 강점에도 불구하고 『성령과 율법에 관하여』에 달린 성경 주석이 항상 정확한 것은 아니라는 사실이다. 그가 의미한 '칭의'는 "의롭게 되는 것"인데, 이는 하나님의 사랑이 우리 마음에 부어지거나 주입되는 것이다(롬 5:5). 우리 마음의 상태와 상관없이 우리의 의로운 상태를 외적으로 선언하는 것을 말하지 않는다. 아우구스티누스에게 있어서 의롭게 되는 것은 사랑하게 되는 것이고, 이는 믿음을 통해서 일어난다. 펠라기우스를 반대하기 위해 그가 쓴 저작들의 핵심적인 특징을 주목함으로써 우리는 어떻게 아우구스티누스가 16세기 로마 가톨릭과 프로테스탄트 신학 모두를 위한 기초를 놓았는지를 알 수 있다.

다음으로 아우구스티누스와 펠라기우스가 인간의 자유의지에 대해 어떻게 주장했는지를 살펴보자. 둘 다 자유의지를 믿었다. 하지만 각각 의미하는 바는 상당히 달랐다. 펠라기우스는 우리가 누구를 혹은 무엇을 사랑할지 결정할 수 있다고 믿었다. 반대로, 아우구스티누스는 우리의 의지는 우리가 사랑하는 것에 의해 지배된다고 믿었다. 우리가 가진 자유란 우리의 의지가 외부로부터 강제될 수 없다는 점에서 자유다. 따라서 성령이 없이 우리는 기꺼이 죄를 사랑하는 편을 택한다. 하지만 그 반대를 택하지는 못한다. 성령께서 우리 안에 일하셔서 사랑할 가치가 있는 새로운 대상을 주시고 하나님을 사랑하도\록 우리의 의지를 자유롭게 해주셔야 한다.

아우구스티누스 생애의 마지막 20년은 대부분 펠라기우스주의와의 논쟁으로 채워졌고, 이 시기를 지나면서 아우구스티누스 자신의 입장도 달라졌다. 예를 들어, 『성령과 율법에 관하여』를 쓸 당시에(412년부터) 그는 믿음을 우리의 공로로 믿었다. 당시만 해도 그것을 하나님의 선물로 보는 인식은 분명하게 없었던 것으로 보인다. 그러나 생애 마지막 3년 동안 그는 이 입장을 철회하고 우리가 처음 갖는 믿음은 진실로 선물이라고 주장했다.[19] 이런 변화로 인해 그는 하나님이 믿음의 선물을 주실 사람과 그렇지 않은 사람을 택하셔야 한다고 주장했다. 그의 최종적인 변화는 그가 서방 교회에 남겨 줄 또 다른 주요한 유산 가운데 하나가 될 참이었다. 이전까지 어느 누구도 선택 교리를 그와 같이 독특하고 섬세한 언어로 명확하게 다룬 적이 없었기 때문이다.

마지막으로 가장 중요하게, 아우구스티누스의 신학이 공식적으로 펠라기우스의 신학을 이겼다(물론 교회에서 펠라기우스의 유령이 완전히 사라진 적은 단 한 번도 없다). 처음에 아우구스티누스는 광범위한 지지를 얻고 있는 폭넓은 안목을 가진 신학자에게 지엽적인 문제로 꼬투리를 잡은 것으로 여겨졌다. 하지만 아우구스티누스가 죽은 지 1년이 지난 431년, 에베소 공회에서 펠라기우스주의는 공식적으로 비난을 받는다.

계속 읽어 가기

아우구스티누스는 과거의 위대한 신학자를 읽는 것이 무엇인지에 대한 좋은 예를 제공한다. 위대하면서 동시에 생소하고, 확실히 옳으면서 동시에 완전히 잘못된 점이 공존하는 방식으로(심지어 한 문장 안에서 이 두 가지가 동시에 발견되기도 한다) 그는 모든 면에서 우리를 도전한다. 우리와의 엄청난 시대적 차이는 우리가 가진 안락하고 익숙한 방식을 도전한다. 우리가 당시의 특징으로 인식하는 오류마저도 우리로 하여금 오늘 우리 시대의 오류는 무엇인가를 묻게 한다.

    아우구스티누스를 처음 읽으려는 사람은 어디서부터 시작해야 하는가? 먼저 아우구스티누스를 알아야 하는 것은 의심의 여지가 없다. 그에 대한 2차 자료들은 어지러울 정도로 널려 있다. 대개 그 사람에 대해 읽는 것이 그에 대한 논평을 읽는 것보다 훨씬 수월하다. 첫 번째로 지나야 할 관문은 물론 『고백록』이다. 그 다음으로는 『하나님의 도성』, 『기독교 교리에 관하여』*On Christian Doctrine*다. 그의 작은 '조직신학'인 『아우구스티누스 조직신학』은 사고하는 그리스도인에게는 거의 '필독서'라 할 수 있다. 기독교 고전 라이브러리 시리즈 가운데 하나인 『아우구스티누스: 후대의 작품들』*Augustine: Later Works*, (London: SCM, 1955) 역시 탁월한 해설과 함께 매우 읽기 쉬운 단편들(『성령과 율법에 관하여』, 『삼위일체론』, 『요한서간 강해』)을 모아 놓고 있다. 특히 『요한서간 강해』*The Homilies on the Epistle of John*는 그의 사랑 신학에 대한 적당한 분량의 설교로, 아주 감동적이다. 그 다음으로 아우구스티누스에 대한 가장 좋은 입문서로는 그의 전기에 대한 결정판이라고 할 수 있는 피터 브라운*Peter Brown*의 전기다(그의 신학을 당시의 시대적 배경 속에서 풀어 간다). 『아우구스티누스 생애와 사상』은 정말 훌륭한 전기다.

어쨌든 아우구스티누스는 충분히 읽을 가치가 있다. 후대의 기독교 사상에 미친 엄청난 영향 때문만이 아니다. 지금도 그가 미칠 수 있는 영향 때문이다. "집어 들고 읽어라!"

아우구스티누스의 연표

303-5 디오클레티아누스 황제의 기독교 대박해
312 콘스탄티누스 황제의 기독교 개종
354 타가스테에서 출생
371 카르타고에서 수학
372 정부를 취하여 곧 아데오다투스라고 하는 아들이 출생함. 마니교도가 됨
373 지혜를 구하라는 키케로의 권면을 읽음(『호르텐시우스』)
376 이름이 알려지지 않은 마니교 친구가 기독교로 개종하고 숨을 거둠
383 로마에서 수사학을 가르치기 위해 옮겨감
384 밀라노로 옮김. 거기서 암브로시우스 감독을 만남
386 기독교로 개종
387 아우구스티누스의 기독교인 어머니 모니카의 죽음
388 타가스테로 다시 돌아가 철학적 사색을 하며 살아감
391 강제적으로 사제로 임명됨
395 히포 레기우스의 주교로 임명됨
397 『고백록』 저술에 들어감
399 『삼위일체론』을 쓰기 시작함
410 서고트족이 로마를 약탈함
413 『하나님의 도성』을 쓰기 시작함
430 히포에서 죽음

05

이해를 추구하는 믿음

안셀무스

430년 히포에서 아우구스티누스가 침상에 누워 죽음을 맞고 있을 때, 반달족 무리가 도성을 에워쌌다. 그로부터 수백 년 동안 그와 같은 게르만 족들이 유럽을 불안정하고 무지한 상태로 만들면서 신학 연구라는 것이 거의 불가능하게 되었다. 따라서 11세기 안셀무스Anselmus에 이르기까지는 탁월한 신학적 지성이 다시 출현하지 않았다.

안셀무스의 생애

안셀무스는 1033년 몬테 체르비노Matterhorn 산의 그림자가 드리운 북이탈리아의 도시 아오스타에서 태어났다. 그의 어린 시절은 거의 알려진 바가 없지만, 안셀무스와 그의 아버지 건덜프Gundulf 간의 깊은 불화를 감안할 때 이 가정을 견고하게 꾸려 간 사람은 그의 어머니였던 것으로 보인다. 어머니가 죽고 난 뒤 아버지와의 생활은 오래가지 못했고, 23살이 되던 해 안셀무스는 결국 집을 떠났다. 3년 동안 그는 부르고뉴Brugundy와 프랑스를 전전했는데, 아마도 집으로 다시 돌아갈 수 없음을 알고 생계 수단을 찾으려 했던 것 같다.

1059년에 그는 노르망디에 있는 베네딕트파 수도원인 베크Bec에 도착했다. 수도사가 되고자 하는 마음은 없었으나 학자적 명성이 자자한 수도원장 랑프랑Lanfrank과 그가 운영하는 이 수도원 산하의 학교에 마음이 끌렸기 때문이다. 그러나 얼마 지나지 않아 수도원은 그를 붙잡으려 했고, 1년이 채 되지 않아 안셀무스는 수사가 되었다.

모든 것을 포괄하는 수도원의 생활은 이내 엄격한 검소함과 진지함과 엄밀함으로 알려지게 된 안셀무스와 완벽하게 맞았다. 부족한 음식과 수면 역시 당시 그의 신비적 성향을 형성하는 중요한 경험을 일으키는 데 한몫했다. 베크에 도착할 당시 안셀무스가 받은 교육은 미미했다. 하지만 그의 강렬한 지적인 영민함으로 인해 그는 영감을 주는 선생이자 엄밀한 사고를 하는 선생으로 명성을 얻게 되었다.

그렇다고 안셀무스가 냉담한 사람은 아니었다. 그와 함께 지내던 사람들은 그가 대화에서 보여주는 열정적인 태도와 마음을 사로잡는 매력에 대해 거듭 이야기했다. 그러나 이런 개인적인 따뜻함은 단순히 기질에서 비롯된 것이 아니었다. 그는 우정에 대해 남다르게 고상한 생각을 갖고 있었다. 11세기 당시 우정이란 계산적인 의미로 이해되었다. 공통의 목적을 이루기 위해 동업자가 서로 의기를 투합하는 것과 같았다. 하지만 안셀무스는 우정을 영혼의 연합이요 천상의 조화를 미리 맛보는 것으로 이해했다.

그래서 그는 동료 수도사들에게 그들이 나누곤 했던 열정적인 포옹과 키스를 묘사하는 글을 쓰곤 했다. 어찌나 육체적인 묘사를 사용하는지 읽기가 민망할 정도다. "내 두 팔을 뻗어 여러분을 끌어안고, 내 입술은 여러분의 입맞춤을 열망합니다." 그러니 많은 사람들이 안셀무스가 동성애자가 아니었는지 의구심을 가진 것도 무리는 아니다. 하지만 그렇게 생각하면 그가 의도한 입맞춤과 포옹을 설명할 길이 없다. 안셀무스는 사람들에게 교훈을 주고자 이런 표현을 공개 서신에서 사용했다. 따라서 안셀무스가 지금 금기시된 열망이나 행위를 묘사할 리는 없다. 더구나 수신자가 자신이 한 번도 만나 본 적이 없는 사람들이다. 안셀무스는 신체적인 포옹을 영혼들이 연합한 우정의 외적인 표지로 보았던 것이다.

안셀무스가 등진 수도원 밖의 세상은 당시 엄격한 사회적 계급 제도가 지배하는 봉건주의 사회였다. 어찌 보면 그가 들어간 영적인 세계도 마찬가지로 위계가 있었다. 존재의 질서에서 최고 정점은 물론 하나님이다. 하나님 바로 다음으로 마리아가 앉아 있는데, 마리아에 대한 헌신으로 능력을 얻는다(기꺼이 마리아를 '세상의 화해자'로 부를 준비를 하고 있던 안셀무스를 돕는 데도 수단이 된다). 마리아 다음이 중개자로 사용된 다른 성인들이다. 천사들과 함께 그들은 인간 위에 존재하고, 그 다음으로는 짐승, 식물, 무생물 등의 순이다.

이는 또한 수도사들이 자기 혐오와 하나님을 아는 지식으로 자신을 채우기 위해 애썼던 신중하고 세련된 자기 성찰의 세상이었다. 하지만 자기 성찰에 영적인 안정감이라고는 조금도 없었다. 온통 두려움으로 가득한 신학 체계였다. 어느 날 날고기를 먹는 것이 모세 율법을 거스른다는 사실을 기억하지 못한 채 소금에 절인 장어를 먹은 안셀무스는, 자신이 범한 죄가 다 드러날 것이라는 끔찍한 두려움에 사로잡혔다. 그가 심히 괴로워하자, 친구인 에드머는 "소금에 절였기 때문에 그것은 더 이상 날고기가 아니다"라고 그를 위로해 주었다. 이에 안셀무스는 "죄를 범한 생각에 몹시 괴로웠는데 자네가 나를 구해 주었네"라고 대답했다.[1] 거의 유일한 구원의 소망은 수도원 생활에 헌신하는 것뿐이었으므로 안셀무스는 모든 사람이 수도사나 수녀가 되길 바랐다. 적은 수만 구원을 받는데, 그중 대부분은 수도사나 수녀일 것이라고 확신했다. 그렇다 할지라도 수도사와 수녀는 세상을 완전히 저버려야 했다. 한 수녀에게 그는 이렇게 적고 있다.

> 당신이 갖는 모든 친교가 세상이 아닌 수도원에서만 이루어지도록 하십시오. 하나님의 신부와 수녀가 되고자 한다면, 당신에게 이 세상은 아무것도 아닙니다. 다만 배설물일 뿐입니다.······친척들을 찾아가지도 마십시오. 그들은 당신의 조언을 필요로 하지 않습니다. 당신도 마찬가지입니다. 당신이 사는 방식은 그들이 사는 방식과 전혀 상관이 없습니다. 오직

하나님만 열망하십시오.²

안셀무스가 수도원에서 지낸 지 3년 밖에 되지 않았지만, 랑프랑은 다른 곳으로 옮겨가야 했다(마침내 그는 켄터베리의 대주교가 된다). 안셀무스는 수도사로서의 일천한 경험에도 불구하고 그 삶의 태도와 지적인 재능으로 랑프랑을 이을 수도원의 부원장으로 선출되었다. 안셀무스와 함께 이 수도원의 명성은 높아졌다. 그는 수도원 부원장으로 있으면서 『모놀로기온』 Monologion, 독백과 『프로슬로기온』 Proslogion, 신 존재 증명과 같은 중요한 작품들을 쓰고, 유럽의 통치자들에게 서신으로 조언을 해주는 역할을 담당했다. 짧은 시간에 그가 영향력과 명성을 얻게 된 것은 단순히 안셀무스의 능력 때문만은 아니었다. 이 무렵 노르망디의 공작 정복자 윌리엄 William이 영국을 침략하면서 이로 인해 안셀무스를 포함한 모든 노르망디 사람은 이전에 그들이 누리던 것 이상의 영향력을 발휘하게 되었다.

그가 얼마나 올곧은 사람이었는지를 보여주는 사건이 하나 있다. 부원장으로 임명된 지 15년이 지났을 때 수도원장이 숨을 거두었다. 공석이 된 수도원장직에 안셀무스가 선출되어 그가 수도원 전체를 관장하게 되었다. 기뻐할 일이기도 했건만 수도원장으로 선출되자 그는 바닥에 엎드려 수도원장직의 짐을 지지 않게 해달라고 부르짖었다. 랑프랑은 수도원장으로서 탁월한 행정가요 세상 물정을 잘 아는 정치적 수완가였지만, 안셀무스는 재정 운영 능력과 정치적 감각이 전혀 없는 최악의 행정가였기 때문이다. 비록 안셀무스가 그것을 결격 사유로 보지는 않았지만 그는 세상의 방식에 지혜롭기를 원치 않았다. 수도사로서의 삶을 방해하는 것은 무엇이든 진실로 벗어 버리기를 원했다. 그의 우려는 사실로 드러났다. 수도원의 부원장으로 있는 동안 인상적인 신학 작품들을 남긴 데 반해, 행정적인 의무로 소진될 수밖에 없었던 그 후 15년 간에는 신학적 결과물을 거의 내놓지 못했다.

하지만 그것으로 끝이 아니었다. 1093년 영국을 방문했을 때 불같은 성미를 가진 정복자의 아들 윌리엄 2세^{William II}가 안셀무스를 강제로 그의 오랜 스승 랑프랑의 뒤를 이어 캔터베리의 대주교로 임명했다. 이는 곧 한 수도원 내의 수도사들을 대할 때보다 훨씬 더 많은 일들을 해야 함을 의미했다. 앞으로 수도사의 삶에 정진하기가 더욱 어려워질 것이라는 생각에 다시 안셀무스는 눈물을 흘렸다. 마음이 너무 상한 나머지 왕에게 자신의 무능력을 하소연할 때 코피를 쏟을 지경이었다. 왕은 안셀무스의 굳게 쥔 주먹을 편 뒤 대주교가 갖고 다니는 목자의 지팡이를 강제로 쥐어 주려고 했으나, 결국 실패하고 안셀무스와 함께 있던 주교들의 도움을 받아야만 했다. 그런 다음 안셀무스를 번쩍 들어 교회당으로 옮긴 뒤 그를 대주교로 선출했다.

다른 나라의 수도사들을 대하고 고압적인 왕을 다루는 것이 너무나 힘든 일임을 확인하면서, 그가 가졌던 두려움은 다시 한 번 현실이 되었다. 그의 다음 주요 작품인 『인간이 되신 하나님』^{Cur Deus Homo}을 쓰려고 했지만, 도무지 시간을 낼 수가 없어 수년을 끄는 프로젝트로 남겨 놓을 수밖에 없었다. 특히 일을 힘들게 했던 것은 교회에도 지배권을 행사하려고 하려는 왕의 요구였다. 이는 곧 왕의 허락 없이는 안셀무스 자신이 바라는 대로 교회를 개혁할 수 없음을 의미했기 때문이다.

얼마 후 그는 로마에 있는 교황에게 자문을 구하기로 했다. 왕은 로마로 가고자 하는 그의 요청을 거부했다. 결국 그는 왕의 허락 없이 로마로 향했고, 왕은 그가 다시 돌아오지 못하도록 재입국을 금지했다. 1098년 안셀무스는 일말의 소망을 가지고 로마에 도착해 교황에게 자신이 짊어진 대주교직의 짐을 벗게 해줄 것을 청했다. 교황은 이 요청을 일언지하에 거절했다. 오히려 그에게 수십 년 전에 벌어지기 시작한 동, 서방 교회의 거대한 분열을 봉합하기 위해 그리스와 라틴 교회의 대표들이 모이는 남부 이탈리아의 바리^{Bari} 회의에 갈 것을 명령했다. 거기서 '성령은 아버지는 물론 아들로부터 영원토록 나온다'는 서방 교회의 견해를 변호하도록 지시를 받았다. 이 회의를 준비하는 동안 안셀무스는 카푸아^{Capua} 위쪽에 자리한 리베리Liberi의 작은 언덕배기 마을에서 행복한 여름을 보냈다. 또한 거기서 『인간이 되신 하나님』도 탈고했다(또한 이 마을에서 기적적으로 우물을 만들어 주었다). 카푸아와 바리와 로마에서 보낸 시간은 켄터베리 대주교라는 부담감과 과중한 업무로부터 해방된 행복한 유배의 시간이었다.

그러고 나서 1100년에 윌리엄 왕은 사냥을 하던 중 화살에 맞았고 그의 동생인 헨리 1세Henry I가 안셀무스를 다시 돌아오도록 청했다. 이 대주교는 천근 같은 발걸음을 옮겨 모든 면에서 윌리엄 2세 치하와 같이 고뇌할 수밖에 없는 상황으로 돌아갔다. 얼마 지나지 않아 그는 다시 교황의 자문을 원했고, 역사가 반복되는 것처럼 안셀무스는 그 길로 교황의 자문을 위해 로마로 떠났으며, 헨리 왕은 그가 다시 돌아오지 못하도록 했다. 이번에는 안셀무스가 헨리를 출교하는 절차를 추진하려고 했으나 교황이 직접 나서서 상황을 아주 이상하게 만들어 버렸고, 안셀무스를 다시 강제로 켄터베리로 돌아오도록 했다.

해가 갈수록 점점 분주해지고 어려운 일이 많아졌음에도 불구하고 대주교인 안셀무스는 『인간이 되신 하나님』 외에도 비중은 덜하지만 다른 작품들을 저술할 수 있었다. 생애 마지막 몇 년은 가마에 들려서 이동해야 할 정도로 건강이 쇠약해졌다. 결국 안셀무스는 1109년 4월 21일 켄터베리에서 자신의 수도사들에 둘러싸인 가운데 평화롭게 숨을 거두었다.

안셀무스의 사상

안셀무스 당시에는 수도원에서 명상으로 신학을 하는 것이 오랜 전통으로 내려왔다. 하지만 당시 한 가지 현상이 일고 있었는데, 그것은 바로 논쟁을 통해 신학을 배우는 새로운 세속 신학교의 등장이었다. 이런 학교schola는 스콜라적 신학 방식을 도입했다(우리는 이것을 다음 장에서 만날 것이다).

때로 안셀무스는 스콜라주의의 아버지라 불렸다. 하지만 안셀무스는 수도사였다. 『인간이 되신 하나님』과 같이 그가 나중에 쓴 자료들은 대화 형태로 되어 있어서 다소 스콜라적 논쟁 방식과 유사해 보일 수 있지만, 그의 전체 어조와 신학에 대한 접근법은 학교가 아닌 수도원에서 사용하는 방식이었다. 그는 결코 자신의 생각 전체를 한 번에 다 풀어내려고(가장 위대한 스콜라 신학자인 토마스 아퀴나스가 한 것처럼) 한 적이 없었다. 오히려 안셀무스는 수도사들의 질문에 대답하는 가운데 자신의 신학을 한 번에 하나씩 정리해 나갔다. 이 책을 쓸 때 그는 분명히, 천천히 그리고 묵상하는 가운데 읽도록 의도한 것이 분명하다. 영어 번역으로는 이런 그의 의도를 살리기가 어렵다. 운율과 리듬이 있는 라틴어 저작이 갖는 우아함까지 번역될 수는 없기 때문이다. 그가 사용한 문체의 아름다움은 중요하고 섬세하다. 안셀무스는 아름다운 언어만이 그가 아름다움 자체라고 보았던 하나님을 묘사하기에 합당하다고 믿었다. 또한 그는 신학을 바로 이 아름다움을 숙고하고 누리는 경험적인 활동으로 보았다. 이는 수도원적 문체였고 안셀무스는 이 문체에 탁월했다.

　안셀무스에게는 또한 그의 모든 신학을 특징짓는 자신만의 지성적인 의제가 있었다. 그는 이를 "이해를 추구하는 믿음"이라 불렀다. 이를 통해 그는 외부의 도움을 받지 않는 이성을 추구하여 기독교 신앙의 진리를 살피고 증명했으며, 성경이나 교회나 다른 기독교 신학자를 의지하지 않았다. 하나님은 이성Reason 자체이기 때문에 기독교 교리는 합리적이어야 한다고 그는 주장했다. 더욱이 하나님은 인간을 이성적인 존재로 지으셨기 때문에 교리는 이성으로(심지어 이성만으로도) 설명하고 변호할 수 있어야 한다. 이처럼 안셀무스는 순수한 이성만으로, 하나님께서 우리가 구원받도록 우리를 대신해 자원하여 죽을 '하나님-사람'을 보내셔야 했다는 사실을 비롯해 하나님의 존재와 속성, 삼위일체성을 증명할 수 있다고 믿었다.

　하지만 어떻게 이 **믿음**이 이해를 추구하는지 의아한 생각이 들 수도 있겠다. 안셀무스가 말하는 믿음은 기독교 진리에 대한 기본적인 동의가 아니다. 하나님을 알려고 추구하는 하나님을 향한 사랑이다. **이것이** 그가 말하는 이해를 추구하는 믿음이다. 더욱이 하나님을 향한 사랑은 우리로 순전하게 이치를 따지도록 한다고 안셀무스는 주장했다. 하나님을 향한 사랑이 없이는 우리는 비이성적이고, 어리석고, 눈이 멀기 때문이다.

안셀무스는 스스로 자기에게 있는 하나님을 향한 사랑이 하나님을 아는 더 큰 지식을 추구하도록 자신을 몰아가는 것을 발견했지만, 그렇다고 '이해를 추구하는 믿음'이라는 자신의 신학이 이미 믿음을 가진 사람만을 위한 것이라고 생각하지 않았다. 그가 믿음을 마치 하나님을 이해하기 위해 필요한 보편적 필요조건으로 보지 않았다는 말이다(이런 생각을 안셀무스에게로 돌리는 후대 학자들이 있다). 오히려 그는 자신의 이성만으로 불신자들에게 삼위일체, 성육신 등의 진리를 설득할 수 있다고 믿었다.

우리는 지금부터 『모놀로기온』, 『프로슬로기온』 그리고 『인간이 되신 하나님』과 같은 저작들을 살펴보며 '이해를 추구하는 믿음'에 대해 정확히 알아보고자 한다.

『모놀로기온』

베크의 수도원 부원장으로 있는 동안 수도사들은 안셀무스에게 '사람이 어떻게 신적인 본질을 묵상해야 하는지'에 대한 글을 써 줄 것을 직접 부탁했다. 그 결과로 나온 것이 바로 『모놀로기온』 혹은 원제가 말하는 것처럼 '믿음의 **이성**에 대한 묵상 패턴'이다. 수도사들이 이 묵상을 위해 명문화한 것 가운데 하나는 "이 가운데 단연코 어떤 것도 성경의 권위로 제정된 것은 없다"는 것이다. 모든 것이 이성을 통해서만 이루어졌기 때문이다.[3] 그래서 안셀무스는 다음과 같은 말로 『모놀로기온』을 시작한다.

> 만일 어떤 사람이 존재하고 있는 모든 것 중의 최고의 본성, 즉 자신의 영원한 복되심 안에 충만함을 지니고 있으며, 다른 모든 사물들에게 전능한 선하심을 통해 그것들이 무엇인가로 존재하고 어떻게든 좋은 것이 되

도록 작용하는 어떤 것을 알지 못한다면, 또 우리가 하나님과 그분의 창조에 대해 의심의 여지 없이 믿는 다른 많은 것도 알지 못한다면(그가 그것을 듣지 못했거나 그것을 믿지 않거나 상관없이), 나는 그 사람이 비록 평범한 재능만을 가지고 있더라도, 자기 스스로 그것들의 대부분을 오직 이성만으로도 확신할 수 있다고 생각한다.[4]

이처럼 그의 목적은 "누구든 들어 본 적이 없거나 믿지 않기 때문에 모르는 자"를 설득하는 것이다. 즉 나중에 그가 말하는 바와 같이 그는 "조용히 속으로 판단함으로써 자신이 알지 못하는 것들을 살피는 사람의 역할을 받아들이고 있었던 것"이다.[5]

그는 모든 선의 원천인 지극히 선한 존재가 있어야 한다고 주장하면서 자신의 연구를 시작한다. 이 존재는 지극히 선하기 때문에 지극히 위대하고, 지극히 위대하게 존재해야 하며, "따라서 이 존재는 살아 있고, 지혜롭고, 모든 능력과 권능이 있으며, 참되고, 정의롭고, 행복하고, 영원하며, 마찬가지로 무엇이든 존재하지 않는 것보다 절대적으로 낫다."[6]

지극히 선한 존재의 당위성이 분명했기 때문에 안셀무스는 지극히 위대한 존재에 대해 계속 상술하는 것이 훨씬 수월함을 확인한다. 먼저, 이 존재는 다른 존재를 통해서 존재하게 된 것일 수 없다. 그렇지 않으면 다른 존재가 여전히 더 위대하다는 말이고, 그렇다면 이는 지극히 탁월한 존재가 갖는 존재성과 배치된다. 그렇다면 이 존재는 반드시 존재해야 하고 자기 자신 때문에 존재해야 한다. 또한 이 탁월한 존재로 인해 다른 모든 것도 존재해야 한다. 따라서 이 존재가 다른 모든 것을 무로부터 창조했음이 분명하다.

그러나 지극히 탁월한 이 존재는 결코 다른 존재를 통해 존재하게 된 것이 아닐 뿐더러 자신의 존재를 그칠 수 없다("의심할 여지없는 지고의 선인 그는 스스로 사멸하지 않을 것이다. 그러나 다른 한편으로 만약 그가 어쩔 수 없이 사멸한다면 그는 지극한 능력을 가진 존재가 아니다"[7]). 이 존재는 모든 곳에 편재해야 한다. 어떤 것도 그로부터 독립적으로 존재할 수 없기 때문이다. 그는 시간을 초월하여 존재해야 한다. "그는 모든 장소와 시간에 즉시 전체로 존재하기" 때문이다.⁸ 지고의 존재인 그가 수동적으로 영향을 받는 것은 불가능하다. 따라서 그는 무감동적impassible이어야 한다. 또한 그는 지고의 완전한 존재이기 때문에 더 위대해질 수 없다(그리고 그는 지고의 존재보다 덜한 무엇이 되지 않을 것이다). 따라서 그는 불변해야 한다.

안셀무스는 이와 같은 신적인 속성 혹은 성품에 대한 상당히 표준적인 탐구로부터 계속해서 아우구스티누스가 이해한 바와 같은 삼위일체에 대한 황홀한 연구로 나아간다(차이가 있다면 안셀무스는 모든 것을 이성으로 논증해 간다). 지고의 존재는 만물의 창조자이어야 한다는 것이 논리적 결론을 통해 도출되었다. 지고의 존재가 창조자이기 위해서는 먼저 자신이 창조할 것을 스스로 생각하거나 말해야 한다. 하지만 지고의 존재가 하는 생각이나 말 자체가 창조일 수 없다. 그것은 그 자체로 지고의 존재다. 그 자체로 지고의 존재이기 때문에 그의 말은 많은 말들로 이루어질 수 없다. 지고의 존재는 '단순자'이어야 하기 때문이다. (하나님의 '단순성'은 안셀무스의 사고 전반에 걸쳐 중요한 개념이다. 여기에는 하나님은 정의, 생명, 지혜 등과 마찬가지로 복수로 된 '부분들'을 갖지 **않는다**는 사실이 포함된다. 그렇지 않으면 그는 이런 것들을 의지할 것이다. 오히려, 그가 이러한 것들**이다**. 반드시 의지해야 할 '부분들'을 갖지 않기 때문에 하나님은 복합적인 존재와 달리 단순자다. 그럴 경우 하나님은 말씀을 '가지고' 있을 수 없다. 그가 **말씀이다**.)

여기서 안셀무스는 지금까지 이 말이나 하나님의 말씀에 대한 언급 때문에 마치 말씀이 단지 창조를 위한 준비로만 존재하는 것처럼 들릴 수 있음을 깨닫는다. 말의 내용은 하나님이 어떻게 창조하실 것인지를 담고 있고, 이는 곧 창조가 없으면 말씀도 없다는 말이나 다름없다. 그러나 안셀무스는 하나님은 무지하지 않으시다고 말한다(이는 곧 그의 불완전함을 의미하는 것이기 때문이다). 따라서 그는 자신을 아는 것이 분명하고, 마음에서 자기 자신을 말하고 생각하시는 것이 분명하다. 따라서 하나님이 창조를 결정하는 여부와 상관없이 하나님의 말씀이 있을 수밖에 없다. 또한 하나님은 단순자이기 때문에 한편으로 하나님이 자기 자신에게 발하시는 하나의 말씀과 창조를 발하는 또 다른 말씀을 가지고 있을 수 없다. 오직 한 말씀만 있어야 하고 이를 통해 이 두 가지를 모두 행하신다.

　이어서 안셀무스는 하나님의 말씀은 하나님에 의해 **만들어진** 피조된 존재일 수 없기 때문에 그는 반드시 하나님으로부터 **나야** 한다고 주장한다. 피조물이 아니라 하나님의 후손이자 하나님의 형상이어야 한다. 그렇게 하나님께 후손이 있다면 하나님을 어떻게 불러야 적합할까? 아버지로 불러야 하는가 아니면 어머니로 불러야 하는가? 안셀무스는 물론 "부성적인 원인이 항상 어떤 면에서 모성적인 원인에 선행하기 때문에" 하나님을 아버지로 부르는 것이 더 합당하다고 말한다. 하나님은 가장 처음, 가장 주된 존재이기 때문이다.⁹ 그렇다면 후손으로서의 하나님 말씀은 하나님의 아들인가, 하나님의 딸인가? 이 말씀은 아버지의 형상이기 때문에 물론 아들로 불러야 한다. 아들만큼 아버지를 닮은 후손은 없다고 안셀무스는 주장한다.

　성부와 성자에 대해 어떻게 달리 말할 수 있겠는가? 성부를 '기억'이라고 부르는 것은 또한 합리적이고 합당하다고 안셀무스는 제안한다. 그가 자신을 아는 것처럼 자기 자신을 기억하는 것이 분명하기 때문이다. 그러나 그가 어떻게 자신을 기억하는가? 스스로 응시함으로써 기억한다. 다시 말해, 성부의 '지혜'라고 묘사될 수 있는 자신의 말씀 안에서 자신을 응시하는 것이다. 이런 자기 이해와 기억을 통해 자신을 향한 사랑이 나올 수밖에 없다. 다시 말해, 그의 말씀과 같이 이 사랑 역시 피조된 존재일 수 없다. 지고의 존재 자체일 수밖에 없다. 하지만 이 사랑은 또 다른 아들로 이해될 수 없다. 이 사랑은 아들을 향한 아버지의 사랑이요, 아버지를 향한 아들의 사랑이기 때문이다. 그렇다면 이 사랑을 무엇이라고 부르는 것이 가장 합당한가? 성부와 성자 모두로부터 '내쉬어진'*spiratur* 존재로서 성령*Spiritus*으로 불리는 것이 가장 합당하고 마땅하다.

이와 같은 추론의 전 과정에 대해 많은 의문이 있을 수 있다. 예를 들어 하나님의 말씀과 하나님의 사랑이 인격화되고 그와 같은 탁월한 위치가 주어진다면, 그의 정의, 능력, 진리 혹은 선함은 왜 그렇게 되지 않는가? 이 질문에 대한 대답은 오히려 분명하다. 모든 것이 이성적으로 추론되었고, 이성이 추론한 하나님은 서방, 라틴 교회의 하나님(성령께서 아버지와 아들 모두로부터 나오시는 것을 믿는다), 보다 구체적으로 아우구스티누스가 묘사한 하나님이다(그가 말한 삼위일체적 존재는 한 인격의 기억, 이해, 사랑과 비교될 수 있다). 전혀 새삼스러울 것이 없다.

『프로슬로기온』

『모놀로기온』이 출판되자, 안셀무스는 불안해지기 시작했다. 내용에 문제가 있어서가 아니었다. 내용이 불필요하게 복잡해진 데에 그 자신도 놀랐기 때문이다. 그가 말한 것처럼 이 책은 "많은 주장들을 한데 엮어 놓은 것"과 같았다. 그래서 그는 다음과 같이 하려고 했다.

> 그 자체만으로 명백한 증거가 될 수 있는 주장, 그 자체만으로 하나님이 실제로 존재함을 보여주기에 충분한 주장, 그가 다른 어떤 것도 의지할 필요가 없고 오히려 만물이 그를 의지해 존재와 안녕을 구가하고, 무엇이나 우리가 신성에 대해 믿는 것이 되시는 지극히 선한 분이심을 충분히 보여주는 단일한 주장을 찾기 시작했다.[10]

이는 너무나 무리한 시도였다. 안셀무스가 추구했던 이 모든 것을 지배하는 단일한 주장은 하나님의 존재뿐 아니라 "신적 본성에 대해 우리가 믿는 **모든 것**"을 증명해야 했기 때문이다. 그럼에도 불구하고 그는 이 최고의 주장을 찾기 위해 몰두했다. 안셀무스는 먹거나 자지 못하고 예배 시간에도 집중하지 못하는 자신을 발견했다. 이 모든 생각이 마귀의 유혹이 틀림없다는 결론을 내리기 시작했다. 하지만 그것을 결코 놓아 버릴 수 없었다. 그러던 어느 날 한밤 중에 예배를 드리는 가운데 갑자기 하나의 주장이 떠올랐다.

처음에 그는 이 주장을 '이해를 추구하는 믿음'이라는 제목으로 적었다—결국 이것이 그의 전체 프로젝트의 절정이었다. 하지만 나중에 그는 이것을 『프로슬로기온』Address이라고 했다. 『모놀로기온』이 독백의 형식을 취했다면, 『프로슬로기온』은 하나님을 향한 청원이다. 하지만 목적은 둘 다 동일하다. 즉 하나님의 완전한 교리는 "성경의 권위와 독립적으로 필요한 추론을 통해 증명될 수 있다"는 것이다.[11] 『모놀로기온』에서는 이성을 통해 점점 진리로 나아가는 불신자의 역할을 차용함으로써 그 목적을 이루었다. 『프로슬로기온』에서 이 목적은 중심에 "하나님이 없다"고 말하는 미련한 자의 부조리를 증명하는 신자를 통해 이루어진다.

『프로슬로기온』에서 안셀무스의 주장은 로마의 스토아 철학자인 세네카의 공식 위에 세워졌고, 그는 하나님을 "더 이상 위대한 것을 그 위에 생각할 수 없는" 존재로 묘사했다.[12] 이를 시작점으로 삼아 하나님에 대한 가장 기본적인 정의로 내세운 안셀무스는 이 어리석은 무신론자에게 그의 주장이 얼마나 불합리한지를 확신시킬 수 있을 것이라고 믿었다. 그의 주장은 다음과 같다. 하나님의 존재를 부정하는 어리석은 자라도 '더 이상 위대한 것을 그 위에 생각할 수 없는 존재'라는 하나님에 대한 기본적인 정의는 이해할 수 있을 것이다. 이는 하나님보다 더 위대한 존재를 생각하는 것이 전혀 불가능할 정도로 하나님은 위대하다는 단순한 개념이다. 하나님에 대한 정의를 이해하는 것이 이 단계에서 이 무신론자가 해야 할 전부다.

따라서 그렇다면 '더 이상 위대한 것을 그 위에 생각할 수 없는 존재'라는 이해가 무신론자의 지성 가운데 존재한다는 말이다. 하지만 만약 '더 이상 위대한 것을 그 위에 생각할 수 없는 존재'라는 생각이 그의 지성에 **있기만** 하다면, 더 위대한 존재를 생각하는 것도 실제로 가능하다. 즉 지성에만 존재하는 것이 아니라 실재에서도 존재하는 존재 말이다. 그러나 만약 보다 위대한 어떤 존재를 생각하는 것이 조금이라도 가능하다면, 무신론자는 그의 지성에 '더 이상 위대한 것을 그 위에 생각할 수 없는 존재'를 가질 수 없다. 따라서 그가 실제로 '더 이상 위대한 것을 그 위에 생각할 수 없는 존재'에 대한 생각을 가지고 있다면, 그 존재는 실재에서도 존재해야만 한다. 지성에만 존재하는 것보다 실재 가운데 존재하는 것이 더 위대하기 때문이다.

더구나 설사 '더 이상 위대한 것을 그 위에 생각할 수 없는 존재'가 존재하지 않는다고 생각한다 할지라도, '심지어 존재하지 않는다고 생각할 수 없을' 정도로 위대한 존재를 생각하는 것은 가능할 것이다.[13] 다시 말해, '더 이상 위대한 것을 그 위에 생각할 수 없는 존재'는 존재하기를 실패할 수 없는 존재여야 한다. 따라서 어리석은 자가 그 마음에 '하나님이 없다'고 말한다면, 그는 그 반대로 존재하지 않을 수 없는 이 존재가 존재하지 않는다고 생각한 것이다. 따라서 그는 자신이 미련하고 어리석은 자임을 드러내는 것이다.

이것이 바로 가장 관심을 받은, 안셀무스의 하나님의 존재에 관한 증명이었다(『프로슬로기온』 2-4장). 하지만 『프로슬로기온』을 쓴 목적은 하나님의 존재를 증명하는 것뿐 아니라 '신적 본성에 대해 우리가 믿는 모든 것'을 증명하는 것이었다. 그래서 『프로슬로기온』의 나머지 부분(5-26장)은 하나님이 '더 이상 위대한 것을 그 위에 생각할 수 없는 존재'라고 할 때 우리가 하나님에 대해 알 수 있는 것을 분명히 하는 데 할애된다.

안셀무스는 '더 이상 위대한 것을 그 위에 생각할 수 없는 존재'라는 정의가 하나님은 어떤 존재이어야 하는지에 대한 묘사(규정)가 이루어지게 하는 놀라운 기능을 한다는 것을 보인다. 다음과 같은 아주 단순한 이유에서다. 만약 하나님이 '더 이상 위대한 것을 그 위에 생각할 수 없는 존재'라면 하나님은 반드시 '무엇이든 존재하는 것이 존재하지 않는 것보다 나은 존재'다.[14] 따라서 하나님은 전능해야 한다. 그렇지 않으면 우리는 그보다 더 위대한 존재를 생각할 수 있을 것이다. 마찬가지로 하나님은 반드시 정의롭고, 진실하고, 행복하며, 무정하고, 불변하고, 육신을 갖지 않는 존재이어야 한다.

　물론 하나님이 이 모든 존재임을 분명히 하기 위해서 안셀무스는 존재하지 않는 것보다 존재하는 것이 더 낫거나 더 위대하다고 하는, 자신이 보편적으로 자증적이라고 믿은 기준을 의지해야 했다. 또한 이런 기준들 가운데 어떤 것은 적용하기에 문제가 있는 것처럼 보인다. 예를 들어, 만약 물리적이고 육신적인 것보다 비물리적이고 비육신적인 것이 절대적으로 낫다고 한다면 왜 우리는 물리적이고 육체적인 존재로 지어졌는가? 기독교가 말하는 소망이 육신적인 이유는 무엇인가? 하나님이 '더 이상 위대한 것을 그 위에 생각할 수 없는 존재'라는 속성에 대한 정의로부터 비롯된 또 다른 어려움은 그것들이 때로 명백히 자기모순적이라는 점이다. 예를 들어, 하나님은 반드시 전능하고 또한 의로워야 함을 보였다. 하지만 만약 하나님이 의롭다면 그는 불의하거나 거짓말을 할 수 없는데, 이는 하나님의 능력을 제한하는 것처럼 보인다. 그래서 안셀무스는 이 저작의 나머지 부분의 상당한 분량을 할애하여 그런 모순은 외견상 그렇게 보일 뿐 실재하지 않는다고 주장한다. 거짓말하거나 불의하지 못한 것이 하나님의 무능력이라고 할 수 있느냐에 대한 질문에 안셀무스는 이렇게 되묻는다. "하지만 거짓말하거나 불의할 수 있는 것은 능력이 아니라 약함이 아닌가?"[15] 또 다른 문제는 "만약 당신이 무감정하다면 동정을 느끼지 못하는데 어떻게 하나님께서 긍휼한 동시에 무정할 수 있단 말인가?" 하는 것이다.[16] 안셀무스는 비록 우리가 하나님으로부터 긍휼을 받지만 하나님은 긍휼을 **느끼지 않는**다고 대답했다. 또한 우리는 하나님의 의로우심으로 인해 그로부터 긍휼을 받고, 또한 그의 정의로 인해 그가 악인을 용서하심으로써(다른 악인을 심판함으로써 자신의 정의를 나타내는 것은 물론) 자신의 선하심을 나타낼 것을 요구한다.

가우닐로의 반박

『프로슬로기온』에서 나타나는 안셀무스의 주장이 대부분의 독자들에게는 상당히 다른 두 개의 이미지가 휙 지나가 혼란스럽게 하는 눈속임같이 작용한다. 안셀무스가 말놀이를 하고 있는 것인지 아니면 심오하고 깊은 것을 파고 들어가고 있는 것인지 판단하기가 쉽지 않다. 오늘날까지 신학자와 철학자들이 계속해서 연구할 수밖에 없는 물음이다.

안셀무스가 비실재적인 말들의 덫에서 헤어 나오지 못하고 있다고 비판한 초기 사람 가운데 하나는, 이 비판 때문에 알려지게 된 가우닐로 Gaunilo라는 수도사이다. 그는 『어리석은 자들을 대표하여』Reply on Behalf of the Fool 라는 책을 통해 안셀무스가 어리석은 자들에게 아무것도 증명하지 못했다고 주장했다. 여기서 가우닐로는 '더 이상 위대한 것을 그 위에 생각할 수 없는' 섬의 존재를 증명하기 시작함으로써 안셀무스의 주장을 풍자했다. 그는 "이 섬은 당신의 이해 속에서 존재하고, 단순히 이해 안에서만 아니라 실재로 존재하는 것이 더 탁월하기 때문에 이 섬 역시 실재로 존재해야 한다"고 적었다.17 다시 말해, 우리 마음에 상상하는 것으로부터 실재로 존재하는 것을 추론해 낼 수 있다는 생각은 어리석다. 우리는 전혀 존재하지 않는 것을 완벽하게 마음으로 상상할 수 있기 때문이다.

가우닐로에게 그때그때 답장을 써 보내며 주고받은 글을 『프로슬로기온』의 부록으로 출판할 정도로 안셀무스는 가우닐로의 반응에 전혀 흔들림이 없었다. 가우닐로의 반응은 단지 자신의 원래 주장이 전혀 영향받지 않음을 드러내 줄 뿐이라고 안셀무스는 생각했다. 가우닐로가 잘못 생각하고 있다고 느낄 만한 곳을 찾아볼 수가 없지만, 자신이 생각한 '더 이상 위대한 것을 그 위에 생각할 수 없는' 존재와 가우닐로의 '더 이상 위대한 것을 그 위에 생각할 수 없는' 섬 사이에는 아주 중대한 차이가 있다고 생각한 것으로 보인다. 그런 섬은 본질상 존재하지 않지만, '더 이상 위대한 것을 생각할 수 없는 존재'는 존재하지 않을 수 없다. 그 위에 더 위대한 존재를 우리가 생각할 수 있다면 '더 이상 그 위에 위대한 것을 생각할 수 없는 존재'는 더는 '더 이상 그 위에 위대한 것을 생각할 수 없는 존재'가 아닐 것이다.

가우닐로의 비판에 대한 안셀무스의 대답이 성공적이든 아니든 간에, 분명한 사실은 그로부터 한 세기가 채 못 되어 안셀무스의 논증을 설득력 있는 것으로 보는 사람은 거의 없게 된 것이다. 아마도 그의 논증이라는 건물이 플라톤주의라는 전제 위에 세워졌기 때문일 것이고, 또한 가장 영향력 있는 철학자로서 그의 시대가 거의 끝났기 때문일 것이다. 그의 전제는 존재에는 정도가 있고, 더 많은 정도의 존재가 더 적은 정도의 존재보다 더 위대하다는 것이다. 안셀무스에게 이는 자명한 전제였지만, 오늘날 대부분의 사람들은 이 전제를 공유하지 않고 살아간다. 우리에게 돼지는 날아다니는 돼지보다 '더 많은' 존재성이 있는 것이 아니다. 날아다니는 돼지는 단지 우리 생각 속에서만 존재하기 때문이다. 우리에게 날아다니는 돼지는 존재하지 않는다. 존재는 적게 가질수록 더 나은 것이라는 불교문화에서도 이런 주장은 설득력 있지 못할 것이다.

이 논증을 누가 사용하든 그가 가진 전제가 결론에 영향을 주기 마련이다. 존재하는 것이 존재하지 않는 것보다 무엇이 더 낫거나 위대한지 우리는 어떻게 아는가? 물론 위대함에 대한 안셀무스의 생각이 모든 사람이 가진 생각은 아니다. 안셀무스에게 있어서 감정이 있는 것은 없는 것보다 더 위대하다. 하지만 오늘날 이 주장에 동의할 철학자는 거의 없을 것이다. 다만 이 논증이 오랫동안 호소력 있게 다가간 이유는 효용성 때문일 것이다. 안셀무스의 논증은 기독교의 하나님이든, 알라든, 브라만이든, 혹은 위대한 신 옴om이든 누구든 간에 최고의 존재를 증거하는 어떤 전제와도 나란히 사용될 수 있다.

『인간이 되신 하나님』

안셀무스가 캔터베리의 대주교가 되었을 때 그가 아직 '증명'해야 할 기독교 신앙의 핵심 영역이 한 가지 남아 있었다. 바로 성육신이다. 안셀무스의 지평이 베크의 수도원을 넘어 보다 넓어지면서, 그는 이 주제에 집중할 필요성을 보았다. 성육신을 부인하는 유대교가 부상하는 것을 감지

했다. 당시 잉글랜드에서는 유대교 공동체가 교세를 확장하고 목소리를 높여 가고 있었다. 수세기 동안 문화적 정체기를 거듭해 온 기독교가 지적으로 뒷걸음질친다고 느껴질 정도로, 유대교의 랍비들이 한목소리로 성육신의 가능성에 대한 반론을 제기하고 발전시켰다. 기독교인의 상당수가 유대교로 개종했다. 급기야 명망 있던 한 주교가 유대교로 개종하는 일이 발생했다. 그 후 1095년, 교황은 제1차 십자군 전쟁을 주창했다. 기독교가 이슬람과 유대교와 다른 점을 확고히 하고자 하던 시기였다.

이렇게 해서 안셀무스는 성육신에 대한 변증서인『인간이 되신 하나님』을 집필하기 시작했다. 이 변증서를 쓰는 목적을 그는 이렇게 말한다.

> 필연적인 추론들을 통해—마치 그리스도에 관한 어떤 것도 전혀 일어나지 않은 것처럼 그리스도를 전혀 고려하지 않고—그리스도가 없이는 어떤 인간도 구원받을 수 없고, 인간이 창조된 목적은 실제로 하나님이자 사람인 God-man 존재를 통해서만 성취될 수 있으며, 그리스도에 대해 우리가 믿는 모든 것이 하나도 빠짐없이 다 일어나야 함을 증명하는 것이다.[18]

마치 우리가 그리스도에 대해 전혀 들어 본 적이 없는 것처럼 안셀무스는 합리적 논증을 통해 성육신을 변증하고, 하나님이 성육신하고 우리를 위해 죽어야 했음을 이성으로만 증명하고자 한 것이다. 그것의 합리적 필연성을 증명할 뿐 아니라, 하나님의 성육신에 대한 생각 자체가 신적 존엄에 대한 모독이라는 비난에 대한 응답으로서 성육신을 이루신 하나님의 목적의 아름다움 또한 나타내 보인다.

이 작품은 안셀무스와 보소Boso라고 하는 애제자 사이의 대화 형태로 기록되었다. 보소는 불신자가 제기할 만한 의문들을 던지는 (아주 온화한) 마귀의 변호인 역할을 한다. 여기에 안셀무스가 대답하고, 이어서 보소는 앞서 안셀무스가 한 대답에 전적으로 동의하고 다음 질문으로 넘어간다.

제1권

안셀무스는 하나님의 예정에 드러나는 질서정연한 아름다움을 논증함으로써 1권을 시작한다.

> 한 사람의 불순종으로 인류에 사망이 들어온 것처럼, 생명 또한 한 사람의 순종을 통해 회복되는 것이 합당했다. 우리가 당한 정죄가 한 여인으로부터 기인한 것처럼, 우리의 의와 구원의 주인이 한 여인으로부터 나는 것 또한 합당했다. 또한 나무의 실과를 따먹게 함으로써 그가 미혹한 사람을 패배시킨 마귀는 그가 짊어지도록 한 나무에서 고난을 당한 사람에게 패퇴되는 것이 합당했다.[19]

이에 대해 보소는 하나님의 예정이 논리적으로 필연적인 것임이 드러나지 않는다면 아름다움 자체만으로는 불신자들에게 설득력이 없다고 했다. 하나님이 전능하다면 성육신이라고 하는 모욕을 당하지 않고도 구원하고자 하면 될 것이라는 불신자들(유대인들)의 주장 때문에라도 더욱 그렇다. 만약 그렇게 할 수 없다면 그는 틀림없이 전능하지 않은 것이다.

안셀무스는 이 힐문을 다루기 위해 이 저작의 대부분을 할애한다. 이런 힐문의 기저에 자리한 성육신의 행위는 하나님의 신격에 대한 모독이라는 억측에도 대답할 수 있을 것으로 보았다. "하나님이 비천함이나 연약함에 복종하셨다고 할 때 우리는 이것을 고통을 느끼지 않는 신성의 숭고함이 아닌, 그가 입은 인간 본질의 연약함을 따라 이해한다."[20] 다시 말해, 하나님의 신성은 예수가 비천한 인성을 입었다고 해서 전혀 부정하게 되지 않는다는 말이다.

성육신의 논리적 필연성을 계속해서 살펴가기 전, 안셀무스는 당시 대부분의 학식 있는 기독교인들이 왜 하나님은 사람이 되셨는가에 대한 대답들 가운데 하나로 사용한 것을 배제하기를 원했다. 전통적으로 아담과 하와는 그들을 미혹하려는 마귀에게 순종함으로써 스스로 (그리고 그들 안에 있는 온 인류가) 마귀의 지배 하에 놓이게 되었다는 견해가 수세기에 걸쳐서 이어져 왔다. 그때부터 인류에게 정당한 지배력을 행사해 온 마귀는 그들의 후손인 그리스도에 대해서도 정당한 지배력을 갖는다. 하지만 그리스도는 결코 마귀의 말을 따르지 않았고, 그의 지배 아래 있은 적도 없었다. 그래서 마귀가 그리스도를 죽음으로 정죄하여 그에 대해 지배력을 행사하려고 했을 때 그는 인류에 드리운 마귀의 지배력을 무효화시켰고, 그리스도의 죽음으로 말미암아 인류는 마귀의 권세에서 자유롭게 되었다. 따라서 이 견해대로 하면 그리스도의 죽음은 인류에게 행사한 그의 권리를 매수하기 위해 마귀에게 지불한 속전이었다.

안셀무스는 이런 식의 접근은 전혀 방향을 잘못 잡은 것이라고 느꼈다. 그가 이해한 바와 같이 마귀가 아담과 하와를 미혹했을 때 그는 다만 인류의 참 주이신 하나님을 거슬러 죄를 지은 것일 뿐, 죄를 짓는 행위는 마귀에게 어떤 권리도 수여하지 못한다. 마귀는 그저 반역자와 도적일 뿐 인류에 대해 아무런 권리도 주권도 갖지 못한다.

마귀에게 속전을 지불할 필요가 없다면 성육신이 왜 필요했는가? 안셀무스는 사람을 복되게 하기 위해 하나님께서 창조하셨고, 이 복은 사람이 몸과 마음을 다해 전적으로 하나님께 순종할 때 누릴 수 있다는 설명으로 시작한다. 그렇게 하는 것만이 참 주이신 하나님께 합당한 것이고, 무엇이나 여기에 미치지 못하는 것은 죄다. 그렇다면 죄는 기본적으로 하나님께 합당한 영광을 돌리지 않는 것이다. 그런데 인간의 죄책은 바로 이것이다. 또한 이로 인해 우리는 우리가 창조된 목적인 복됨을 상실했다.

여기까지는 불신자들(유대인들)도 분명히 동의할 것으로 기대된다. 하지만 하나님은 인류를 단순히 용서하실 수가 없다고 안셀무스는 말한다. 이는 죄의 범법을 합당하게 다루기를 요구하는 하나님의 공의를 부정하는 것이다. 또한 하나님의 뜻(그리고 영광)은 범할 수도, 범해져서도 안 되기 때문이다. 그의 뜻은 머리 위의 하늘을 피할 수 없는 것과 같이 피할 수 없다. 피조물이 "하나님이 명하시는 뜻에서 도망친다면, 하나님이 징

벌하시는 뜻을 맞닥뜨릴 수밖에 없는 것"과 마찬가지다.[21]

그렇다면 하나님은 그저 용서하실 수 없다. 인류가 원래 창조된 목적대로 복을 누리기 위해서는 그 외에 어떤 일이 일어나야 한다. 하지만 이 부분에서 안셀무스는 현대 독자들이 보면 뜬금없이 주제를 벗어나는 것처럼 보일 수 있는 논의, 즉 어떻게 하나님이 타락한 천사들의 숫자를 보충하기 위해 사람을 지었는지에 대한 논의를 집어넣는다. 우리가 보기에는 전혀 무관하고 이상한 논의처럼 보이지만, 안셀무스에게는 인류가 창조된 이유에 관한 중요한 질문이었다. 안셀무스가 이해하는 바에 따르면, 마귀와 그를 추종하는 천사들의 타락으로 인해 하늘 도성에 생긴 공백이 메워져야 했기 때문에, 하나님은 인류를 창조하시고 일정한 수만큼 택하셔서 그 공백을 메우신다. 그런데 실제로 하나님이 그 공백을 메울 수 있는 사람보다 더 많은 사람들을 택함으로써 인간은 단지 천사를 대체하는 목적 이외에도 자신만의 목적을 가질 수 있게 된 것이다. 그렇기 때문에 타락한 천사들보다 택함을 받은 인간들의 수효가 더 많은 것이 중요하다고 안셀무스는 덧붙인다. 만약 타락한 천사들의 숫자만큼만 창조했다면 구원받은 인간은 자신이 타락한 천사를 대체한 존재임을 알고 다른 존재의 몰락을 기뻐하는 또 다른 죄를 짓게 될 것이기 때문이다.

이처럼 인간을 창조하고 선택한 목적에 대한 기계적인 이해는 안셀무스가 하나님과 인간의 관계에 대해 어떻게 이해하고 있었는지를 잘 보여준다. 여기서 보면 창조에 있어서 하나님의 계획은 인간을 오직 자신에게만 순복하는 천사처럼 만드는 것이다. 하지만 이런 사실은 안셀무스가 하나님이 우리를 양자 삼으시는 것과, 단지 비굴하게 섬기는 피조물과는 다르게 하나님이 우리를 대하시는 것과, 하나님과의 친밀한 교제와 같은 생각은 전혀 하지 않았음을 의미한다. 안셀무스는 하나님과 인간의 관계를 단지 봉건 군주와 그를 섬기는 농노의 관계로 본 것이다.

이런 큰 그림을 가지고 안셀무스는 자신의 중심 논증을 이어간다. 인간은 모든 것을 하나님께 빚지고 살아감에도 불구하고 하나님께 마땅히 돌려 드려야 할 것을 돌려 드리지 않았다. 그렇기 때문에 그들은 이제 하나님께 보상을 해야 한다. 하지만 이미 우리의 모든 것을 하나님께 빚지고 있기 때문에 우리가 가진 어떤 것으로도 하나님께 갚아 드릴 수 없다. 실제로, 우리가 처한 곤경은 그보다 심각하다. 안셀무스는 보소에게 모든 피조물을 보존하기 위해 죄를 지을 것인지 묻는다. 보소는 그렇지 않을 것이라고 당당히 말하고, 안셀무스는 이것을 죄로 인한 대가는 모든 피조물보다 더 비싼 것이라는 증거로 삼는다. 그렇기 때문에 죄를 보상하기 위해서는 모든 피조물보다 더 값진 것이 하나님께 드려져야 한다.

그렇다면 한 가지 의문이 생긴다. 이처럼 우리가 전혀 죄값을 보상할 능력이 없다면, 하나님은 우리에게 그것을 갚을 책임을 물을 수 없는 것이 아닌가? 안셀무스는 이런 생각에 동의하지 않는다. 주인이 명령한 일을 하지 못하도록 하는 깊은 구덩이에 대한 경고를 받았음에도 스스로 그 구덩이에 자신을 던진 종에 우리를 비유한다. 물론 이 종은 주인으로부터 명령받은 일을 할 능력이 없다. 하지만 명령을 수행하지 않았기 때문에 주인이 그를 책임 없다고 하진 않는다. 오히려 그는 종을 배로 벌할 것이다. 주인으로부터 경고를 받고도 구덩이를 피하지 않았기 때문이다. 그의 무능력은 자신의 잘못이다.

그리스도께서 우리를 구원하기 위해 오지 않으셨다면, 우리가 창조된 목적인 복을 전혀 누리지 못했을 것이라는 것이 안셀무스가 제1권에서 도출한 결론이다. 우리의 죄로 우리는 하나님의 심판에 맞닥뜨리고, 우리에게는 그것을 피하기 위한 보속을 지불할 능력이 없다. 그렇다고 하나님께서 우리를 그 상태에 있도록 내버려 두신 것이 아니다. 이 복을 얻는 사람들이 있을 수밖에 없다. 그렇지 않으면 그들을 창조하신 하나님의 계획이 수포로 돌아가고 하나님은 실패한 것이 드러날 것이다. 그런 일은 있을 수 없다. 따라서 하나님께서는 우리를 그저 용서하실 수 없을 뿐 아니라 우리에게 긍휼을 베푸시는 일에 실패하실 수도 없다. 그리스도에 대한 필요는 분명하다.

그러자 보소는 이렇게 말한다(당연히 그는 설득되었다). "이성적 추론만으로 내가 이해할 수 있도록 나를 더 이끌어 주십시오. 가톨릭이 증명하라고 요구하는 모든 것, 곧 우리가 구원받기 위해 믿어야 하는 그리스도가 참임을 깨닫도록 말입니다."[22]

제2권

안셀무스는 다음 사실을 입증했다. 첫째, 인류는 죄에 대해 하나님께 모든 피조물보다 더 가치 있는 보상을 해야 한다. 둘째, 우리에게는 그것을 갚을 능력이 없다. 셋째, 인간을 지으신 목적—죽기 위해서가 아니라 하나님을 즐거워하는 복을 누리도록 하려는—을 하나님은 이루실 수밖에 없다. "인간의 죄에 대해 하나님을 제외한 모든 것보다 더 가치 있는 보속을 하나님께 지불하는 누군가"가 있어야 한다는 것이 안셀무스의 결론이다.[23] 하지만 하나님을 제외한 모든 것보다 더 가치가 있는 것은 무엇인가? 하나님 자신뿐이다. 따라서 오직 하나님만이 보속을 지불하실 수 있다. 그러나 보속을 지불해야 할 채무자는 인간이다. 인간이 그것을 지불해야 한다. 하지만 오직 하나님만이 그것을 지불할 수 있다.

안셀무스는 논리적 추론을 통해 인류의 구원을 위해서는 하나님의 공의가 스스로에게 요구하는 하나님이자 사람인 존재가 필요하다는 사실을 자신이 증명했음을 알았다. 자신의 인격 안에 완전한 하나님과 완전한 인간을 가진 존재만이 하나님에 대한 인간의 책임과 하나님 자신에 대한 하나님의 책무를 성취할 수 있다.

하지만 안셀무스가 "이성적 추론만으로, 가톨릭이 증명하라고 요구하는 모든 것, 곧 우리가 구원받기 위해 믿어야 하는 그리스도가 참임을" 증명하려면 한 걸음 더 나아가야 한다. 그는 하나님이자 사람인 존재의 잉태와 출생으로 시작한다. 안셀무스는 하나님이자 사람인 존재는 동정녀로부터 인성을 취해야 한다. 하나님은 자신이 해야 할 가장 탁월하고 가장 합당한 일을 하시기 때문이며, 동정녀로부터 잉태되는 것이 일반적인 방식으로 잉태되는 것보다 '더 순전하고 영광스러울' 것이기 때문이다.

> 하나님이 사람을 지으시는 네 가지 방식이 있다. 일상의 경험이 보여주는 바와 같이 한 남자와 한 여자를 통해서, 혹은 친히 아담을 지으신 것처럼 한 남자와 한 여자도 없이, 혹은 하와를 지으신 것처럼 여자가 없이 한 남자를 통해서, 혹은 예수 이전까지 결코 하신 적이 없는 방식인 남자가 없이 한 여자를 통해서다. 이 마지막 방식이 그의 능력 안에서 이루어졌다. 바로 그때를 위해 예비되었음을 증명하기 위해서 그가 친히 남자가 없이 한 여자로부터 난, 우리가 구하는 인간이 되는 것보다 더 합당한 것은 없다.[24]

안셀무스의 생각에 가장 아름답고 '합당한' 것은 논리적으로 필연적인 것이라는 사실이 여기서 분명해진다. 하나님은 오직 '합당한' 것만을 하실 것이기 때문이다.

하나님이자 사람인 이 존재는 완전한 삶을 살 것이다. 불완전함은 합당하지 않을 것이기 때문에 그는 완전해야 한다. 예를 들어, 어떤 식으로든 그는 무지할 수 없다. 무지한 것은 자신의 사명을 수행하는 데 도움이 되지 않을 것이기 때문이다. 그는 전혀 죄를 지은 적도 없어야 한다. 그렇지 않으면 자기 자신을 위해 청산해야 할 죄의 빚을 갖게 되기 때문이다.

이것이 바로 하나님이자 사람인 존재가 와야 하는 필요에 대한 전체 요지다. 오직 이런 존재이어야만 하나님의 명예가 요구하는 보속을 할 수 있다. 그 외에 사람은 결코 할 수 없다. 하나님이 이미 의무로서 요구하실 수 없는 것으로 하나님께 지불되어야 한다. 하지만 하나님이자 사람인 존재가 단순히 완전한 삶을 산다면 이는 단지 하나님이 사람에게 요구하는 것을 하는 것일 뿐이다. 필요한 보속을 위해서는 그 이상의 어떤 것, 하나님이 그에게 요구하실 수 없는 어떤 것을 해야 한다. 죄 없는 하나님이자 사람인 존재를 볼 때 하나님은 공의에 따라 그에게 죽음을 요구할 수 없다. 그렇기 때문에 오직 자신의 삶을 내어주고 죽는 것만이 하나님이자 사람인 존재가 하나님의 명예를 만족시키는 보속을 이룰 수 있다. 더욱이 그는 하나님이시고 따라서 전능하시기 때문에 그의 생명을 훔쳐갈 수 없다. 다시 말해 그가 자신의 생명을 자원하여 내려놓는 것을 의미한다.

이 부분에서 안셀무스는 보소에게 하나님이자 사람인 그를 죽여서 모든 피조물을 살릴 수 있다면 그렇게 하겠느냐고 묻는다. 보소는 소스라치게 놀라면서 그렇게 하지 않을 것이라고 대답한다. 안셀무스는 보소의 그런 반응을 하나님이자 사람인 그의 생명은 모든 피조물보다 더 가치가 있는 것이 틀림없다는 증거로 삼는다. 그러나 그런 일이 일어나야 한 것은 사람이 하나님께 진 빚이 '하나님이 아닌 다른 모든 것'보다 더 크기 때문이다.

이것이 바로 그리스도의 죽음을 마귀에게 지불한 속전으로 보는 이해 대신에 안셀무스가 제공하는 속죄의 신학이다. 그리스도가 죽은 것은 죄로 인해 우리가 당해야 할 형벌을 우리 자리에서 대신 받은 것이 아니다. 그리스도의 죽음은 하나님께 드려진 제물로, 하나님이 정당하게 요구하실 수 있는 것보다 더 위대한 것이다. 이것이 하나님의 명예를 만족시키지만 그가 담당해야 할 진노를 피하게 하지는 못한다.[25]

안셀무스의 논증으로 다시 돌아가자. 하나님이자 사람인 그가 하나님께 자신의 죽음이라고 하는 무한히 가치 있는 선물을 바쳤고, 하나님의 공의는 하나님이자 사람인 그가 받을 보속을 요구한다. 하지만 하나님이자 사람인 그 자신이 하나님이다. 따라서 그는 이미 모든 것을 가졌다. 이미 그의 것이 아닌 것을 그에게 주는 것은 불가능하다. 따라서 하나님은 하나님이자 사람인 그가 우리들을 위해 보상함으로써 자신의 공의를 만족시키고, 마땅히 그들의 빚이 청산된다.

하나님이자 사람인 그가 인간을 위해 죽으셨고 상급이 구원에 합당하다면, 모든 인간이 구원을 받아야 한다는 말인가? 안셀무스는 하나님이자 사람인 그의 공로를 그의 죽음으로 가능하게 된 속죄를 받아들인 자들에게만 하나님께서 주실 것이라고 주장함으로써 이런 결론으로 빠지는 것을 피한다. "속죄를 받은 후 다시 죄를 짓게 된다면, 그들은 기꺼이 합당한 보상을 하고 삶을 고치는 경우 동일한 약속의 효력을 통해 다시 속죄를 받을 것이다."[26]

한 번 속죄를 받은 후 다시 지은 죄를 위해서 하나님이자 사람인 존재의 죽음을 다시 필요로 하지 않고 속죄를 받을 수 있는 이유에 대해서는 분명하지 않다. 분명한 점은 구원이 조건 아래 있었고 조건에 따른 순종을 요구하지만, 하나님의 율법에 대한 절대적인 순복을 요구하기 때문에 실제로 이런 조건들을 만족시키기가 너무 어렵다는 것이다(가장 이상적인 길은 수사가 되는 것이다).

이제 안셀무스와 보소는 하나님이자 사람인 존재가 죽어야 할 논리적 필요가 증명되었고, 오직 이 죽음을 통해서만 하나님의 공의가 요구하는 인간의 구원이 일어날 수 있다는 데 동의한다(하나님이자 천사인 존재의 죽음이 필요할 것이기 때문에 천사는 구원받을 수 없음에도 불구하고). 보소는 "구약성경과 신약성경에 포함된 모든 것이 증명되었고……당신은 이제 합리적 추론만으로 유대인뿐 아니라 이교도의 의문을 불식시킬 수 있다"고 결론을 내린다.[27]

계속 읽어 가기

신학적인 관심이 있는 그리스도인이 안셀무스의 사고를 이해하려고 할 때 대개 『인간이 되신 하나님』을 집어 든다. 불행하게도, 이런 시도는 안셀무스와 보소가 주고받는 대화를 따라가다가 오히려 지쳐서 당혹스럽게 끝나기가 일쑤다(안셀무스: 들어보아라. 보소: 말씀하십시오. 안셀무스: 내가 보기에 참이라고 생각되는 것을 말하겠다. 보소: 제가 바라는 것이 바로 그것입니다. 독자: 빨리 본론으로 들어갔으면!). 그러지 말고 먼저 『모놀로기온』으로 시작하는 것이 좋다(이 책은 또한 안셀무스의 전체적인 생각과 신학에 대한 그의 접근법에 보다 나은 통찰을 제공한다). 번역서로는 토마스 윌리엄스Thomas

Williams의 『안셀무스: 기본 저작들』*Anselm: Basic Writings*, Indianapolis: Hackett, 2007이 번역의 신선함이나 정확성에서 탁월하다. 제목이 말해 주는 바와 같이 이 책에는 안셀무스의 기본적인 저작들을 다 포함하고 있다.

    안셀무스에 대한 2차 자료들은 조심해야 한다. 어느 한쪽으로 치우치도록 할 수 있기 때문이다. 리처드 써든 경 Sir Richard Southern과 같은 안셀무스에 대한 위대한 권위자의 저작이라면 안심할 수 있을 것이다. 어느 저작과도 비길 수 없는 안셀무스에 대한 그의 전기 『성 안셀무스: 인물과 그 시대』*Saint Anselm: A Portrait in a Landscape*, Cambridge: Cambridge University Press, 1990는 안셀무스라는 사람과 그의 지성을 아름답게 소개한다.

안셀무스 연표

1033 이탈리아 아오스타에서 태어남
1054 서방교회와 동방교회의 분리
1059 노르망디 베크에 있는 수도원에 도착
1063 베크 수도원의 부원장이 됨
1066 영국의 노르망디 정복
1075-6 『모놀로기온』 집필
1077-8 『프로슬로기온』 집필
1078 베크 수도원 원장이 됨
1079 페트루스 아벨라르두스 Peter Abelard 출생
1093 켄터베리 대주교로 선출
1095 교황 우르바누스 2세가 제1차 십자군 원정 소집
1095-8 『인간이 되신 하나님』 집필
1097 교황에게 자문을 구하기 위해 영국을 떠남
1098 바리 회의에서 필리오케 Filioque에 대한 서방교회의 신앙을 변호
1100 영국 왕 윌리엄 2세의 죽음. 헨리 1세가 안셀무스에게 다시 영국으로 돌아오라고 초청함
1103 다시 교황에게 자문을 구하기 위해 영국을 떠남. 헨리 1세는 그가 영국으로 돌아오는 것을 금함. 안셀무스는 헨리 왕의 출교 절차에 돌입함
1106 분쟁의 해결과 영국으로의 귀환
1109 안셀무스의 죽음

06 우둔한
　　황소

토마스 아퀴나스　　*Thomas Aquinas*

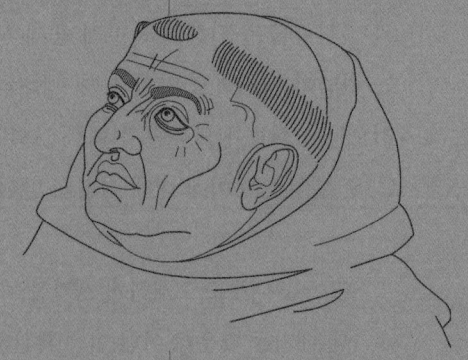

중세 사람들의 사고 중심 어딘가에는 자기 세대는 이전 세대만 못하고, 과거 사람들은 거장인데 반해 중세 사상가들은 그저 난쟁이에 불과하다는 관념이 자리하고 있었다. 전 세대의 '대가들'과 그 시대로부터 전해 내려오는 저작들에 크나큰 신뢰를 보였던 것도 바로 이런 관념 때문이었다. C. S. 루이스는 이에 대해 이렇게 말했다.

> 그들을 너무도 고상하게 생각한 나머지 중세 사람들의 지성에서, 전 세대 대가들 가운데 어떤 이는 확실히 바르고 다른 사람은 그르다고 결정 내리는 것은 거의 드물었고, 모두가 그르다고 결론 내리는 것은 꿈도 꾸지 못할 일이었다. 분명한 점은, 최소한 이교도와 달리 기독교인 저자는 당연히 옳다고 여겼다는 것이다. 하지만 이런 생각에까지 이르도록 허락되는 일은 거의 없었다. 그들의 책—큰 비용을 들여 사고, 지금까지 사람들의 마음을 사로잡고, 오래되고, 감촉과 시각에 너무나 익숙하고 사랑스럽기까지 한—이 말하는 내용이 전혀 잘못 되었다고 믿기가 너무 어려웠다. 도저히 믿을 수 없었다. 만약 세네카와 사도 바울이 서로에게 동의하지 않고, 둘 다 키케로에 동의하지 않으며, 이 세 사람이 보에티우스^{Boethius}에 동의하지 않으면, 이들을 조화시킬 설명이 틀림없이 있을 것이라고 생각했다.

아니면 루이스가 보다 간명히 말한 것처럼, "중세의 지성은 '허튼소리'라고 말하지 못하는 것 때문에 고통을 겪었다."[1]

그렇다고 할지라도 특정한 대가들은 유행되다가 사라졌다. 아우구스티누스가 플라톤주의에 대해 가진 호의적인 평가를 힘입어 플라톤은 안셀무스 때까지 중요한 자리를 차지했다. 하지만 안셀무스가 죽은 지 얼마 지나지 않아 아리스토텔레스의 저작들을 처음으로 라틴어로 읽을 수 있게 되었다. 더구나 아리스토텔레스의 저작들은 당시의 시대가 가려워하던 부분을 정확하게 긁어 주었다. 플라톤이 영혼과 관념에 대한 고상한 생각에 스스로를 제한한 것에 비해, 아리스토텔레스는 정치에서 기상학, '동물의 각 부분'에 이르기까지 모든 것에 대해 설득력 있는 논리로 글을 썼다.

아리스토텔레스는 곧 학문 세계에 분열을 가져왔다. 그가 한 말이라면 무엇이나 그대로 받아들이는 사람이 있는가 하면, 세상은 항상 존재했다는 주장과 같이 우려스러운 문제점에 주목하고 기독교인이 이교도인 아리스토텔레스를 인용하는 것을 자기 아버지의 우상을 치마 밑에 몰래 숨겨 온 라헬의 죄와 같은 것으로 여겨 비난하는 사람도 있었다. 아리스토텔레스를 어떻게 다루느냐가 논란의 중심이 된 것이다. 바로 이런 때에 토마스 아퀴나스는 아리스토텔레스주의와 기독교의 본래 모습을 손상시키지 않으면서 전자를 후자로 가지고 들어오는 체계(자신이 지금까지 추구해 온 체계)를 제안했다. 이것이 바로 기독교적 아리스토텔레스주의가 되었다.

결과는 성공적이었다. 그의 대표작인 『신학대전』 Summa Theologiae 은 로마 가톨릭 신학의 표준 교과서가 되었고 트렌트 Trent 회의에서는 제단에 성경과 나란히 놓는 책으로 언급되었다. 이 회의에서 그는 또한 '교회의 박사' Universal Doctor of the Church 라는 칭호를 얻었다. 교황들은 그를 일컬어 '가톨릭 교회의 수호자와 이단의 정복자'라고 칭송했다. 1998년 교황 요한 바오로 2세 John Paul II 는 '신학하는 바른 방식의 모델'로서 그를 '천사 박사'로 묘사하는 회칙을 발령했다. 그의 영향은 로마 가톨릭에만 머물지 않았다.

종교개혁자들에게까지 깊은 영향을 미쳤다. 많은 사람들이 아퀴나스로부터 주된 영향을 받았다고 기꺼이 인정하는 것도 이런 사실을 증명해 준다.

아퀴나스의 생애

토마스 아퀴나스Tommaso d'Aquino는 1224년과 1226년 사이 어느 시점에 로마와 나폴리 사이에 있는 로카세카의 가족 성에서 태어났다. 이 성은 토마스가 지체 높은 집안 태생임을 보여준다. 막내아들이었던 그는 전통적인 방식에 따라 자랐다. 다섯 살이 되는 해에 그는 교육을 위해 근처에 있는 유명한 몬테 카시노Monte Cassino 베네틱트 수도원에 맡겨졌다. 곧 그곳에서 그는 끊임없이 "하나님은 누구신가?"를 묻는 것으로 유명해졌다.

몇 년 후, 그 지역에서 있었던 분쟁으로 인해 그의 가족들은 그를 새로운 나폴리 대학으로 전학시켰다. 거기서 그는 앞으로 그의 생애에 큰 영향을 미치게 될 두 가지를 소개받는다. 첫째는 아리스토텔레스였다. 당시 그는 기독교 세계인 유럽의 다른 곳에서는 거의 잘 알려지지 않았다(파리에서는 그의 저작들이 금서로 정해졌었다). 둘째는 설교자 수도회('도미니크 수도회')였다. 이것은 도미니크 구즈만Dominic Guzman이 이단에 맞서기 위해 세운 지 얼마 안 되는 신생 수도회였다. 이 수도회가 세워진 목적을 통해 알 수 있듯이, 도미니크 수도회는 연구를 아주 우선시했고 이는 토마스에게 상당한 매력으로 작용했다. 소속 수도사들은 또한 일반적인 수도사가 아닌 탁발 수도사였다(수도원에서 세상과 담을 쌓고 지내는 대신에 이들은 탁발로 살았다). 그들의 삶의 모습에 감동된 토마스는 얼마 지나지 않아 이 수도회에 가입해 연구하는 삶을 시작했다. 안셀무스와 같이 수도원적 묵상을 위한 연구가 아니라 가르치기 위한, 특히 토마스의 경우 대학에서 가르치기 위한 연구였다.

이 소식을 접한 가족들은 경악을 금치 못했다. 가족들은 토마스가 남부럽지 않은 고위직에 오르기를 원했지, 길거리에서 거만하게 급진적인 삶을 추구하는 무리와 함께 구걸하며 지내기를 바라지 않았던 것이다. 그래서 토마스가 북쪽으로 여행을 떠나 가족의 사유지를 지날 때 그를 납치해 1년 이상을 가두어 두며 그의 선택을 철회하라고 회유하고 설득했다. 가족들은 거의 아무것도 걸치지 않은 아름다운 여인을 그가 갇혀 있는 방으로 들여보내는 것과 같은 술책을 사용해 그를 회유하기 위해 안간힘을 썼다. 여기에 토마스는 부지깽이를 가지고 자기에게 다가서지 못하게 저항했다(또한 그것으로 십자가 모양을 만들어 스스로를 독려했다). 그런 방식으로는 아리스토텔레스의 논리와 성경을 연구하려는 열망으로부터 그의 주의를 다른 곳으로 돌리지 못한다는 것을 알게 된 가족들은 결국 그를 풀어 줄 수밖에 없었다.

토마스는 북쪽으로 여행을 계속해 파리를 지나 쾰른에 이르렀고, 거기서 위대한 아리스토텔레스 학자인 알베르투스Albertus의 지도 아래 수학했다(심지어 그의 생전에 '위대한'이라는 수식어가 붙을 정도였다). 알베르투스에게 수학하기 전까지는 어느 누구도 토마스의 지적인 잠재력을 제대로 알아보지 못했던 것 같다. 토마스는 큰 키에 풍채가 당당한 거구였다. 이처럼 거구인 데다가 개인적으로 번득이는 재치 같은 것도 없어서 많은 사람들은 그가 오히려 퇴보하는 것으로 여겨 '우둔한 황소'라고 불렀다. 하지만 알베르투스는 달랐다. "사람들은 그를 우둔한 황소라고 하지만 이 황소의 울음소리가 온 세상에 울려 퍼질 것이다"라고 말했다.

명석한 마음과 굼뜬 행동의 절묘한 조화로 인해 토마스를 제대로 그려 내기가 오늘날까지 여간 어려운 일이 아니다. 한편으로 성인 전기 Hagiography를 보면 부드러운 태도로 평정심을 유지하는 모습이 영락없는 부처의 모습으로 드러난다. 반면에 그의 신학적이고 철학적인 저작들을 보면 맹렬한 지성적 에너지가 뿜어져 나온다. 그와 관련된 몇 가지 일화들이 있다. 한창 왕성하게 활동할 때에 비서들에게 그의 말을 받아 적게 했는데, 서너 명이 동시에 받아 적을 수밖에 없을 정도로 쏟아냈고, 심지어 잠든 후에도 계속 구술했다고 한다. 그의 비상한 집중력을 보여주는 다른 일화들도 있다. 그가 공중을 걷고 십자가와 대화를 했다는 것이다. 사실 여부와 상관없이, 온갖 종류의 기적과 신비로운 체험과 관련된 이야기들은 신학자로서의 아퀴나스의 위상을 실감하게 한다. 여러 일화들을 종합해 보면 그가 놀라운 지적인 능력의 소유자였음을 분명하게 알 수 있다.

　토마스의 재능을 알아본 알베르투스는 박사가 되기에는 법적으로 너무 어린 나이였음에도 불구하고 그가 신학을 공부하여 '박사'가 되도록 파리로 돌아가는 길을 주선했다(당시에는 'master'라고 불렸으나 나중에 '박사'라는 칭호로 바뀌었다). 토마스는 파리에서 교수하는 가운데 자신의 신학의 형성기를 보낸다. 이때 그는 페트루스 롬바르두스Petrus Lombardus의 『명제집』Sentences에 대해 강의하고, 주석과 논문들을 집필하고, 그의 주요 저작들 가운데 하나인 『이교도 논박 대전』Summa contra Gentiles의 집필을 시작했다.

　그렇게 파리에서 몇 년을 보낸 뒤, 그는 다시 온화한 기후를 가진 자신의 고국 이탈리아로 돌아왔다. 그 이후 10년 가운데 절반은 교황청에서 보냈다. 그동안 2명의 교황과 절친한 친구가 되었다. 나머지 절반은 도미니크 수도원의 연구실에서 보냈다. 그가 로마에 설립한 이 연구실 가운데 하나에서 자신의 대작인 『신학대전』을 집필하기 시작했다. 이후 그가 어디에 있든지(파리에서의 기간을 포함하여), 그가 여전히 계속해서 다른 묵직한 작품들을 잇달아 써내고 있었을 때조차 그의 대표작은 바로 이 작품이었다.

　『신학대전』을 거의 마칠 무렵, 그는 나폴리로 다시 돌아와 또 다른 연구소를 세우도록 부름을 받았고 성만찬에 대한 글을 마쳤다. 그리고 나서 1273년 12월 수요일 미사에서 심오한 체험을 하게 되었다. 그 후에는 글이라고는 한 자도 쓰지 않을 만큼 그 체험은 그에게 큰 영향을 주었다. 그는 이에 대해 "도저히 글을 쓸 수가 없었다. 지금까지 내가 쓴 글들이 모두 지푸라기처럼 보였기 때문이다"라고 설명한다.

　이듬해 2월 동, 서방 교회의 연합을 시도하기 위해 모이는 리옹 회의로 가는 길에 그는 나뭇가지에 머리를 부딪쳤다. 회복을 위해 근처의 포사노바 수도원으로 옮겨졌으나 그 길이 마지막이었다. 1274년 3월 7일, 태어난 곳에서 몇 마일이 채 떨어지지 않은 수도원에서 그는 숨을 거두었다. 아직 40대의 이른 나이였다.

아퀴나스의 사상

아퀴나스는 오징어가 순식간에 먹물을 분출하는 것처럼 짧은 생애를 살면서 경이로울 만큼 압도적인 분량의 책들을 써냈다. 그의 저작들에 대한 결정판은 1882년에 모아지기 시작했으며, 아직도 끝나지 않은 상태다. 다행스럽게도, 그의 저작들 중 상당수가 본서의 범위—예를 들어, 그가 쓴 엄밀하게 철학적인 저작들과 아리스토텔레스의 주요 저작들에 대한 많은 주석서들—밖에 있다.

성경 주석

수집된 모든 논평과 논문들 중에서 일부 가장 중요한 저작들은 성경 주석이다(이중 일부는 사도 바울과 베드로의 기적적인 도움을 받아 기록된 것처럼 보인다). 이 주석들을 통해 그는 지극히 영향력 있는 해석 방법을 개발했고, 작위적 해석과 순진한 환원주의를 방지하려고 했다. 성경에는 **문자적 의미**와 **영적인 의미** 두 가지가 있다고 주장했다. 문자적 의미는 본문에서 진술하는 사건 자체에 관한 것이다(예] 엘리가 앉아 있던 의자에서 떨어진다). 영적인 의미는 그 사건이 갖는 의미에 관한 것이고, 대개 성경의 다른 본문을 통해 제시된다. 하지만 세 종류의 영적인 의미 혹은 뜻이 있을 수 있다. **도덕적**이거나 **교훈적인 의미**(예] 엘리의 기도하는 삶은 우리에게 모범이 된다), **풍유적**(알레고리) 혹은 **상징적인 의미**(예] 모세의 놋뱀은 십자가에 달린 그리스도에 대한 그림이다), **영적 의미다**(내세에 관하여, 예] 요단강은 사망의 강물을 나타낸다). 이 네 가지 의미를 모두 나타내는 본문도 있을 수 있다.

『이교도 논박 대전』

그렇다면 우리는 아퀴나스의 신학을 전반적으로 어떻게 이해할 수 있겠는가? 두말할 필요도 없이 아퀴나스의 가장 위대한 두 저작은『이교도 논박 대전』과『신학대전』이다. 이 두 저작의 상당 부분이 서로 중복되기 때문에 두 권 모두를 개략적으로 살피느라 같은 내용을 반복할 필요가 없다. 먼저『이교도 논박 대전』이 무엇인지 간략하게 설명하고 나면『신학대전』을 보다 깊이 살펴볼 여지를 갖게 될 것이다.

전통적으로『이교도 논박 대전』은 무슬림과 스페인의 유대인 가운데서 사역하는 선교사들의 주장을 변호하기 위해 기록된 것이라고 한다. 이러한 배경에서 아퀴나스가 이 책을 저술했지만, 정작 그것을 읽으면 철학과 구분되는 신학으로 알 수 있는 것은 무엇인지를 보여주는 보다 추상적인 논증과 같이 느껴진다.

이 작품은 네 부분 혹은 네 '권'으로 나누어진다. 처음 세 부분은 이성을 통해 하나님에 대해 알 수 있는 것을 다룬다. 1권은 철학, 특히 아리스토텔레스(오히려 무슬림과 유대인 사이에 더 영향력이 있는)를 연구함으로써 하나님에 대해 알 수 있는 것을 논한다. 2권은 하나님으로부터 피조물이 생성된 것을 살피고, 3권은 피조물이 다시 하나님께로 돌아가는 것을 살핀다. 그러고 나서 4권에서는 계시를 통해 하나님에 대해 알 수 있는 것을 논한다(삼위일체, 성육신, 성사, 부활, 최후의 심판).『신학대전』과 얼마나 유사한지가 곧 분명해질 것이다.

『신학대전』

그의 생애 마지막 7년 동안 오직 아퀴나스만이 할 수 있는 속도로 집필을 계속해 갔고 여전히 아직 미완으로 남아 있는『신학대전』은, 아퀴나스 최고의 업적이자 완숙한 사고의 정수다.[2] 심지어 수도사들조차 이 책에 접근하기가 어려웠기 때문에 아마도 그들의 선생을 위한 지침서로 썼을 가능성이 있다. 그럼에도 그는 이 책을 입문자를 위한 설명서로 썼다고 밝힌다. 분명한 점은, 평신도를 위해 쓴 책은 아니라는 사실이다. 성경과 스콜라 신학의 이론과 실제에 어느 정도 익숙한 독자를 염두에 두었음에 틀림없다.

『신학대전』은 세 가지 주요 부분으로 나뉜다. 첫 번째 부분은 하나님과 창조를 다룬다. 두 번째 부분은 거룩함을 통해 인간이 하나님께 나아가는 것을 다룬다. 세 번째 부분은 우리가 하나님께로 나아가는 길인 그리스도에 대해 다룬다. 따라서 이 구조는 하나님에 대한 이야기로 만물이 어떻게 창조를 통해 하나님께로부터 비롯되었고, 마침내 어떻게 그리스도로 말미암아 화목하게 되어 하나님께로 돌아가는지에 대한 이야기다. 이 모든 이야기의 종착지는 부활과 최후의 영광이다. 비평가들은 어떻게 그리스도를 마지막 세 번째 부분에서 다룰 수가 있느냐고 재빠르게 불평을 늘어놓았다. 물론 어떤 식으로든 그리스도를 격하하는 것은 아퀴나스의 의도가 아니었다. 그리스도를 세 번째로 다루는 것은 그가 인간을 하나님께로 이끄는 존재이기 때문이다. 하지만 아퀴나스의 구조에 결과가 따르는 것은 사실이다. 예를 들어, 그리스도를 구원에 이르는 길로 제시하지만 하나님을 아는 길로 설명하지는 않는다.

아퀴나스는 자신이 『신학대전』을 쓰는 목적은 사실들을 간략하고 분명하게 전달하고자 함이라고 했다. 간략하게 하고자 했다는 그의 말에 실소가 나올 수도 있겠다. 눈물이 날 정도의 방대한 페이지 수(다섯 권짜리 표준적인 영어 번역서로 3,000쪽이 넘는다)는 차치하더라도 그가 다음과 같은 물음들을 다루고 있기 때문이다. 수호천사들 간에도 누가 가장 중요한 역할을 하는지에 대한 경쟁이 있는가? 마귀도 사람처럼 행성의 영향을 받는가? 신체의 각 부분마다 영혼이 있는가? 과식하면 정액이 생기는가? 기도는 소리 내서 해야 하는가? 그리스도가 태어난 때가 겨울인가? 그리스도는 어떤 방식으로 지옥으로 내려가셨는가? 그의 육신도 함께 지옥으로 내려갔는가? 부활할 때 머리카락과 손발톱이 있을 것인가? 모두 남성으로 부활할 것인가? 혹은 투명하게 될 것인가?[3]

『신학대전』은 간결하지 않다. 하지만 명확한 것도 사실이다. 아퀴나스의 문체는 냉담하다고 느껴질 정도로 깔끔하고 분명하다. 살피고 있는 신학 주제들을 깨끗이 문지르고 냉동 건조해 예리하게 절개한 것 같다. 이런 '느낌'의 많은 부분은 아퀴나스가 구조를 세우는 방식에서 비롯된다. 그는 자신이 다루는 재료들을 주제별로 나누고 그것을 '문항'이라고 부른다. 그리고 주제를 항목으로 세분화한다. 여기까지 보면 단지 꼼꼼하게만 느껴진다. 그러고 나서 각 항목을 다루는 방식을 보면 현대 독자들에게는 차라리 강박적이라고 느껴질 정도다.

아퀴나스의 글을 보면 각 항목이 마치 중세 스콜라 논쟁을 기록한 것처럼 보인다. 스콜라 논쟁의 개념을 보면 신학자들은 서로 논쟁하면서 점진적으로 상대방의 오해를 하나씩 해소하고 찬찬히 다루고 있는 사실에 초점을 맞추어 간다. 아퀴나스는 마치 스콜라 논쟁을 하는 것처럼 토론할 논제나 질문과 함께 각 항목을 시작하고, 그에 대한 반론을 제기한 다음 거기에 다시 재반론을 제시한다('그에 반하여'로 시작한다).[4] 스콜라 논쟁에서는 이 대목에서 선생이 논쟁에 뛰어들어 최종적인 대답을 제공한다. 아퀴나스도 바로 여기서 해당 주제에 대한 자신의 최종적인 판단을 '나는 대답한다'라는 말로 제시하는데, 대개 주된 논제에 먼저 동의를 표하고 눈에 띄는 반론이 있으면 그것을 다룬다. 해당 항목의 핵심을 이루는 최종적인 반응이다.[5]

1부

신학과 철학에 관하여. 아퀴나스가 다루는 첫 번째 문항에는 아주 깊은 뜻이 담겨 있다. 그는 철학적 추론을 통해서 얻는 하나님을 아는 지식이 다른 형태의 지식을 불필요하게 만들 정도로 충분한지를 묻는다. 기본적으로, 이성과 철학은 각각의 자리가 있고 "인간의 구원을 위해서는 신적 계시를 통해 인간 이성을 넘어서는 특정한 진리가 인간에게 계시되어야 한다"는 것을 알 정도의 지식을 줄 뿐이라고 그는 대답한다.[6] 그의 모든 신학을 위한 틀을 제공하는 대답이다. 아퀴나스는 이성과 자연적 지식은 어떤 것이든 믿음으로 받은, 초자연적으로 계시된 지식을 세우는 토대를 제공한다고 주장한다.

아퀴나스가 아리스토텔레스(아퀴나스가 '철학자'로 언급한)를 염두에 두고 이런 말을 한 것이 분명하다. 아리스토텔레스가 한 말은 **일반적으로** 신뢰할 수 있다고 그가 암시하고 있는 것이다. 그러나 아리스토텔레스는 철학이 연구하는 사물의 자연적 질서만을 알았을 뿐이다. 신적 계시가 없었기 때문에 신학이 연구해야 하는 초자연적 질서에 대해서는 무지했다. 그럼에도 불구하고 아리스토텔레스는 신학이 토대로 삼을 수 있는 신뢰할 만한 철학적 토대를 제공할 수 있었다. 더욱이 초자연적 질서에 대해 무지했음에도 초자연적 영역을 분석하는 데까지 확장시킬 수 있을 정도로 그의 논리는 신뢰할 만했다.

이 모델은 단순히 우리가 사물을 인식하는 방법에 대한 아퀴나스의 견해를 알려 줄 뿐 아니라 실체에 대한 아퀴나스의 개념의 중심을 차지했다. 그는 두 가지 영역, 즉 **자연적 영역**과 **초자연적 영역**이 있다고 믿었다. 이 두 영역은 결코 상충되지 않는다. 오히려 초자연적(믿음을 포함하는) 영역은 항상 자연적 영역을 토대로 세워지고 자연적(이성을 포함하는) 영역을 완전하게 한다.

한 분 하나님에 관하여. 그렇다면 이성이 그 자체로 하나님에 대해 알 수 있는 것은 무엇인가? 아퀴나스는 상당히 많다고 이야기한다.

> 자연적 이성을 통해 알려질 수 있는 하나님의 존재와 하나님에 대한 다른 진리들은 믿음의 조항들이 아니라 믿음의 조항들에 대한 서론 역할을 한다. 은혜가 자연을 전제하고 완전은 완전하지 않은 어떤 것을 전제로 하는 것과 마찬가지로 믿음은 자연적 지식을 전제로 하기 때문이다.[7]

그렇다면 어떻게 이성은 하나님의 존재를 알 수 있는가? 아퀴나스는, 하나님의 존재는 우리의 진정한 논리 안에 깊이 자리하고 있기 때문에 우리가 논리적이기만 하면 하나님의 존재를 인정할 수밖에 없다고 한 안셀무스의 생각에 동의하지 않는다. 그는 우리 주변의 세상을 바라봄으로써 우리는 하나님이 존재하는 결과들을 볼 수 있고, 그로부터 우리는 하나님의 존재를 추론할 수 있다고 생각한다. 이런 이해는 안셀무스의 플라톤주의적 전제와 대비되는 것으로, 아리스토텔레스주의적인 진행 방식이라 할 수 있다. 아퀴나스는 감각으로 관찰할 수 있는 것으로부터 시작한다.

특히 그는 우리 주변의 세상을 앎으로써 하나님의 존재를 증명할 수 있는 다섯 가지 방식이 있다고 제안한다. 첫 번째 방식은 우리가 세상에서 움직임이나 변화를 본다는 사실을 통해 이루어진다(아퀴나스는 가장 명증한 방식이라고 한다). 움직이거나 변하는 것은 무엇이나 어떤 것에 **의해서** 변하거나 움직인다. 일련의 도미노와 마찬가지다. 그렇다고 운동자들movers을 연결하는 고리가 끝없이 계속 이어질 수는 없다. 최초의 부동의 동자 a first unmoved mover 가 없으면 움직임이나 변화는 전혀 불가능하다. 따라서 최초의 부동의 동자가 있을 수밖에 없고, "누구나 이런 존재를 하나님이라고 이해한다."[8]

두 번째 방식은 첫 번째 방식과 상당히 유사하게 최초의 능동인 a first uncaused cause 이 있어야 한다고 주장한다.

세 번째 방식은 우리 주위에 존재하지 않는 것이 가능한 사물들이 있다는 사실에서 비롯된다. 그렇다고 모든 것이 존재하지 않을 수 있다는 말은 아니다. 한때 아무것도 존재하지 않은 때가 있었다는 말이다. 무로부터 비롯될 수 있는 것은 없기 때문이다. 그렇다면 그 자체로 필연적인 존재가 있음이 틀림없다.

네 번째 방식은 우리는 주위에서 항상 '더한 것'이나 '덜한 것'을 본다고 주장한다. 따라서 가장 뜨거운 것, 가장 높은 것, 가장 '최대한도의 존재'가 있는 것이 틀림없고, 이를 가리켜 우리는 '하나님'이라고 한다.

다섯 번째 방식은 목적론적 주장이다. 우리는 심지어 무생물조차 목적이 있어 움직이는 것을 본다. 이는 사물을 어떤 목적대로 설계한 존재가 있음을 가리킨다.

이 다섯 가지 증명에서는 논증을 통해 하나님에 대한 완전한 교리를 정립하고자 했던 안셀무스의 원대한 야망을 전혀 찾아볼 수 없다. 아퀴나스는 제1원인자요, 운동자요, 필연적이고 가장 완전한 존재요 설계자인 존재를 확고히 하고자 했다. 실제로 하나님이 존재한다는 사실을 우리가 연역할 수 있다고 믿었음에도 불구하고 하나님이 누구인지에 대해서 우리는 알 수 없다는 그의 생각은 확고했다. 우리는 사물을 눈으로 보아 알지만 하나님은 우리가 볼 수 있는 존재가 아니다. 하나님은 우리가 보고 만진 존재가 아니다. 따라서 아퀴나스에게 있어서 하나님은 우리가 알 수 없는 존재다.

바로 이 부분에서 아퀴나스가 5-6세기 부정의 신학자, 위-디오니시우스Pseudo-Dionysius(아퀴나스 당시 사람들은 그를 사도행전 17장의 디오니시우스[한글성경 디오누시오]로 생각했고, 그 결과 그의 저작들은 정경적 저작 다음으로 존경받았다)를 의지한다는 사실이 분명히 드러난다. 위-디오니시우스는 하나님에 대해서는 그가 어떤 존재라고 말하는 것보다 그가 어떤 존재가 아니라고 말하는 것이 더 수월하다고 가르쳤다(아퀴나스도 이제 여기에 동의한다). 예를 들어, 하나님은 변할 수 없다고 한다면 하나님은 불완전함을 의미한다(더 낫게 될 여지가 있음을 의미하기 때문이다). 하나님은 육신적이지 않다고 한다면, 이는 곧 그가 나누어질 수 있는 방식으로 공간을 차지하는 것을 의미하기 때문인데, 이는 불가능한 일이다. 하나님은 그 무엇에도 의존하지 않는다. 심지어 그의 존재도 마찬가지다.

하지만 하나님이 그렇게 알 수 없는 존재라면 어떻게 우리가 하나님에 대해 진실을 말할 수 있는가 하는 의문을 아퀴나스는 제기했다. 그러고 나서 궁극적으로 하나님에 대해 단지 부정적으로만 말하는 것으로는 충분하지 않다는 생각이 들었다. 어쨌든 그는 이미 하나님에 대해 다섯 가지 긍정적인 논증을 했기 때문이다('하나님은 최초의 능동인이다'와 같은).

그래서 아퀴나스는 안셀무스와 약간 비슷하게 하나님에 대해 우리가 거의 알지 못하는 사실—그가 최초의 능동인이다—로부터 하나님에 대한 이해를 끌어내리고 해야 할지 의아하게 여긴다. 예를 들어, 하나님이 선한 일을 일어나도록 하기 때문에 그를 선하다고 부를 수 있을 것이다. 하지만 하나님으로 인해 콧구멍과 벼룩도 존재하기 때문에 마찬가지로 하나님을 그렇게 부를 수 있다는 말이 된다. 또한 이런 방식으로 따라가 보면 우리는 영원 전에는 하나님은 어떤 존재였는지 무지하게 남아 있을 것이다. 하나님은 지혜가 창조되기 **전부터** 지혜로우셨는가?

그러나 하나님이 만물을 존재하도록 했기 때문에 아무리 약할지라도 만물은 반드시 그를 닮아야 한다고 아퀴나스는 주장한다. 그래서 마침내 아퀴나스는 우리가 하나님에 대해 충분하지는 않더라도 진실하게 말할 수 있다는 사실을 확증하고자 한다. 우리는 유비를 통해 하나님에 대해 말할 수 있다고 말한다. 다음과 같이 예를 들어 볼 수 있다. 내가 어떤 때는 "존은 얼간이야"라고 하고 다른 때는 "랍은 바보야"라고 한다면, 둘 중 하나는 다소 칠칠치 못한 사람이고 다른 하나는 대단히 어리석은 사람이라는 뜻일 수 있다. 하지만 내가 정확히 의미한 바가 무엇이든지 간에, 당신은 내가 말하는 골자를 파악할 것이다. 마찬가지로, 내가 "하나님은 선하다"라고 할 때 '선하다'는 말을 예를 들어 "베이컨은 좋다"라고 말할 때와 같은 의미로 사용하는 것은 아니다. 그럼에도 불구하고 내가 기본적으로 뜻하는 바는 분명하다. 이 말을 유사하고 분간할 수 있게 (유비적으로) 사용하기 때문이다.

우리는 하나님에 대해 진실을 말할 수 있다. 아퀴나스에 따르면 우리의 이성이 하나님에 대해 말할 수 있는 바는 무엇인가? 물론 하나님은 완전하다. 그는 또한 선하다. 하지만 이 단어를 통해 아퀴나스는 지금 도덕적 선함을 말하는 것은 아니다. 오히려 선하다는 것은 존재를 가지고 있다는 것이다. "선과 존재는 실제로 동일한 것이다."⁹ 아퀴나스에게 이는 중요한 개념이 될 것이다. 첫째, 존재는 선하기 때문에 어떤 것도 기본적으로 악할 수는 없다. 악한 것은 단지 존재의 결여요, 불완전성일 뿐이다 (따라서 온통 구멍이 난 안 좋은 우산은 우리가 우산으로서 기능하리라 기대하는 존재가 결여된 것이다). 둘째, 아퀴나스는 선함의 핵심은 욕망함이기 때문에, 하나님은 지고의 존재요 따라서 지고의 선으로서 가장 욕망할 존재임이 틀림없다고 말한다.

그 외에 이성이 말할 수 있는 것은 무엇인가? 하나님은 무한하다(어디에서나 하나님을 의지하기 때문에 그는 어디에나 있는 것이 틀림없다). 하나님은 불변하다(그렇지 않으면 그를 변하게 하는 다른 존재가 그의 앞에 있어야 하고, 하나님은 더 이상 하나님이 아니다). 하나님께는 '전'이나 '후'가 없다(시간이 변화와 관련이 있고 하나님은 변하지 않기 때문이다). 하나님은 단순하다. 하나님은 자신이 의지하는 '부분들'로 이루어지지 않는다.

다음으로 이성이 하나님에 대해 추론하는 것은 아퀴나스에게 특별히 중요하다. 바로 하나님의 지식이다. 무엇을 아는 지식에 있어서 덜 물질적일수록 더 자유롭다고 아퀴나스는 주장한다. 그렇기 때문에 전혀 비물질적인 하나님의 지식은 무한할 수밖에 없다(그리고 지성은 최고의 완전이기 때문에 그것이 합당하다고 아퀴나스는 말한다). 그러나 아퀴나스는 정확히 하나님이 아는 것이 무엇인지를 보다 면밀히 살피고자 한다. 아리스토텔레스는 하나님의 무한한 지식은 오로지 자신의 무한한 자아에 대한 지식이라고 주장했다. 그 외 어떤 것도 그가 고찰할 대상은 되지 못한다. 기본적으로 아퀴나스도 이와 매우 유사한 말을 한다.

따라서 하나님은 피조물의 전체 체계 밖에 존재하고, 모든 피조물은 그의 명령에 순종하되 그 역관계는 아니기 때문에, 피조물은 실제로 하나님 자신과 관계가 있음이 분명하다. 반면에 하나님 안에는 피조물과의 실재적인 관계가 없고, 피조물이 하나님을 나타내는 한 관념상으로만 관계가 있다.[10]

하지만 자기 자신을 앎으로써 하나님은 자신을 창조자로 알 수밖에 없고, 이 지식을 통해 하나님은 자신의 피조물에 대한 지식을 가질 수밖에 없다고 아퀴나스는 주장한다. 실제로 피조물은 오직 하나님이 그것을 알기 때문에 존재한다(그 역은 성립하지 않는다). 이처럼 하나님은 피조물과 '실재적인 관계'를 갖지 않고, '관념적인 관계'를 갖는다.

선한 것(즉 자기 자신)을 알고 의지하는 존재인 하나님은 자신의 선함을 반영하는 존재들을 갖기를 바란다. 선을 위해(자기 자신을 위해) 그들을 예정한다. 이는 또한 하나님이 자신의 피조물을 사랑하는 방식이기도 하다. 이 부분에서 아퀴나스는 일관성이 없는 것처럼 보인다. 하나님이 자신의 피조물을 사랑한다면, 분명히 그는 피조물과 실재적인 관계를 갖는 것이 아닌가? 그러나 아퀴나스에게 '사랑'은 하나님이 자기 피조물에게 느끼는 감정이 아니다. 전혀 그렇지 않다. 하나님이 만약 어떤 것으로 인해 감정을 느낀다면, 바로 그 감정이 하나님에게 영향력을 발휘하게 되고, 아퀴나스는 이를 불경하고 부적절하다고 여길 것이다. 오히려 모든 것을 통해 하나님은 자기 자신에게 합당하고 참되다. 하지만 하나님이 자기 자신에게 합당하게 행하는 것처럼, 그는 또한 자기 피조물에게도 합당하게 행한다. 문제는 피조물이 하나님으로부터 그 어떤 선이나 정의를 받을 만하지 않다는 데 있다. 따라서 하나님이 자기 자신에게 참으로 의로운 것처럼, 피조물을 다루는 하나님의 방식은 긍휼에 찬 것으로 보일 수 있다.

삼위일체에 관하여. "신적인 본질의 단일성에 속한 것들을 살펴보았고, 이제부터는 삼위일체에 관해 알아볼 차례다."[11] 지금까지 아퀴나스는 이성을 통해 하나님을 아는 지식을 추구했다. 이제는 이 그림을 채울 계시가 필요하다(그럼에도 불구하고 아퀴나스는 하나님에 대해 말하고자 하는 대부분을 이성을 통해 얻었다. 그래서 그는 여기서 상당히 간략하게 진술하는 것으로 만족한다). 하지만 여기서 어떤 어조의 변화도 느끼지 못한다. 아퀴나스는 어떻게 하나님이 스스로를 즐거워하는지 말함으로써 '한 분 하나님에 관하여'라는 부분을 맺고 있다. 그리고 바로 삼위일체에 대한 논의가 이어진다. 아퀴나스가 비록 이성만으로는 삼위일체를 깨달을 수 없다고 단언했지만, 그럼에도 그는 이성으로 삼위일체를 논할 수 있을 것처럼 느낀다.

이처럼 이 새로운 부분은 앞부분에서 이루어진 하나님을 아는 지식에 대한 논의로부터 자연스럽게 이어진다. 그는 "우리가 깨달을 때마다 깨닫는 사실을 통해 어떤 것이 우리 안으로부터 나오는데, 그것은 바로 우리가 깨닫는 대상에 대한 개념이다"라고 그는 적고 있다.[12] 안셀무스의 『모놀로기온』을 읽은 사람이라면 이 대목에서 누구나 일종의 기시감을 느낄 것이다. 이제 이 개념은 그와 아주 유사한 논증의 시작점이 되기 때문이다. 다시 말해, 하나님은 자기 자신을 알고 자기 자신에 대해 아는 이 개념은 그의 마음에 한 말씀, 곧 하나님 안에 있으나 하나님과는 구별되는 한 말씀으로 묘사될 수 있다. 다음으로, 하나님은 자기 자신에 대한 이 개념을 자신과 구분되는 사랑으로 사랑한다. 그렇기 때문에 이처럼 하나님 안에 셋이 있다.

그리고 나서 아퀴나스는 이 셋에 대해 각각 진술한다. 성부는 본질적으로 성자와 성자의 원리로서 묘사된다. 성자는 성부의 개념으로 묘사된다. 성령은 성부와 성자 간의 사랑으로 묘사된다. 이들의 관계는 서로 구분된다. 바로 이런 이유로 성령은 성부**와** 성자로부터 나와야 한다고 그는 주장한다. 만약 성령이 성자와 같은 모양으로 성부로부터 나온다면 성령을 두 번째 아들이라 할 것이다.

하나님은 그의 말씀, 그가 가진 관념이나 개념 안에서 스스로를 안다. 또한 '관념' 안에서 그는 자신의 피조물을 안다. 유사하게 성령은 하나님 자신을 향한 하나님의 사랑이다. 창조주로서 자기 자신을 향한 사랑 안에서(성령 안에서) 하나님은 피조물을 사랑한다.

창조에 관하여. 하나님에 대해 숙고한 아퀴나스는 이제 창조에 대한 진술을 이어간다(전체로서의 우주의 창조, 천사 창조, 인간 창조). 물론 중세 신학자들은 "바늘 위에 한 번에 얼마나 많은 천사들이 춤을 출 수 있을까?"와 같은 질문을 한 것으로 유명하다. 실제로 이 질문을 가지고 논쟁을 했는지 알 수 있는 증거는 없다. 하지만 천사는 중세 신학에서 주요한 특징을 이룬다. 또한 처음 『신학대전』을 읽는 독자는 등장하는 천사들을 보고 자주 놀란다(예를 들어, 삼위일체보다 천사를 논하느라 더 많은 지면을 할애한다). 하지만 천사를 많이 언급하는 데는 이유가 있다. 사고 실험thought-experiments을 위해서 천사만큼 좋은 주제는 없기 때문이다. 특히 영적인 존재에 대한 진리를 이해하려는 신학자에게는 더더욱 그렇다. 하나님을 주제로 물으면 곤란하게 될 질문을 천사에 대해서는 물어볼 수 있기 때문이다.

아퀴나스의 창조 교리 중에서 가장 중요한 부분은 아마도 그의 인간 교리일 것이다. 이 교리는 대부분 영혼과 몸의 관계에 대한 논의로 채워진다. 아퀴나스는 영혼과 몸을 우연히 함께 있게 된 독립적인 별개의 부분들로 이해하는 이원론을 단호히 거부한다. 오히려 **영혼**anima은 살아 있게 하는 생명의 원리다. 영혼이 있기 때문에 나는 살아 있다. 그렇다고 내가 내 영혼이라거나, 몸을 잃는다고 소모품처럼 나 자신을 잃는 것은 아니다. 내 몸의 기능으로 내가 축소되는 것도 아니다. 나에게는 내 몸을 넘어서는 생명이 있다. 내가 생각하기에, 그것은 영혼의 행동이기 때문이라고 아퀴나스는 주장한다.

영혼은 스스로 행동할 수 있기 때문에 심지어 몸이 죽은 후에도 어떤 식으로든 영혼의 독립적인 존재가 가능한 것이 분명하다. 하지만 실제로 이해하고 생각하는 것은 나의 **영혼**이라고 말할 정도로, 영혼과의 분리가 그리 간단한 문제는 아니다. 이해하고 생각하는 것은 **나**지 내 영혼이 아니다. 따라서 몸이 죽은 후 살아남는 영혼은 어떤 식으로든 완전하고 정상적인 상태는 아니다. 다시 말해, 내가 만약 댄의 영혼을 그의 몸으로부터 분리시킨다면, 댄의 영혼이 댄은 아니다. 영혼만으로는 불완전하기 때문에 죽음 이후 영혼은 "몸과 연합하고자 하는 본성적 성향과 경향성을 갖는다." 본성적으로 영혼은 몸을 다시 입는 것과 부활을 기다린다.[13]

아퀴나스는 피조물에 대한 하나님의 섭리적 통치를 살피면서 제1부를 끝낸다. 여기서 그는 나머지 『신학대전』의 많은 부분에서 이루어질 논의의 틀을 제공한다. 하나님이 피조물을 운행하는 것과 인간의 자유의지 사이에는 아무런 갈등이 없다고 그는 주장한다. 오히려 그 반대다. 하나님이 원하는 일을 우리는 자유롭게 선택한다. "하나님은 사물 안에 역사하여 그것이 합당하게 작용하도록 한다."¹⁴ 하나님은 사물이 가진 존재의 토대이기 때문에 그것은 하나님이 허락하는 대로만 존재하고 행할 수 있다. 하지만 그의 뜻이 피조물의 뜻을 배제한다는 말은 아니다. 오히려 피조물의 뜻이 가능하도록 한다. 아퀴나스의 하나님은 자유의지를 가능하게 하는 하나님이다.

제2부 1편

『신학대전』의 두 번째 부분은 아퀴나스가 신학에 가장 독창적으로 기여한 부분이다. 자유롭게 역사하는 하나님을 살펴본 아퀴나스는 이제 눈을 돌려 자신의 자유 가운데 하나님을 향해 움직이는 하나님의 형상인 인간을 주목한다. 이제 아퀴나스는 '초자연적' 영역에 반대되는 '자연적' 영역을 다루고 있기 때문에 거의 수정 없이 아리스토텔레스를 의지할 수 있을 것처럼 느낀다(그는 또한 아리스토텔레스의 하나님은 성경의 하나님과 전혀 다른 윤리를 가진 다른 세상을 이루었음을 인식하지 못하고 있는 것처럼 보인다). 그래서 두 번째 부분은 아리스토텔레스의 『니코마코스 윤리학』*Nicomachean Ethics*에 대한 아퀴나스의 주석으로 묘사되어 왔다. 아퀴나스는 아리스토텔레스가 전혀 알지 못했던, '초자연적' 영역에서의 인간의 성장을 살펴보기 위해 아리스토텔레스의 논리를 자신이 확장시켜야 한다는 것을 알고 있었다. 그러나 아퀴나스는 아리스토텔레스의 순서를 그대로 따른다. 이로 인해 때때로 진부하게만 보이는 개념이 도출된다("여자는 남자가 잘못 태어난 것"이라는 아리스토텔레스의 개념을 사용한다¹⁵). 그럼에도 불구하고 대체적으로 결과는 최종적인 로마 가톨릭 윤리로 귀결되었다.

아퀴나스는 인간 삶의 목적을 살펴보는 것으로 시작한다. 그는 이것을 행복이라고 한다. 모든 인간은 할 수 있는 데까지 자신의 행복을 추구한다. 하지만 "완전한 행복은 신성을 보는 데서만 찾을 수 있다."[16] 그렇다면 우리는 어떻게 그것을 얻을 수 있는가? 아리스토텔레스는 유사한 것은 유사한 것을 통해 알려지고, 유사한 것으로 이끌리며, 유사성을 이루는 것으로 같은 종류가 되는 방법론을 가르쳤다. 하나님을 알기 위해서 우리는 하나님과 같이 되어야 한다는 뜻이다. 하나님은 거룩하기 때문에 하나님을 알기 위해 우리가 거룩해야 한다는 말이다.

습성에 관하여. 아리스토텔레스는 우리에게 필요한 깊은 변화는 우리의 개별적인 행위 문제라기보다는 습성의 문제라고 단언했고 아퀴나스도 여기에 동의했다. 습성은 우리 모두가 가지고 있는 특정한 행위의 형태를 향한 성향(선하든 악하든)이고, 우리 존재의 일부가 되어 도무지 깨뜨리기(혹은 형성하기)가 어려운 성향이다. 이런 성향 혹은 경향은 단일한 행위보다 훨씬 깊은 곳에 자리한다. 예를 들어, "리브스는 운동에 놀라운 소질이 있다"고 누가 말할 수 있다. 그렇다고 이 말이 꼭 지금 리브스가 마라톤과 같이 운동과 관련된 무엇을 **하고 있다**는 의미는 아니다. 리브스는 지금 자기 책상에 앉아서 차를 홀짝거리고 있을 수 있다. 리브스가 지금 무엇을 하든 그는 멀리뛰기, 허들 등에 진짜 소질이 있다는 것이다.

아퀴나스가 말하는 '습성'은 특정한 습성을 가진 사람에게서 특정한 행위가 보다 자연스럽게 나오도록 하는 일종의 윤리적 '근육기억'muscle memory이다. 좋은 습성은 '덕'virtue이다. 반면에 나쁜 습성은 '악'vice이다. 아퀴나스에 따르면 사람이 덕스럽기 위해서—하나님을 알 수 있는 일종의 거룩한 사람이기 위해서—는 덕을 가지고 있어야 한다. 그러나 이것은 심오한 일이다. 한 번의 덕스러운 행위로 사람이 덕스러워지는 것은 아니다. 한 번의 악행으로 악한 사람이 되는 것이 아닌 것과 같다(반복적으로 계속되는 행위가 습성으로 자리하기 시작함에도 불구하고). 인간의 됨됨이는 단번의 행위보다 깊은 곳에 자리하고, 우리가 하나님을 알려고 하면 바로 이 영혼의 구조가 덕스럽게 되어야 한다고 아퀴나스는 생각했다.

법에 관하여. 그렇다면 어떻게 우리가 필요로 하는 덕을 얻을 수 있는가? 아퀴나스에 따르면, 하나님은 두 가지 기본적인 형태로 도움을 주신다. 첫 번째 도움은 법이다. 여기서는 하나님이 역사하는 근본적인 방법을 말하는 것처럼 보인다. 법의 핵심 원리는 "선은 추구하고 행해야 하고 악은 피해야 한다"(여기서 '선'이란 하나님과의 관계에 관한 것을 말하지 않는다)는 것이다.[17] 이 원리는 우리의 본성적 성향을 덕으로 안내할 정도로 본성에 깊이 자리한다. 이 자연법 위에 계시된 하나님의 법인 옛법과 신법이 자리한다. (모세의) 옛법은 세 부분으로 되어 있다. 기본적으로 자연법을 말하는 도덕법, 의식법, 시민법이다. 그리스도의 장래 사역을 선언한 의식법과 시민법은 그리스도가 성취했기 때문에 지금은 폐기되었다. 신법(복음)은 모든 법과 동일하게 우리를 하나님께 순복하게 하는 목적을 갖는다. 하지만 신법이 갖는 차이점은 "무엇을 해야 할지를 사람에게 가리킬 뿐만 아니라 그것을 성취하도록 도움으로써 사람을 가르친다"는 것이다.[18]

은혜에 관하여. 우리가 덕을 얻도록 하나님이 우리를 돕는 두 번째 방식은 은혜다. 즉 하나님은 그분의 사랑을 우리 마음에 부으셔서 우리의 마음을 사랑스럽게 하고 하나님을 닮아가게 한다. 이런 은혜는 구원을 위해 절대로 필요하다. 단순히 선한 일을 행할 수 있고 구원을 기대할 수 있기 때문이 아니다. 은혜가 없이는 내가 하는 어떤 것도 하나님 앞에서 가치가 없기 때문이다.

그러나 아퀴나스가 은혜를 논하게 되었을 때 중세 신학의 표준적 교과서인 『명제집』의 저자 페트루스 롬바르두스와 의견을 달리할 수밖에 없음을 발견했다. 롬바르두스는 우리 마음에 부어진 하나님의 사랑은 사실 성령 자신이라고 주장했다. 아퀴나스는 이 주장에 큰 문제가 있다고 여겼다. 만약 그렇다면, 인간의 자유의지가 침해받을 뿐 아니라 하나님을 사랑하는 것은 실제로 **우리**가 아니라 우리 **안**에 있는 하나님을 사랑하는 성령일 것이기 때문이다. 그러나 아퀴나스에게 있어서 은혜의 핵심은 그것이 **우리**를 변화시키고, **우리**를 덕스럽게 하며, **우리**로 하여금 영생을 얻을 수 있도록 하는 것이라는 데 있다. 이 은혜는 우리로 하여금 특정한 방식으로 강제하며 인간 자유를 침해하지 않도록 주어졌고, 우리의 성향을 변화시키는 것은 은혜와의 협력을 통해서만 가능하다.

제2부 2편

이제 아퀴나스는 계속해서 『신학대전』의 가장 많은 부분을 덕 자체를 논하는 데 할애한다. 또한 여기서 그는 아리스토텔레스를 초월해야 할 필요성을 느낀다. 아리스토텔레스의 도식을 확장시켜 이 철학자가 전혀 알지 못했던 초자연적 영역으로까지 나아가야 했다. 아리스토텔레스는 자연적 인간 행복을 산출하는 자연적 덕에 대해 알았지만, 초자연적 행복을 인정하지 않았다. 그러나 아퀴나스는 초자연적 행복이 존재하기 때문에 초자연적 덕도 존재한다고 주장한다. 다시 한 번 더 아퀴나스는 자연적 영역과 초자연적 영역 사이의 괴리가 무엇인지 보여준다. 이는 마치 죄가 자연에 전혀 영향을 못 미친 것과 같다. 은혜는 단순히 자연을 있는 그대로 취해 그것을 확장하고 온전하게 한다. 사실 『신학대전』의 이 부분은 우리의 문제는 죄라기보다는 은혜의 결여라고 하는 것처럼 느껴진다.

신학적 덕에 관하여. 이제 아퀴나스는 세 가지 '신학적' 덕으로 시작한다. 이 세 가지 덕은 우리의 자연적 능력을 넘어서기 때문에 오직 은혜로만 받을 수 있는 것이다. 세 가지 덕 중 첫 번째는 **믿음**faith이다. 믿음은 "지성으로 하여금 명확하지 않은 것에 동의"하도록 하는 것이다.[19] 다시 말해, 믿음은 지성의 행위로 이를 통해 우리는 교회의 신조라고 하는 진리를 믿기로 선택한다. 아퀴나스에게 있어서 믿음은 개인적 신뢰를 포함하지 않았다(실제로 어떤 덕도 하나님과의 개인적인 관계를 향하지 않는다).

두 번째 신학적 덕은 **소망**hope이다. 이것은 신성을 보고자 하는 열망이다. 아퀴나스에 따르면 소망을 근거 없는 기대와 혼동해서는 안 된다. 끝까지 선행 가운데 견디는 자만이 참된 소망을 가질 수 있다. 또한 어떤 경우든 참된 소망에는 항상 우리가 소망하는 것을 잃을지 모른다는 두려움이 포함된다.

세 번째 신학적 덕은 **사랑**charity이다. 이를 위해 아퀴나스는 아우구스티누스의 정의를 사용한다. "내가 의미하는 사랑은 하나님 자신으로 인해 하나님을 즐거워하는 방향으로 영혼이 움직이는 것이다."[20] 그러나 아퀴나스는 아우구스티누스와 아주 다르게 사랑을 이해한 것 같다. 아우구스티누스에게 사랑은 하나님을 전심으로 즐거워하는 것이지만, 아퀴나스에게 사랑은 의지에 있는 어떤 성질이기 때문이다. 이는 아퀴나스에게 중요했다. 만약 사랑이 감정에 있는 어떤 것이라면 무언가가 영혼에 영향을 미친 것이 분명하고 그곳에 사랑이 있도록 한 것 또한 분명하기 때문이다. 하지만 만약 그렇다면 사랑은 영혼 자체의 진정한 공로적 산물이 아니라 하나님이 결코 상을 주실 수 없는 반응일 수밖에 없기 때문이다.

사랑은 덕 중에 가장 중요한 것이고 하나님 앞에 있는 모든 공로의 뿌리라고 아퀴나스는 믿었다. 이것이 없으면 믿음은 공허한 동의에 불과하고 결코 구원에 이르게 할 수 없을 것이다. 더욱이 다른 모든 덕이 진실로 덕스럽도록 하는 것이 바로 이 사랑이다. "사랑은 다른 덕의 목적이라고 한다. 왜냐하면 그것이 모든 다른 덕을 그 자체의 목적으로 인도하기 때문이다."[21]

기본 덕목에 관하여. 아퀴나스는 초자연적인 영역에서의 세 가지 '신학적' 덕목들을 가르친 것은 물론 자연적 영역에도 역시 그것만의 가치 있는 덕목들이 있음을 가르쳤다. 그리스도인이든 이교도든 누구나 자신의 노력을 통해(스스로의 노력을 통해 얻은 덕목들이 구원을 이룰 만큼 충분하지 않음에도 불구하고) 이런 덕목들을 획득할 수 있다. 그중에 가장 주된 것은 네 가지 '기본적인cardinal' 덕목들이다(라틴어 *cardo*는 '경첩'을 의미한다). 바로 지혜, 정의, 용기, 절제다.

지혜prudence가 없이는 덕이 있을 수 없다. 아퀴나스에 따르면 선함은 선택을 바르게 하는 데 있기 때문이다. 그렇기 때문에 지혜는 무엇이 선한 것인지를 추론하고 그것을 위해 행동하도록 의지를 지배하는 덕이다.

하지만 지혜는 그 자체로 중요하다. 일단의 요소들이 늘 머리 맞대고 우리 이성이 지혜 가운데 선택해 온 것과 충돌하도록 모의하기 때문이다. 아퀴나스에 따르면 첫 번째 요소는, 나의 의지는 항상 선한 것을 추구하지만 본성적으로는 오직 나에게 좋은 것만을 추구한다는 점이다. 하지만 나에게 좋은 것이 항상 전체 사회에도 좋은 것은 아니다. 그렇기 때문에 나에게 필요한 것이 공동의 선으로 내 의지를 이끌어 주는 **정의**의 덕이다.

하지만 나의 지혜와 맞설 수 있는 것은 다른 사람들의 존재만이 아니다. 나의 몸은 나의 합리적인 선택과 불화할 수 있는 욕망을 가지고 있다. 나는 지혜를 지원하고, 내 욕망이 내 이성의 지배를 받도록 할 다른 덕들을 필요로 한다. 욕망 가운데 하나는 자기 보존을 위한 본능적인 욕구다. 나는 자연스럽게 위험과 어려움과 죽음을 피해 도망친다. 이런 상황에 처했을 때 **용기**는 언제 맞서고 견딜지를 나에게 말해 준다. 또 다른 욕망은 항상 더 많은 음식을 먹고 마시고 성을 즐기려는 욕구다. 이럴 때 **절제**는 어느 정도로 욕망을 누려야 내게 실제로 유익이 될지에 대해 알고 내 이성을 지배한다.

'기본적인' 덕들이 자연적 영역에 속하고 비그리스도인도 얻을 수 있는 반면에, 하나님은 이 덕들을 직접 그리스도인의 영혼에 주입하신다. 이런 방식으로 하나님은 내 자연적 능력을 완전하게 하실 수 있다. 그러나 아퀴나스에게서 항상 발견하는 것처럼, 초자연적인 것은 오직 자연적인 토대 위에만 세워진다. 설사 하나님이 절제의 덕을 내 영혼에 주입하신다고 해도, 내가 자연적인 방편을 통해 절제를 배양하지 않는다면 나는 항상 부덕하고 호색적이고 탐식하는 자로 남아 있을 것이다.

제3부

제3부에서 아퀴나스가 바라는 바는 첫째, 그리스도의 인격과 사역, 둘째, 그의 사역이 확장되고 적용되는 성사(성례), 셋째, 그의 역사가 성취될 최종적인 부활과 마지막 일들을 살펴보는 것이다.

성육신에 관하여. 아퀴나스는 그리스도가 왜 성육신했어야 했는지에 대한 물음으로 시작한다. 이 질문은 그가 유난히 씨름했던 물음이고, 이 씨름은 그의 사고를 크게 일깨우는 원동력이 되었다. 아퀴나스는 자연스럽게 하나님의 본성에 대한 이해로부터 시작한다.

> 하나님의 본성이 선하다는 사실은 디오니시우스로부터 분명하게 드러난다(Div. Nom. I). 그렇기 때문에 선함의 본질에 속한 것은 하나님께 꼭 맞는다. 디오니시우스가 분명히 밝히는 것처럼, 자신을 다른 존재에게 나누는 것은 선함의 본질에 속하는 것이다(Div. Nom. iv).······그렇기 때문에 하나님은 성육신해야 하는 것이 너무나 합당하다.[22]

지금까지 보면 아퀴나스가 하나님은 자신의 본성에 의해—죄가 있으나 없으나—성육신할 것이라고 말하는 것처럼 보인다.

아퀴나스는 자신이 하나님의 절대적 전능함을 제한하고 있을 수 있다는 생각에 편하지가 않았다. 하나님이 아무런 제한 없이 전능하다면 십자가만이 하나님이 구원하는 길이 될 수 없고, 만약 그렇게 되면 하나님의 손이 그것에 강제된다는 말이기 때문이다. 하나님은 전능하기 때문에 세상을 구할 다른 길을 분명히 자유롭게 택할 수 있다. 실제로 하나님은 성자가 아니라 성부 혹은 성령으로 성육신하게 할 자유가 있었음이 틀림없다. 아니면 삼위 모두가 한 사람으로 성육신할 자유가 있었음이 틀림없다(아마도 다소 어리둥절했을 것이다). 심지어 성자는 어떤 시점에서 또 다른 사람의 본성을 취하는 것이 가능하다.

그럼에도 불구하고 결국 아퀴나스는 하나님이 왜 성육신했어야 했는지에 대해 우리가 충분히 알 수 없다고 느꼈다. 비록 우리의 이성은 아담이 죄를 범하지 않았을지라도 그리스도는 성육신했을 것이라고 제안함에도 불구하고, 그가 성육신한 이유는 아담이 죄를 지었기 때문인 것처럼 보인다고 느꼈다.

여기서부터 아퀴나스는 그리스도를 제2부에서 논증한 덕을 표준적으로 예시한 사람으로 보여주는 데 집중한다. 그리스도에게 없었던 유일한 덕들은 믿음(그에게는 지식이 있었기 때문에 믿음이 필요 없었다)과 소망(그는 이미 소망이 바라는 하나님과 연합해 있었다)이다. 또한 은혜를 통해 우리가 하나님 앞에서 공로를 얻는 것처럼, 사람인 그리스도는 자신이 실제로 가진 모든 은혜의 원천이신 하나님과의 연합을 힘입어 최고의 공로를 얻었다. 그래서 은혜가 충만한 사람이요 전형적인 모범으로서 그리스도가 교회의 머리로 드러난다.[23]

이제 성육신의 실제 행위 자체를 살펴보는 일이 남았다. 그리스도가 어떻게 육신을 입었고, 어떻게 살았으며, 어떻게 지옥으로 내려갔다가 다시 살아나 승천했는지를 살펴보는 것이다. 여기에는 마리아의 역할에 대한 상대적으로 덜 중요한 논의가 포함되어 있다. 아퀴나스는 마리아가 흠 없이 잉태한 것은 아니지만 어머니의 자궁 안에서 거룩하게 되고 어떤 죄도 결코 지은 적이 없다고 주장했다(이로 인해 마리아는 산고 없이 출산하고, 그 후로 동정녀로 평생 살다가 육신을 입은 채로 죽음을 보지 않고 하늘로 올려졌다). 이것은 예수가 살고 죽기 위해 그의 생애와 죽음을 통해 마리아를 거룩하게 했다는, 아퀴나스의 보다 흥미로운 환원적 주장들 가운데 하나다.

십자가에 대한 아퀴나스의 이해는 특별히 중요한 부분으로, 우리에게 통찰력을 준다. 안셀무스와 같이 그는 기본적으로 그리스도의 죽음을 죄를 만족시킨 것으로 본다(안셀무스는 그런 만족이 필요하다고 보았지만 아퀴나스는 그렇지 않았다). 그럼에도 불구하고 아퀴나스는 그보다 더한 일이 이루어졌음을 보았다. 죽음을 통해 그리스도는 **우리를 위한 공로를 획득한 것이다**(죄와 마귀의 권세와 심판의 빛으로부터 우리를 자유롭게 하고, 우리에게 하나님의 사랑을 나타내며, 우리에게 순종의 모범을 보인 것은 물론이다). 이처럼 십자가는 공로를 획득함으로써 아퀴나스가 갖는 전반적인 구원 계획의 한 부분이 된다.

성사에 관하여. 성사와 관련하여 아퀴나스에게는 한 가지 근본적이고 지배적인 생각이 있었다. 육신이 된 말씀으로 말미암는 구원은 **물리적인**

것들을 통해 우리에게 주어진다는 것이다. 그리스도 자체가 가장 주요한 성사이다. 그는 그저 자신 밖에 있는 눈에 보이지 않는 은혜의 표지가 아니었다. 그는 인간에게 은혜롭게 행하신 하나님이었고 지금도 그렇게 행하시는 하나님이다. 그렇기 때문에 은혜는 그 자신의 육신에서 발견되었고 또 육신에서 발견되어야 한다(실제로 이것이야말로 그가 육체를 취한 진정한 이유였다). 이를 통해 우리가 은혜를 얻도록 하기 위함이다. 꼭 그와 같이 교회의 성사는 눈에 보이지 않는 외부에 있는 것들과 분리된 은혜를 위한 표지에 불과한 것이 아니다. 그렇다면 성사는 어떤 면에서 성육신의 연장이다.

그럼에도 불구하고, 성육신이 어떻게든지 하나님이 역사하는 방식을 바꾸기라도 했다는 것은 아니다. 아퀴나스에 따르면, 하나님은 다음과 같은 성사를 가지고 있고 또 항상 이런 성사를 통해 역사하신다.

> 그리스도를 믿는 우리의 믿음이 옛날 조상의 믿음과 동일한 것이지만, 그들은 그리스도 이전에 살다 갔고 우리는 그가 온 후에 살고 있기 때문에, 이 동일한 믿음은 우리와 그들을 통해 다른 말로 표현되었다. 그들을 통해서는 이렇게 표현되었다. "보라, 처녀가 잉태하여 아들을 낳을 것이요." 여기에서는 동사들이 미래시제로 쓰인다. 반면에 우리는 과거시제의 동사들을 써서 표현해 그녀가 아들을 "잉태해 낳았다"고 한다. 마찬가지로 구약 율법의 의식들은 장차 태어나 고난받을 그리스도를 예표한다. 반면에 우리의 성사는 이미 태어나 고난받은 그리스도를 나타낸다.[24]

또한 구약성경에서도 성사는 효과적이었다고 그는 주장한다. "할례가 장차 그리스도가 받을 수난을 믿는 믿음의 표지였음을 볼 때 할례는 은혜를 베푼다."[25] 이 모든 이유는 아퀴나스의 하나님은 항상 자연적 토대(빵, 포도주, 물 등) 위에 초자연적인 것(은혜)을 세우는 하나님이기 때문이고, 아퀴나스가 물리적인 것들을 통하지 않고서는 결코 은혜를 베푸는 하나님을 생각할 수 없는 이유이기도 하다.

이제 그는 일곱 가지 성사를 말한다. 첫 번째 성사는 우리의 죄를 씻어 없애고 우리 안에 변화의 역사를 시작하는 **세례**다. 세례의 역사를 생각할 때 세례는 가장 필수적인 성사다(세례가 없이도 구원받는 것이 가능함에도 불구하고 말이다. 예를 들어, 순교자의 '피의 세례'를 받거나 혹은 세례받기를 바라지만 특정한 이유로 세례받을 수 없는 경우). 두 번째 성사는 **견진성사**다(눈 깜박할 사이에 다루고 지나간다).

세 번째 성사는 **성체성사**(성찬)다. 아퀴나스가 이것에 대해 독창적으로 다루어, 이 주제와 관련하여 로마 가톨릭의 권위자로 자리매김했다. 성체성사를 통해 일어나는 일을 설명하기 위해 아퀴나스는 각각의 사물은 '우유성'accidents만이 아니라 고유의 '본질'substance(내적 실체)을 갖는다는 아리스토텔레스의 견해를 취했다. 따라서 사제가 성별하는 바로 그 순간에 "빵의 전체 본질이 그리스도의 몸의 전체 본질로 변화되고, 포도주의 전체 본질도 그리스도의 피의 전체 본질로 변화된다." 단지 빵과 포도주의 겉모양('우유성')만 남는다. 이 기적적인 변화를 가리켜 "'화체'transubstantiation라고 부를 수 있다."[26] 아퀴나스는 이 모든 것을 문자 그대로 해석했다. "빵과 관련하여 말하면 성사의 능력을 통해 빵의 우유성 이면에는 살뿐 아니라 그리스도의 전체 몸, 다시 말해 뼈와 신경과 같은 것이 자리한다."[27] 그렇기 때문에 성체의 요소는 그리스도 자신으로 숭배될 수 있고 또 그렇게 숭배되어야 한다고 그는 믿었다. 그것은 실제로 그리스도 자신이기 때문이다. 보이는 모양에도 불구하고 빵과 포도주는 더 이상 빵과 포도주가 아니다. 바로 그리스도다.

이를 테면, 아퀴나스는 성체성사를 성사의 정수로 본다. 이 성체를 통해 하나님이 그리스도의 실제 살 곧 자신을 나누기 때문이다. 이처럼 성육신이 완벽하게 확장됨에 따라 성체성사는 성사가 무엇인지를 독특하게 담아낸다. 또한 성육신과 마찬가지로, 성체성사는 (사람들의) 몸을 하나님과의 연합으로 함께 이끌어 들이는 것이다. 이처럼 많은 방식에 있어서 아

아퀴나스가 교회에 대해 가진 이해가 성체성사에 대한 설명을 통해 꼭 맞게 드러난다. 성체성사가 그 안에 교회의 의미와 실체를 담아내기 때문이다.

그러나 아퀴나스 신학의 정점에서 우리가 살펴본 그의 도식―초자연은 자연 위에 세워지고 또 그것을 완전하게 한다―이 이루어지지 않는 것은 기묘한 아이러니라 하겠다. 여기서 자연적 피조물은 또 다른 초자연적 본질에 의해 소멸되고 완전히 대체되기 때문이다. 단지 원래의 모습이라는 껍데기만 남아 있다. 구원에 대해 생각하는 사람을 전율하게 만들기에 충분한 일이라 하겠다.

보충

성체성사에 대한 저술을 마치고 고해성사에 대한 저술을 시작한 바로 이 지점에서 아퀴나스는 그로 하여금 다시는 결코 글을 쓰지 않겠노라고 결심하게 하는 경험을 했다. 그 결과 아퀴나스는 『신학대전』을 마무리하지 못했다. 그러나 그가 나머지 성사들(고해성사, 종부성사, 서품성사, 혼인성사)과 종말의 일에 대해 계속해서 살펴보려고 했던 것을 안 그의 제자들은, 그가 죽은 후 그의 앞선 저작들로부터 관련된 자료들을 발췌해 그가 이야기했으리라 여겨지는 내용들로 채워 넣었다.

계속 읽어 가기

아퀴나스의 문체는 너무 건조해 누군가 용감하게 『신학대전』의 본문을 읽어 가려고 한다면 금세 지루해지기 일쑤다. 반면에 그의 글은 아주 깔끔하고 질서정연해 어느 하나를 깊이 파고들기에는 안성맞춤이다. 또한 독자가 큰 지적인 공을 들이지 않아도 완벽하게 이해될 만큼 명쾌하다(천년에 한번 나올까 말까 할 정도다). 다시 말해, 아퀴나스를 알아가기 위한 최적의 자리인 것이 분명한 『신학대전』은 누구에게나 열려 있는 책이다.

영국 도미니크회 소속 수도사들의 번역본이 신뢰성이나 용이함의 측면에서 가장 좋은 역본이라 할 수 있다. http://www.ccel.org/ccel/aquinas/summa에서 온라인으로 무료로 읽어 볼 수 있고, 다섯 권으로 구성된 『신학대전』이라는 제목의 책으로 읽어 볼 수도 있다(*Summa Theologica*, Westminster, Md.: Christian Classics, 1981). 축약판도 구해 볼 수 있지만, 『신학대전』은 읽기가 수월하기 때문에 축약판은 거의 필요 없다.

약간 오래되기는 했어도, 아퀴나스라는 사람과 그의 사상에 대한 단권 소개서로는 여전히 제임스 바이사이플James Weisheipl이 쓴 책이 아마도 가장 유용할 것이다. 『토마스 아퀴나스: 그의 생애와 사상과 업적』*Thomas D'Aquino: His Life, Thought and Work*, Washington D.C.: Catholic University of America Press, 1974. 아퀴나스의 신학을 보다 상세하고 상당히 탁월하게 살핀 두 권의 책으로는 브라이언 데이비스Brian Davies의 『아퀴나스의 사상』*The Thought of Thomas Aquinas*, Oxford: Clarendon, 1992과 엘레노어 스텀프Eleonore Stump의 『아퀴나스』*Aquinas*, London: Routledge, 2003가 있다.

토마스 아퀴나스 연표

1215　도미니크 구즈만이 설교자 수도회를 세움
1221　도미니크의 죽음
1224?6　아퀴나스 출생
1226　아시시의 프란시스코 Francis of Assisi 의 죽음
1239　나폴리 대학에 입학
1244　파리로 가는 길에 가족에게 납치됨
1245　파리에 도착
1248　알베르투스와 함께 쾰른으로 감
1252　파리로 돌아와 학업을 마치고 교수를 시작함
1259-64　『이교도 논박 대전』 집필
1259　파리를 떠나 나폴리로 감
1261-5　오리비에또에 있는 교황청에 있음
1265　로마에 연구소를 개설
1266　『신학대전』 집필 시작
1267　비테르보로 감
1268　강단에서 가르치기 위해 파리로 돌아옴
1272　강단에서 가르치기 위해 나폴리로 돌아옴
1273　절필의 경험
1274　아퀴나스의 죽음

간주곡 Intermezzo

1274년 포사노바에서 토마스 아퀴나스가 죽었을 때, 그곳에 있던 수도사들은 그의 유물을 갖기 위해 그의 머리와 몸의 여러 부분들을 절단했다. 몇 년이 지난 후 그들은 또한 그의 살을 도려내고 뼈들을 보다 편리한 곳에 두고 숭배할 요량으로 무덤에서 그의 시체를 파냈다.

그 뒤로 200년 하고도 50년이 지났을 때 또 다른 수도사―이번에는 독일 북부에서―는 아퀴나스의 머리를 숭배하는 것을 반대했다. 이 수도사는 유물도 좋아하지 않을 뿐 아니라 그의 머리를 채우고 있었던 내용들 역시 좋아하지 않았다. 당시 이미 '성인'으로 불리던 토마스 아퀴나스와, 아퀴나스가 아리스토텔레스의 논리와 윤리학을 사용한 것에 대해 직접적으로 도전하면서 그는 이렇게 적었다.

> 아리스토텔레스 윤리학의 대부분은 은혜를 거스르는 최악의 원수다.……아리스토텔레스가 없이는 어느 누구도 신학자가 될 수 없다고 말하는 것은 잘못이다.……오히려 아리스토텔레스와 상관하지 않아야 신학자가 될 수 있다.……거두절미하고, 아리스토텔레스의 가르침 전체와 신학의 관계는 어둠과 빛의 관계와 같다.

이 수도사는 적당히 사정을 봐주는 법이 없었다! 신학에 있어서 혁명이 임박했던 것이다.

07

말씀이
모든 것을 했다

마르틴 루터 *Martin Luther*

마르틴 루터가 평범치 않은 삶을 산 지 500년이 지난 지금까지 그는 여전히 모든 시대를 통틀어 논란의 여지가 가장 많은 신학자로 남아 있다. 그의 예리한 사고, 타협을 모르는 솔직함, 때로 용암처럼 분출되는 투박한 말로 인해 그를 존경한 사람이 있었던 반면, 그를 비방하는 자도 있었다. 그러나 죄인을 향한 하나님의 순전한 은혜를 깨닫는 그의 능력은, 신선하고 생생한 표현력과 활력과 결합되어 그의 저작을 읽는 사람이라면 누구나 그를 통해 비길 바 없는 자극을 받는다. 사실 '자극이 된다'는 말로는 부족하다. 루터를 읽으면 뺨을 제대로 맞은 것처럼 정신이 번쩍 든다. 그의 글을 더 읽지 않을 수 없다.

    루터를 읽는 데 따르는 어려움은 그가 결코 자신의 생각을 조직적으로 정리한 글을 쓴 적이 없다는 데 있다. 대신에 그는 성경 주석, 설교 그리고 소책자를 쓰는 데 노력을 기울였다. 소책자를 많이 쓴 덕분에 그의 글은 읽기가 쉽다. 반면에 소책자들이 너무 많아서 그 신학의 전반적인 형태를 파악하기가 여간 어렵지 않다. 그에게 익숙해지기 위해서 우리는 그의 신학의 주요 전환점들에 초점을 맞출 것이다. 특히 하이델베르크 논쟁Heidelberg Disputation을 살피고, 그가 쓴 주요 종교개혁 소책자들에서 드러나는 그의 성숙한 사고의 핵심을 짚어 볼 것이다.

루터의 생애

루터(당시 그의 이름은 루더[Luder]였다)는 1483년 11월 10일 중부 독일 아이스레벤에서 태어났다. 아이스레벤에 살았던 대다수 사람들과 마찬가지로 그의 아버지 역시 광업에 종사했다. 하지만 그의 아들에 대해 가졌던 기대가 각별했기 때문에 형편이 되는 대로 그를 대학에 보내 법을 공부하도록 했다. 그러나 젊은 마르틴은 당시 사람들이 가졌던 전형적인 두려움인 돌연사에 대한 두려움으로 유독 괴로워했다. 최근까지 지은 죄를 사제에게 다 고백하고도 은혜의 상태에서 죽지 못할 것에 대한 염려가 너무나 컸던 것이다. 그러니 부모의 집에서 자신이 공부하던 대학으로 가던 길에서 여름 번개를 만나 땅에 고꾸라졌을 때 그가 느꼈을 공포가 어떠했겠는가! "성 안나여, 저를 도우소서! 그러면 수도사가 되겠나이다!"라고 그는 자신의 수호성인에게 소리쳤다. 그렇게 그는 수도사가 되었다. 하지만 수도사가 된 후로 영적인 불안(혹은 *Anfechtung*. '갈등', '공격' 혹은 '유혹' 등을 의미하는 말이다)은 더욱 증폭되었다. 일례로, 처음으로 미사를 집전한 뒤 루터는 하나님의 거룩한 위엄에 대한 생각에 소스라치게 놀랐다. 행여나 잊고 고백하지 못한 죄가 있어서 완전한 사죄를 받지 못할까 봐 노파심에 휩싸여 있었다. 그는 더 많은 시간을 선임 수도사들에게 죄를 고백하는 데 집착하며 보냈다. 이런 경험을 통해 죄를, 단순히 특정한 잘못이나 실수의 문제보다 더 심각한 총체적인 질병의 문제로 인식하지 않을 수 없었다. 극단적 금욕을 통해 그는 하나님 앞에 공로를 쌓고자 발버둥쳤다. 로마로 순례를 떠났을 때 성계단 성당 Scala Sancta 에서 의식을 치렀다.[1] 이 의식은 각 계단을 무릎으로 오르되 오를 때마다 주기도문을 외우며 계단에 입을 맞추기를 반복하는 것이다. 하지만 정작 계단의 끝에 올라섰을 때는 그렇게 한 것이 무슨 소용이 있는지 의구심만 일 뿐이었다.

독일로 돌아왔을 때 그는 비텐베르크에 있는 아우구스티누스회 수도원으로 옮겨가게 되었다. 신학 박사가 되어 거기에 있는 대학에서 성경을 강의하라는 그의 선임자인 요한 폰 슈타우피츠Johann von Staupitz의 제안에 따른 것이었다. 그렇게 해서라도 루터가 성경에서 조금이나마 위로를 얻기를 바라는 마음이었던 것이다. 비텐베르크는 루터가 회개와 죄 용서에 대해 생각하기에 안성맞춤인 곳이었다. 그곳은 작센의 선제후(중세 독일에서 황제 선거의 자격을 가진 제후) '현자' 프리드리히Frederick가 성인들의 유물을 모아 놓은 방대한 규모의 전시장들 가운데 하나가 자리하고 있었기 때문이다. 당시 사람들은 성인들이 그들의 탁월한 거룩함으로 영혼들의 죄를 깨끗하게 하고 천국에 합당하게 준비되는 장소인 연옥에서 보내야 하는 시간을 경감시키는 잉여 공로를 벌었으며, 이것을 교황이 산 자와 죽은 자를 막론한 모든 영혼에게 나누어 줄 수 있다고 믿었다. 또한 필요한 공로가 성인들로부터 오기 때문에 그들의 유물을 숭배하는 자들에게 공로를 제공하는 것이 합당하게 보였다.

로마의 새로운 성 베드로 성당 건축을 위한 헌금에 대한 보답으로 교황의 '면벌부' 혹은 공로의 은사들 가운데 하나가 1517년 11월 1일(만성절)에 비텐베르크 교회에 제공될 참이었다. 당시에 이런 일은 다반사였다. 하지만 면벌부의 문제는 면벌부 장사꾼이었던 요한 테첼Johann Tetzel의 기행으로 인해 최근에 세간의 주목을 받게 되었다. 감정에 호소하여 노골적인 협박을 한 그는 다음과 같은 시구들과 함께 면벌부를 선전했다. "동전이 이 궤짝에 쨍그랑 하고 소리를 내자마자 / 영혼이 연옥에서 뛰쳐나온다. 드럼통 위에 돈을 놓으면 / 진주 문이 활짝 열리고 어머니가 들어가신다."

만성절 전날인 10월 31일 루터는 먼저 이 문제에 대해 학문으로 논쟁을 해보자는 95개의 논제로 이루어진 반박문을 비텐베르크 성채 교회 문에 내걸었다. 여기서 그는 "왜 교황은 연옥에 있는 영혼을 위한 돈을 청구하는 대신 사랑으로 그들을 풀어주지 않았는가?"와 같은 질문들을 제기했다. 그러나 면벌부 장사꾼의 관행이 사실상 마음으로 하는 참된 회개의 필요를 단순한 외적인 거래로 대체해 버렸다는 것이 그가 한 비판의 골자였다. 이 주장을 뒷받침하는 가운데 그는 곧 고해성사를 위한 증거

본문으로 사용되는 라틴어 역 성경이 그리스어 원전을 잘못 번역한 것임을 발견했다. 라틴어 역 성경은 마태복음 4:17을 '**고해를 하라**'*penitentiam agite* 고 번역하고 있지만, 그리스어는 '너의 마음을 바꿔라'는 의미로 외적 변화뿐 아니라 내적인 변화를 포함한다.

이런 행동이 어떤 결과를 불러올지 루터는 전혀 예상하지 못했을 것이다. 하지만 당시 독일의 재화가 이탈리아로 유출되는 것을 못마땅하게 여기던 지방 민심이 그의 비판에 대한 지지를 불러왔다. 후속된 교회 관리들과의 논쟁을 통해 핵심은 권위의 문제라는 것이 분명해졌다. 최종적 권위는 누구에게 있는가? 성경인가 아니면 교황인가? 하지만 루터는 오직 믿음으로 말미암는 칭의의 교리를 아직 다 정립하지 못한 상태였다. 1519년 그의 '탑 경험'이 있은 뒤에야 비로소 이 교리가 정립된다(수도원의 탑에서 그가 한 연구 때문에 이렇게 이름을 붙였다).[2] 거기서 그는 로마서 1:17을 연구했다.

> 나는 하나님의 의란 그것을 힘입어 의인이 하나님의 선물―다시 말해, 믿음―로 사는 것임을 비로소 깨닫기 시작했다. 또한 이것이 의미하는 바는 '믿음으로 의롭게 된 자는 살리라'고 기록된 바와 같이 하나님의 의는 복음을 통해, 즉 자비로우신 하나님이 믿음으로 우리를 의롭게 하시는 소극적인 의를 통해 계시된다는 것이다. 여기서 나는 내가 완전히 거듭나고 활짝 열린 문을 통해 낙원 그 자체로 들어간 것처럼 느꼈다.[3]

이와 더불어, 로마에 대항한 루터의 입장은 극적으로 확고해져만 갔다. 1519년 후반 그가 교황을 적그리스도로 선언하면서 일들이 걷잡을 수 없이 빠른 속도로 전개되어 가기 시작했다. 1520년 교황 레오 10세는 루터를 출교하는 칙령을 내렸다. 루터는 교황 헌장과 스콜라 신학 서적들과 함께 이 칙서를 공개적으로 불사르고, 『적그리스도의 저주받을 교서』 *Against the Execrable Bull of Antichrist* 라는 반박서를 집필했다. 같은 해에 그는 또한

『선행에 관하여』Treatise on Good Works, 『독일의 그리스도인 귀족들에게』To the Christian Nobility of the German Nation, 『교회의 바벨론 유수』The Babylonian Captivity of the Church, 『그리스도인의 자유』The Freedom of a Christian 와 같은 자신의 핵심적인 종교개혁 소책자들을 집필했다.

 이제 루터는 신성로마제국 황제(카를 5세), 교황, 다수의 교회 귀족들의 적의를 사게 되었고, 심지어 수천 년의 교회 역사가 그를 대적하는 것처럼 보였다. 이듬해 그는 보름스에서 개회 중인 제국 법정에 서도록 소환받았고, 대부분의 사람들은 루터가 그곳에서 곧 이단으로 정죄되고 화형당할 것이라 믿었다. 처음 도착했을 때 그는 모든 군주 앞에 서서 위협을 느끼고 제대로 말을 하지 못했다. 지금까지 루터가 썼다고 하는 글만큼 그가 똑똑하지 않다고 생각한 로마 교황 대사는 종교개혁 소책자들을 쓴 진짜 배후가 누군지 알기를 원했다. 신앙을 철회하라는 명령에 루터는 이렇게 최후 진술을 했다.

> 내 양심은 하나님의 말씀에 사로잡혀 있고 나는 내가 인용한 성경 말씀을 따라야 할 의무가 있습니다. 나는 그 무엇도 철회하지 않을 것이고 또 할 수도 없습니다. 양심에 역행하는 일은 바르지도, 안전하지도 않기 때문입니다. 여기 서 있는 것 외에 달리 할 것이 없습니다. 하나님, 나를 도우소서. 아멘.[4]

루터는 이단으로 사형을 언도받았다. 하지만 이미 루터가 사라진 뒤였다. 그에게 은신처를 제공하기로 마음먹은 그의 군주인 작센의 '현자' 프리드리히가 무장한 기병을 준비해 바르트부르크 성으로 그를 납치했기 때문이다. 여기서 그는 변장한 채 일 년여 가량을 머물렀다. 이 기간 동안 그는 신약성경 전체를 그리스어에서 독일어로 번역했다. 천년 만에 처음으로 일반 백성도 스스로 읽을 수 있는, 신뢰할 만한 번역 성경이 탄생한 것이다. 이처럼 루터는 로마의 모든 권력을 향한 죽음의 종소리를 메아리치게 함으로써 친절하게 로마에 되갚아 주었다.

불행하게도, 그가 숨어 있는 동안 비텐베르크에 문제가 일어날 조짐이 보였다. 사람들이 따라가기 어려울 정도로 교회가 하는 일들이 달라졌다. 또한 츠비카우Zwickau에서 온 세 사람은 주가 직접 자신들에게 말씀했기 때문에 성경이 더 이상 필요 없다고 주장했다. 이들은 유아세례를 거부하고 불경건한 자를 척살함으로써 하나님 나라를 앞당길 것을 촉구했다. 비텐베르크는 혼란에 빠져들었고, 루터는 자신이 새로운 반대세력에 직면했음을 발견했다. 그들은 급진적 종교개혁을 추구하는 '광신자'들이었다.

루터는 보다 주의 깊은 개혁에 대한 필요성을 절감하며 돌아왔다.

> 나는 누구도 힘으로 강제하지 않을 것이다. 믿음이란 강제력 없이 자유롭게 생겨나기 때문이다. 나 자신이 하나의 예다. 나는 면벌부와 모든 교황주의자들을 반대했지만 폭력을 사용하지 않았다. 나는 그저 가르치고, 설교하고, 하나님의 말씀을 기록했을 뿐이다. 그 외에 다른 식으로는 하지 않았다. 내가 잠들거나 필립과 암스도르프와 같은 내 친구들하고 비텐베르크 맥주를 마시는 동안 교황주의를 현저하게 약화시킨 것은 말씀이다. 이제까지 어느 군주나 황제도 그렇게 해본 적이 없을 정도다. 나는 아무것도 하지 않았다. 말씀이 모든 것을 했다.[5]

그는 또한 급진주의자들을 맹렬히 반대했다. 이들이 종교개혁의 핵심을 잘못 짚고 있다고 믿었다. 그는 죄인들이 영적으로 자만한 모습을 매우 싫어했다. 그들은 성경과 성례와 같은 신앙의 형식들을 공격하고 있었다. 이들의 신학에서 루터는 형식을 반대하는 새로운 율법주의를 보았다.

한때 수도사였던 루터는 1525년에 수도원에서 도망친 수녀인 카타리나 폰 보라Katharina von Bora와 결혼했고, 슬하에 다섯 명의 자녀를 두었다. 이 둘은 함께 루터의 옛 아우구스티누스회 수도원을 프로테스탄트 목사의 가정을 위한 모델이 된 가족 공동체로 탈바꿈시켰다. 여기서 루터는 저녁 식사를 하는 가운데 무엇에 대한 것이든 자신이 생각하는 바를 배움이 간절한 학생들에게 나누었다(이중 많은 대화가 『탁상담화』*Table Talk*로 기록되었다). 그는 또한 수많은 목회서신들을 기록했다. 그의 신학과 마찬가지로 그의 권면 역시 매번 우리를 놀라게 한다.

마귀가 이런 생각들로 당신을 괴롭힐 때마다 즉시 다른 사람들과 어울려라. 술도 좀 마시고, 농담도 하고 장난도 치고, 혹은 다른 형태의 즐거운 일에 참여하라. 술을 약간 더 마시고, 놀고, 농담도 던지고, 마귀가 우리를 사소한 것에 과민하게 반응하게 할 기회를 갖지 못하도록 하라. 마귀에 대한 거부와 조롱으로 심지어 죄를 약간 짓는 것이 필요한 때가 있다. 죄에 빠질까 봐 지나치게 걱정하다 보면 오히려 속수무책으로 당한다.

따라서 마귀가 "술을 마시지 마라"고 하면 "네가 못 마시게 하기 때문에 오기로라도 좀 마셔야겠다. 그것도 좀 거나하게!"라고 응수하라. 이처럼 사탄이 금지하는 것에 항상 반대로 행해야 한다. 나를 괴롭히고 성가시게 하려고 작정한 마귀를 조롱하기 위한 것이 아니라면, 내가 희석되지 않은 술을 마시고, 거리낌 없이 이야기하고, 평소보다 자주 먹고 하는 이유가 무엇이라고 생각하는가? 내가 어떤 죄도 인정하지 않고, 죄인 줄 아는 한 어떤 죄도 의식적으로 범하지 않는다는 것을 마귀도 아니, 단순히 마귀를 조롱하기 위해 명목상의 죄 정도는 지을 수 있지 않은가? 마귀가 우리를 공격하고 괴롭힐 때는 전체 십계명을 완전히 무시해야 한다. 마귀가 우리가 범한 죄들을 열거하면서 죽음을 당하고 지옥에 떨어져 마땅하다고 선언할 때면 우리는 이렇게 말해야 한다. "내가 사망과 지옥에 마땅한 사람이라는 것은 나도 잘 안다. 그래서 어쨌다는 거냐? 그래서 내가 영원한 정죄를 받아야 한다는 말이냐? 결코 그럴 수 없다. 내 대신 고난당하고 내 죄책을 온전히 충족시키신 분을 내가 알기 때문이다. 그분의 이름은 하나님의 아들, 예수 그리스도다. 그분이 계시는 곳에 나도 있을 것이다."[6]

루터는 어떤 정치적 지원을 받는다고 해도 사람들의 마음과 지성을 얻지 못하면 종교개혁은 피상적인 것일 수밖에 없음을 알았다. 그렇다면 가장 먼저 필요한 일은 모든 사람이 자신의 모국어인 독일어로 읽을 수 있도록 전체 성경을 번역하는 것이었다. 1534년에 그는 많은 삽화가 포함된 독일어 성경을 내놓았다. 루터에게 성경은 우리가 가진 최고의 권위였다. 선지자와 사도들이 오류를 범할 수 있고 또 범했다고 할지라도, 하나님의 말씀인 성경은 결코 오류를 범하지 않는다. 성경은 스스로를 증명하고 해석한다. 그것을 입증하기 위해 그 어떤 외부의 권위도 필요하지 않고, 또한 다른 어떤 자료에 권위를 양보하지 않는다. 성경은 명료하고 자증하여 이해할 수 있다는 그의 태도는 확고했다. 성경이 없이는 하나님을 진실로 알 수 없다. 루터 신학의 방대한 결과물이 대부분 성경 주석인 것도 이 때문이다(그리고 대부분은 구약성경 주석이다).

그럼에도 루터가 성경주의자는 아니었다. 창세기로부터 요한계시록에 이르기까지 성경의 유일한 내용과 메시지는 오직 그리스도라고 믿었다. 그러한 관점으로 성경을 바라보았다. 어떤 책의 정경성을 가늠하는 척도는 누가 그것을 기록했는지가 아니라 그것이 그리스도를 가르치는지의 여부라고 말했다. 그는 이런 성경에 대한 이해를 강력하게 견지했다. 그가 "야고보서를 벽난로에 집어 던지고 싶을 정도다!"라고 적었던 것 역시 야고보 사도의 편지가 충분하게 그리스도를 선포하고 있지 않다고 느꼈기 때문이다.[7] 그가 번역한 구약성경들에도 그리스도를 나타내는 목판 삽화로 가득했다. 그리스도가 실제로 구약성경의 신자들과도 함께했다고 믿었기 때문이고 루터는 이들을 '그리스도인'이라고 불렀다. 그들이 가졌던 신앙은 결코 기독교 이전의 것이 아니다. 그들은 이미 그리스도를 믿었고 그리스도에 대한 예언들을 기록했다.

유대인에게 적대적인 것으로 잘 알려진 대부분 루터의 저작들 역시 이런 신념에서 비롯되었다. 1523년만 해도 그는 유대인 박해를 정죄하고, 오히려 그리스도인이 구약성경을 사용해 유대인에게 예수의 메시아 됨을 증거하는 것을 옹호하는 소책자를 썼다. 그러나 1542년에 그는 성경이 너무나 분명하게 그리스도를 말하고 있다는 사실을 끝까지 인정하지 않는 유대인에게서 극도의 완악함을 보기에 이르렀다. 그래서 그는 신성 모독법을 유대인에게 적용하는 것을 옹호하는 『유대인과 그들의 거짓말』 On the Jews and Their Lies 을 썼다. 이로 인해 회당들이 파괴되고 유대인들이 축출되곤 했다. 나치가 이 책을 근거로 자신들의 반유대주의를 정당화했다(로마 가톨릭이라고 하는 외세에 저항하는 그의 입장과 독일어를 형성하는 데 기여한 그의 성경 번역으로 당시 나치는 루터를 민족적 영웅으로 칭송했다). 루터가 그 책을 쓰지 말았으면 좋았을 것이라고 생각할 수도 있겠다. 의심의 여지없이 이 책은 글로 기록할 수 있는 가장 불경하고 원색적이고 상스러운 말을 대적에게 퍼붓는 가장 불편한 책이다. 그럼에도 불구하고 20세기 반유대주의는 너무나 빈번하게 자신들의 입맛에 따라 루터의 작품을 제멋대로 이해했다. 나치주의가 자신들의 인종주의를 발전시킨 근거는 19세기 다윈주의와 낭만주의였다. 루터주의가 아니다.[8] 루터가 유대인을 용납하지 못했던 이유는 유대인이 기독교가 말하는 구약성경의 메시지를 완강하게 거부했기 때문이었다. 다시 말해, 인종적인 이유가 아닌 영적인 이유에서 비롯된 것이었다. 따라서 그는 그리스도를 거부하는 유대인에 대해 전혀 관대해질 수 없었지만, 회심한 자에 대해서는 기꺼이 그를 돕고 그와 친구가 될 수 있었다.

　　루터에게 기록된 말씀은 반드시 선포된 말씀, 사람들이 이야기하고 깨닫는 말씀이 되어야 한다. 그래서 그는 전례에서 말씀이 오용되는 것을 바로 잡고, 전례가 성경 교사가 되도록 그것을 다시 썼다. 그는 또한 두 개의 교리문답을 작성했는데, 하나는 성인을 위한 『대교리문답』이고 다른 하나는 어린이를 위한 『소교리문답』이다. 여기서 그는 십계명(율법)을 통해 죄가 무엇인지를 밝히고, 사도신경(복음)으로 죄 용서를 적용하며, 주기도문을 우리가 간절히 기도해야 할 내용으로 삼고, 두 가지 성례를 신자를 붙잡아 주는 은혜의 방편으로 이야기한다. 그리고 나서 모든 신자는 제사장이라는 자신의 믿음을 적용하면서 회중 찬송을 소개한다(그전까지 회중은 그저 구경꾼에 불과했다). 이제 모든 신자가 하나님의 진리를 노래한다. 회중이 진리를 노래하는 것은 루터에게는 아주 중요했을 것이다. 루터는 음악이 신학 다음으로 중요한 것이라고 믿었기 때문이다. 말씀과 성례와 마찬가지로 음악을 마음에 영향을 미치는 외부적인 요소로 보았다. 말씀과 성례와 마찬가지로 음악은 마귀를 내어 쫓고, 마귀가 우리를 공격하는 도구인 영적인 염려를 몰아낸다. 루터는 몇 곡의 찬송가도 썼다. 그중에서도 종교개혁의 전투 찬송이 가장 유명하다. 바로 「내 주는 강한 성이요」이다.

종교개혁의 선봉에서 사형선고를 받고 그의 신학과 생명이 반복되는 공격의 대상이 되면서 그의 건강은 무너졌다. 십여 년간 그의 건강은 지속적으로 나빠졌고 1546년 겨울, 결국 루터는 그가 개혁하려고 했던 교회에서 출교를 당한 채 숨을 거두었다. 그가 마지막 남긴 글은 "우리는 거지다. 그것은 틀림없는 사실이다"였다. 이 문장이 그의 사상을 요약하고 있다. 우리는 자신의 구원과 하나님을 이해하는 데 기여할 것이 아무것도 없는, 다름 아닌 영적인 거지다. 하지만 우리 밖에는 하나님의 진리의 말씀이 있다. 우리가 의지할 것은 그것뿐이다.

루터의 사상

루터의 신학 혁명을 맛보기 위해서는 당시 핵심적인 초기 몇 년 동안 그의 사고가 어떻게 발전했는지를 추적해 볼 필요가 있다. 그럴 때라야 그의 신학은 단순히 폐해에 대한 항거가 아니라 진정한 신학 혁명이었다는 사실이 분명해진다. 또한 그의 제안이 얼마나 충격적이고 급진적이었는지가 분명해진다.

다른 무엇보다도 1519년의 '탑 경험'으로 이끌었던 시간들을 보내는 동안 그의 십자가 신학은 발전했다. 1515-16년에 행했던 로마서에 대한 강의들을 보면, 그의 십자가 신학은 '하나님의 복은 오직 그가 우리를 정죄함을 통해서만 온다'는 것이었다. 문제는 자기 사랑으로 가득한 우리는 천국을 얻고 누리기 위해 본성적으로 하나님을 이용하려고 하는 데 있다. 이런 자기애를 고치는 유일한 치유책은 자기 정죄다. 우리를 향한 하나님의 정죄에 순복하여 자신을 지옥으로 내맡길 때라야, 하나님이 우리에게 주실 수 있는 천국이나 선물 때문이 아니라 하나님 자신 때문에 우리가 하나님을 사랑한다고 말할 수 있게 된다. 기꺼이 자신을 정죄에 내어줌으로써 우리는 하나님께 순복하고, 더 이상 그가 주시는 선물 때문에 하나님을 이용하지 않게 된다. 이는 믿음으로만 의롭게 된다는 이신칭의의 한 형태였지만, 여기서 믿음은 우리를 향한 하나님의 정죄에 있지, 값없이 구원을 주시는 그의 복음 말씀에 있는 것이 아니다. 후에 루터에게 나타나는 완숙한 칭의 교리와 구별되는 점은 여기에는 피동적 성격이 없다는 것이다. 나중에 하나님의 사죄 선언에 대한 단순한 믿음이 포함되지만 여기서는 겸손을 말하는 것처럼 보이는 것이 사실이다. 우리 자신을 정죄함으로 우리는 의롭게 된다. 따라서 그는 여전히 의롭게 되기 위해 애쓰고 점점 더 의롭게 되어야 한다고 말하는 것일 수 있다. 이것은 그가 후에 버리게 될 표현이다.

1518년 루터는 하이델베르크에 있는 아우구스티누스 수도회의 독일 회중에게 자신의 신학을 설명하도록 초청받았다. 하이델베르크 논쟁이 95개조 반박문보다 소란을 덜 일으키기는 했지만, 결국에는 신학적으로 더 많은 영향을 끼쳤다. 미래의 종교개혁자 6명이 그곳에 참석하여 루터가 하는 말을 들었다. 거기서 그는 나중에 그의 모든 완숙한 사고의 토대가 될, 상당히 발전된 십자가 신학을 설명했다(그가 후에 깨닫게 될 칭의에 대해서는 여전히 이해하지 못하고 있었음에도 불구하고). 그의 신학적 주장은 네 가지 단계로 이루어졌다.[9]

논제 1-12: 선행의 문제

루터는 인간의 선행이 하나님 앞에서 본유적인 공로를 가지고 있음을 인정하지 않는 것으로 시작한다. 오히려 그는 본성적으로 우리의 가장 탁월한 행위는 정죄받을 죄악에 불과하다고 주장한다. 루터 자신이 항상 주장하는 율법과 복음 간의 날카로운 구분을 통해 이 주장을 설명한다. 루터에게 율법이란 시내산이나 구약성경만으로 제한되지 않는다. 우리의 죄로 인해 우리를 정죄하는 것이 모두 율법이다. 우리는 율법이 요구하는 선행을 함으로써 구원받는 것이 아니다. 오히려 "율법은 하나님의 진노를 가져오고, 그리스도 안에 있지 않는 각각의 모든 것을 죽이고, 고소하며, 비난하고, 심판하고, 정죄한다."[10] 우리의 선행이 하나님 앞에서 우리의 의를 증진시킨다고 생각하는 것은 율법을 복음과 혼동하는 것이다. 이와 대조적으로 복음은 율법의 요구가 그리스도 안에서 충족되었다는 선언이고, 유사하게 신약성경으로만 국한되지 않는다. 그러나 먼저 우리가 구원받아야 할 율법이 하는 심판의 선언을 들음으로써만 복음의 구원 메시지가 깨달아진다. 그렇게 그리스도인은 율법과 복음의 긴장 속에서 살아가는 자신을 발견한다. 죄인으로서 우리는 율법이 고소하는 것을 느끼지만 그리스도를 믿는 믿음을 통해서 우리는 율법을 이룬다.

논제 13-18: 의지의 문제

우리의 행위에는 공로가 전혀 없음을 분명히 한 루터는 이제 본격적인 문제로 파고든다. 부패한 인간의 의지는 부패한 인간의 행위를 산출할 뿐이다. 타락 이래로 우리는 전혀 자유로운, 심지어 하나님으로부터도 자유로운 의지를 추구해 왔다. 이것이 바로 죄다. 이처럼 정죄받은 우리의 행위와 하나님을 기쁘시게 할 수 없는 우리의 의지로 우리가 무엇을 할 수 있겠는가? 루터는 말한다. "주저앉아 그저 은혜를 베푸시도록 기도하는 것이다."[11] 여기서 그가 여전히 칭의에 대해 부분적으로 이해했음이 드러난다. 그의 주장을 보면 여전히 우리가 무엇을 함으로써(기도함으로써) 은혜를 얻는다. 후에 그는, 은혜는 하나님의 약속을 받아들임을 통해 온다고 이해했다. 이 일에 있어서 우리는 전적으로 피동적이다.

논제 19-24: 영광의 길 vs 십자가의 길

이제 루터는 자신의 신학과 그가 반대하는 신학 사이의 핵심적인 차이를 약술한다. 영광의 신학이란 공로는 선하고 고통은 악하다고 믿으며, 우리에게 필요한 것은 다름 아닌 우리 자신을 하나님께로까지 이르도록 하는 격려라고 믿는 자연인의 신학이다. 십자가의 신학은 이와 극명한 대조를 이룬다. 십자가의 신학은 우리가 스스로를 하나님께로까지 높아지게 하지 못하고, 우리에게 마땅한 것은 십자가이며, 오직 수난받는 죽음을 통해서만 영광에 이르게 됨을 보인다. 종교에서 우리가 가장 좋다고 믿는 모든 것을 공격한다. 이를 통해 우리는 그리스도와 그의 십자가 길을 전적으로 의뢰하게 된다.

논제 25-28: 하나님은 무에서 우리를 창조하신다

십자가 신학은 부활을 전제로 한다. 이 신학의 목적은 죄인이 새 생명을 받기에 앞서 완전히 몰락하는 것이다. 그는 반드시 죽어야 한다. 하나님은 무로부터 생명을 창조하실 뿐 결코 우리의 토대 위에 지으려고 하시지 않는다. "하나님의 사랑은 그 기뻐하는 것을 찾지 않고 창조한다."[12]

십자가 신학은 이후 그의 모든 생각에 역동성을 제공했다.[13] 하나님이 옷 입고 우리에게로 오시지만(성육신이든 성경이든 성례든), 그의 모습은 우리의 예상과 전혀 다른 모습으로 나타나신다. 우리는 그분이 우리와 우리의 행위를 기뻐하실 것이라고 기대한다. 그분이 우리와 같기를 기대한다. 그러나 눈먼 죄인에게 진리는 낯선 사람으로 변장해 숨어 있다. 그렇기 때문에 눈먼 죄인에게 하나님은 마귀처럼 보이고, 마귀가 세상의 주인처럼 보인다. 심지어 우리가 하나님께로부터 받는 것(십자가, 죽음, 고통, 세상의 미움 등)은 우리가 하나님께로부터 기대하는 것과 정반대다. 그렇기 때문에 루터는 할 수 있는 한 항상 복음의 역설과 대조를 활용한다.

이처럼 자신의 마음, 생각, 양심의 원하는 방향과 반대되는 것을 믿으며 살아가는 믿음의 삶이란 '**갈등 혹은 시련**'의 연속이다. "믿음은 끊임없이 경험적 실체와 상반되게 살아가고, 드러나지 않은 것에 자신을 의탁하는 삶을 의미한다."¹⁴ 우리 마음은 자신의 행위가 하나님을 기쁘시게 할 수 있다고 믿는다. 믿음은 그렇지 않다고 말한다. 양심은 우리를 정죄한다. 우리가 죄인이기 때문이다. 믿음은 복음을 향해 돌아선다. 오직 거기에서만 우리 자신에 대한 진리를 알 수 있기 때문이다. 믿음은 우리 마음이나 양심이 아닌 그리스도를 신뢰한다.

마지막으로 루터에게 믿음이란 이성과 배치되는 것인데, 여기에 대해서는 좀 더 자세한 연구가 필요하다. 루터가 공격하는 바는 지성을 바르게 사용하는 것이 아니다. 지성이 계시의 도움 없이도 하나님과 그분의 뜻을 알 수 있다고 주제 넘게 생각하는 것을 경계한다. 그는 스콜라 신학과 자연 신학을 도덕주의와 마찬가지 의미에서 십자가의 원수로 묘사한다.¹⁵ 이들은 모두 펠라기우스주의의 형태를 띤다고 믿었다. 계시 없이 인간 지성은 자신의 죄가 무엇인지조차 알 수가 없다. 죄가 거스르는 대상인 하나님을 알지 못하기 때문이다. 펠라기우스주의가 상상할 수 있는 하나님은 마귀뿐이다. 참 하나님은 계시된 하나님이다. 오직 하나님은 신약과 구약에서 알려진 십자가에 달린 하나님을 설교하는 그리스도 안에서만 계시된다. 이런 계시가 있는 때조차도 죄인인 우리는 아무것도 아닌 것으로 낮아지고 그와 더불어 십자가에서 죽어야 그를 알 수 있다. 따라서 "신학에는 오직 하나의 조항과 규칙만이 있는데, 그것은 바로 그리스도를 믿는 혹은 의지하는 참된 믿음이다."¹⁶

루터가 심각한 영적 불안함을 느끼기 시작한 것은 그가 처음으로 미사를 집전했을 때 행한 성례식에서였다. 그의 위기를 타개하는 데 도움이 된 이 성례를 집전한 것은 1519년이었다. 고해에 대한 설교를 하면서 루터는 성례에 대한 로마 가톨릭의 공식적인 이해―성례를 통해 사람이 결정적으로 은혜를 받는다고 생각하는 것은 가정일 뿐이다―를 반박했다. 하나님은 성례를 통한 은혜를 약속하셨고, 그렇기 때문에 하나님의 약속을 부인하는 것은 죄라고 루터는 반박했다. 아이러니하게도, 어떤 면에서 루터는 성례에 대해 로마 가톨릭보다 더 고교회적인 이해를 옹호하고 있었던 것이다! 그러나 바로 이런 이해를 바탕으로 복음의 재발견gospel-discovery 구조가 형성되었다. 그는 성례에서 자기 자신 밖에 있는 하나님의 은혜를 약속하는 외부적인 어떤 것을 보았다. 그는 이것을 복음의 본질이라고 보았다. 우리는 우리 자신을 보지 않고 우리 밖에 있는 하나님의 약속을 바라본다. 이 약속을 받음으로써 우리는 그의 은혜를 받는다. 그러고 나서 로마서 1:17로 돌아갔을 때 그는 하나님의 의를 자신이 이전까지 전혀 해본 적이 없는 피동적인 방식으로 받는 무언가로 이해할 수 있었다.

이 마지막 퍼즐이 완성된 1520년은 루터가 비상하게 많은 저작들을 쏟아낸 해가 되었다. 그는 새로운 종교개혁 신학을 설명하고 증진하기 위해 누구나 읽을 수 있는 여러 권의 소책자들을 출판했다. 『선행에 관하여』, 『독일의 그리스도인 귀족들에게』, 『교회의 바벨론 유수』, 『그리스도인의 자유』이다.

『선행에 관하여』

루터는 자신의 신학이 선행을 과소평가하는 것이 아니라는 사실을 분명히 할 필요가 있었다. 그래서 이 첫 번째 논문을 십계명 분석으로 시작한다. 행위를 통한 외적 순종과 믿음을 통한 참된 순종 사이의 구분이 이 모든 분석의 기본이다. 중요한 점은 우리가 그리스도를 의지하는 것이다. 그리스도를 향한 신뢰로부터 나오는 행위가 선행이다. 이것은 우리의 이름을 내는 것이 아니라 하나님의 이름을 영화롭게 한다. 믿음은 하나님이 누구신지 그리고 그분이 어떤 분인지를 인정하기 때문이다. 다시 말해, 믿음은 참된 예배다. 그렇기 때문에 오직 복음 설교를 통해서만 거룩함이 자라간다.

실제로, 정확히 말하면 사랑이 먼저 온다. 그렇지 않더라도 어쨌든 사랑은 믿음과 동시에 온다. 하나님이 나에게 자애롭고 은혜로운 분이라고 생각하지 않는다면 나는 하나님에 대한 믿음을 갖지 못할 것이다. 하나님에 대한 이런 생각을 힘입어 나는 하나님을 향해 좋은 마음을 갖게 되고 온 마음으로 그분을 의지하고 모든 좋은 것들을 위하여 그분을 바라보게 된다.……이것을 보라! 이것이 바로 당신 안에서 그리스도와의 교제를 증진시키는 길이다. 하나님이 그리스도 안에서 당신에게 자비를 나타내시며 당신의 공로와 상관없이 당신에게 베푸시는 것이다. 그의 은혜를 이렇게 이해할 때 당신의 모든 죄가 용서받았음을 믿고 확신할 수 있다. 그렇기 때문에 믿음은 선행에서 비롯되는 것이 아니다. 선행이 믿음을 있게 하지도 않는다. 믿음은 그리스도의 피와 상함과 죽음으로부터 솟아 흐른다. 그리스도의 죽음을 통해서 하나님께서 당신을 위해 자기 아들을 내어주실 정도로 당신에게 자애롭다는 사실을 알게 되면, 하나님을 향해 점점 좋은 마음을 갖고 하나님을 향하게 된다.……성경을 보면 선행을 했기 때문에 성령을 받은 사람은 없다. 오히려 항상 그리스도의 복음과 하나님의 자비를 들었을 때 성령을 받는다.[17]

그렇기 때문에 선행에 어떤 위계도 있을 수 없다. 집에 있든, 금식을 하든, 교회를 가든 중요한 것은 하나님을 향한 마음의 상태다. 하나님을 향한 마음의 사랑에서, 나를 향한 그분의 사랑을 아는 지식에서 비롯된 일인지가 중요한 것이다.

『독일의 그리스도인 귀족들에게』

루터는 로마가 권력을 유지하기 위해 주변을 둘러친 세 가지 신학적인 장벽이 있다고 믿었다. 첫 번째 장벽은, 이 땅의 모든 지배자들이 이 땅 최고의 권세자인 교황 앞에 머리를 조아려야 한다는 생각이다. 두 번째는, 오직 교황만이 성경을 해석할 수 있다는 것이다. 세 번째는, 교황만이 교회 회의를 소집하고 교회를 개혁할 수 있다는 것이다. 이제 루터는 이런 장벽을 자신의 펜의 폭발력으로 무너뜨리려 하고 있었다.

기본적으로 그는 사제와 평신도 사이의 구분을 무너뜨리는 것으로 시작했다. 이를 통해 교황을 이 땅 최고의 권세자로 주장하는 논리의 허구성을 폭로했다. 또한 모든 그리스도인에게 성경을 해석하고 교회 개혁을 위한 회의를 요구할 권리가 주어지도록 했다. 이 목적을 위해 루터는 회심의 미소를 띠며 비장의 카드를 사용했다. 교회 역사상 가장 중요한 회의인 니케아 회의를 소집한 것은 '평신도'인 콘스탄티누스 황제였음을 강조한다.

그렇기 때문에 루터는 로마의 약탈과 유린으로부터 자기 백성의 세상적인 안녕과 영적인 안녕을 도모하기 위해 독일의 지배 계급이 분연히 일어날 것을 요청할 수 있었다. 실제로 루터는 자신이 추구한 바를 이루었다. 독일 군주들의 보호가 없었다면 독일에서의 종교개혁이 성공하지 못했을 것이다. 실제로 그들 중 다수는 종교개혁의 후원자가 되었다. 보름스 회의가 열린 지 9년이 지난 후, 루터가 카를 5세 앞에서 자신의 주장을 옹호하는 모습을 본 몇몇 독일 군주들은 같은 황제에게 루터파 신앙고백인「아우크스부르크 신앙고백」을 인정하도록 제출했다. 하지만 이로 인해 루터가 의도하지 않은 결과도 초래되었다. 비상시에 독일의 군주를 임시 주교로 세운 것은 효과적이었지만, 이로 인해 후대의 루터파 교회가 정부에 종속되는 결과를 낳았다.

루터가 제안한 것은 아우구스티누스의 두 도성(하나님의 도성과 인간의 도성) 개념에서 비롯된 정치 신학이었다. 그의 사고에 자리한 다른 이원성(복음과 율법, 내적인 믿음과 외적인 행위, 영광의 길과 십자가의 길 등)과의 연장선 위에서 루터는 하나님 나라와 세상 나라 사이의 구별 개념을 발전시켰다. 하나님 나라는 하나님의 긍휼의 도구인 교회다. 하나님은 자신의 말씀으로 사람들을 설득력 있게 다스리신다. 만약 각 사람이 이 말씀에 순종한다면 다른 나라가 필요 없을 것이다. 현 상황에서 보는 것처럼 하나님은 불순종하는 자들을 향한 자신의 진노의 도구인 국가를 세상 나라로 주신다. 세상 나라에서 하나님은 칼로써 외적인 행위를 강제적으로 다스리신다. 이 나라를 통해 하나님은 악을 억제하시고 섭리 가운데 모든 백성을 돌보신다.

로마는 교황을 이 두 나라 모두의 주군으로 삼으면서 두 나라를 혼동했다고 그는 주장했다. 그러나 루터는 결코 국가와 관련된 모든 것에서 자신을 분리했던 급진주의자와 입장을 나란히 한 적이 없었다. 그리스도인은 두 나라 모두의 시민이고 두 나라 모두에 적극적으로 참여해야 한다고 주장했다. 두 나라는 서로를 지지해야 한다. 군주가 교회를 보호하는 것처럼, 사제는 군주에게 순종하도록 백성에게 촉구해야 한다(교회를 대적하는 무도한 군주가 아닌 이상). 그럴 때 복음이 흥왕한다고 주장했다.

『교회의 바벨론 유수』

복음을 새롭게 깨달음에 따라 루터는 로마의 성례 체계와 완전히 결별할 수밖에 없었다. 교회가 이 체계에 포로로 잡혀 있는 한 그리스도인의 자유는 결코 보존될 수가 없다. 로마의 영적 권세는 성례를 집행하는 사제를 통해 은혜가 자동적으로 흘러간다는 개념에 의존하고 있다. 개인적인 믿음에 대한 루터의 주장에 사제의 지배권은 이미 박탈되었다. 『교회의 바벨론 유수』에서 성례에 관한 새로운 신학을 제안함으로써 그는 사제에게 있던 지배권의 붕괴를 더욱 가속화시켰다.

루터는 성례는 그리스도로부터 주어진 약속의 말씀으로, 하나의 표지가 동반된다고 정의했다. 그렇다면 성례들은 하나님으로부터 오는 말씀들로, 믿음으로 받는 것으로 이해했다. 루터는 우리에게 성례가 개인적으로 주어지는 것과 마찬가지로 하나님의 약속도 개인적으로 우리에게 주어진다고 믿었다. 성례를 하나님 말씀의 외적인 실재에 대한 능력 있는 증거로 가치 있게 여겼다. (그는 성례가 우리의 몸에 주어지는 것처럼, 성례 안에서 약속된 은혜 또한 우리 몸을 위한 것이라고 말하는 데까지 나아가곤 했다).

성례에 대한 정의 아래 루터는 성례를 두 가지로 줄였다. 결혼은 모든 인간에게 주어진 선물이지 신자에게만 주어진 약속이 아니라고 주장했다. 견진은 성례로 용인될 수 있지만 하나님으로부터 주어진 약속을 포함하고 있지 않기 때문에 성례로 분류될 수 없다. 특별한 기름부음(종부성사)은 사도 야고보가 제정한 것이지, 그리스도가 친히 제정하신 것이 아니다. 신품성사는 성경에 근거가 없기 때문에 거부했다(신자가 하나님의 백성에게 하나님의 말씀을 가르치기 위해서 권위를 받아야 할 필요는 인정했지만 신자들을 중재하는 사제로 구별하는 것은 인정하지 않았다). 대신에 그는 모든 신자가 하나님의 말씀을 가르치고 전파할 의무를 받은 제사장이라고 주장했다. 이제 남은 성례는 세 가지로 고해, 세례, 주의 만찬이다. 그의 신학이 얼마나 급속도로 변화되었는지를 이 책에서 가늠할 수 있다. 시작부에서 루터는 고해를 가치 있는 세 번째 성례로 다루고 있지만, 이 책이 끝나갈 무렵에는 외적인 표지가 없다는 이유로 그것을 성례에서 제외한다. 결국 세례와 주의 만찬 두 가지가 성례로 남았다.

  세례는 그리스도 안에서 얻는 새 생명에 대한 약속을 물로 나타낸 것이라고 그는 주장했다. 이 약속을 받은 우리는 믿음으로 이 약속에 반응하도록 부름을 받는다. 로마와는 아주 다른 입장이다. 하지만 이로 인해 새로운 급진주의자와 '재세례파'(문자적으로 '다시 세례를 받는 자')와는 갈등을 빚는다. 많은 급진주의자들은 성례가 가지는 외적인 표지 때문에 모든 성례를 거부했다(이는 하나님께서 친히 우리를 대하기를 원하시는 방식을 거부하는 것이라고 루터는 적었다). 재세례파는 유아세례를 거부했다(유아 때 이미 세례를 받은 성인에게 다시 세례를 주려고 했다). 재세례파에게 보인 루터의 반응은 전반적으로 그의 신학이 실제로 어떤 것이었는지를 보여주는 좋은 예다. 그는 유아세례를 거부하는 것은 복음을 훼손시키는 일이라고 믿었다. 하나님의 말씀보다는 개인의 고백을 세례의 핵심으로 만들어 버리기 때문이다. 루터는 이를 인간 내면으로 다시 회귀하여 믿음을 행위로 만들어 버리는 것으로 보았다. 세례에 담긴 하나님의 약속은 인간 안에 있는 어떤 것에도 의존되어서는 안 된다는 의미로, 루터가 생각하는 목회의 핵심이었다. 루터는 양심이 괴로울 때마다 책상에 분필로 '**나는 세**

례를 받았다_baptizatus sum_'라고 쓰곤 했다. 루터의 위로는 항상 자기 밖에 있었다. 그는 자신의 믿음조차 의지하지 않았고 오직 하나님의 객관적인 말씀만을 믿었다.

루터는 빵과 포도주로 하는 또 다른 성례가 여러 가지 방식으로 로마에 포로로 잡혀 있다고 믿었다. 로마는 포도주를 쏟을까 하는 두려움에 평신도가 잔을 받지 못하도록 금했다. 미사를 새로운 제사 혹은 하나님 앞에서 행하는 선행이라고 가르쳤다. 또한 로마는 화체설을 가르쳤다. 오직 믿음으로 말미암는 칭의와 그에 따른 모든 신자의 제사장직은 처음 두 가지 오류들을 다룬 것이다. 화체설에 대해서 루터는 그것이 성경에 반하는 아리스토텔레스주의적인 가르침—이 땅의 것(빵과 포도주)이 하늘의 것(몸과 피)으로 완전히 대체된다—이기 때문에 반대했다. 참된 주의 만찬은 공동체를 창조하는 반면에 화체설은 개인적으로 그 유익을 얻는 사람들 가운데 개인주의가 만연하게 했다.

주의 만찬에 대한 로마와의 이견이 이 주제에 대한 루터의 최종적인 발언은 아니었다. 실제로 루터는 주의 만찬에 대한 문제를 칭의 다음으로 많은 시간을 할애했다. 그 이유는 이 주제에 대한 다른 종교개혁자 특히 취리히의 츠빙글리_Zwingli_와의 이견 때문이었다. 츠빙글리는 성례에서 그리스도의 몸이 실제로 함께하는 것은 아니고, 빵을 통해서 상징된다고 주장했다. 주의 만찬은 우리로 하여금 그리스도의 희생을 기념하고 우리가 그 몸의 지체됨을 나타내기 위한 상징일 뿐이라고 믿었다. 이는 결코 루터가 용납할 수 없는 주장이었다. 그는 츠빙글리가 명백한 그리스도의 말씀—"이는 내 몸이니"—을 거슬러 마음을 완고하게 했다고 믿었다. 그 결과 츠빙글리가 은혜를 행위로 대체하고 성례를 우리가 무엇을 하는(즉 그리스도를 기억하고 우리에 대한 어떤 것을 나타내는) 기회로 바꾸어 버린 재세례파와 같은 오류에 빠졌다고 루터는 생각했다. 츠빙글리의 이해는 명백히 루터의 이해와 전혀 조화를 이룰 수 없었다. 그리스도의 몸과 피는 성례를 통해 실제로 임재하고 빵과 포도주를 통해 모두에게 주어지되, 그리스도를 의지하기를 거부하는 자에게는 해가 되고 믿음으로 그를 받는 자에게는 복이 된다고 루터는 주장했다.

『그리스도인의 자유』

1520년 한 해에 그가 쏟아낸 저작들보다 더 놀라운 점은, 아마도 자극적이고 선동적인 『적그리스도의 저주받을 교서』가 출판된 지 불과 두 주 만에 복음주의 신학에 대한 가장 유려하고 명쾌한 작품 가운데 하나를 내놓은 것이다. 게다가 그것도 교황을 향해 썼다는 사실일 것이다! "내가 개인적으로 당신을 나쁘게 생각한 적은 결코 없습니다. 여태껏 나는 진리의 말씀에 관련되지 않는 한 어느 누구와도 도덕적인 관점 때문에 싸운 적은 없기 때문입니다"라고 적고 있다. 그럼에도 불구하고 그는 여전히 교황에게 이렇게 말할 수 있었다.

> 한때 모든 것 중에 가장 거룩했던 로마 교회가 이제 가장 음란한 도적들의 소굴(마 21:13)과 가장 가증스런 매음굴과 죄와 사망과 지옥의 나라로 전락해 버렸습니다. 얼마나 가증하던지 심지어 적그리스도가 직접 온다고 해도 저들을 더 악하게 할 무엇을 생각하기가 어려울 정도였습니다.[18]

루터는 교황 자신을 로마 교회로부터 구해내려 하고 있었다!

『그리스도인의 자유』는 두 가지 전제를 중심으로 구성된다. "그리스도인은 만사에 대해 자유로운 주권자이며 아무에게도 종속되지 않는다. 그리스도인은 만사에 대해 기꺼운 종이며 만인에게 종속되어 있다."[19]

내적인 자유

이 작품은 그리스도와 그의 교회에 관한 알레고리로 이해된 아가서의 '사랑하는 자와 그의 사랑받는 자의 이야기'에 크게 의존한다(특히 2:16, "내 사랑하는 자는 내게 속하였고 나는 그에게 속하였도다"). 루터는 복음을 왕과 결혼한 매춘부의 이야기와 연결시킨다.

첫째, 결혼은 혼인서약과 더불어 효력을 발휘한다. 꼭 그와 같이 그리스도는 자신의 약속을 따라 우리에게 자신을 내어주신다. 바로 이 부분이 아우구스티누스와 다른(최소한 초기 아우구스티누스 혹은 보다 로마 가톨릭적인 부분) 루터의 핵심이다. 아우구스티누스는 하나님께서 은혜를 구하는 자들에게 그것을 주신다고 주장했다. 은혜는 우리의 말에 따라 주어지는 것이 아니라 하나님의 말씀을 따라 주어진다고 루터는 주장한다. 하나님의 약속을 믿음으로써 우리는 은혜를 받는다. 말씀을 받을 때 우리는 말씀에 속한 모든 것을 받는다. '믿음으로 말미암는 칭의'라고 하기보다 '하나님의 말씀으로 말미암는 칭의'라고 하는 것이 더 도움이 될 것이다. 여기서 의롭게 되는 것은 우리의 믿음 때문이 아니라 하나님의 말씀 때문이다. 목회적으로 볼 때 이는 혁명적이었다. 그가 이제껏 내면을 성찰하며 쌓아 온 경건과 대비되게, 루터는 의심하는 자들로 하여금 그들이 내면에 있는 변덕스런 믿음을 바라보지 않고 자기 밖에 있는 하나님의 확실한 말씀을 바라보도록 했다.

둘째, 혼인서약의 선언과 동시에 이 매춘부는 여왕이 된다. 어떤 식으로든 그녀가 자신의 행동이나 성품을 보다 여왕처럼 만들어서가 아니다. 이제 그녀에게 새로운 지위가 주어진 것이다. 신자도 마찬가지다. 외적인 말씀 때문에 신자는 의로운 지위를 받는다. 이 또한 신자의 성품이나 행동과 전혀 상관 없이 신자의 내부가 아닌 외부로부터 주어진 것이다. 즉 루터의 표현을 빌리면, 그녀의 의로움은 이질적이고(외부로부터 오고) 수동적으로 받은(자신이 번 것이 아닌) 것이다. 또한 창기로서 마음이 여전히 정도에서 벗어나 있지만 지위로는 여왕인 것처럼, 신자 역시 의인이면서 동시에 죄인이고, 또 항상 그렇게 남아 있을 것이다.

매춘부가 왕과 결혼한 것은 그의 왕관이나 재물 때문이 아니지만, 그녀가 왕을 신랑으로 영접하면서 그것들을 또한 받는다. 신자도 마찬가지다. 그리스도가 신자의 모든 것(신자의 죄)을 취한 것처럼, 신자는 그리스도를 영접함으로써 그의 모든 것을 받는다. 그럴 때 신자는 확신을 가지고 사망과 지옥을 대면하여 자신의 죄를 펼쳐 보이며 다음과 같이 말한다. "내가 죄를 지었다 할지라도 내가 믿는 나의 그리스도는 죄를 짓지 않으셨고 그의 모든 것은 내 것이고, 나의 모든 것은 그의 것이다."[20] 신자는 단순히 그리스도의 상태만을 받는 것이 아니고 그리스도 자체를 받는다. 이제 그리스도는 신자의 마음을 변혁하는 일을 하시고, 신자는 점진적으로 의롭게 되어 간다. 이와 같이 신자는 믿음으로 의롭게 하시고 거룩하게 하시는 그리스도를 받는다.[21]

루터의 주장은 당시 로마 가톨릭의 믿음과 다른 믿음을 포함하고 있었다. 로마 가톨릭에서 믿음은 기본적으로 미사에 참여하겠다는 동의였다. 루터에게 있어서 믿음은 개인적으로 그리스도를 의지하는 것이었다. 또한 그는 믿음으로 하지 않은 선행은 모두 우상이라는 사실을 증거했기 때문에, 그는 믿음을 하나님을 기쁘시게 하는 유일한 예배로 보게 되었다.

이로써 루터는 죄에 대한 보다 강력한 정의를 갖게 되었다. 그는 죄를 기본적으로 불신앙으로 보았다. "최악의 죄는 말씀을 받지 않는 것이다."[22] 이는 제1계명을 거스르는 가장 근원적인 죄다. 하나님이 누구이신지를 진지하게 고려하기를 거부하기 때문이다.

> 하나님의 약속을 믿지 않는 것보다 하나님께 더 큰 모욕이 어디 있는가? 이는 다름 아닌 하나님을 거짓말하는 자로 만들거나 그의 미쁘심을 의심하는 것이 아니고 무엇인가? 자신만 진실한 자로 여기고 하나님은 거짓말하고 허황된 말을 하는 이로 만드는 것이 아니고 무엇인가? 이렇게 하는 자는 하나님을 부정하고 마음으로 자신을 우상처럼 섬기는 것이 아닌가?[23]

어떤 선행도 이 죄 중의 죄를 범한 사람에게는 소용이 없다. 선행은 마치 그 자체로 의로움과 생명을 만들어 낼 수 있는 것처럼 생각하게 해서 우상숭배를 더 악화시킬 뿐이다. 그래서 그리스도로부터 눈을 돌려 자신과 자신이 이룬 행위를 주목함으로써 그리스도를 신뢰하지 못하게 된 신자가 영적인 **불안**을 경험하는 것은 당연한 일이다. 자기 자신과 자신의 선행을 의지하는 것은 믿음이 없는 것이다.

루터는 로마의 모든 부패한 구조의 이면에는 이런 사실에 대한 무지가 자리한다고 믿었다. 세리의 실패를 토대로 우상숭배적인 자기 확신의 집을 건축했던 바리새인과 마찬가지로, 로마의 도덕주의는 개인들 간의 경쟁과 계층구조만 부추길 뿐이었다. 하지만 믿음만이 예배에 알맞은 유일한 요소가 되면 모든 것이 무너진다. 그럴 때 비로소 그 자리에 진정한 공동체가 세워진다.

외적인 복종

만약 첫 번째 전제가 믿음에 관한 것이었다면('그리스도인은 만사에 대해 자유로운 주권자이며 아무에게도 종속되지 않는다'), 두 번째 전제는 선행의 진정한 역할에 관한 것이다('그리스도인은 만사에 대해 기꺼운 종이며 만인에게 종속되어 있다'). 선행의 남용에 강력하게 반대했음에도 불구하고 루터는 전혀 방종을 옹호하지 않는다. 간단하게 말하면, 루터는 선행을 칭의의 자연스런 결과로 보지, 그 원인으로 보지 않는다. 오직 신랑 때문에 여왕이 되긴 했지만 이 매춘부/여왕은 곧 여왕의 자태를 드러내고 모든 사람에게 자기 남편을 나타내기 시작한다. 마찬가지로 지금 우리는 그리스도를 알고 사랑하기 때문에 이웃들에게 그리스도께 합당한 행위로 나타난다. 그리스도가 우리를 섬기는 것처럼 그들을 섬기고 그리스도를 나타낸다. 따라서 그리스도인은 "믿음으로 그리스도 안에 살고, 사랑으로 이웃들 가운데 살아간다. 믿음으로 신자는 자신을 넘어서 하나님께로까지 들려 올라간다. 사랑으로 신자는 자기를 낮추어 이웃들에게로 나아간다."[24]

『노예의지론』

루터가 로마에 항거하기 시작한 아주 초기에는 종교개혁자와 에라스뮈스 Erasmus와 같은 르네상스 학자들이 서로 공통점이 있는 것처럼 보였다. 루터는 독일어로 신약성경을 번역하기 위해 에라스뮈스판 그리스어 신약성경을 사용했다. 또한 에라스뮈스도 처음에는 오랫동안 필요로 했던 로마의 부패를 쓸어버릴 수 있는 새로운 빗자루로서 루터를 환영했다. 하지만 공통점은 겉보기에 불과했다. 에라스뮈스가 로마의 도덕적이고 실제적인 폐해들을 공격할 때 루터는 로마의 교리를 공격하고 있었다. 에라스뮈스는 신학에는 관심이 없었고, 곧 루터가 저작들을 쏟아내는 것을 보고 거북한 마음을 감추지 못했다.

1524년 결국 에라스뮈스는 죄인은 단지 의지가 박약할 뿐 참으로 하나님을 기쁘시게 할 능력을 조금은 가지고 있다는 『자유의지론』 The Freedom of the Will을 썼는데, 사실상 이는 루터의 주장이 너무 지나쳤다고 주장하는 내용이었다. 사람이 선택의 자유가 없다면 어떻게 하나님 앞에 어떤 공로를 가질 수 있겠는가? 그렇다면 하나님이 우리에게 무엇을 명령할 이유가 어디에 있단 말인가? 에라스뮈스가 정확히 의도한 바는 아니었지만, 루터는 『자유의지론』이 『그리스도인의 자유』에 대한 정면 공격―실상은 종교개혁의 핵심에 대한 공격―임을 알았다.

> 논란 중인 문제의 핵심인 진정한 쟁점으로 나를 공격한 것은 당신뿐이었다. 당신은 거의 모든 사람이 나를 헛되게 추격하는 이유인 교황제, 연옥, 면벌부와 같이 지엽적인 문제로 나를 괴롭히지 않았다. 당신은 아니 당신만이, 모든 것을 결정하는 문제가 무엇인지 보았고 그 핵심을 겨누었다. 여기에 대해 진심으로 당신에게 감사하고 있다.[25]

이처럼 루터는 『그리스도인의 자유』를 보호하기 위해 『노예의지론』 The Bondage of the Will을 썼다.

만약 죄인이 스스로 하나님 앞에서 의를 산출할 수 있는 약간의 기본적인 능력이라도 있다면 우리의 구원은 하나님의 은혜로부터만 오는 것일 수 없다는 사실을 루터는 알았다. 물론 에라스뮈스는 우리의 구원에 우리 자신의 공로를 아주 교묘하게 끌어들였다. 그러나 루터가 보기에 여기에는 상황을 더 위험하게 하는, 펠라기우스주의라고 하는 교묘한 함정이 숨겨져 있었다.[26]

이처럼 루터는 본성적으로 우리가 하나님을 사랑하고 기쁘게 하기를 원한다는 개념이 절대적으로 불가능함을 증명하기 시작했다. 루터는 지금 우리가 사회적 법규와 도덕규범을 지킬 수 없다는 것이 아니라, 그것은 하나님을 사랑하는 참된 갈망과 전혀 다른 별개의 것이라고 말하고 있는 것이다. 우리의 무능력은 우리의 의지가 하나님과 관련해서는 전혀 자유롭지 않다는 사실로부터 비롯된다고 주장했다. 대개 사람들은 바로 여기서 헷갈린다. 루터는 결코 우리가 강제로 죄를 짓도록 떠밀린다는 의미로 말하지 않았다. "하나님의 성령이 없는 사람은 마치 목에 메인 차고에 이끌리는 것처럼 억지로 자신의 뜻에 반하게 악을 자행하는 것이 아니다."[27] 오히려 그 반대다. 우리가 하고 싶은 일을 하는 것이다. 문제는 우리가 결코 본성적으로 하나님을 원하지 않고, 우리가 하는 선택마다 전적으로 이 본성과 결부되어 있다는 사실이다. 우리는 자유롭게 우리가 사랑하는 일을 한다. 그러나 우리가 **무엇**을 사랑해야 할지를 선택하지는 못한다. 하나님을 사랑하지 않기 때문에 우리는 하나님을 선택할 수 없다. 유일한 해결책은 하나님이 그분의 은혜로 우리 마음과 갈망을 바꾸시는 것이다. 그렇게 해야만 우리가 그분을 사랑하고 그분을 선택할 것이다.

이 모든 것은 루터 자신이 발견해 온 것들을 그대로 표현한 것이다. 수도사로 있을 때 그는 하나님을 단순히 완전을 요구하는 심판자로 생각했다. 루터는 "나는 죄인을 심판하는 의로운 하나님을 사랑하지 않았다. 오히려 미워했다. 또한 불경하지는 않았을지 몰라도 은밀하지만 분명하게 하나님을 원망했고 그에게 화가 나 있었다."[28] 하나님을 섬기고 천국을 얻고자 하는 그의 모든 열심은 그를 더욱 하나님을 향한 증오로 몰아갔다. 하지만 하나님의 사랑과 그분이 값없이 주시는 은혜의 복음을 통해 그의 마음이 변했다. 그때야 비로소 자신이 하나님을 사랑하고 그분을 선택할 수 있음을 발견했다. 그로부터 얼마 후 그가 쓴 글에서 이런 사실을 알 수 있다. "이 믿음이 정말로 존재할 때 이 증거로 인해 마음이 즐거워질 수밖에 없다. 하나님의 사랑 안에서 마음이 온화해지고 녹아질 수밖에 없다. 순전한 마음에 이제 찬송과 감사가 뒤따른다."[29]

계속 읽어 가기

루터는 힘들이지 않고도 읽어 갈 수 있다. 그의 글은 활기차고 재미있고 명쾌하기 때문이다. 그래서 루터라는 사람을 다루는 것 역시 더없이 수월할 수 있다. 티모시 룰Timothy Lull의 선집 *Martin Luther's Basic Theological Writings* (Minneapolis: Fortress, 1989)는 그의 가장 중요한 저작들을 탁월하게 모아놓은 책이다. 『그리스도인의 자유』가 아마도 좋은 출발점이 될 것이다(또한 다음 사이트에서도 볼 수 있다. www.great-theologians.org). 지면상 『노예의지론』 전문을 담고 있지 않다는 것이 조금 아쉽다. 이 작품은 J. I. 패커Packer의 탁월한 서론적 에세이가 딸린 *Martin Luther on The Bondage of the Will*, ed. J. I. Packer and O. R. Johnston(Cambridge: James Clarke, 1957)에서 볼 수 있다. 루터의 *Letters of Spiritual Counsel* (Vancouver: Regent College, 2003)과 『탁상담화』 역시 쉽게 구할 수 있다. 이 책들은 루터 자신의 사람됨을 엿볼 수 있는 탁월한 스케치를 제공한다.

2차 문헌 중 필수적으로 읽어야 할 책이 두 권 있다. 첫 번째는 롤런드 베인턴Roland Bainton의 루터 전기의 고전인 『마르틴 루터』*Here I Stand: A Life of Martin Luther*, Nashville: Abingdon, 1950다. 1950년에 출판되긴 했지만, 여전히 중독성 있게 계속 읽히는 책이다. 더구나 멋진 현대 목판화가 삽화로 포함되어 있다. 다른 하나는 파울 알트하우스Paul Althaus의 『마르틴 루터의 신학』 *The Theology of Martin Luther*, tr. R. C. Schultz, Philadelphia: Fortress, 1966 이다. 이 책은 루터의 신학을 조망하는 최상의 단권으로 남아 있지만, 루터 자신에 대한 타당성과 상관없이 죄와 칭의에 대한 자료만으로도 읽을 가치가 충분히 있다!

마르틴 루터 연표

1483 아이스레벤에서 출생
1505 천둥 사건. 에어푸르트에 있는 아우구스티누스회 수도원에 들어감
1511 비텐베르크로 옮겨감
1517 비텐베르크 성채 교회 문에 95개 반박문을 붙임
1518 하이델베르크 논쟁
1519 '탑 체험'
1520 『선행에 관하여』, 『독일의 그리스도인 귀족들에게』, 『교회의 바벨론 유수』, 『적그리스도의 저주받을 교서』, 『그리스도인의 자유』를 집필. 그의 출교를 명하는 교황의 칙령을 불사름
1521 보름스 회의. 아이제나흐의 바르트부르크 성에 구금되어 보호를 받는 가운데 신약성경을 독일어로 번역
1522 비텐베르크로 돌아옴
1524 농민 전쟁 발발. 에라스뮈스가 『자유의지론』 집필
1525 『노예의지론』 집필. 카타리나 폰 보라와 결혼
1529 마르부르크 회담에서 루터와 츠빙글리가 주의 성찬에 대한 일치를 보지 못함
1530 아우크스부르크 회의에서 루터파 군주들이 황제에게 루터파 신앙을 담은 「아우크스부르크 신앙고백」을 제출
1534 루터 역 성경의 첫 번째 완성판
1546 자신의 고향인 아이스레벤 방문 중 숨을 거둠

08

사랑하시는 하나님을 아는 지식

장 칼뱅　　　*John Calvin*

제네바. 오늘날 제네바는 국제적으로 평화와 안정의 상징이다. 하지만 16세기에는 이 도시를 거명하는 것만으로도 언쟁을 불러오기 일쑤였다. 어떤 사람에게 이 도시는 복음의 소망으로 빛나는 등불이었던 데 반해, 다른 사람에게는 이단의 둥지요, 혁명의 불온한 온상에 불과했다. 이 모든 것이 단 한 사람 장 칼뱅 John Calvin 때문이었다. 오늘날 우리는 칼뱅 자신보다도 칼뱅주의에 대해 더 많이 아는 것 같다. 하지만 여전히 이 사람으로 인해 의견이 갈린다. 한편으로 그를 성인처럼 떠받드는 사람이 있는가 하면, 다른 한편으로는 그를 두려운 하나님에 대한 믿음을 가지고 종교적 공포 정치를 편 제네바의 변덕스럽고 잔인한 폭군으로 이해하는 사람이 있다. 그의 정적들은 "칼뱅과 천국에 있는 것보다 베즈 Bèze와 지옥에 있는 편이 더 낫다!"고 말하곤 했다. 실제로 칼뱅 개인에 대해서는 거의 아는 바가 없다는 것이 문제다. 이상하리만큼 자기 자신에 대한 언급을 하지 않았다. 루터와 같은 열렬한 카리스마도 없었다. 수세기가 지났지만 그의 성격을 짐작하기가 더욱 어려워졌다.

  오히려 그의 신학을 알기가 훨씬 수월하다. 칼뱅의 한 면만을 이야기하면 그는 스스로를 칼뱅주의자로 부르는 사람과 그렇지 않은 사람 모두에게 많은 것을 제공하는 신학자로 높이 평가될 수 있다. 이런 사실을 칼 바르트 Karl Barth는 다음과 같이 말한다.

칼뱅은 내게 거대한 폭포수, 무성한 원시림, 마력, 히말라야에서 바로 내려온 것과 같은 완전히 중국적인 생경하고 신화적인 어떤 것이다. 나에게는 이런 현상을 충분히 설명할 수단은 말할 것도 없고 심지어 그것을 들이키기 위한 흡입컵이나 방편이 전무하다. 내가 받는 것은 단지 얇고 가는 줄기의 시내이고 내가 내보낼 수 있는 것은 이 작은 흐름에서 뽑아낸 더 가는 줄기의 시냇물일 뿐이다. 나는 기꺼이 그리고 많은 유익을 얻는 가운데 잠잠히 칼뱅만을 읽으며 여생을 보낼 수도 있을 것이다.[1]

칼뱅의 생애

라틴 이름을 쓰기 전에 장 코뱅 Jean Cauvin 으로 알려진 칼뱅은 1509년 7월 10일 파리에서 60여 마일 북쪽에 자리한 누아용 Noyon 에서 태어났다. 그를 사제로 만들고자 했던 아버지는 11살 혹은 12살인 칼뱅을 신학을 공부하도록 파리 대학으로 보냈다. 그로부터 5년 후 생각이 바뀐 그의 아버지는 그를 파리에서 불러 오를레앙 Orléans 으로 보내 법을 공부하도록 한다. 거기서 그는 인문주의의 신세계를 경험하고 르네상스와 교회 개혁의 이상에 동조하는 그룹과 친분을 맺었다.[2] 이들 중 멜히오르 볼마르 Melchior Wolmar 와 칼뱅의 사촌 피에르 로베르 Pierre Robert 는 실제로 종교개혁을 위해 헌신한 사람들이다.

이 당시 볼마르는 칼뱅에게 그리스어를 가르쳤는데 이는 매우 중요한 의미를 갖는다. 그리스어는 종교개혁과 긴밀한 관계가 있는 언어였다. 그리스어는 교회의 라틴어 역 성경에 도전하는 데 사용되었다. 이는 또한 로마 교회 자체의 권위에 대한 도전이기도 했다. "그리스어는 라틴 교회 종식의 시작을 의미했는데, 적어도 당시 라틴 교회의 모습에 있어서는 그렇다"라고 한 T. H. L. 파커 Parker 의 말과 같다.[3] 어쨌든 칼뱅이 나중에 적은 것처럼, "하나님께서는 갑작스런 회심을 통해 나를 복종시키시고 가르침을 잘 받아들이는 마음이 되도록 하셨다."[4] 놀랍게도, 이 위대한 종교개혁자의 회심에 대해 더 이상 아는 것이 없다. 루터의 1520년 종교개혁 소책자들을 읽어 가는 가운데 회심했을 가능성이 크다는 것 외에는 달리 말할 수 있는 사실이 없다.

이 기간 중에 일어난 한 가지 분명한 사건이 있었다. 칼뱅은 로마의 철학자 세네카가 로마의 황제 네로에게 관용을 베풀도록 촉구한 것에 대한 주석을 썼다(『세네카 관용론에 대한 주석』 Seneca's De Clementia). 무엇보다 이 주석은 칼뱅이 인문주의적 학자임을 보여주는 시도였다. 또한 이 주석은 이어질 모든 성경 주석을 위한 토대를 제공하게 되었다. 칼뱅은 인문주의의 모든 비평적이고 언어적인 도구들을 사용해서 아주 현대적인 주석 방법을 개발시켰다.

그럼에도 불구하고 칼뱅이 이와 같은 인문주의 학문 연구를 즐기는 시간은 곧 끝나게 된다. 파리에서 잠깐 시간을 보내기 위해 그가 돌아와 있는 동안 이 대학의 새 학장인 니콜라 콥Nicholas Cop은 이단적인 루터파의 가르침으로 여겨지는 연설을 했다. 콥은 붙잡히기 전에 스위스의 바젤로 도망쳤다(종교개혁에 호의적이었던 자유도시인 바젤에는 에라스뮈스, 하인리히 불링거, 기욤 파렐, 피에르 로베르가 이미 살고 있었다). 칼뱅을 찾기 위해 당국자들이 재빨리 들이닥쳤다. 콥의 대필자로 아마도 칼뱅을 의심했을 것이다. 칼뱅은 침대보로 만든 로프를 사용해 가까스로 그곳에서 도망친 것이 분명하다.

당시의 프랑스는 도망 다니기가 쉽지 않았다. 종교개혁자들의 친구와 동료 종교개혁자들이 화형에 처해지면서 점점 상황이 악화되고 있었던 것이다. 그래서 칼뱅은 바젤에서 콥과 조우한다. 거기서 피에르 로베르의 새로운 프랑스어 성경 번역을 돕는 가운데 칼뱅은 자신의 『기독교 강요』 Institutes of the Christian Religion 초판을 완성했다. 그리스도인이 된 지 불과 5년 만의 일이다.

하지만 정작 중요한 일은 그 후에 일어난다. 약 1년이 지난 후 칼뱅은 그의 친구들과 다시 여행길에 올랐다. 파리로 돌아가는 길에 그는 당시 유럽 종교개혁의 주요 중심지들 가운데 하나였던 스트라스부르 Strasbourg 로 가려고 했다. 그러나 프랑수와 1세 France I 와 카를 5세 Charles V 가 길을 막아서서 남부 지방으로 멀리 돌아갈 수밖에 없었다. 그래서 칼뱅은 제네바에서 하룻밤 묵고 갈 참이었다. 제네바는 최근에 법적으로 복음주의 도시가 된 터였다. 그러나 복음주의 도시로 자리 잡기까지는 아직 갈 길이 멀었다. 칼뱅에게는 안 된 일이었지만, 거기에는 성질이 불같은 기욤 파렐 Guillaume Farel 이 그를 기다리고 있었다. 파렐은 칼뱅에게 제네바에서 교회를 세우는 것을 도와달라고 사정했다. 칼뱅이 자신은 개인적인 연구에 매진하려고 한다고 대답하자 파렐은 불같이 화를 냈다.

> 파렐은 이렇게 절박한 필요에도 불구하고 만약 내가 그를 돕기를 거절한다면, 하나님이 내가 은거해서 연구하는 것을 저주하실 것이라고 비난을 퍼부었다. 이 비난이 너무도 두려웠기에 나는 가던 길을 멈추지 않을 수 없었다.[5]

이렇게 해서 칼뱅은 제네바에 눌러 앉게 되었는데 처음에는 학자로, 그리고 곧 전임 목사로 있게 되었다. 이처럼 그의 영웅 아우구스티누스와 같이 칼뱅은 자신이 연구의 안락함으로부터 강단의 치열함으로 이끌린다는 것을 알게 되었다.

달라진 생활이 편치 않았을텐데도 그에게 끌려가는 듯한 모습은 전혀 없었다. 칼뱅과 파렐은 두려울 만큼 놀라운 속도로 제네바에서 교회를 개혁하는 일을 시작했다. 놀랄 일은 아니지만, 이런 개혁에 사람들은 격분했다. 전반적인 분위기가 두 사람에게 적대적인 방향으로 돌아가기 시작했다. 프랑스 첩자들이라는 모함도 받았다. 1538년 부활절 성찬식에 무교병을 사용하라는 시의회의 명령에 따르기를 거부하자 마침내 이들은 설교를 금지당하고 제네바에서 추방되었다.

칼뱅은 자신이 제네바에 있는 교회를 사실상 파멸에 이르도록 했기

219

때문에 하나님께서 자기를 강단에서 물러나게 하신 것으로 믿었다. 물론 이 일을 통해 2년 전에 파렐이 자신을 끄집어냈던 학자로서의 고요한 삶을 다시 시작할 수 있게 되었다. 그의 원래 목적지였던 스트라스부르는 이런 삶을 위한 최적의 장소였다. 제네바는 거기로 가는 중간 기착지에 불과했다.

칼뱅에게 안타까운 마음이 들지 않을 수 없는 것이, 이번에는 마르틴 부처 Martin Bucer가 찾아와서 파렐이 한 것처럼 칼뱅은 하나님의 부르심을 저버리고 도망치는 요나라고 하면서 대신 그 도시에 있는 많은 프랑스 난민들을 목양하라고 촉구했다. 칼뱅은 실제로 그렇게 했다. 그러는 과정에서 그는 다른 어떤 곳에서보다 목회에 대해 더 많이 배우게 되었다. 스트라스부르에서 배운 교훈을 통해 칼뱅은 교회가 어떠해야 하는지에 대해 더욱 깊이 이해하게 되었다. 또한 스트라스부르에 있는 동안 칼뱅은 1541년 레겐스부르크에서와 같은 몇몇 아주 중요한 프로테스탄트와 가톨릭 간의 대화에 초청을 받았다. 여기서 그는 일단의 루터파 사람들에게 큰 실망을 했다. 그들은 로마 가톨릭을 기꺼이 용인하려고 할 뿐만 아니라, 권징을 전혀 하지 않고 국가를 지나치게 의존하고 있었다. 그 이후 칼뱅은 제네바에서 교회를 세워 가며 그들을 반면교사로 삼았다.

당면한 목회적 요구에도 불구하고 그의 신학 작업은 묵묵히 지속되었다. 유명한 사돌레토 Sadoleto 추기경이 로마 가톨릭의 울타리로 다시 돌아오도록 제네바에 편지를 보냈을 때, 시의회는 칼뱅을 추방했음에도 불구하고 그에게 이 편지에 응답하는 일을 맡겼다. 이에 칼뱅은 종교개혁 신학을 성경적, 역사적으로 옹호하고 사돌레토의 생각의 약점을 드러내는 걸작으로 응답했다. 그는 또한 제대로 된 그의 첫 번째 주석 『로마서』를 출판했고, 상당히 증보된 『기독교 강요』 개정판을 내놓았다.

스트라스부르에 있는 동안 그의 친구들은 칼뱅을 결혼시키려고 했다. 칼뱅은 낭만과는 거리가 먼 사람이었다. 한 번은 이렇게 적었다. "내가 결혼을 하게 될지 모르겠다. 만약 한다면 그것은 일상의 일들로부터 보다 자유로워져 더 많은 시간을 주께 드리기 위함일 것이다."⁶ 하지만 1540년 재세례파 전 남편과의 결혼에서 난 두 자녀를 거느린 병약한 과부 이들레트 드 뷔르Idelette de Bure와 결혼한 칼뱅은 그녀를 극진히 사랑했다. 1542년 아들 자크를 얻었으나 2주 만에 숨을 거두었다. 당시 칼뱅이 견고한 하나님의 주권 교리를 통해 얼마나 큰 위로를 얻었는지는, 아들이 숨을 거둔 지 얼마 지나지 않아 한 친구에게 보낸 편지에서 감동적으로 묻어난다. "갓 난 아들의 죽음을 통해 주께서 호되고 쓰라린 상처를 우리에게 주고 계시는 것이 분명하네. 하지만 그분 자신이 아버지이시며 그분은 자기 자녀에게 가장 좋은 것이 무엇인지 아신다네."⁷ 1549년 이들레트도 숨을 거두었고, 칼뱅은 그녀의 두 자녀를 홀로 돌보았다.

결과적으로 칼뱅은 3년 동안 스트라스부르에 머물고 있었고, 그 동안 제네바의 정치 상황이 바뀌어 사람들은 칼뱅이 다시 돌아오기를 바라고 있었다. 돌아가는 것이 심히 주저되었지만 이번에도 역시 설득에 못 이기고 만다. 그리하여 칼뱅은 1541년 제네바로 완전히 돌아왔다. 제네바의 강단으로 돌아오자마자 칼뱅은 3년 전 자신이 설교한 바로 다음 구절부터 다시 설교를 이어갔다(그는 연속 강해설교에 착념한 설교자였다!). 심지어 그가 제네바로 돌아온 바로 그 날에도 칼뱅은 시의회에 제네바 교회의 총체적인 개혁을 위한 자신의 교회법령집Ecclesiastical Ordinances을 제출했다.

이 법령집에서 칼뱅은 제네바에 사는 각각의 가정은 1년에 한 차례 목회 심방과 교육을 받아야 하고, 이 과정을 통해 인정된 사람만이 성찬에 참여할 수 있다는 세부 항목들을 제안했다. 이중 가장 중요한 제안은 장로회의와 교회 권징 위원회의 설립에 관한 것이라고 할 수 있다. 제네바가 제대로 권징이 이루어지지 않은 루터파 교회와 같이 되지 않고 뮌스터 시와 같이 되지 않기 위해서는 잘 훈련되어야 할 필요가 있다고 칼뱅은 믿었다.⁸ 이런 제안들은 대체로 수용되었고 장로회의도 설립되었다. 기본적으로 이 회의는 개인에게 실제적인 지도를 제공하는 기능을 했다. 예를 들어, 완강하게 반항적인 한 가정에 대해 "설교와 교리문답 교육에 빠지지 말

고 참여하고 성경을 구입해 가정에 비치하고 읽어야 한다"고 지도했다.⁹

칼뱅에 대한 나쁜 평판은 대부분 이 회의가 열심이 지나칠 수 있다는 사실에서 비롯되었다. 권징 활동을 보면 단순히 교황을 좋은 사람으로 이야기하고, 설교 중에 떠들고, 혹은 칼뱅에 대해 무례한 노래를 불렀다는 것과 같은 이유로 권징이 이루어졌다. 물론 이로 인해 제네바는 루터의 비텐베르크와는 매우 다른 도시가 되었다. 한동안 제네바에서는 시민들이 여관을 이용하는 것을 금했고, 시의 감독 아래 손님에게 프랑스어 성경을 제공하는 다섯 곳의 '수도원'이 여관을 대신했다.

도덕적인 감시가 강화되자 많은 제네바 사람들이 격분했고, 때로 칼뱅 개인에게 반발하기도 했다. 그렇다면 칼뱅을 도덕주의적 폭군이라는 평판이 가당한가? 사실 칼뱅은 결코 그럴 만한 인물이 못 되었다. 칼뱅은 제네바 시민도 아니었고 제네바에 사는 한 이방인에 불과했다. 따라서 세속 직분을 위해 투표하거나 그것을 유보할 법적인 권리가 없었다. 그는 시의회의 결정에 따라 해임되거나 추방될 수 있는 사람이었다. 제왕적인 권세는 그에게 꿈도 못 꿀 일이었다. 뿐만 아니라 그의 학자적인 성품을 볼 때 칼뱅이 권력을 원했다고 생각하기조차 어렵다.

칼뱅의 평판과 관련하여 항상 따라다니는 가혹한 시련은 1553년에 일어난 사건, 이단자로 지목된 미카엘 세르베투스Michael Servetus가 화형당한 사건이다. 세르베투스가 삼위일체를 부인하고 그에 따라 재구성한 구원교리는 가톨릭과 프로테스탄스 모두에게 영적인 살인행위로 여겨져 이단으로 규정되었다. 이런 그의 견해 때문에 가톨릭교가 국교인 프랑스에서 가까스로 체포를 면했음에도 불구하고, 그가 제네바에 도착한 즉시 체포된 것은 이상한 일도 아니었다. 당시 온 유럽이 제네바를 지켜보고 있었다. 제네바가 로마보다 더 관용적으로 이단의 원흉을 묵인할 것인가? 제네바 자체도 이단적이라는 비난을 사고 있을 때였다. 그런 제네바가 세르베투스에게 관용한다면 그 비난을 인정하는 모양새가 될 것이다. 이런 상황에서 시의회는 세르베투스에 대한 재판을 진행했고 칼뱅에게 기소

자 역할을 해줄 것을 요청했다. 하지만 칼뱅이 이 모든 일을 배후에서 조종했을 것이라고 생각하지 말아야 한다. 당시 제네바 시의회는 칼뱅에게 아주 적대적이었다. 세르베투스가 자신이 아니라 오히려 칼뱅을 없앨 수도 있을 것이라 생각할 정도였다. 시의회는 스위스와 독일의 다른 프로테스탄트 도시들과 이 문제를 협의했는데 모두가 세르베투스에게 사형이 언도되어야 한다는 데에 동의했다. 그에게 사형이 언도되자 칼뱅은 화형보다는 참수형과 같은 보다 너그러운 방식으로 사형을 집행하도록 요청했다. 그러나 그의 요청은 묵살되었다. 1553년 10월 27일 결국 세르베투스는 화형에 처해졌다. 이 모든 정황에도 불구하고 칼뱅 개인에게 책임을 지우는 것은 합당하지 않은 것처럼 보인다. 그 역시 사형에 동의한 것은 맞다. 하지만 가톨릭이 프로테스탄트 신자와 급진주의자를 처형하고 또 그 반대의 경우가 빈번하던 16세기에 왜 유독 칼뱅의 평판만 손상되어야 한단 말인가? 궁극적으로 이단은 세속 정부의 검으로 다루어야 한다는 아우구스티누스의 원리에 온 유럽이 동의했다. 당시는 사형을 거북해하고 꺼리는 때가 아니었다. 따라서 설사 잘못된 점이 있었다 할지라도 칼뱅 한 사람의 잘못이라기보다는 그 시대의 잘못으로 보는 것이 맞다.

  세르베투스의 처형이 있은 지 2년 후인 1555년 제네바의 흐름은 칼뱅에게 우호적으로 바뀌기 시작했다. 시의회는 이제 칼뱅의 지지자들로 채워지기 시작했다. 칼뱅으로 하여금 제네바를 개혁하도록 했고 이 도시를 복음 전파를 위한 국제적 중심도시로 탈바꿈시키도록 했다. 특히 그의 고국 프랑스에서는 더욱 그렇게 여겨졌다. 자신의 신학 작품들을 제공할 뿐 아니라 교회들에게 그들을 지지하는 편지를 보내 온 칼뱅은 이미 프랑스 프로테스탄트를 감화하는 망명 중에 있는 지도자가 되어 있었다. 하지만 이제 비로소 그는 프랑스에 복음을 전하는 일을 진지하게 시작할 수 있게 되었다. 안전가옥과 은신처를 통한 지하 조직망을 구성해 종교개혁을 이끌 요원들을 프랑스에 침투하게 하는 은밀한 프로그램을 가동시켰고, 따라서 제네바에서 훈련받은 목사들은 암암리에 새로운 교회를 세우

223

기 위해 국경지대를 통해 잠입했다. 이 프로그램은 놀라운 성공을 거두었다. 프랑스에 개혁주의 신앙이 널리 확산되었고 수적으로도 폭발적으로 증가했다. 전체 인구의 10퍼센트가 넘는 사람들이 개혁파를 표방했고 귀족들의 3분의 1 정도가 종교개혁을 지지했다. 프랑스의 완전한 개혁이 가능해 보였다(다시 말해, 칼뱅이 죽은 뒤 1572년까지는 그랬다. 하지만 성 바돌로뮤 축일에 일어난 프로테스탄트 학살이 이 모든 기대에 종지부를 찍었다). 하지만 프랑스만이 아니었다. 존 녹스John Knox는 제네바의 비전으로 가득 차 스코틀랜드로 돌아갔다. 메리 여왕의 박해를 피해 해외로 도피했던 영국 프로테스탄트들도 제네바의 원리를 가지고 켄터베리로 돌아왔다. 선교사들이 제네바로부터 폴란드, 헝가리, 네덜란드, 이탈리아, 심지어 남아메리카로까지 파송되었다. 제네바는 세계에 복음을 전파하는 중추적인 도시가 되어 있었다.

1559년 이 모든 선교와 목회를 강화하기 위해 칼뱅은 제네바에 대학과 아카데미를 열었고 테오도르 베즈(혹은 베자)를 학장으로 임명했다. 2차 연구를 하는 수업과, 학문의 꽃인 신학으로 시작하는 일반적인 교육을 제공하기 위함이었다. 온 세상에 이 소문이 파도처럼 퍼져나갔다. 특히 그곳에서 훈련받은 목사들을 통해 퍼져나갔다. 덕분에 이 아카데미는 아마도 칼뱅이 이룬 최고의 업적이 되었다.

여기에 덧붙여 칼뱅은 거의 매일 설교와 강의를 했고, 소책자와 주석을 꾸준히 출판했으며, 계속해서 『기독교 강요』의 개정판을 내놓았다. 칼뱅과 동시대를 살았던 콜라돈Colladon은 이렇게 적었다.

> 칼뱅은 자신을 전혀 아끼지 않고 자신의 능력과 건강에 비해 넘치도록 일했다. 보통은 평일에 매일 설교했으며 하루에 두 번 설교할 때도 많았다. 매주 그는 세 차례 신학을 강의했다. 지정된 날에는 **치리회**에서 지도와 권면에 전념했다. 매주 금요일에는 성경공부를 인도했다.……성경공부를 한 후 이 지도자가 나눈 것은 거의 한 편의 강의였다. 그는 결코 환

우를 방문하여 조언과 경고를 하는 일을 게을리하지 않았다. 그 외에도 일상적인 목회를 통해 일어나는 여러 가지 일들에 참여했다. 하지만 이런 일반적인 일들 말고도 프랑스에 있는 신자들을 극진히 돌아보았다. 그들이 핍박 중에 있을 때 편지로 그들을 격려하고 조언하고 위로하고 가르쳤을 뿐 아니라 그들을 위해 중보했으며, 혹은 다른 일을 하느라 기도할 수 없는 형편이라고 생각될 때에는 다른 사람에게 그들을 위해 중보해 주도록 부탁했다. 하지만 이 많은 일들에도 불구하고 자신의 특별한 연구와 많은 탁월하고 매우 유용한 책을 저술하는 일을 거르지 않았다.[10]

이 모든 일이 그의 건강을 해친 것은 분명했다. 생애 마지막 10년은 건강이 급격히 나빠져 종종 극심한 고통 가운데 보내야 했다.[11] 하지만 그는 단 하루도 쉬지 않았던 것으로 보인다. 1564년 5월 27일에 결국 그는 숨을 거두었고, 자신이 유물이 되어 그가 추구해 온 종교개혁을 부인하게 되지 않도록 자신의 무덤에 표지를 하지 말도록 당부했다.

칼뱅의 사상

칼뱅 신학은 그의 독자적 산물이 아니다. "근본적으로 전통에 깊이 뿌리를 박고 있는 모습이 오히려 독창적으로 보일 정도다."[12] 주석의 명료성, 일관된 엄밀성, 질서 있는 배열 등이 탁월하다. 하지만 그의 독창적인 산물이 아니기 때문에, 그의 신학을 잘 이해하기 위해서는 그에게 가장 지대한 영향을 미쳤던 신학들에 대한 실제적인 지식이 필요하다. 이와 관련하여 가장 먼저 떠오르는 두 인물이 있는데, 바로 루터와 아우구스티누스다. 루터에게 보다 직접적인 영향을 받았지만, 그의 저작들을 보면 그 누구보다 더 자주 언급되는 이름이 바로 아우구스티누스다. 실제로 칼뱅을 이해하기 위해서는 아우구스티누스를 알아야 한다. 이는 아무리 강조해도 지나침이 없다.

그렇다면 칼뱅이라는 이 비범한 신학자를 어떻게 이해하는 것이 가장 좋을까? 1541년에 쓴 교회법령집에 보면 교회가 가진 네 가지 항존직이 언급된다. 목사, 교사 혹은 박사, 장로, 집사이다. 박사는 보편교회(특히 교회의 목사들)를 가르치고 교회의 교리를 보호하도록 부름을 받았다. 목사는 성경을 적용하고 성례를 집행함으로써 특정한 회중을 가르친다. 장로는 교회의 질서와 치리를 담당한다. 집사는 회중이 사회생활에서 안녕을 누리도록 돌본다. 네 가지 직분을 이해함으로써 우리는 교회가 어떻게 운용되어야 하는지에 대한 칼뱅의 견해를 파악할 수 있다. 뿐만 아니라 그가 자신의 사역의 다양한 측면을 어떻게 이해했는지가 여기서 잘 드러난다. 칼뱅은 자신에게 두 가지 직분이 주어졌다고 이해했다. 목사와 박사 혹은 교사이다. 교사로서 그는 교회에게, 그중에서도 특히 목사들에게 교리를 가르치기 위해 힘썼다(『기독교 강요』를 통해 그가 한 일이다). 교리를 기반으로 성경을 이해하도록 하기 위함이다(주석과 강의들을 통해 그가 도모한 것이다). 이런 식으로 칼뱅은 회중이 성경을 보다 잘 이해하도록(이 일은 주로 설교를 통해 이루어졌다) 그들에게 교리를 가르칠 수 있게 목사들(칼뱅 자신을 포함해)을 구비시킨 것이다.¹³ 이처럼 『기독교 강요』, 그의 주석, 교리문답, 그리고 설교는 그의 사역에 동력을 제공하는 네 바퀴 역할을 하기 때문에, 이 네 가지를 하나하나 살펴볼 때 칼뱅의 사상을 가장 잘 이해할 수 있다.

『기독교 강요』

『기독교 강요』를 살피는 데 가장 많은 시간을 할애할 수밖에 없는 이유는, 그 책에서 칼뱅 사상의 정수를 맛볼 수 있기 때문이다. 그도 그럴 것이, 『기독교 강요』는 엄청나게 풍성하고 다채로운 작품이다. 그렇기 때문에 이 작품을 특정한 한 주제로 지나치게 단순화하려는—많은 사람들이 빠지는—유혹을 뿌리쳐야 한다(칼뱅이 한 주제에 대한 신학자였다고 하는 생각은 대개 사람들이 자신에게 관심 있는 주제를 칼뱅에게 투영시키는 데서 비롯된다). 그렇다면 대체 『기독교 강요』는 어떤 작품인가?

『기독교 강요』 초판은 칼뱅이 조국 프랑스의 복음주의자들에 대한 박해를 피해 있는 외중인 1536년에 집필되었다. 당시 프랑스 왕이었던 프랑수와 1세에게 헌정된 이 작품의 서문에서, 칼뱅은 복음주의자는 다름 아닌 프랑수와 1세 자신이 프랑스의 합법적 종교라고 지지를 표명한 참된 기독교 신앙을 따르는 자이기 때문에, 당시 복음주의자를 이단이라고 하는 비난은 부당하다고 주장했다. 복음주의 신앙에 대한 변증서를 읽는 것은 당시 권세자에게뿐 아니라 복음주의자 자신에게도 아주 중요한 일이었기 때문에, 가지고 다니며 읽기에(뿐만 아니라 금서로 묶일 경우 외투에 숨겨 다니기에) 용이하도록 작은 크기의 책으로 출판되기에 이르렀다.

하지만 이는 변증서 이상이었다. 그가 붙인 원제는 *Institutes of the Christian Religion Embracing Almost the Whole Sum of Piety, and Whatever Is Necessary to Know of the Doctrine of Salvation: A Work Most Worthy to Be Read by All Persons Zealous for Piety, and Recently Published*였다. 라틴어로 *Institutio*는 '가르침'을 의미한다. 칼뱅이 이 작품을 쓴 주된 목적이었다. 그래서 이 작품은 다음과 같이 전통적인 문답식의 틀을 토대로 구성되었다.

- 1장: 율법에 관하여(십계명 해설)
- 2장: 믿음에 관하여(사도신경 해설)
- 3장: 기도에 관하여(주기도문 해설)
- 4장: 성례에 관하여

그리고 마지막 두 장은 당대의 이슈들을 논증적으로 다룬다.

- 5장: 로마 가톨릭의 다섯 가지 '거짓 성사'에 관하여(견진, 고해, 신

품, 종부, 혼인)
- 6장: 그리스도인의 자유, 교회와 세속정부에 관하여

하지만 칼뱅은 결코 이런 가르침을 지적으로만 이해하지 않았다. 서문에 기록한 바와 같이 그의 목적은 "오로지 조금이라도 신앙에 열심을 갖게 된 사람들이 참된 경건에 이르도록 분명한 신앙의 기초 원리를 전하는 것"이었다.[14] 이런 목적을 보면 말씀의 신학자로 하나님을 아는 지식에 매진한 칼뱅이 믿음을 사변적으로 만들었다는 비난이 무색해진다. 『기독교 강요』는 냉랭하게 읽을 수 있는 작품이 아니다. 칼뱅이 명증하게 밝히겠지만, 하나님을 아는 참된 지식은 지성에만 제한될 수 있는 것이 아니기 때문이다. 그가 한번은 "아무런 감흥이 없이 하나님을 아는 일이 어떻게 가능하단 말인가?"라고 물었다.[15] 오히려 칼뱅은 독자들이 논의를 통해 진리의 힘을 절감하고 그들의 중심이 그리스도께 사로잡히기를 원했다. 하나님 자신을 아는 지식으로 우리에게 강청하고, 우리의 중심이 하나님 그분 자체를 아는 지식으로 타오르게 하는 가운데 칼뱅은 격정적으로 우리를 사랑하시는 하나님을 여러 차례 언급하곤 했다. 칼뱅은 이것이 바로 교리의 핵심이라고 믿었다. 합당하게 정리해서 바르게 가르치는 교리야말로 실제 사람들의 가슴 깊은 곳에 참된 변화를 불러오는 가장 강력한 원동력이다.

　　3년 뒤 칼뱅은 자신의 작품을 전면 개정한 1539년판을 내놓았다. 전작에 비해 3배 분량인 17장으로 재배열된 『기독교 강요』는 이제 보다 구체적인 논제를 갖게 되었다. "거룩한 신학을 추구하는 자들이 하나님의 말씀을 읽도록 그들이 훈련하고 준비시키기 위함이다."[16] 더 이상 교리문답만이 아니다. 이제 성경 가이드도 갖게 되었다. 이렇게 해서 『기독교 강요』와 성경 주석이 쌍두마차로 작용하기 시작했다. 『기독교 강요』를 통해 교리를 이해하고, 주석을 통해서는 순수한 주석에 전념하고 신학적인 장광설에 빠지지 않을 수 있었다. 이렇게 하여 그가 가장 우려했던 두 가지

가 분명히 드러났다. 첫째, 칼뱅은 자신의 신학을 간명히 하고자 했다. 신학을 전문가의 전유물로 제한하기보다는 서로 소통하는 데 관심이 있었기 때문이다. 둘째, 모두가 성경을 읽고 이해함으로써 모두가 그리스도를 알기를 원했다. 이 두 가지는 중세의 로마 가톨릭이 사람들로부터 성경을 빼앗아가는 모습과 큰 대조를 이루었고, 그가 들인 모든 노력은 바로 이런 우려와 관심으로부터 흘러나왔다.

칼뱅은 1534, 1545, 1550년에 각각 『기독교 강요』 증보판을 내놓았다. 하지만 1559년 증보판에서는 최종적이고 가장 급격한 개정을 이루었다. 초판의 5배가량 되는 분량이 네 권으로 구성되었다. 이 새로운 구성은 칼뱅의 신학이 얼마나 심오하게 삼위일체적인지 보여준다. 이뿐 아니라 복음주의적 신앙이 교리적으로 정통임을 나타내려는 그의 한결 같은 열망을 보여준다.

- 1권: **창조주 하나님을 아는 지식**('나는 전능하신 하나님 아버지를 믿습니다'라고 하는 사도신경 첫 번째 부분에 해당한다)
- 2권: **그리스도 안에서 구속자 하나님을 아는 지식**('나는 그의 독생자 우리 주 예수 그리스도를 믿습니다'라고 하는 사도신경 두 번째 부분에 해당한다)
- 3권: **우리가 그리스도의 은혜를 받는 길**('나는 성령을 믿습니다'라고 하는 사도신경 세 번째 부분에 해당한다[17])
- 4권: **하나님께서 우리를 그리스도의 공동체로 초청하시고 그 안에서 우리를 붙잡아 주시는 외적인 방편 혹은 도움**(사도신경에서 '거룩한 공교회'라고 하는 부분에 해당한다)

이 네 권은 교리의 요약이라기보다는 하나님을 아는 지식이 합당하게 전개되는 하나의 자연스런 논증을 보여준다. 1권은 신성을 인식하는 내적인 자각이 우리에게 있지만 참된 신인 체하는 모든 거짓 신으로부터 참된 하나님을 구별하기 위해서는 성경을 통한 조명이 필요하다고 강조한다. 2권은 하나님을 알아감에 따라 우리가 죄의 노예임을 자각하고 그리스도 안에 있는 의로움과 온전함을 구하게 된다고 강조한다. 3권은 의롭게 된 우리는 우리의 죄악된 길에서 돌이키고 기도를 통해 우리가 하나님을 의지하고 확신을 가지고 우리의 과거(우리를 택정하신 하나님의 선택)와 장래(부활)를 바라본다고 강조한다. 마지막으로 4권은 성례와 교회라는 기관을 통해 우리는 이 땅을 믿음으로 살아낸다고 강조한다.

　　1559년판은 이처럼 격조 높은 구조를 이루고 있다. 이제『기독교 강요』의 내용을 좀 더 자세히 살펴보자.

1권: 창조주 하나님을 아는 지식

"우리가 가진 거의 모든 지혜, 다시 말해 참되고 바른 지혜는 두 부분으로 이루어진다. 하나님을 아는 지식과 우리 자신을 아는 지식." 1권이 시작되는 부분은 여러모로『기독교 강요』의 개요를 함축한다. 하나님을 아는 지식과 우리 자신을 아는 지식은 서로 엮여 있다고 칼뱅은 주장한다. 스스로를 창조주인 하나님을 대적하는 죄인으로 알기까지 사람은 하나님을 알 수 없다. 하지만 도무지 지우지 못할 정도로 하나님의 존재가 그의 모든 피조물에 새겨져 있음에도 감사할 줄도 모르고 죄악 되게 하나님을 인정하기를 거부하는 인간은 참된 지혜에는 전혀 외인인 어리석은 자로 남아 있다. 따라서 "하나님에 관하여 우리 스스로 하는 생각은 무엇이나 어리석고, 그 말하는 바 또한 어리석을 뿐이다."[18] 이는 마치 날 때부터 보지 못하던 우리가 극장에 있으면서 그곳에서 전달되는 어떤 것도 보지 못하거나 듣지 못하는 것과 같다. 그러나 은혜롭게도 하나님은 성경이라는 안경을 주셔서 하나님과 우리 자신과 또한 모든 실체를 분명히 지각하도록 하신다.

　　바로 이 점에서 칼뱅은 어떻게 성경이라는 안경이 모든 권위를 갖는지를 분명히 할 필요가 있었다. 어떻게 우리는 실체에 대한 하나님의 참된 계시로 성경을 의지할 수 있는가? 칼뱅은 하나님만이 우리에게 하나님의 말씀의 권위를 확증함을 분명히 한다. 하나님이 아닌 다른 누구 혹은 그 어떤 것도(그것이 교회든 혹은 우리 자신의 이성이든) 우리에게 하나님 말씀의 권위를 확증할 수 없다. 그렇기 때문에 "논쟁을 통해 성경에 대한 믿음을 견고하게 하려고 힘쓰는 자들은 오히려 퇴보하고 있는 것이다."[19] 오직 하나님만이 말씀의 권위를 확증하실 수 있고 성경 자체를 통해 자신의 영으로 말미암아 이 일을 하신다.

> 성경은 진실로 자증적이다. 그렇기 때문에 성경을 증명과 이성에 종속시키는 것은 옳지 않다. 또한 우리가 마땅히 갖게 되는 성경에 대한 확실성은 성령의 증거를 통해 얻는다. 성경 자체가 가진 위엄으로 인해 사람들의 존경을 얻는다고 해도, 그것이 성령으로 말미암아 우리 마음 속에서 확증될 때라야 진정으로 우리에게 감동을 주기 때문이다. 따라서 성령의 조명을 받은 우리가 성경이 하나님으로부터 왔다고 믿는 것은 자기 자신이나 타인의 판단을 통해서가 아니다. 인간의 판단을 넘어서 우리는 성경이 인간의 사역을 통해 하나님 자신의 입술로부터 우리에게로 흘러온다는 것을 아주 분명하게(마치 직접 하나님 자신의 위엄을 목도하기라도 한 것처럼) 확증한다. 우리는 우리의 판단을 뒷받침하는 논증이나 진실된 표지를 구하는 것이 아니다. 오히려 우리의 판단을 넘어서는 부분에 대해서는 우리의 판단력과 이성을 성경에 예속시킨다.[20]

이것은 칼뱅의 모든 사상의 핵심일 수밖에 없었다(모든 종교개혁 사상에도 그것은 마찬가지다). 그 신학의 가장 깊은 토대는 하나님의 말씀이었다. 그 외에 다른 기초나 토대를 들여오기를 거부했다. 그럴 경우 전체 신학 건축물이 하나님 말씀의 반석이 아닌 인간 이성이나 전통 위에 세운 사상누각으로 자리하게 될 것이기 때문이다. 그럼에도 불구하고 칼뱅은 이어지는 장에서 하나님 말씀으로서의 성경에서 우리가 다다른 믿음은 잘못된 것이 아니라고 말한다. 그 안에 성경의 신적 기원에 대한 합리적인 증거들이 있기 때문이다. 이 주장은 앞서 한 주장과 모순되지 않는다. 이런 증거들이 결코 믿음을 자라게 할 수 없는 이유는 그것들은 **이미** 믿는 자들의 확신을 위한 것이기 때문이다.

또한 칼뱅에 따르면 참된 경건을 위한 필수불가결하고 절대적인 토대가 바로 성경이다. 하지만 그가 정확히 성경을 어떻게 이해하고 있는지는 여전히 뜨거운 논란거리다. 칼뱅이 하나님과 사람 사이를 아주 날카롭고 분명하게 구분했다는 사실에는 칼뱅 연구가들이 공히 동의하는 바다. 하나님은 무한하고 영이시다. 반면에 우리는 유한하고 육체를 가졌다. 그러므로 우리에게 말씀하실 때 하나님은 마치 어린아이에게 말하듯 하셔야 했다. "이 같은 표현 방식은, 하나님께서 어떤 분인지를 분명하게 나타내 보여주는 것이라기보다는 오히려 하나님을 아는 지식을 우리의 미약한 수용 능력에 맞게 적응시키고 있는 것이다."[21] 칼뱅 연구가들을 가르는 질문은 이것이다. 존재 그대로의 하나님과 스스로를 계시하시는 하나님 간의 구분이 곧 하나님의 자기 계시에 오해하도록 하는 부분이 있었을 것이라는 말인가? 다시 말해, 하나님과 사람 간을 날카롭게 구분 짓는 것이 곧 하나님의 모든 무오성에도 불구하고 성경을 기록한 인간 저자들이 실수한 것을 의미하는가?

칼뱅을 연구하는 많은—아마도 거의 모든—학자들은 오늘날 기꺼이 칼뱅의 생각이 의미하는 바가 그렇다고 인정할 것이다. 그러면서 바로잡아야 할 본문상의 오류가 있다고 말한 사도행전 7:14, 16(또한 마 27:9)에 대한 칼뱅의 언급을 공히 인용한다. 하지만 여기서 칼뱅은 후대의 필사자들에게 오류를 돌리고 있는 것처럼 보인다. 누가에게 오류의 책임을 돌리지 않는다. 본문이 전승되는 과정에서 우연히 미세한 오류가 포함되었을 것이라 믿었다(수용하지 못할 정도의 오류는 아니다. 섭리 가운데 성경이 보존된 것을 그가 믿었기 때문이다[22]). 칼뱅의 이런 언급은 또한 성경에 대해 그가 이해한 맥락—성경의 모든 크고 작은 상세한 내용에 관여하신 성령께서

"마치 '단 한 음절이라도 누락하지 말고 내 입술로 직접 선포한 그대로 변개되지 않도록 하라'고 말씀하시는 것처럼"²³ 문자 그대로 성경의 인간 저자들에게 말을 받아쓰게 하셨다—을 고려하면서 읽어야 한다. 그 결과 칼뱅은 마치 "하늘에서 나오는 것"과 같이 우리가 성경에서 "하나님의 살아 있는 말씀"을 듣는다고 믿었다.²⁴ 성경의 완전무오에 대한 이보다 더 강한 확신을 상상하기란 쉽지 않다.

논의로 다시 돌아가, 지금까지 칼뱅은 모든 우상과 구별되는 참된 하나님을 아는 지식을 성경을 통해 우리가 배운다는 사실을 보였다. 그래서 이어지는 장들에서는 우상숭배의 여러 가지 형태를 다룬다. 그리고 나서 칼뱅은 살아 계신 한 분 하나님과 조우할 때 우리는 삼위와 조우하는 것이며, 참된 하나님은 가장 분명하게 모든 우상과 구분된다고 주장한다. 참으로, 한 분 하나님을 생각할 때 삼위를 생각하지 않는다면 "우리의 머리에는 단지 하나님이라는 공허한 이름만 맴돌 뿐 정작 참되신 하나님은 배제하게 될 것이다."²⁵ 여기서 칼뱅은 아우구스티누스의 입장을 벗어날 필요를 느낀다. 아우구스티누스가 유비를 사용해 삼위일체를 이해하는 입장에 대해 비판적이기 때문이다(그렇지만 애정 어린 마음으로 칼뱅은 이름을 밝히지 않음으로써 자신의 영웅에게 불명예를 안기지 않는다).²⁶ 칼뱅은 대신에 성부, 성자, 성령 간의 관계를 이해하기 위해 신구약성경으로 돌아가기를 선호한다. 성경을 사용해 당시 문제가 있었던 삼위일체에 관한 여러 이단들을 다룬다.

14장부터 칼뱅은 삼위일체인 창조주의 역사와 그의 섭리적 통치, 인간과 천사들과 관계하시는 것을 다룬다. 그러나 하나님의 섭리를 다루는 장들을 보면 대부분의 독자들이 예상해 온 바와 달리 차갑고 건조한 논조를 전혀 찾아볼 수 없다. 오히려 모든 것을 아우르는 피조물에 대한 하나님의 부성애적인 인도하심을 이해하지 못하면 창조주 하나님의 역사를 이해할 수 없다고 주장한다. 이 섭리는 운명이나 우연 따위와는 다르다. 위험으로 점철된 이 세상에서 신자로 하여금 하나님의 섭리가 아니고

서는 얻을 수 없는 위로를 누리도록 한다. 이는 인격적이고 중단 없이 베풀어지는 하나님의 자애로움이다. 특히 예기치 않게 일어나거나 어찌해 볼 수 없는 악한 일에서 드러나는 하나님의 인도하심과 관련하여 더더욱 그렇다.

> 짙은 암운이 하늘을 뒤덮고 사나운 비바람이 일어 음울한 안개가 우리 시야를 자욱하게 가리고 천둥이 귓전을 때리고 소스라치게 놀란 우리의 모든 감각이 무감각하게 되면, 모든 것이 뒤죽박죽 혼란스럽게만 보인다. 하지만 그런 때조차도 하늘은 여전히 고요하고 청명하기 이를 데 없다. 마찬가지로 세상의 소동으로 우리의 판단력이 흐려진 때 하나님께서는 그분의 정의와 지혜로서 생각할 수 있는 가장 탁월한 질서를 통해 이런 소동마저 바른 결말에 이르도록 조정하시고 통제하신다.[27]

그렇다면 하나님이 악의 원흉인가? 이 물음에 대해 칼뱅은 유다의 예와 아우구스티누스의 대답으로 답한다. 유다가 예수님을 넘겨주는 죄를 범했을 때 왜 성부는 자기 아들을 내어주는 동일한 죄를 범했다고 간주되지 않았는가? 유다는 악을 의도하고 성부는 선을 의도했기 때문이다.[28]

2권: 그리스도 안에서 하나님을 구속자로 아는 지식

어떻게 성경에서 하나님을 아는 지식이 계시되는지를 보인 뒤 이제 칼뱅은 성경으로부터 우리 자신을 아는 지식이 무엇인지 설명한다. 즉 하나님의 말씀을 신뢰하기를 거부함으로써 아담은 죄인이 되었다. 아담으로부터 죄책 아래 있는 그의 상태와 죄악된 본성을 물려받은 죄악된 인류가 널리 퍼져 나갔다. 그렇기 때문에 우리는 모방이 아닌 출생을 통해 모두가 죄인임을 발견한다. 단지 선이 결여된 존재가 아닌 악으로 가득한 죄인임을 발견한다. 본성적으로 신실하지 못한 악을 향해 치닫는 것이 우리의 의지이기 때문에, 항상 악을 택하고 선을 행할 능력이 전혀 없음을 발견한다. 본성상 우리는 속절없이 죄의 종된 자들이라는 것이 성경과 교부들의 공통적인 증거라고 칼뱅은 강력하게 주장한다. 이렇게 우리는 구속이 절박하게 필요한 자들임을 절감한다.

세상의 시작부터 항상 그런 것처럼, 구속은 오직 그리스도 안에서만 찾을 수 있다. "중보자가 없이 하나님께서는 결코 고대 사람들에게 은혜를 보이지 않으셨고, 그들에게 은혜의 소망을 주신 적이 없다.……[이렇게 함으로써] 모든 경건한 자의 소망이 오직 그리스도 안에만 있게 하려 함이다."[29] 이처럼 참된 믿음은 항상 그리스도 안에서만 발견되어 왔고 또 그리스도 안에만 발견될 것이다. 이것이 바로 모세의 율법을 주신 이유다. 그리스도의 사역을 선포하는 시각적 도구로 가득한 율법을 통해 이스라엘 백성이 자신들의 죄를 인식하고 구속자를 구하도록 하기 위함이다. 당시 모세의 율법은 그들이 악으로 나아가 의에 대해 소홀해지지 못하도록 억제하고, 여호와의 뜻과 기쁨에 대해 교훈하는 가운데 믿음의 순종을 하도록 붙잡아 주곤 했다.

이런 사실에서 칼뱅은 신약과 구약성경 간의 관계를 연구하는 데로 나아간다. 그의 이해는 단순하다. 이 두 성경은 본질에 있어서는 동일하고 시행에 있어서만 차이가 난다. 독자들이 이 사실을 이해하도록 돕기 위해 칼뱅은 구약성경을 바로 이해하도록 하는 세 가지 원리를 제공한다. 첫째, 유대인들은 이 땅의 복뿐 아니라 영생의 소망도 받았다. 둘째, 그들이 하나님과 맺은 언약은 그들의 공로가 아닌 하나님의 긍휼의 언약이었다. 셋째, "그리스도를 중보자로 알고 있었고, 그리스도를 통해 하나님과 결합되고 하나님의 약속들에 참여했다."[30]

이처럼 본질적 요소를 살핀 뒤 그리스도께서 어떻게 구속을 이루시는지를 본다. 우리에게 속한 것(죄책과 사망)을 취하시고 자신이 가진 것(의로움과 생명)을 주시기 위해 어떻게 그리스도께서 우리의 육신을 입으셨는지(성육신)부터 시작한다. 여기까지는 역사적으로 흔히 보아 오던 방식처럼 들린다. 하지만 다음 요점에서 칼뱅은 곧 루터파와 칼뱅주의자 간의 가장 근본적인 차이점으로 나아간다.³¹ 말씀이 참으로 육신이 되었지만 그렇다고 말씀이 사람 예수에 제한된 것은 아니라고 칼뱅은 주장한다. 예수가 마리아의 자궁에 잉태되어 있을 때, 말씀은 또한 예수 밖의 하늘에 남아 있었다. 루터파는 이 같은 '극칼빈주의'Calvinist extra 는 골로새서 2:9을 부인하고 그리스도를 예수 이면과 외부에 있는 별개의 존재로 만든 것이라고 반대했다. 그러나 칼뱅에게 있어서 이는 순순히 양보할 문제가 아니었다. 여기에는 하나님이 어떤 분이며 어떻게 자신을 계시하시는지에 대한 완전한 이해가 포함된다. 하나님이 말씀하실 때 우리에게 자신을 완전히 계시할 수 없는 바 자신의 계시를 우리의 연약한 능력에 맞추어야 하는 것처럼, 말씀 역시 자신을 완전히 우리에게 줄 수 없다. 존재 그대로의 하나님과 자신을 계시하시는 하나님이 구분되는 것처럼, 존재 그대로의 말씀과 사람 예수 간의 구분 역시 있을 수밖에 없다.

이어서 칼뱅은 어떻게 그리스도가 선지자, 제사장, 왕이신지를 설명한다. 우리가 그리스도의 선지자로서의 계시와 제사장으로서의 중보와 왕으로서의 통치를 누릴 뿐 아니라, 그의 부으시는 성령으로 충만하게 되어 선지자와 중보와 기도와 찬양의 제사를 드리는 제사장과 죄와 사망 및 마귀를 다스리는 왕이 되도록 하기 위해, 그리스도는 자기 몸인 교회를 위해 이 세 직분으로 성령의 기름부으심을 받았다. 이 주장은 그 간명함에 비추어 놀라울 정도로 포괄적일 뿐 아니라, 로마 가톨릭의 성직주의적 사제직을 모든 신자에게 되돌리는 가장 강력한 주장들 가운데 하나로 남아 있다.

마지막으로, 칼뱅은 죽은 우리가 어떻게 그리스도의 죽음과 부활과 승천을 통해 생명을 발견할 수 있는지를 살핀다. 우리의 곤경은 죄에 대한 하나님의 진노라고 강조한다. 그러나(또한 여기서 아우구스티누스를 인용한다) "우리를 미워하실 때조차도 하나님은 경이롭고 신적인 방식으로 우리를 사랑하셨다."³² 그리스도의 순종이 우리의 죄사함이 된 것이다.

우리를 형벌 아래 있도록 우리에게 드리운 죄책이 이제 하나님의 아들의 머리로 전가되었다. 하나님의 아들이 스스로 담당한 하나님의 의로운 보응이 여전히 우리 위에 드리워 있는 것처럼, 일생을 불안과 염려에 떨며 지내지 않도록 무엇보다 우리는 그의 대속을 기억해야 한다.[33]

십자가에서 지옥을 이기신 그리스도께서 "우리의 이름으로" 하늘로 들어가시기 전 우리에게 생명을 주시기 위해 죽음에서 다시 일으킴을 받았다.[34] 그렇기 때문에 그리스도께서 심판하러 다시 오실 것이라는 사실은 이 재판장을 알고 사랑하는 신자들에게 위로가 된다. 이처럼 그리스도의 인격과 사역을 증거한 칼뱅은 독자들에게 그리스도 안에서 그들에게 주어진 모든 복을 구하도록 촉구하면서 2권을 맺는다.

3권: 그리스도의 은혜를 받는 길

이제 칼뱅이 하게 될 주장은 1장 제목에 잘 설명되어 있다. "지금까지 살펴본 그리스도에 대한 사실들은 성령의 신비한 역사를 통해 우리의 유익이 된다." 즉 성령을 통해 우리는 그리스도와 연합되고 그가 우리를 위해 하신 모든 것을 누린다.

칼뱅은 성령의 첫 번째 사역은 우리 안에 믿음을 창조하시는 것이라고 하며 그 믿음을 정의한다. 복음이 진리라고 하는 단순한 동의나 의견은 참된 믿음이 아니다. 일반적인 '하나님'에 대한 믿음도 아니다. 앞에서 주장한 것처럼 참된 믿음이란 항상 그리스도를 믿는 엄밀한 믿음이었고, 또 항상 그럴 것이다. 실제로 오직 삼위일체적으로만 정의될 수 있는 참된 믿음은 "성령으로 말미암아 우리의 마음에 계시되고 우리 가슴에 인쳐진, 그리스도 안에서 값없이 주어진 약속의 진리를 토대로 하는, 우리를 향한 하나님의 은총을 아는 확실하고 분명한 지식"이다.[35] 그렇기 때문에 참된 믿음은 동요하지 않는다. 참된 신자는 의심을 전혀 하지 않는다는 의미는 아니다. 하지만 "신자들은 중심으로 믿음의 편에 서고 믿음과 더불어 의심과 유혹을 대적한다."³⁶ 믿음으로 우리는 "(하나님 말씀에) 귀를 쫑긋 세우고 (의심을 불러일으키는 세상과 육체와 마귀의 거짓말에) 눈을 감는다."³⁷

근본적으로 참된 믿음은 가슴에 속한 것이지 사변적으로 진리를 인정하는 행위에 불과한 것이 아니다. 이런 이유로 참된 믿음은 하나님을 향한 사랑과 분리될 수 없다. 이렇게 칼뱅은 이제 믿음에서 비롯되는 회개(혹은 그가 말하는 바와 같이 '중생')에 대한 이야기로 나아간다. 회개는 믿음에서 비롯될 수밖에 없다. 믿음이 없이 죄를 제대로 의식하기란 불가능하기 때문이다. 그럴 때 비로소 회개는 하나님이 정하신 분깃을 따르는 사람은 결코 비참할 수 없다는 지극한 자기 부인과 하나님의 기쁘신 뜻을 향한 전적인 순복으로 그 목적한 바에 다다르게 된다. 회개에 대한 얼마나 행복한 정의인가!

칼뱅은 회개와 성화의 삶을 다룬 후 바로 오직 믿음으로 말미암는 칭의로 돌아간다. 오직 믿음으로만 의롭게 된다는 교리는 기독교를 행함이 없는 종교로 전락시킬 것이라는 로마 가톨릭의 비난을 염두에 두고 선제적으로 비상한 순서를 따르는 것처럼 보인다(칼뱅은 칭의 교리에 약하지 않다―11장에서 19장에 이르는 칭의를 다루는 부분은 『기독교 강요』에서 가장 긴 부분 가운데 하나다). 칼뱅은 근본적으로 칭의는 죄인에게 전가된 그리스도의 의로움으로 이루어진다고 하면서 암브로시우스의 예를 사용해 설명한다. 자기 아버지로부터 복을 받고자 야곱은 장자에서의 옷을 입고 그 앞으로 나아갔다. 마찬가지로, 아버지 하나님의 복을 받기 위해 죄인은 자신의 의로움을 의지해서는 안 된다. 장자이신 그리스도의 의로움으로 덧입고 그에게로 나아가야 한다.³⁸

칭의는 그리스도인의 자유를 믿는 참된 믿음을 포함할 때에야 제대로 이해된다. 칼뱅은 이어지는 부분에서 그리스도인의 자유를 다룬다. 그리스도인의 자유를 다루는 장에 나오는 한 대목이면 칼뱅에 대한 까다로운 도덕주의자의 이미지를 깨뜨리는 데 충분하다.

일단 양심이 올무에 걸리면 길고 복잡한 미로에 들어가, 좀처럼 빠져나오지 못하게 된다. 시트, 내의, 냅킨, 손수건 등에 아마포를 써도 좋겠는지를 의심하게 되면, 다음에는 대마포에 대해서 불안을 느끼게 될 것이고, 결국 거친 삼베에 대해서까지 의심이 일어날 것이다. 또한 식사할 때에 냅킨을 쓰지 않을 수 있겠는지, 또는 손수건이 없어도 괜찮겠는지의 문제도 생각하게 될 것이다. 맛있는 좋은 음식을 먹는 것을 합당하지 않게 여기게 되면, 결국은 검은 빵을 먹든지 보통 음식을 먹든지 간에, 더 열등한 것을 먹고 살 수 있다는 생각으로, 언제나 하나님 앞에서 불안해할 것이다. 단 포도주에 머뭇거리는 사람은 양심에 꺼림칙해서 맛없는 포도주도 마시지 않을 것이고, 결국 다른 물보다 맑고 좋은 물이 있다면 그것조차 입에 댈 엄두를 못 낼 것이다.[39]

이어서 칼뱅은 '믿음의 주된 활동'인 기도로 나아간다. 믿음은 우리 자신의 결핍과 그리스도께 있는 은혜의 충만에 대한 지혜로운 인식이다. 이런 인식이 행동으로 옮겨진 것이 기도다. 더욱이 기도는 그리스도의 부요함을 깨달을 뿐 아니라 그를 중보자로 인정하는 행위다. 하나님의 위엄을 생각할 때 기도로부터 움츠러드는 것이 우리의 본성이기 때문에 그리스도를 기억하고 그를 의지할 때에야 담대하게 살아 계신 하나님께로 나아갈 수 있다. 이어서 칼뱅은 이 주된 활동과 관련하여 여느 때와 마찬가지로 목회적 관심에서 우러나온 실제적인 충고와 격려를 제공한다.

이제서야 칼뱅은 사람들이 칼뱅하면 흔히 떠올리는 교리를 간략하게 다룬다(표준적인 『기독교 강요』, F. L. 배틀즈 판, 920쪽). 바로 영원한 선택이다. 칼뱅은 선택 교리를 대체적으로 목회적인 그의 주장의 핵심으로 삼고, 두려운 교리가 아닌 하나님이 그분의 절대적이고 기쁘신 뜻을 따라 주시는 긍휼을 선포하는 위로 넘치는 교리로 제시한다. 다시 말해, 하나님께서는 개인에게 있는 것에 전혀 기반을 두지 않고 그의 기쁘신 뜻을 따라 어떤 사람은 구원으로, 또 다른 사람은 정죄로 선택하신다. 하지만 선택은 무엇보다 개인주의적인 것이 아니라고 칼뱅은 주장한다. 선택은 그리스도게 접붙여지도록 하나님의 정하심을 받는 것에 관한 것이다. 그리스도 안에서 하나님의 택함을 받은 자들은 결코 멸망할 수 없고 영원히 안전하다. 하나님이 죄인을 거절하시는 것은 완전히 정당하다고 칼뱅은 강력하게 주장한다(죄인에 대해 하나님이 다른 행동을 하실 수 없다). 죄인은 거절당해 마땅하고, 하나님은 죄인에게 긍휼을 베풀지 않기로 하심으로써 자신의 영광을 드높이신다.

이제 칼뱅은 하나님의 영원한 선택에서 만물의 끝으로 우리를 데려간다. 바로 우주적인 육체의 부활이다. 그리스도의 육체의 부활은 그가 머리로 있는 교회와 만물에게 공유되며, 또한 불신자의 부활은 심판을 위한 것임을 알려 준다.

4권: 하나님이 우리를 그리스도의 공동체로 초청해 들이시고 우리가 그곳에 머물도록 붙드시는 외적인 방편과 도구

대담한 교회론을 도출해 낸 종교개혁자들 덕분에 개신교는 종교개혁으로 로마와 결별한 후에도 계속해서 확실하게 살아남을 수 있었다. 로마 가톨릭이 실제로 유일한 참교회였다고 한다면 개신교도는 그저 분리주의자에 불과했을 것이다. 이런 도전에 누구보다 분연히 일어난 사람이 칼뱅이었다. 그는 『기독교 강요』 네 번째 권 전체를 할애해 종교개혁의 가장 포괄적이고 결정적인 교회론을 제공한다.

칼뱅은 고교회관을 회피하는 대신 교회는 꼭 필요한 모든 신자의 어머니라고 하는, 로마 교회의 아우구스티누스적 원리에 따른 교회관에 동의했다. 이 세상에서도 교회는 완전할 수 있다는 분리주의자의 이상에는 동의하지 않았다. 대신에 그는 교황에 대한 충성도 세상으로부터의 완전한 분리도 아닌, 다음 두 가지를 참 교회의 표지로 믿었다. "하나님의 말씀을 순전하게 설교하고 듣고, 그리스도께서 정하신 대로 성례전이 시행되는 곳이면 어디든지 바로 거기에 하나님의 교회가 존재한다."[40] 즉 그리스도는 선포와 표지를 통해 말씀으로 자기 몸을 다스리신다. 반면에 교황이 다스리는 거짓 교회에서는 그리스도가 자기 말씀으로 다스리지 않는다. 자기 머리와의 관계를 상실한 교회는 목이 잘린 사람과 같다. 이처럼 로마 교회가 종교개혁자는 교회를 분리시키는 자라고 비난한 반면, 칼뱅은 교회에 대한 자신의 정의를 통해 교회를 분리시키는 것은 오히려 로마 교회라고 비난했다.

그러고 나서 칼뱅은 서둘러 그리스도의 교회에서 하나님의 말씀을 맡은 사역자에 대해 말한다. 목사는 그리스도의 몸을 지탱하는 데 꼭 필요한 힘줄이다. 교회를 구성하는 말씀 사역이 이들을 통해 이루어진다. 칼뱅은 에베소서 4:11이 다음과 같은 다섯 가지 사역자들이 있음을 가르친다고 주장했다. 사도, 선지자, 전도자, 목사, 교사이다. 처음 세 직분은 전반적으로 중단된 일시적인 직분으로 보았다(그럼에도 불구하고 하나님은 여전히 비상한 상황에서 세 직분을 사용하시는데, 루터가 바로 그런 비상한 상황의 사도였다고 믿었다). 목사와 교사의 직분은 앞에서 설명했다. 단순히 주교를 설교자로 대체함으로써 칼뱅이 교회를 로마 가톨릭의 구조로 되돌린 것으로 오해하는 사람이 있을 경우를 생각하여 칼뱅은 교회 안에서의 권위 문제를 연구했다. 권위는 본질적으로 사역자에게 있지 않고 그가 수종드는 하나님의 말씀 안에만 있다.

그렇다면 성례전은 무엇에 관한 것인가? 성례전 역시 복음 설교에 관한 것이다. 외적인 표지를 통해 복음을 제시하고 확증하는 것이 성례전이다.⁴¹ 츠빙글리와 달리 칼뱅은 기본적으로 성례전을 우리가 그리스도를 향해 하는 충성의 맹세라고 믿지 않았다. 무엇보다 성례전은 하나님이 우리에게 주신 것이다. 진실로 우리에게 복음의 복을 제공하고 제시하는 것이 성례전이다. 그렇다고 로마 가톨릭의 성례주의에 동의한다는 의미는 아니다. 성례전에는 은혜를 제공하는 본유적 능력이 없다. 오직 성령께서 역사하시는 성례전만이 효력이 있다.

사람들을 그리스도께로 인도하는 많은 다양한 성례들이 구약성경에 나오지만, 그리스도께서 지금은 두 가지 성례만을 우리에게 주셨다. 바로 물과 피다. 할례에 대응되는 세례를 통해 신자는 그리스도께 속하게 되고 그에 따른 모든 은택을 누린다. 물에 잠기느냐 물을 뿌리느냐 하는 세례의 방식에 관하여 칼뱅은 상당히 느슨한 입장을 취한다. 하지만 이를 통해 칼뱅은 유아세례가 이 성례의 본질에 가장 부합한다는 긴 주장의 논거를 마련하고 있다. 그 다음에 성찬이 이어진다. 성찬은 세례를 받고 그리스도 안에서 살아가는 자들을 위한 양식이다. 성찬을 통해 우리는 십자가에 못 박힌 그리스도의 몸과 피를 먹고 마시도록 초청받는다.[42]

그러고 나서 칼뱅은 이 위대한 저작을 맥없이 보이게 할 수 있는 결말로 끝을 맺는다. 바로 세속정부에 관한 장이다. 하지만 그에게는 매우 합당한 마무리였는데, 하나님을 아는 참된 지식을 갖게 된 사람은 세상에서 그 지식을 살아내야 하기 때문이다. 칼뱅은 세속정부 관료들의 지원을 등에 업은 종교개혁과 급진적 종교개혁의 많은 정치적 견해들과 대비되는 자신의 입장을 신중하게 전개해 간다. 교회와 세상을 혼동하는 츠빙글리파의 관점을 따르기를 거부한다. 교회를 국가에 종속시키는 루터파의 이해도 비켜간다. 칼뱅은 재세례파의 분리주의는 우리가 여전히 몸을 가지고 이 세대를 살고 있다는 엄연한 사실을 망각한다고 주장한다. 급진적 혁명을 그리스도인의 자유를 정치적 위계질서를 뒤집어엎는 것으로 이해한다. 오히려 정치적 권세는 교회를 통한 말씀의 사역을 보호하고 번성하게 하려고 존재한다. 심지어 정치적 권세가 불의하게 될 때조차 그리스도인은 세속정부에 복종한다. 칼뱅은 여기에 한 가지 단서를 달면서 적절하게 마무리한다. '우리의 가장 우선적이고 중요한 순종은 하나님을 향한 순종이다.'

주석

『기독교 강요』를 통해 칼뱅은 성경에 대한 입문서를 제공했다. 교회의 박사 직분 역할의 나머지 반으로서 칼뱅은 성경에 대한 명쾌한 주석을 저술했다. 이런 방식으로 칼뱅은 성경 본문에 대한 교리의 무리한 적용과 성경의 진술과 동떨어진 교리 연구 모두를 피하려고 애썼다.

칼뱅은 성경의 거의 전권에 대한 각각의 주석을 저술했다. 하지만 우리가 칼뱅의 주석이라 생각하는 주석들은 사실은 제네바 대학의 학생과 목사들에게 행한 주석적 강의에 대한 필기록이다. 이 강의들은 라틴어로 진행되는데 분석할 때 그리스어와 히브리어도 사용된다. 호흡에 어려움을 겪고 있던 칼뱅 때문에 이 모든 강의는 아주 천천히 진행되었는데, 학생들에게는 다행스런 일이었다!

여느 다른 저작들에서와 마찬가지로 그의 주석에서도 역시 칼뱅은 정통 기독교 전통의 범주를 벗어나지 않으려고 했다. 하지만 그의 주석을 통해 그가 받았던 인문주의적 훈련의 결과가 가장 선명하게 나타나고 있고, 그를 이 분야의 참 선구자로 드러나게 한다. 칼뱅은 루터와 같이 성경의 각 장이 어떻게 그리스도를 선포하는지 보겠노라는 거창한 결심은 하지 않았다. 그의 최우선의 관심은, 성경 각 장이 담고 있는 원래의 간명한 문법적 의미를 찾아내 동일하게 간명한 방식으로 그것을 전달하는 것이었다. 이를 위해서는 전체 본문에서의 특정한 구절이 갖는 위치로서만이 아니라 그 구절의 언어적 맥락(그 구절을 기록하고 있는 언어가 상황을 어떻게 표현하고 있는가)과 역사적 맥락(이를 위해 칼뱅은 가능한 한 성경 이외의 많은 자료들을 사용하기 위해 힘썼다)으로서의 문맥이 필수적이라고 믿었다. 결과적으로 칼뱅의 주석들은 명백히 아주 현대적이다.

교리문답

칼뱅에게, 교리는 책에만 담아두기에는 너무나 유용한 것이다. 각각의 모든 그리스도인의 손에 들려 있고 그들의 지성과 마음에 담겨 있어야 할 것이 교리라고 생각했다. 그래서 칼뱅은 1538년 박사의 역할에서 목사의 역할로 옮기면서 『기독교 강요』 초판을 간추려 사람들을 위한, 그중에서 도 특별히 어린이를 위한 교리문답을 만들었다. 1545년 그는 이 교리문 답을 개정해 『제네바 교리문답』Geneva Catechism을 만들었는데, 이 교리문답은 개혁주의 신앙이 퍼져 나가는 데 중요하게 일조한 것은 물론, 주요한 개 혁주의 교리문답인 『하이델베르크 교리문답』Heidelberg Catechism의 토대가 되 었다. 이 교리문답은 다섯 부분으로 이루어진다. 믿음이 먼저 나오고, 이 어서 율법(루터 교리문답의 순서와 상당히 반대된다), 기도, 말씀, 성례 순이 다. 이 교리문답을 통해 제네바의 어린이들은 (로마의 어린이들과 달리) 자 신들의 믿음을 면밀히 살펴볼 수 있게 되었다. 어린이들이 자신이 믿는 바 내용과 이유를 생각해 보고, 그들이 가진 믿음의 유익이 무엇인지 깨 닫도록 했다. 예를 들어, 오직 믿음으로 의롭게 되는 교리에 대한 로마의 반대나 재세례파들이 유아세례를 부인하는 것과 같은 것들에 대해 논박 할 준비를 하도록 촉구했다. 이를 통해 개혁주의 신앙이 단단하고 역동적 인 풀뿌리를 갖게 되었다.

설교

칼뱅 하면 사람들이 설교자로 잘 생각하지 않지만, 그의 유력한 전기 작 가인 에밀 두메르그Émile Doumergue는 "내게 있어서 다른 모든 칼뱅의 모습을 대변하는 진짜 칼뱅은 제네바의 설교자로서의 칼뱅이다"라고 주장했다.[43] 확실히 제네바에 있으면서 칼뱅은 설교에 가장 많은 시간을 할애했다. 일 요일마다 두 차례(신약성경) 설교한 것은 물론, 격주로 매 평일마다 설교 했다(구약성경). 설교는 한 시간 가량 진행되었다.

우리가 지금 그의 설교를 읽을 수 있는 것은 그것이 기록되었기 때문 이다. 하지만 정작 설교자인 칼뱅 자신은 원고가 없었다. 대신 그는 한 날 의 설교를 위한 본문을 연구하다가 서재로부터 강단으로 바로 나아가 히 브리어나 그리스어 원어로부터 바로 설교하곤 했다(그 어떤 예화나 '극적인 표현' 없이). 원고가 없는 그의 설교는 강의보다 더 친숙하게 사람들에게 다가갔다. 이를 위해 칼뱅은 의도적으로 모든 전문적인 용어와 기술적인 자료를 배제했다. 설교할 때 그리스어, 히브리어 혹은 라틴어는 전혀 인용하지 않고 일상에서 사용되는(독일 범부들의 거친 독일어로 설교한 루터만큼은 아니지만 어쨌든) 평이한 프랑스어를 사용했다. 하지만 그는 자신의 청중을 스스로 성경을 읽고 성경을 배우는 진지한 학생으로 대했다. 칼뱅이 성경 모든 각 권을 한 주 한 주, 한 절 한 절 설교했기 때문에 칼뱅을 통해 성경을 아는 그들의 지식이 높이 고양될 수밖에 없었다.

이것이야말로 칼뱅의 다른 모든 모습을 설명해 주는 진짜 칼뱅의 모습임이 분명하다. 하나님의 말씀을 열어 보이고 그것을 전달해서 사람들이 가슴과 지성으로 하나님을 아는 참 지식에 이르도록 하는 일이 칼뱅이 평생 동안 한 사역이기 때문이다.

계속 읽어 가기

처음 칼뱅을 읽는 사람들은 대개 문체가 온화하고 평이해서 놀란다. 이 소개를 여기까지 읽어 온 독자라면 『기독교 강요』를 읽고 누리는 데 전혀 어려움이 없을 것이다. 『기독교 강요』가 바로 지금부터 읽어 가야 할 책이다. 1559년판을 두 권으로 번역한 베틀즈판 Ford Lewis Battles, Philadelphia: Westminster Press, 1960은 의심의 여지없이 표준적이고 가장 탁월하다. 번역의 질을 차치하더라도, 훌륭하게 정리된 각주와 색인들은 19세기 베버리지판 Beveridge 보다 현저하게 돋보이는 부분이다. 존 딜렌버거 John Dillenberger의 『칼뱅 선집』 John Calvin: Selections from His Writings, (New York: Anchor, 1971)은 칼뱅의 다른 저작들 가운데 몇 가지를 모아놓은 훌륭한 모음집이다.

독자들은 칼뱅에 대한 전기와 2차 자료들을 선택할 때 신중해야 한다. 칼뱅에 대한 완고하고 편파적인 저작들이 많기 때문이다. 프랑수아 방델 François Wendel의 『칼뱅: 그의 신학 사상의 근원과 발전』은 인간 칼뱅과 그의 사상에 대한 단권 입문으로서는 고전이다. 방델의 책을 읽었으면 칼뱅이라는 인간, 『기독교 강요』, 그의 주석과 설교에 대한 최상급의 저작들을 써낸 파커의 작품이라면 무엇이나 읽어도 좋다.

    칼뱅에 대한 여정을 시작한 독자라면, 칼 바르트가 그랬던 것처럼 자신의 삶에서 적어도 약간의 시간을 기꺼이 그리고 유익하게 칼뱅과만 보내고 그를 아는 데만 보낼 수 있게 될 것이다.

장 칼뱅의 연표[44]

1509 프랑스 누아용에서 출생

1520-21? 파리 대학에서 신학 수학

1525-6? 법학을 수학하기 위해 오를레앙 대학으로 옮김

1529-30? 부르주 대학에서 수학. 회심

1534? 파리에서 망명

1535? 바젤에 도착

1536 『기독교 강요』 초판 출판. 제네바에 도착

1537 의회에 *Articles on the Organization of the Church and its Worship at Geneva*을 제출

1538 제네바에서 추방. 부처와 스트라스부르에 정주

1539 『기독교 강요』 제2판

1540 이들레트 드 뷔르와 결혼

1541 제네바로 귀환. 의회에 교회법령집을 제출

1543 『기독교 강요』 제3판

1545 『기독교 강요』 제4판

1549 이들레트의 죽음

1550 『기독교 강요』 제5판

1553 미카엘 세르베투스가 체포되어 화형당함

1559 『기독교 강요』 최종판. 대학과 아카데미가 열림

1564 칼뱅의 죽음

09

다 함께 천국을
추구하자

존 오웬 *John Owen*

이유는 알 수 없지만, 영국은 신학자를 위한 위대한 산실이었던 적이 없다. 아마도 사회 전반을 덮은 실용주의에 질식된 것일지도 모른다. 아니면 웨일즈 사람인 펠라기우스의 저주가 드리웠기 때문일 수도 있다. 어쨌든 그 이후로 영국 출신이며 탁월한 신학자인 사람을 생각해 내기가 어려운 것이 사실이다. 그렇기 때문에 영국이 낸 가장 위대한 신학자의 영예를 차지할 가장 강력한 후보자가 존 오웬John Owen이라는 사실에는 이견이 없을 줄로 안다. '영국의 칼뱅'이라고 불리기도 했던 그는 거의 모든 면에서 거인이었다.

오웬의 생애

윌리엄 셰익스피어William Shakespeare가 죽은 해인 1616년, 존 오웬은 종교적이고 정치적 긴장이 팽배하던 한 시골 교구의 청교도 목사 가정에서 태어났다. 물론 옥스퍼드 외곽의 작은 마을인 스태드햄(스태드햄턴이 아니다)에서 자랐기 때문에 그가 스스로 그런 긴장을 느끼기까지는 시간이 좀 지나야 했을 것이다.

12살 되던 해에 그는 옥스퍼드의 퀸즈 칼리지에 입학했다. 그렇게 어린 나이에 대학 생활을 시작한 것도 놀랍지만, 당시 그가 스스로 학업에 매진한 강도를 보면 더욱 놀라지 않을 수 없다. 그는 하루에 4시간 이상을 자지 않았다. 배움에 대한 의욕이 앞서 몸이 상하는 것도 불사했다. 플룻 연주나 창던지기, 멀리뛰기 등으로 원기를 회복하려고 했지만 이처럼 가차 없는 일정은 장차 그의 몸에 해로운 영향을 끼치게 되었다.

19살에 문학석사학위(M.A.)를 받고 목사로 세워졌으나 '고교회주의'를 따르는 1630년대의 옥스퍼드에는 오웬과 같이 청교도 신앙을 고백하는 젊은 목사를 위한 자리는 없었다. 이에 그는 몇 군데 가정 목사직을 받아들였다. 그 덕분에 오웬이 가졌던 견해에 점점 불관용적으로 변해 가던 교회의 위계질서에 방해받지 않으면서 목회와 연구를 해갈 수 있었다.

이 시기는 오웬이 어느 때보다도 깊은 침체와 고립을 자처하던 시기였다. 온 삶을 청교도들 사이에서 보내면서 오웬은 자신의 죄에 대해서 날카롭게 인식하고 있었으나 이따금씩 듣는 설교인 구원의 확신에 대해서는 전혀 아는 바가 없었다. 그러는 가운데 오웬은 1642년에 런던으로 이사했고 당시 올더먼버리 Aldermanbury 성 메리 교회 St Mary's Church의 유명한 설교자인 에드먼드 칼라미 Edmund Calamy의 설교를 들으러 갔다. 하지만 그날 칼라미는 없었고 대신 한 무명의 설교자가 그의 강단을 채우고 있었다. 그는 마태복음 8:26을 본문 삼아 '믿음이 작은 자여, 어찌하여 무서워하느냐?'는 제목으로 설교했다. 이 메시지를 통해 오웬은 자신이 성령으로 거듭난 하나님의 자녀라는 확신을 갖게 되었다.

이 위대한 개인적인 전환점이 있기 전부터 오웬은 『아르미니우스주의를 폭로함』 A Display of Arminianism이라는 제목으로 자신의 첫 번째 저작을 저술하기 시작했다. 이 책에 탁월하다고 할 만한 점은 없었다. 엄밀히 말하면 야망에 찬 한 젊은이의 논쟁집이었다. 하지만 이 논쟁집에서 그는 자신이 앞으로 천착하게 될 기본적인 신학적 입장을 전개했다. 오웬은 '칼뱅주의 5대 강령'[1]을 열정적으로 믿었다. 이 다섯 강령을 인정하지 않는 아르미니우스주의를, 복음을 가장 심각하게 부정하도록 문을 열어 주어 복음을 어지럽히는 이단으로 보았다. 오웬은 장차 제한 속죄 limited atonement

를 옹호하는 책인 『그리스도의 죽음 안에서 죽음의 종말』The Death of Death In the Death of Christ 과 『성도의 견인에 대한 긴 변증』The Doctrine of the Saints' Perseverance Explained and Confirmed 을 저술하게 된다. 『아르미니우스주의를 폭로함』은 전적 타락, 예정, 하나님 은혜의 불가항력성에 초점을 맞춘다.

자신의 견해가 문제가 되어 옥스퍼드를 떠난 지 얼마 안 된 오웬이 이제 자신의 이력을 증진하기 위해 이 같은 논증 신학을 고려한다는 것이 이상하게 보일 수 있다. 하지만 이때까지 대부분이 고교회파인 찰스 1세 Charles I 의 왕당파와 청교도가 지배적인 의회파 간의 내전이 이어지고 있었다. 또한 의회파에게 『아르미니우스주의를 폭로함』은 참으로 반가운 책이었다. 그들은 오웬을 콜체스터 Colchester 바로 외곽의 한 마을인 포드햄 Fordham 의 교구목사로 삼았다.

포드햄에서 오웬은 많은 일을 했다. 오웬의 전임자는 골수 고교회파였기 때문에 교구민들은 복음적 가르침을 전혀 받지 못했다. 그래서 오웬은 자신의 일상적인 책무에 더하여 성인을 위한 교리문답과 어린이를 위한 교리문답을 작성해 마을을 다니며 그것들을 가르쳤다. 그러면서도 여전히 저술을 이어갈 수 있었다. 이 포드햄에서의 시간은 오웬이 누렸던 가장 행복했던 시간들 가운데 하나였던 것처럼 보인다. 메리 루크 Mary Rooke 를 만나 결혼한 것도 역시 포드햄에 있을 때였다. 그녀와의 결혼이 포드햄에서의 행복을 더해 주었을 것임은 분명하다. 하지만 그 후 30년간 이어진 그들의 결혼은 고통으로 얼룩지곤 했다. 오웬과 결혼하여 메리가 낳은 열한 명의 자녀 모두 오웬보다 먼저 세상을 떠났고, 성인이 되기까지 살아남은 자녀는 오직 한 명뿐이었다.

포드햄에서 메리와 결혼하여 3년이 지난 후 상황이 급변했다. 오웬은 코기쉘 Coggeshall 근처로 목회지를 옮길 수밖에 없었다. 오웬이 이제 떠오르는 별이라는 사실은 너무나 분명해졌다(1646년에 오웬은 웨스트민스터의 하원 앞에서 설교하도록 요청받았다). 복음주의 설교의 미식가가 되어 버린 코기쉘의 교구민들은 교구 강단을 오웬이 채우기를 열망했다. 이제 매

주일마다 그의 설교를 듣기 위해 2,000명이 운집했다.

그 후 1649년 1월 30일, 찰스 왕이 처형되고 더불어 '고교회파'의 열망 역시 사그라졌다. 그 다음날 의회 앞에서 설교하도록 요청받은 사람은 다름 아닌 오웬이었다. 이 사실은 국가적으로 새롭게 얻은 오웬의 위상이 어떤 것인지를 단적으로 보여준다. 이 설교에는 당시 상황에 대한 오웬의 생각이 잘 드러난다. 마지막 날에 대한 하나님의 계획으로 이 모든 일이 예언되었다고 그는 믿었다. 왕의 처형과 폭정의 종식으로 적그리스도의 지배가 끝나가고 있고, 교회를 위한 승리의 천년왕국이 도래하고 있다. 이제 아무런 방해를 받지 않고 복음이 선포되고, 교회가 개혁되며, 세상이 그리스도의 빛과 사랑으로 채워질 것이다. 낙관적인 천년왕국의 비전이 무르익고 있었다.

물론 오웬의 메시지는 의회에 적합했다. 오웬은 의회 앞에서 설교하도록 다시 초청받았고 이번에는 의회군의 수장 크롬웰이 예언과 예언된 하나님의 목적에 의회파의 대의가 부합한지에 깊은 관심을 가졌다. 올리버 크롬웰Oliver Cromwell도 설교를 들었다. 아일랜드에서 일어난 가톨릭의 봉기를 진압하기 위해 채비를 갖추던 크롬웰은 오웬에게 자신의 군목으로 동행할 것을 요청했다.

그로부터 2년 동안 오웬은 크롬웰의 군목으로 있으면서 처음에는 아일랜드로(더블린의 트리니티 칼리지를 복음 설교자들을 위한 신학대학으로 탈바꿈하고자 하는 바람을 가졌던 곳), 이어서는 크롬웰의 군대가 다음으로 향했던 스코틀랜드로 갔다. 하지만 실상 여기서 그가 수행한 역할은 크롬웰의 승리를 통해 얻게 된 큰 기회를 위한 방편에 불과했다. 1651년에 옥스퍼드 크라이스트 처치의 학장으로 임명된 그는 1년 후 옥스퍼드 대학의 부총장으로 임명되었다.

오웬이 대학 부총장으로 임명될 수 있었다는 사실은 15년 전 그가 옥스퍼드를 떠난 이래 영국이 얼마나 변화되었는지를 보여준다. 또한 옥스퍼드도 달라졌다. '고교회파'를 보호하던 자들은 케임브리지에서 온 청교도들로 물갈이가 됐다. 여전히 많은 일들이 남아 있었지만, 오웬은 옥스퍼드와 케임브리지가 영국이 복음으로 새로워지는 모판으로 변모될 수 있을 것이라고 여겼다. 필요한 일은 젊은 학자들과 설교자 세대가 복음으로 가르침을 받는 것이었다. 가르침을 받고 저들이 나아가 온 나라를 가르칠 것이다. 그렇기 때문에 당연히 오웬은 부총장으로서 자신의 주된 역할을 설교와 가르침이라고 보았다. 옥스퍼드에서 강의하고 이따금씩 설교할 뿐 아니라 오웬은 매월 두 번째 일요일마다 거르지 않고 성 메리 대학 교회에서 설교했다(그중 한 시리즈가 바로 『죄 죽임』*On the Mortification of Sin*인데, 아마도 그의 저작 중에서 가장 잘 알려진 경건서일 것이다).

여러 가지 면에서 이 시간은 옥스퍼드의 황금기였다. 대학이 변모했고 오웬은 즐겁게 자신의 일에 매진했다. 물론 덕분에 오웬은 당시 목사의 평균 사례비의 열 배를 받았다. 하지만 오웬은 단지 이런 이유로 동료 청교도들로부터 신랄한 비난을 받기 시작했다. 그가 좋은 옷과 스페인산 가죽으로 된 부츠에 돈을 들인다는 것이다. (케임브리지의) 한 학생감은 옥스퍼드의 부총장이 "대포를 여덟 차례 발사할 양을 자신의 머리에 사용한다"고 불평했다. 다른 사람은 그가 지역 교회를 저버렸다고 투덜거렸다.

1657년 오웬은 부총장직을 물려주는 게 옳다고 여겼다. 그때부터 오웬은 대외적으로 큰 관심을 받는 일에서 모두 물러났다. 이듬해 그의 강력한 후견인이었던 올리버 크롬웰이 죽었고, 정치권력의 균형이 무너져 오웬의 대적들이 다시 권력을 잡았다. 오웬은 10년 이상을 회중주의 교회관을 견지했다(개교회들은 각각 독립적이어야 한다고 믿었다). 소수의 입장임에도 불구하고, 회중주의는 크롬웰이 오웬과 교회관을 함께하는 덕분에 보호를 받게 되었다. 하지만 크롬웰의 죽음으로, 장로교파(개교회들은 그룹별로 '장로들' 혹은 장로들이 모인 회의의 처리 아래 있어야 한다고 믿었다)가 우위를 점했고 오웬과 같은 회중주의자들은 변방으로 밀려났다. 회중주의자들은 발 빠르게 런던의 사보이 궁에서 회의로 모였고, 여기서 그들은 "국내의 몇몇 사람들은 물론 국외에서까지 독립주의(회중주의)가 모든 이단과 분리의 소굴이라고 하는, 우리에게 집중된 비방을 일소하기 위하여"² 회중교회가 믿고 준행하는 「믿음과 질서의 선언」*Declaration of Faith and Order*을 도출했다. 하지만 시류를 되돌릴 수는 없었다. 이에 오웬은 은퇴하여 조용히 스태드햄으로 돌아갔다.

이를 통해 오웬은 적어도 저술을 위한 시간을 얻을 수 있었다. 옥스퍼드 주의 시골로 물러난 오웬은 국가에서 우상숭배의 증가와 이스라엘의 참 신학을 포함하는 아담의 때로부터 오웬 당대의 신학의 실천까지를 아우르는 그의 기념비적인 라틴어 논문 『신학의 역사』*Theologoumena Pantodapa*를 썼다.³

하지만 그처럼 수월한 날들이 계속되지는 못했다. 1660년 참수된 왕의 아들이 유배에서 돌아와 찰스 2세*Charles II*로 등극한 것이다. 이전에 크롬웰의 군목을 지낸 사람의 앞날에 대한 전망이 좋을 리가 없었다. 군목을 그만둔 뒤 수년 동안의 삶은 더 이상 국교회에 속하지 않은 오웬과 같은 사람에게 녹록치 않았다. 갈수록 어려워져만 갔다. 얼마 지나지 않아 민병들이 그의 집을 급습했고 30명 정도 되는 사람들에게 설교를 했다는 이유로 체포되고 기소되었다(교구교회가 아닌 5명 이상이 모이는 종교적 모임은 불법으로 간주되었다).

급기야 오웬은 망명을 고려하게 된다(더구나 당시 뉴잉글랜드와 네덜란드에는 그가 목사로 와주기를 열망하는 교회와 대학들이 있었다). 하지만 결국 그는 영국에 머물면서 설교를 계속하고 자신과 같은 비국교도에게 관용을 베풀도록 촉구하는 운동을 전개해 나가기로 했다. 유력한 회중주의 신학자였던 위치를 감안하면, 그가 계속해서 영국에 남기로 한 것은 영국 비국교주의를 위해 아주 중요한 결정이었다. 그가 가는 곳마다 사람들이 따랐다. 오웬은 자신의 인맥을 통해 어려움에 처한 사람을 도왔다. 특히 감옥에 갇힌 그의 회중주의 친구인 존 번연*John Bunyan*의 석방을 위해 힘썼다. 결국 석방에는 실패하지만, 그의 새로운 저작 『천로역정』*Pilgrim's Progress*을 위한 출판사를 주선해 줄 수 있었다.

이런 일들이 있은 후 더 괴로운 해가 지나는 가운데 교회의 본질에 대한 우려가 그의 저술의 주된 관심사가 되었다. 그는 관용 이상을 원했다. 회중주의가 성경적인 방식임을 보여주고 싶었다. 그러나 그의 저작들은 교회의 기능에 대한 오웬의 이해보다 더 근본적인 것을 드러내 준다. 바로 개혁에 대한 이해다. 오웬에게 있어서 개혁은 핵심적으로 불경건으로부터의 분리에 관한 것이다. "그들로부터 나오라"는 요청은 그의 설교에서 자주 들을 수 있는 말이었다.

오웬은 런던으로 이사해서 한 교회를 목회했다. 그러는 가운데 주요한 신학 저작들도 계속해서 내놓았다. 그가 런던에 있는 동안 내놓은 저작은 방대한 『히브리서 주석』, 『성령론』Pneumatologia, 『믿음으로 말미암는 칭의 교리』The Doctrine of Justification by Faith, 『기독론』Christologia과 같은 보다 원숙한 작품이었다. 모르는 사람이 들으면 오웬은 그저 또 한 명의 순진한 신학자처럼 생각하기 쉽다. 하지만 오웬의 삶에는 드러나지 않은 부분도 있었다. 비밀리에 그는 급진적인 정치에 관심을 가졌다. 찰스 2세를 암살하고 그 자리에 개신교인인 몬머스Monmouth 공작을 앉히려는 음모에 가담한 것처럼 보인다. 그를 정부에 대한 위협으로 간주한 정부의 스파이들은 그를 감시했다. 한 번은 가택수색에서 예닐곱 정의 권총이 발견되기도 했다. 학술에 전념하는 점잖은 신학자의 집에서 발견될 만한 것은 아니었다!

1675년, 오웬과 삼십여 년을 지내 온 아내 메리가 숨을 거두었다. 오웬의 개인 일기가 없기 때문에 아내의 죽음을 마주한 그의 심경에 대해서는 상상할 수밖에 없다. 그러나 18개월 후 오웬은 도로시 드오일리Dorothy D'Oyley와 결혼했다. 이때가 오웬의 나이 60세였다. 두 번째 결혼으로부터 얻은 자녀는 없었다. 그로부터 6년 후, 자녀 가운데 유일하게 성인으로 장성한 딸(첫 결혼에서 얻은)마저 숨을 거두었다. 1년 후 오웬 자신마저 다시 회복하지 못할 병을 얻었고, 결국 1683년 8월 24일 일링Ealing의 한적한 마을에서 숨을 거두었다. 만약 오웬이 6년을 더 살았다면 1689년에 발효된 관용법Toleration Act을 통해 생전에 그토록 얻어 내고자 했던 종교의 자유가 허락된 것을 볼 수 있었을 것이다.

오웬의 사상

죽음도 오웬을 바로 데려갈 수 없었던 모양이다. 그의 의사가 "그의 두뇌가 가진 힘"이라고 한 것 때문이다. 17세기 의사가 무엇을 가리켜 말한 것이든 간에 과연 오웬의 두뇌는 강했다. 그에게 아타나시우스나 루터가 가졌던 번뜩이는 재기는 없었다. 그에 비해 오웬은 훨씬 더 육중하고 장황했다. 하지만 원대한 프로젝트들을 이끌어 낸 그의 지성은 언어적 능력과 교리적 감각을 힘입어 성경 주석과 역사신학을 폭넓게 버무려 냈다.

이를테면 그는 하나의 주제에 정통한 신학자에 머물지 않았다. 고칼뱅주의 신학과 회중주의 신학에 특별한 관심이 있었지만—그의 저작들만큼이나 그의 개인적 독서가 말해 주는 것처럼—그 관심의 폭은 훨씬 광범위했다. 그의 도서관에 있는 책들은 고전문학과 언어로부터 음악, 미술, 집에서 하는 양조에 이르기까지 거의 모든 주제를 망라하고 있었다.

특별히 애정을 쏟는 주제가 있었던 것은 아니지만 오웬은 당대의 신학에 자신만의 두드러진 특징을 부여했다. 심지어 이런 사실을 온건하게 표현하는 것조차 호도하는 것이 될 수 있다. 다름 아닌 삼위일체론이 바로 그런 특징이고, 삼위일체론과 같은 특징을 오웬 자신의 것이라 말하는 것은 터무니없기 때문이다. 그럼에도 불구하고 삼위일체론이 그의 신학을 주도하는 대표적인(아마도 유일한) 특징이 되었을 정도로 오웬의 사고는 삼위일체를 통해 전적으로 주조되었다. 모든 그리스도인의 신앙과 실천은 삼위일체 하나님을 아는 지식에 따라 주조되어야 한다. 물론 그리스도인이라면 누구나 이 사실에 동의하면서 고개를 끄덕일 것이다. 그러나 오웬에게 있어서 이 사실은 실제로 심대한 차이를 만들어 낸다. 오웬의 신학은 여러 가지 방식으로 나누어지고 정리되었다. 하지만 오웬 자신은 하나님이 삼위일체로 존재하는 사실로 인해 자신의 모든 연구가 두 개의 지배적인 '항목' 아래 행해진다고 믿었다. 하나님이 자기 아들을 주신 것을 다루는 기독론과 하나님이 자신의 성령을 주신 것을 다루는 성령론이다.

오웬은 조직신학을 저술하지 않았기 때문에, 그가 모든 참된 신학을 형성하는 것으로 믿은 교리를 다루는 다음과 같은 저작들에 집중하는 것이 그의 신학을 들여다보는 가장 좋은 방법일 것이다.『성도와 하나님과의 교제』,『기독론』,『성령론』.

『성도와 하나님과의 교제』

『성도와 하나님과의 교제』Communion with God the Father, Son and Holy Ghost, Each Person Distinctly, in Love, Grace, and Consolation는 오웬이 옥스퍼드 대학 부총장직을 그만둔 직후에 출판되었다. 하지만 내용은 이전에 코기쉘에서 목회할 때 행한 설교들에서 비롯되었을 것이다. 이 작품은 결연히 삼위일체적이고 철저하게 실제적인 오웬 신학의 핵심을 다른 어떤 저작보다 잘 담아내고 있다. 기본적으로 이 작품은 삼위일체 교리에 따른 삶을 살도록 그리스도인을 촉구한다.

간단히 말해, 오웬은 어느 누구도 '하나님'과 관계하는 것은 불가능함을 강조한다. 하나님의 신격은 항상 삼위로 계시는 신격이고 우리는 그 신격과 관계한다.

> 거룩한 삼위일체의 각 구분된 신격으로 계시는 하나님의 경륜을 존중하지 않고 예배와 기도를 통해 무분별하게 신성으로 나아가려는 자는 복음의 신비와 그것이 가져다주는 모든 유익을 거부한다. 이런 사람들이 얼마나 많은지 모른다.[4]

오히려 그리스도인은 각 신격을 고유하게 예배한다. 한 위격이 다른 나머지 위격들과 분리될 수 있다고 생각해서 한 말이 아니다(예를 들어, 우리는 성자를 성부의 아들로서 예배할 수 있을 뿐이며 이는 곧 성자를 바로 예배한다는 뜻이다. 우리는 성자를 낳으신 성부를 예배하고 우리를 성자와 연합시키는 성령을 예배한다). 하지만 성부, 성자, 성령은 각기 고유한 신격이다. 오웬은 우리가 어떻게 각 위격과 고유한 교제를 누리는지를 보여주고자 한다.

성부와의 교제

우리가 성부와 누리는 교제의 본질은 **사랑**이라고 오웬은 말한다. 오웬의 말에는 다소 도발적인 면이 있을 것이다. 우리가 성부를 사랑하시는 아버지로 생각하기보다는, 우리와 초월적인 간극을 가지고 계시는 분이자 가혹하고 벽력같은 소리로 진노하시는 분이라는 생각에 오히려 그분으로부터 숨으려는 경향이 있음을 오웬은 너무나 잘 알았던 것이다.

> 많은 사람들이 하나님께는 우리를 향한 사랑이 없고 예수의 피로 값 주고 산 것만이 있다고 생각한다. 그것만이 하나님과 교제하는 유일한 길인 것은 맞다. 하지만 모든 교제의 넉넉한 토대와 원천은 성부의 품에서 발견된다.[5]

오웬은 요한복음 16:26-27에서 예수께서 "내가 너희를 위하여 아버지께 구하겠다 하는 말이 아니니⋯⋯**아버지께서 친히 너희를 사랑하심이라**"고 하신 말씀을 연구한다. 실제로 성부는 사랑의 기원과 원천이다. "성부의 사랑과 관련하여 예수 그리스도는 빛줄기와 광채에 불과하다. 실제로 우리의 모든 빛, 새롭게 됨이 이 광채에 있지만, 그를 통해서 우리는 영원한 사랑의 원천인 태양 그 자체로 인도함을 받는다."[6] 아버지의 모든 사랑은 오직 그리스도 안에서만 우리에게 주어진다(오웬은 성령을 통해 받는 하나님의 은혜를 대제사장인 아론의 머리에 부은 기름에 비교한다. 성부의 모든 사랑이 그리스도께 부어져 교회인 그의 몸으로 흘러내린 것처럼, 모든 기름을 아론의 머리에 부었다). 하지만 사랑의 원천은 성부다. "이 원천에 조금만 머물러 보라. 이내 그 빛의 감미로움을 더 알게 될 것이다. 잠시 그분에게서 떠나 있던

당신은 이윽고 잠시도 그분을 떠나 있지 못하게 될 것이다."⁷

성자와의 교제

이 작품의 다음 부분(가장 많은 분량을 차지한다)은 우리가 성자와 누리는 교제이고, 그 본질은 **은혜**다. 오웬은 이 부분을 아가서의 언어와 심상으로 채운다. 아가서를 그리스도와 그의 신부인 교회 간의 사랑에 대한 은유로 이해했던 오웬은, 계속해서 아가서로 돌아가 독자들로 하여금 성자와의 교제에서 누리는 감미로움을 느끼도록 한다.

오웬은 먼저 주 그리스도의 인격적인 탁월함의 일부에 주목하면서 시작한다. 이런 탁월함을 깨닫고 감사함으로 "성도들의 마음이 진실로 그 분께 사랑으로 이끌리기" 때문이다.⁸ 우리 마음이 매료될 정도로 그리스도가 매력적으로 드러난다("당신이 최고로 사랑하기에 합당한 대상"⁹). 더욱이 그리스도는 스스로 아름답고 흠모할 만한 분이실 뿐 아니라 자신의 사랑하는 신자들을 기뻐하시고 자신을 모두 드려 그들을 사랑하신다. 이처럼 그리스도는 신자들이 자신을 기뻐하도록 하시고, 자신을 향한 사랑으로 신자들이 스스로를 내어주도록 하신다.

이런 과정을 통해 성자는 실제로 성부를 계시하신다. 그의 계시가 참으로 놀라운 점은 아들이 없이는 아버지를 알 수 없을 것이기 때문이다. 우리는 아마도 참되고 살아 계신 하나님이 아닌 신을 섬기며 속절없이 우상숭배에 빠져 살았을 것이다. 그렇기 때문에 성자는 계시자요 중보자다. 그를 통해 성부와 교제를 누린다.

계속해서 오웬은 성자가 우리를 위해 하신 일에 주목한다. 여기서 그의 주장을 떠받치는 토대는 그의 '언약 신학'covenant theology이다. 기본적으로 오웬의 생각은 다음과 같다. 아담은 하나님과의 '행위 언약'covenant of works 안에 존재하도록 지음받았다. 하나님께 순종해야만 아담이 살 것이란 말이다. 물론 그는 불순종했다. 하지만 하나님께서는 계속해서 이 행위 언약을 통해 인류와 관계하셨다. 순종하는 사람은 살 것이다. 그러나 아무도 순종하지 않았다. 하지만 영원 전에 성부께서 택함을 받은 자들을 구원하기 위해 성자와 더불어 또 다른 언약('구속 언약'covenant of redemption)을 맺으셨다. 그 결과 그리스도께서 오셔서 하나님께 순종함으로 행위 언약을 성취하셨다. 이렇게 얻은 하나님과의 관계를 통해 택함을 받은 자들은 그리스도 안에서 아담이 순종했으면 누렸을 의로운 상태를 누리고 '은혜 언약'covenant of grace을 통해 하나님과의 관계를 누린다.

이처럼 오웬은 언약 신학(오웬에게는 아주 핵심적인 것이다)이라는 렌즈를 통해 **어떻게** 그리스도께서 하나님과 우리 사이의 중보자이신지를 다룬다. 그리스도는 그의 생애, 죽음, 부활, 승천을 통해 우리로 "하나님을 즐거워하도록 하는" 중보자라는 것이 오웬의 요지다.[10]

성령과의 교제

마지막으로, 성령과 누리는 교제의 핵심은 **위로**다. 성령은 본질적으로 성화의 영이라고 그는 주장한다. 성령은 첫째, 사람들에게 새로운 출생을 주어 구별하신다. 둘째, 구별하신 자들을 위로하신다. 여기서 오웬이 말하는 위로란 성령이 가져다주시는 유일한 위로인 그리스도가 주시는 위로다. 다시 말해, 성령께서 우리 마음이 성부와 성자의 사랑으로 채워지도록 하시고 진리를 확증하심으로써 성부와 성자 모두와 누리는 교제를 즐겁고 실재하는 것으로 만드신다. 사탄이 확신과 위로를 가로채려고 할 때 성령께서 진리에 대한 확신과 즐거움을 주신다. 오직 성령만이 그렇게 하실 수 있다. 이 땅에 계시는 동안 그리스도는 제자들의 마음에 큰 영향을 미치지 못하신 것처럼 보였지만, 성령이 오시면서 그들의 마음은 그리스도로 인해 타올랐다. "이것이 바로 종말에 성령이 이루시는 역사다. 그리스도의 약속을 우리의 지성과 가슴에 가져다주시고, 이 약속들의 감미로움을 알게 하시며, 그로 인한 위로와 기쁨을 누리게 하신다."[11]

이렇게 볼 때, 오웬은 독자들이 성령을 그저 하나님의 비인격적인 능력 정도로 여길 수 있음을 알고 있다. 그는 성령이 성자의 은혜를 나누어 주기 위해 성부의 사랑으로 보냄받은 것이 맞지만, 여전히 성령은 자신의 뜻을 따라 오신다는 사실을 강조한다. 그는 실제 인격이고, 그렇기 때문에 그에게 기도할 수 있고 그렇게 해야 한다. "성령은 하나님이시기 때문에 성부와 성자와 마찬가지로 그를 부르고, 그에게 바라고 기도할 수 있다."[12] 따라서 그가 결코 택한 자들을 떠나지 않을 것이지만, 그럼에도 불구하고 항상 그들을 위로하시는 것은 아니다. 예를 들어, 그들이 성령을 완고하게 거스르거나 근심하게 하는 경우에는 그렇다(물론 성령이 실제로 "변화나 실망, 연약함을 뜻하는 의미—이 모든 것은 무한한 완전함과 배치된다—에서 슬퍼하거나" 근심할 수 있다고 오웬이 믿은 것은 아니다).[13]

오웬은 많은 사람들(특히 당시 합리주의자들)이 성령을 도외시하는 현상을 우려했던 것이 분명하다. 더구나 그는 그렇게 했을 때 일어나는 결과가 끔찍하다는 것을 알았다. 먼저, 성령이 실제로 신자 안에 들어가시지 않으면 신자는 그리스도와 실제로 연합하지 못할 뿐 아니라 참된 위로를 얻을 수 없다. 둘째, 성령이 없는 사람은 대신에 "그는 자녀가 아니라는 생각에 빠지게 하는" 종의 영을 가질 수밖에 없다.[14]

오웬은 이렇게 끝맺는다.

우리를 향한 하나님 사랑의 표출은 성부로부터 시작한다. 성자를 통해 이 사랑은 우리의 것이 되었고, 성령을 통해 우리에게 나누어진다. 성부는 이 사랑을 고안하시고, 성자는 그것을 사시며, 성령은 실제로 이 사랑으로 역사한다. 이것이 바로 우리를 향한 사랑으로 삼위께서 역사하는 이치다. 먼저 성령의 역사를 통해 우리가 이 사랑에 참여하고, 성자의 피를 통해 이 사랑에 실제적으로 연관되며, 그로 말미암아 성부의 환영을 받는다.[15]

이는 삼위일체 신앙을 위한 오웬의 강력한 주장이다. 삼위일체를 부정하는 예배에서는 성부에 대한 따뜻하고 친밀한 생각을 의미 있게 누리지 못한다. 성자와의 실제적인 연합이나 성부의 양자됨 역시 결코 누릴 수 없다. 다시 말해, 성령이 우리에게 줄 어떤 위로나 확신도 없다.

『믿음으로 말미암는 칭의 교리』

『성도와 하나님과의 교제』에서 오웬은 행위 언약을 성취하기 위해 그리스도께서 적극적인 의의 삶을 살았다는 것을 확증했다. 그렇기 때문에 신자가 의롭게 될 때는 단순히 그의 죄가 십자가에 달린 그리스도를 통해 해결된 것만을 의미하지 않는다. 그의 적극적인 의 역시 신자에게 돌아간 것을 말한다. 이런 주장은 당장 논쟁을 촉발했다. 그리스도의 적극적인 의가 신자에게 주어졌다는 말인가? 이런 주장은 신자 스스로가 적극적인 의의 삶을 살고자 하는 동기를 약화시킨다고 생각한 사람들이 있었다.

『성도와 하나님과의 교제』를 출판한 지 20년이 지난 뒤 오웬은 『믿음으로 말미암는 칭의 교리』로 비판자들에게 대답했다. 하지만 이는 답변 이상이었다. 그리스도는 한 분 인격이고, 한 의로움을 가지고 있으며, 신자는 그리스도 몸의 지체이기 때문에 그의 의는 곧 신자의 의라는 사실을 주장하는 방대한 주석적·교리적·역사적 주장이었다.

주장 자체는 탁월하지만, 내용이 난해하고 구성이 제대로 되지 못한 작품이다. 하지만 중요한 저작임은 분명하다. 18세기 위대한 설교자인 윌리엄 그림쇼(William Grimshaw)가 이 작품을 읽고 회심했다. 이 작품을 읽는 가운데 그림쇼는 "그가 자기 자신의 본유적인 의를 의지할 것인지, 아니면 그것을 전적으로 부정하고 하나님의 은혜와 그리스도의 의만을 의지할 것인지"에 대해 묻는 오웬의 질문에 맞닥뜨린 것이다.[16]

『기독론』

『성도와 하나님과의 교제』 이후 『기독론』은 오웬이 항상 쓰려고 했던 작품이었다. 기독론이 교리의 두 가지 최상의 '주제들' 가운데 하나였기 때문이다(또한 오웬은 전체적으로 매우 그리스도 중심적이었다). 참된 믿음은 그리스도의 인격을 믿는 믿음이라는 것이 이 작품이 주장하는(무엇보다 그리스도의 신성을 부정하는 이단인 소치누스주의에 대항하여) 요지다. 하지만 오웬은 이 요지를 주장하는 데에서 더 나아가기를 원했다. 그는 실제로 독자들이 이런 믿음을 갖기를 원했다. 참된 믿음은 그리스도의 사랑을 이해하고 그 진가를 인정할 때 생겨난다고 그는 믿었다. 그래서 오웬은 "그리스도의 인격에 대해 묘사한 중요한 목적은 우리가 그를 사랑하게 되고 그로 말미암아 그의 형상으로 변화되도록 하는데 있다"라고 적는다.[17] 그렇기 때문에 『기독론』에서 오웬은 그리스도를 향한 사랑이 독자들의 마음에서 뜨거워지도록 독자들로 하여금 그리스도를 주목하여 바라보게 하고, 그들의 마음에 그리스도에 대한 진리를 펼쳐 놓는다. 구체적으로 그는 독자들의 지성을 통해 그들의 감정에까지 다다르고자 했다. "감정은 배의 방향키로서 영혼에 자리한다. 능숙한 솜씨를 가진 사람은 자신이 원하는 방향으로 배 전체를 움직인다."[18]

먼저 오웬은 교회를 세울 반석과 약속된 모퉁잇돌이 (베드로가 아닌) 그리스도이기 때문에 그리스도 중심적으로 글을 이어갈 것을 분명히 한다. 성부께서 영원 전부터 그를 만물 위에 머리와 택한 자들의 구원자로 택하셨기 때문이다. 본성상 "우리는 신성에 대해 이해하거나 직접적이고 직관적인 개념을 가질 수 없기 때문에" 그리스도 중심적이어야만 한다고 오웬은 주장한다. 하나님의 형상이신 그리스도 안에서만 하나님의 가장 깊은 존재가 우리에게 드러난다.[19] 그렇기 때문에 "그리스도를 믿는 믿음은 하나님을 아는 참된 지식을 위한 유일한 방편이다."[20]

이 부분에 있어서 오웬은 단호하게 말한다. 유대인처럼 성경을 가지고 있으면서도 여전히 하나님을 아는 참된 지식이 없을 수 있다고 역설한다. 그리스도를 믿는 믿음은 근본적이다. 이 믿음이 없으면 모든 교리의 진리는 무너진다. 성경에 대한 '사변적인 지식'만을 가진 자들을 향해 고개를 절레절레 흔드는 오웬의 모습이 상상될 정도다.

계속해서 오웬은 오직 그리스도를 통해서만 하나님이 우리에게 유익을 주신다는 증거들을 차곡차곡 쌓아간다. 한 가지 불분명한 점은, **영원한 아들**의 인격을 통해서만 하나님이 우리에게 복 주시는 것을 의미하는지, 아니면 **성육신한** 아들을 통해서 복 주시는 것을 의미하는지 명확치 않다는 것이다. 한편으로 성육신 이전이라 할지라도 성부는 자신의 일을 하도록 성자를 보내셨을 것이라고 분명히 말한다(오웬은 "만군의 여호와께서 나를 보내셨다"고 말씀하는 슥 2:8-9을 인용한다). 나중에 이 저작과 다른 곳에서 오웬은 "옛 언약 아래 나타난 하나님 아들의 현현"이라고 적는다.[21] 하지만 다른 한편으로 그는 하나님의 존재와 태양을 비교한다.

> 만약 해가 그 자체로 이 땅으로 내려온다면 그 열과 빛을 감당할 것이 없다.……성부의 영광의 영원한 빛 혹은 광채도 마찬가지다. 신적인 존재 Divine Being가 직접적으로 다가오는 것을 우리는 견디지 못한다. 하지만 **성육신**하신 그를 통해 우리가 받고 이해하기에 합당하도록 만물이 우리에게 나누어진다.[22]

잉태시 신적인 존재가 직접적으로 다가와도 마리아와 그리스도의 인성이 사라지지 않은 이유에 대한 물음은 차치하더라도, 여기에는 모순이 있는 것처럼 보인다. 하지만 그것을 제외하면, 그가 말하는 바는 분명하다. 하나님의 복은 오직 그리스도 안에서만 발견된다.

실제로 오웬은 하나님이 오직 그리스도를 통해서만 복을 주신다고 강하게 주장하기에 구약성경에서 복의 문제를 다루지 않을 수 없다. 당시에는 하나님께서 그리스도와 상관없이 백성에게 복을 주셨는가? 대답은 간단하다. 그렇지 않다.

구약성경 시대 성도들의 믿음은 주로 그리스도의 인격과 관계되었다. 이 믿음의 내용이 무엇이었는지, 그리고 때가 차 그리스도께서 여인의 후손이 되셔야 했던 때의 이 믿음의 내용 모두는……죄가 세상에 들어온 이래로 세상에 있었던 모든 종교의 토대였다. 처음부터 그리스도를 믿는 믿음이 요구되었다거나, 하나님을 예배하기 위해서 혹은 하나님께 순종한 자들의 칭의와 구원을 위해서 이 믿음이 필요했다는 사실을 부정하는 자들이 있다. 사도가 창세부터 있었던 많은 예들을 통해 증명하는 "믿음이 없이는 하나님을 기쁘시게 하지 못한다"(히 11장)는 사실을 인정해야 함에도 불구하고, 이런 자들은 여기서 의도된 것이 그리스도를 숭경함이 없는 하나님을 믿는 일반적인 믿음 개념이라고 생각한다. 누구와 논쟁을 벌이거나, 은혜를 모르는 의견들을 명증하게 논박하려는 것이 아니다. 이런 생각은 (이런 생각이 의례 추구하는 바와 같이) 기독교 신앙의 근간을 공격한다. 우리에게서 즉시로 구약성경이 기여하는 진리와 빛을 앗아가 버리기 때문이다.[23]

이 모든 것을 통해 오웬은 지금 "신적인 존재를 향한 숭경을 고백하고 예배한다고 하지만 그들의 모든 신앙에서 성자의 인격에는 주목하지 않는" 자들의 행태를 대항해 싸우는 것이다.[24] 종종 성자에 대한 경시는 아주 교묘하다.

> 오늘날 사람들의 마음에 퍼져 복음의 신비를 잘못 이해하도록 하는 독약들이 있다. 그중 그리스도를 믿는다는 것은 다름 아닌 복음 교리를 믿는 것이라고 하는 뒤틀린 망상보다 더 치명적인 것도 없다.[25]

다시 말해, 그는 (일반적인 개념의) '하나님'을 예배하고 '복음'을 믿지만 그리스도를 의지하지 않는 자들을 우려했던 것이다.

오웬이 그리스도의 중심성을 지나치게 강조한 것은 아닌가 하는 의구심이 들 수 있다. 그리스도의 인격이 실제로 성부와 성자를 가려 버리거나 무색하게 해버리지는 않는가? 여기에 오웬은 우리가 그리스도를 사랑하도록 부름을 받는 이유는 다름 아닌 성부가 그를 사랑하기 때문이라고 답한다. "또한 피조물에 깃든 모든 사랑은 성자를 향한 성부의 사랑이라는 원천으로부터 비롯되었기에 이 원천에 대한 거울과 그림자를 제공한다."[26] 즉 성자에 대한 (피조물인) 우리의 사랑은 성부의 처음 사랑을 반영하도록 의도되었다. 그렇기 때문에 사랑으로 성자에게 헌신하는 것은 성부를 도외시하는 것이 아니다. 전혀 그렇지 않다. "우리가 하나님의 형상으로 새롭게 되는 갱신의 핵심이 바로 여기에 있다. 예수 그리스도를 사랑하는 것보다 더 우리로 하여금 하나님을 닮아가도록 하는 것은 없다."[27] 성자를 사랑함으로써 우리는 성부와 같이 된다. 또한 성자를 의지함으로써 우리는 성자와 같이 된다. 우리는 항상 우리가 의지하는 존재와 같이 되기 때문이다. 그러므로 그리스도를 의지할 때 우리는 성부가 사랑하는 이와 같이 된다. 하나님의 형상을 닮아가는 것이다.

『기독론』은 장래를 엿보는 것으로 끝난다. 성부의 사랑받는 자로서 영원 전의 그리스도를 주목했던 오웬은 이제 "교회의 주된 믿음의 항목, 곧 이 세상에 있는 교회가 가진 소망과 위로의 위대한 토대"인 승천으로 사람 예수가 하늘로 올라간 것을 살핀다.[28] 이 사람 예수가 성부 앞에 있다는 사실은 우리의 위로다. 거기서 우리를 위해 중보하기 때문이다. 그는 또한 우리의 소망이다. 거기에 있는 부활한 몸은 다름 아닌 새창조의 시작과 머리이기 때문이다. 그렇다면 그리스도야말로 과거로부터 미래에 이르기까지 하나님과 사람 모두의 사랑에 가장 합당한 자다.

오웬의 기독론을 읽음으로써 얻는 지배적인 효력을 간단하게 요약해 볼 수 있는데, 이것은 마치 이 책을 읽도록 내미는 초대장과 같다.

> 자기 속에서 은혜가 사그라지는 것―무감각, 냉랭함, 미지근함, 일종의 영적 둔감과 무분별함이 찾아옴―을 발견하는가? 은혜를 합당하게 발휘하고 하나님과 교제하는 의무를 열정적으로 행할 준비가 되어 있지 않은 자신을 발견하는가? 우리 영혼이 이런 위험한 질병들로부터 회복하도록 노력하고 있는가? 그렇다면 믿음으로 그리스도의 영광을 새롭게 바라보고, 지

속적으로 그 안에 거하는 것만이 유일한 길이고 참으로 다른 길은 없음을 확신해야 한다. 모든 은혜를 새롭게 하기까지 그리스도와 그의 영광이 가진 변화시키는 능력을 앞세우고 그것을 끊임없이 묵상하는 것만이 여기서 벗어나는 유일한 길이다.[29]

『성령론』

오웬은 성령론을 교리의 두 번째 지배적인 '항목'으로 믿은 동시에, 성령의 인격과 사역은 항상 심각하게 소외되었음을 잘 알고 있었다. 실제로 그는 "앞선 세대에 성령의 전체 경륜을 기술하려고 했던 사람이 있었는지 모르겠다"고 썼다.[30] 하지만 성령과 그의 사역을 총체적으로 다루는 신학을 진술하는 『성령론』은 그야말로 야심찬 목표였다.

부분적으로 오웬은 그가 당시 만연한 성령에 대한 이해—교회의 건강을 위협하는 요소라고 믿었다—에 자극받아 글을 쓰게 되었다. 로마 가톨릭 교회에서 성령은 성사제도로 대체되었다. 퀘이커교도Quakers에게 성령은 그리스도와 성경과 전혀 관련이 없는 체험과 계시를 전달해 주는, 전혀 다른 하나님으로 취급되고 있었다. 소치누스주의자는 성령을 비인격적인 능력으로 생각했다. 그 외 다른 많은 분파들 안에서 성령은 전혀 잊혀지거나 무시되었다.

이 작업의 필요성을 설명한 후에 오웬은 성령이 누구신지를 살피는 것으로 시작한다. 성령은 성부와 성자의 영 혹은 숨이시다.

> 성령은 생명인 숨이 끊임없이 사람에게서 나오면서도 그 사람과 분리되거나 떠나지 않는 것처럼, 성부와 성자의 영 역시 끊임없는 신적인 발출을 통해 그들로부터 나오는 동시에 여전히 그들과 거하시는 분이다.[31]

이런 사실이 성령의 신성을 말해 주기는 하지만 그의 '고유한 인격성'을 확립해 주지는 못한다. 이는 또한 소치누스주의자를 논박하기 위해서 필요한 내용이기도 했다. 그래서 오웬은 하나님을 아버지와 아들과 성령으로 일컫는 마태복음 28:19로 간다.

> 이제 그 누구도 성부와 성자가 서로 구별되는 인격이라는 사실을 부인하거나 부인하려고 하지 못할 것이다. 실제로 성자가 하나님이라는 사실을 부인하는 자들이 있다. 하지만 누구도 그가 인격이라는 사실을 부인할 정도로 무모하지는 않다.……다른 두 위격과 달리 성령이 인격이 아니라면 그를 이 두 위격에 더하고 그들과 더불어 동등하게 참여하도록 하는 것이 이제 우리의 믿음과 순종에 대한 모든 우려와 관련하여 얼마나 큰 혼란을 초래하겠는가![32]

더욱이 성령은 인격적 특성을 갖는다고 말한다. 그는 이해하고, 택하고, 행하고, 가르치며, 시험을 당하고, 슬퍼하고, 모독을 당하고, 모함을 받으신다.

여기로부터 오웬은 성령의 **역사**를 살피는 데로 나아간다. 무엇보다 먼저 창조 안에서의 역사를 살핀다. 성령은 본질적으로 창조에서 일깨우시고, 생명을 부여하는 역할을 하신다. 다시 말해, 비둘기가 알을 품는 것처럼 성령은 천지에 생명력을 불어넣고 그것을 풍성하게 한다. 실제로 이 일은 창조의 처음 역사에서만이 아니라 지금도 그가 하시는 일이다. 매년 겨울이 지난 후 만물로 새로운 생명으로 움트게 하시는 이도 성령이다(시 104:29-30). 이처럼 성령은 창조에서 자신의 고유한 역사를 나타내시는데, 그것은 바로 새창조의 역사다.

이어서 오웬은 예언과 성경의 기록에 영감을 주고 이적을 일으키며 사람들에게 능력을 주는 등 구약성경에서 역사하는 성령을 보여준다(예를 들어, 삼손을 강하게 하고 브살렐을 능숙한 장인으로 만든다). 실제로 "심지어 구약성경에서도 선한 모든 일이 그 일의 직접적인 유일한 주체로서 성령에게 돌아가는 것을 발견한다."[33] 하지만 창조에서의 성령의 역사는 새

창조를 위한 예비적인 것이었다. 하나님께서 아담에게 생기를 불어넣으신 것처럼 예수께서 그의 제자들에게 성령을 불어넣으신 것이다.

이어서 오웬은 성령의 진정한 역사로 나아간다. 이 부분은 그리스도의 인성에서 이루어진 성령의 역사로 시작한다. 그가 새창조의 머리이시기 때문이다. 사람 예수는 성령으로 기름부음을 받으시고, 그로 말미암아 성령으로 권능을 입으시며, 준비된 대로 모든 일을 행하신다. 성령에 이끌려 광야로 가시고, 성령을 힘입어 마귀를 쫓아내시며, 이적을 행하시며, 자신을 희생제물로 드리시고, 그 외에 많은 일들을 행하셨다.

그리스도를 성령의 기름부음을 받은 사람으로 나타내려는 열심에 오웬은 그답지 않게 무리한 이야기를 한다. 영원한 성자가 사람 예수 안에서 직접 행하신 것이 아니다. "성자의 인격이 인성에 직접적으로 행한 단 한 가지 행위는 인성을 입고 인성과 함께 존재하신 것이다."[34] 성자가 마리아에게서 인성을 입으신 후에는 성령이 직접 그 사람에게 역사하셨다는 것이다. 언제든 필요한 때에 불러낼 신성을 가졌던 것이 아니다. 전적으로 성령을 의지해야 했다. "인성에 대한 성자의 다른 행위들은 자발적이었는데," 예를 들어, 십자가 위에서 예수가 "나의 하나님, 나의 하나님, 어찌하여 나를 버리셨나이까?"라고 했을 때는 "인성이 신성에 의해 자신이 버림받고 내버려졌음을 하소연한 것"이었다. 바로 그 시점에 사람 예수는 더 이상 신성으로부터 오는 위로를 받지 못했기 때문이다.[35] 그리스도의 온전한 인성을 강력하게 지지해 주는 흥미로운 이론이다. 그럼에도 불구하고 의구심이 생기는 것은 어쩔 수 없다. 성자 하나님이 사람 예수와 때를 따라 이따금씩 관계가 있을 뿐이고, 다른 인격(성령)을 통해 일반적으로 관계가 있었다고 한다면, 그리스도의 성육신한 한 인격을 여기서 실제로 이야기할 수 있는가?

오웬은 새창조의 머리이신 그리스도께 행해진 성령의 역사에서 그리스도의 몸인 교회에 이루어지는 성령의 역사로 나아간다. 성령을 통해 성자는 성부가 성령으로 말미암아 자기에게 주신 것을 **우리**에게 주신다. 그렇게 성령은 우리를 하나님과 연합하게 한다. 우리는 창조주와 심판자이신 성부 앞에 움츠러들 수밖에 없는 자리에서 성령으로 말미암아 성자와 더불어 "아바!"라고 부른다. "사랑과 은혜 가운데 하나님이 우리에게로 낮아지심이 성령의 역사를 통해 우리 안과 우리 위에 이루어지고 성취된 것처럼, 우리 모두가 하나님께로 올라가는 것 역시 성령의 역사 안에서 시작된다."36

이런 성령의 역사는 중생과 더불어 우리 안에서 시작된다. 겉으로 드러나는 변화가 있다 하더라도 성령이 없이는 우리는 결코 새롭게 될 수 없다. 그러나 성령은 돌같이 굳은 마음을 부수고 새로운 마음을 갖는 참되고 급진적인 갱신을 가져온다. 이렇게 성령은 처음 창조에서 생명과 빛이 없는 흑암에서 역사한 것처럼 생명과 빛을 주신다. 이 중생의 역사는 사실 구약성경 시대의 택함을 받은 모든 자에게도 있었다. "하나님의 택함을 받은 자들이 거듭나는 방식은 한 가지가 아니다. 구약성경 시대의 성령의 거듭나게 하는 역사와 신약성경 시대의 거듭나게 하는 역사는 다르다."37 어쨌든 성령으로 거듭나지 않으면 아무도 하나님 나라에 들어가지 못한다. 하지만 본질적으로 중생은 새창조의 역사다. 그렇기 때문에 이 역사는 새창조를 여시는 그리스도의 오심과 특별한 관계가 있다.

오웬으로 하여금 중생이 있어야 함을 주장해야 할 필요를 느끼게 한 사람이 있는 반면, 중생이 어떻게 드러나는지를 명확히 해야 할 필요를 느끼게 한 사람도 있었다. "열광주의자들"에 대항하여 오웬은 "중생은 열광적인 환희나 황홀경, 음성 혹은 그 어떤 종류의 것들로 이루어지지 않는다"고 말한다.38 왜 그런가? 성령은 창조자의 영이고, 또 그렇기 때문에 그의 창조를 거슬러 역사하지 않는다. 오히려 피조물의 기능을 통해 그것에 부합하게 역사한다. "성령은 악한 영이 그가 사로잡은 사람들의 몸을 뒤트는 것처럼 무의식적인 환희와 더불어 사람들에게 임하지 않으신다."39 그렇다고 오웬은 합리주의자도 아니었고, "실제로 성령의 은혜의 역사에 참여한 많은 사람들은 이 세상에서 광신적이나 열광주의적이거나 극단적으로 드러나지 않았다."⁴⁰ 중생을 믿는 것은 필요하나 광신적이고 이상하고 열광적일 필요가 없음을 보여주기 위해, 오웬은 『고백록』에 기록된 개인의 영적 여정과 중생에 대한 아우구스티누스의 진술을 살핀다. 아우구스티누스가 어떻게 전혀 다른 선택을 할 수 없이 자신의 야망과 욕망에 지배되었는지를 설명한다. 그리고 나서 **성경을 통해** 하나님께서 그의 욕망과 더불어 그의 마음을 완전히 바꾸신 것을 서술한다. 그제서야 아우구스티누스는 그리스도를 사랑하는 마음을 가지고 처음으로 자유롭게 선을 택할 수 있었다. 아우구스티누스가 주는 교훈은 분명하다. 황홀경이나 환희는 없었다. 하지만 마음의 변화가 없었다면 그는 여전히 과거 삶의 방식의 노예로 남아 있었을 것이다.

즉각적인 중생의 역사로 시작한 성령은 새창조에 참여한 자들을 거룩하게 하는 일을 이루어 가신다. 오웬은 이런 성화는 우리가 스스로 할 수 있는 것이 아니라고 분명하게 주장한다. 바로 성령의 역사다(도덕주의에 불과하다). 성령은 복음으로 우리를 일깨우고 감동시키시고, 주님과 그의 뜻을 경험하게 하심으로써 이 일을 이루신다. 실제로 "거룩은 다름 아닌 복음을 우리 영혼에 심고, 새기고, 깨닫게 하는 것이다."⁴¹ 이처럼 참된 거룩은 그리스도와의 관계가 전부다. 거래를 성사시키려는 것처럼 하나님께 무엇을 돌려드리는 것이 아니다.

거룩에서 자라가는 것은 '우리 영혼에 복음이 실현되는 것'이기 때문에 우리가 처음 구원받을 때와 같은 방식으로 일어날 수밖에 없다. 즉 그리스도의 피로 의롭게 되는 것처럼, 성화 역시 그리스도의 피로 말미암는다. "성령은 실제로 깨끗하게 하고 정결하게 하는 그리스도의 피의 효력을 우리 영혼과 양심에 나누어 주시고, 이를 통해 우리는 수치로부터 자유롭게 되고 하나님을 향한 담대함을 갖는다."⁴² 그렇다면 믿음을 통해 우리 양심은 죄책으로부터 자유롭게 되고 더욱 더 진심으로 하나님을 사랑하게 된다. 이것이 바로 거룩의 핵심이다.

성화는 죄로 어그러진 피조물을 새롭게 하시는 성령의 역사다. 이는 우리가 창조된 의도대로 하나님의 형상을 닮아가도록 한다. 그렇기 때문에 성화는 "영혼의 어느 한 기능이나 마음의 성향이나 몸의 일부만의 일이 될 수 없고, 각각의 신자의 전체 몸과 영혼, 전체 본성에서 일어난다."⁴³ 성화는 신자를 아름답고 온전하게 만드는 완전한 치료의 역사요, 우리의 부활을 통해 완성될 일이다. 그렇기 때문에 거룩은 파괴될 수 없는 새창조의 시작이요, 영원한 것이다.

오웬의 성화 신학에는 또 다른 측면이 있는데, 오웬이 성화의 주제를 살펴감에 따라 점점 논의의 중심을 차지하기 시작한다. 논의를 더해 갈수록 오웬은 성령이 우리에게 습성을 주입하신다고 하는 아퀴나스의 관점을 더욱 의지한다. 성령의 주입을 통해 죄의 옛 습성이 멀어지고 우리로 하여금 '순종의 의무'로 이끌도록 하는 새로운 습성이 우리 안에 형성된다.

성화에 대한 아퀴나스의 관점을 차용함에 따라 몇 가지 흥미로운 모순이 오웬에게서 발견된다. 아퀴나스의 습성에 대한 이야기는 아리스토텔레스로부터 직접 가져온 것이다(오웬 역시 실제로 여기서 아리스토텔레스를 긍정적으로 인용하는 것으로 봐서 그 역시 이 사실을 알고 있음을 보여준다). 하지만 그에 대해 오웬은 두 가지 생각을 가졌던 것이 분명하다. 한편으로 오웬은 자신의 신학을 전개함에 있어서 기꺼이 그리고 반복적으로 아리스토텔레스에게로 돌아간다. 다른 한편으로, 오웬은 그의 영향을 초기 종교개혁자들이 옳게 "토해"내었지만 "트로이 목마의 뱃속에서 나온 그리스 군사들과 같이" 다시 스멀스멀 기어들어 개혁교회를 더럽히는 "전염병"으로 그의 영향력을 언급했다.⁴⁴

그리고 오웬이 아퀴나스를 인용하여 성화를 논의함으로써 이와 유사한 긴장이 초래된다. 습성에 대해 말하기에 앞서 오웬은 우리를 **중심에서부터** 변화시키고, 우리의 마음을 사로잡고 우리의 행동을 변화시키는 성령에 대해 말한다. 하지만 아퀴나스는 덕스러운 습성을 증진하는 가운데 우리가 **외부로부터** 거룩해진다고 생각한다. 오웬이 하는 말도 그렇게 들릴 수 있다. "행동을 정기적으로 자주 하게 되면 그런 행동이 비롯되는 습성이 더해지고 강해진다.······ 행동하는 가운데 또한 그런 행동들을 통해서 습성은 더욱 자라고 왕성해진다.······ 그러나 행동을 하지 않으면 습성이 쇠하게 된다."⁴⁵ 마치 습성 자체에 (교회 출석과 같은) 성화시키는 본유적 능력이 있는 것처럼 들리는 대목이 곳곳에 있다. 그런 경우를 보면 기본적으로 거룩을 그리스도를 향해 마음을 돌이킨 것으로 본 오웬의 말은 명백하게 관계적이지 못한 것이 되어 버린다. 때때로 거룩은 결국 우리가 하나님께 드리는 어떤 것으로 보이기 시작한다. "복음에서 명시된 거룩이 아니면 우리는 그가 필수적인 것으로 요구하시는 어떤 영광도 예수 그리스도께 드릴 수 없다.······ 그는 자신의 은혜로 우리를 값없이 구원하시지만 우리가 그것을 인식하고 있음을 표현해야 한다고 요구하신다."⁴⁶

오웬은 거룩의 필요를 역설하면서 이 작품을 끝맺는다. 하나님의 존재에서부터 하나님의 형상을 닮아가는 우리의 목표에 이르기까지 생각할 수 있는 거의 모든 동기를 선보인다. 한 가지 주된—아마도 의외의—동기는 영원 전에 이루어진 우리의 선택이다.

> 특별한 방식으로 하나님의 소유가 되고, 하나님을 영원히 즐거워하는 복에 참여하도록 계획된 모든 자들이 먼저 거룩하게 되는 것이 하나님의 영원하고도 불변하는 목적이다. 이 하나님의 목적이 우리에게 선포된 것은 우리로 하여금 우리의 신분과 상태에 대해 잘못 판단하거나, 장래 영광의 소망이나 기대를 결국 실패할 수밖에 없는 모래로 된 토대 위에 세우지 않도록 하기 위함이다.⁴⁷

다시 말해, 하나님께서 선택된 자들을 거룩하게 **하실 것이기** 때문에 적어도 내가 택함을 받은 자들 가운데 하나임을 확신한다면 나는 내가 거룩하다는 사실을 확신해야 한다. 그리스도는 택함을 받은 자들만을 위해 죽으셨기 때문에 내가 만약 그들 가운데 하나가 아니라면 십자가에서 내 구원의 확신을 찾을 수 없을 것이라고 오웬은 주장했다. "모든 악에서 떠나지 않는다면 우리가 견고하고 안전한 하나님의 토대 위에 지어진 것으로 생각할 근거가 전혀 없다."⁴⁸ 이것을 흔히 청교도 논법 Puritan logic 이라고 했다. 하지만 어떻게 이 논법을 사용해야 하는지는 상대적으로 논란거리였다. 많은 청교도들이 구원의 확신을 위해 어느 정도까지 우리의 행위를 감안해야 하는지, 이런 방식으로 참된 거룩을 독려해도 되는 것인지에 대해 씨름했다.

부록들

『성령론』을 출판한 지 수년 만에 오웬은 이 작품을 위한 몇 가지 부록들을 더했다.⁴⁹ 『믿음의 이유』 The Reason of Faith 에서는 어떻게 우리가 교황을 전혀 의지하지 않고 성경을 하나님의 말씀으로 믿을 수 있는가를 풀어 낸다. 많은 개신교 저자들이 이 질문을 지나치게 합리주의적으로 다룸으로써 성경에 대한 믿음을 복잡한 성경 외부의 주장들에 의존되도록 하고 있다고 오웬은 믿었다. 설령 그런 주장들이 옳다고 하더라도 "우리가 성경을 하나님의 말씀으로 믿는 것은 오직 성경 그 자체 때문이다. 즉 우리가 성경을 믿는 이유는, 성경이 하나님 자신을 그 안에서 그것을 통해 계시하는 하나님의 유일한 진리와 권위이기 때문이다."⁵⁰

『하나님의 마음을 깨닫는 목적과 방법과 방편』 The Causes, Ways and Means of Understanding the Mind of God 에서는 성경 해석에 대한 개신교적 이해—모든 그리스도인은 성경을 스스로 해석할 권리가 있고 교황과 그의 공적 성경 해석을 의지할 필요가 없다—를 변호한다. 오웬은 우리에게 죽은 문자에 불과했을 성경을 깨닫도록 하는 성령의 핵심 역할(그가 사용하는 방편)을 주목했다.

어떻게 성령이 우리로 하여금 성경을 읽고 의지하도록 하는지를 살펴본 오웬은 이제 『성령이 도우시는 기도』 The Work of the Holy Spirit in Prayer 를 살핀다. 마지막으로 오웬은 이중으로 된 주제를 다루는 저작으로 부록을 마친다. 『위로자로서의 성령』 The Holy Spirit as Comforter 은 많은 부분에서 『성도와 하나님과의 교제』와 같은 내용을 다룬다. 또한 『성령의 은사』Spiritual Gifts에서는 어떻게 성령께서 교회를 세우기 위해 은사를 주시는지를 살핀다.

『히브리서 주석』

오웬의 저작을 이야기하면서 7권으로 이루어진 방대한 『히브리서 주석』을 빠뜨리는 것은 예의가 아닐 것이다. 문제는 주석에 대한 언급이 자칫 장황해지기 쉽다는 데 있다. 오웬의 저작에 대해 소개하는 이 글에서 이 저작을 다루지 않으려고 하는 것도 이 때문이다. 하지만 본서가 의도한 바를 벗어나지 않으면서 오웬에게 이 저작이 가진 의미를 지적하는 것만으로도 충분할 것이다.

이 작품은 오웬이 면밀한 본문 분석과 교리적 논의를 능숙하게 엮어 낸 최고의 언어학자와 주석가임을 드러내 주었다. 히브리서는 많은 방식으로 오웬에게 완전한 신학으로 기능했다. 우선 그는 히브리서가 그리스도에 대한 선포라고 믿었다. 하지만 이는 또한 구약성경의 목적과 전체 이야기(특히 율법)를 개략하는 총체적인 성경 신학을 통해 들려주는 그리스도에 대한 메시지다. 심지어 창조로부터 천년왕국 그리고 최종적인 안식에 이르는 세상의 역사를 아우른다. 뿐만 아니라 오웬이 어떻게 모든 것을 그리스도를 중심으로 이해했는지를 보다 분명하게 증거한다.

계속 읽어 가기

오웬이 독자들에게 꽤나 무자비했다고 하지 않을 수 없는 것이, 독자들이 진지하고 열심히 자신의 저작을 읽을 것이라 기대했던 것 같다. 한 서론에서 그는 이렇게 적고 있다. "독자여,······만일 그대가 허영을 일삼는 이 세대의 많은 자들처럼 표지나 제목에만 관심이 있고 카토Cato가 극장에 왔다가 나가는 것처럼 책을 집어 드는 것이라면 그것으로 그대의 여흥은 다 했네. 잘 가게나!"[51] 상냥한 소개 같은 것은 없다. 책의 순서도 별로 의식하지 않고 무덤덤하게 글을 전개해 가는 경우가 많다. 하지만 이 모든 것은 그가 글을 쓰는 방식에 비하면 아무것도 아니다. 그의 글을 읽다 보면 라틴어가 그의 실제 모국어인 것처럼 느껴진다. 그 결과 그가 영어로 쓴 글들도 읽기가 까다롭고 여기저기 막히기가 일쑤다. 그렇기 때문에 한꺼번에 많은 분량을 읽고 이해하려고 하는 것은 마치 맥아분유로 된 뜨거운 차인 홀릭스를 한꺼번에 많이 마시는 것과 비슷하다. J. I. 패커가 제안하는 처방은 오웬을 소리 내서 읽는 것이다. 이렇게 하면 약간 도움이 될 수 있다. 하지만 솔직히 말해 오웬의 글은 그것을 읽든, 듣든, 영창으로 부르든, 혹은 랩으로 부르든 질긴 고기다.

그럼에도 불구하고 오웬의 글을 직접 읽는 것을 대체할 만한 다른 것은 없다. 아마도 읽기에 가장 쉽고 시작으로서 가장 좋은 작품은 『성도와 하나님과의 교제』이다. 잘 읽히는 현대판으로는 켈리 카픽 Kelly M. Kapic과 저스틴 테일러 Justin Taylor가 편집한 『성도와 하나님과의 교제』 Communion with God, Wheaton: Crossway, 2007를 추천한다. 뿐만 아니라 굴드 William H. Goold가 편집한 24권으로 된 『존 오웬 전집』 The Works of John Owen, Johnstone & Hunter, 1850-55; Edinburgh: Banner of Truth, 1965, 91 재출판의 제2권에서도 읽을 수 있다. 그 뒤에는 『기독론』 Christologia을 읽을 가치가 있다. 통찰력 있는 독자는 『성령론』 Pneumatologia을 읽는 것도 좋다. 이 작품들은 www.ccel.org에서 무료로 읽을 수 있다. 하지만 컴퓨터 화면으로 읽기에는 오웬의 모든 작품들은 너무 방대하다. 마지막으로 『히브리서 주석』이 있다. 7권으로 된 주석에 당혹감을 느끼는 것이 당연지사지만, 첫 권(전집, 제17권) 앞부분에 서론격으로 있는 짧은 글들을 보는 것만으로도 가치가 있다.

그리고 나서 오웬의 생애에 대한 가장 좋은 소개서는 지금은 고전이 된 피터 툰 Peter Toon의 전기 『하나님의 정치가』 God's Statesman: The Life and Work of John Owen: Pastor, Educator, Theologian, Exeter: Paternoster, 1971다. 그의 사상에 대해서는 싱클레어 퍼거슨의 『그리스도인의 삶에 대한 존 오웬의 이해』 John Owen on the Christian Life, Edinburgh: Banner of Truth, 1987를 읽어 보라.

존 오웬의 연표

1616 존 오웬 출생. 같은 해, 윌리엄 셰익스피어가 죽음
1628 옥스퍼드의 퀸즈 칼리지 입학. 존 번연이 태어남
1637 개인 가정의 목사직을 위해 옥스퍼드를 떠남
1642 시민전쟁 발발. 런던으로 옮겨감. 구원의 확신을 경험
1643 포드햄에서 목사가 됨. 메리 루크와 결혼
1646 코기쉘로 옮겨가 회중주의자가 됨
1649 찰스 1세의 처형. 오웬이 의회 앞에서 설교함. 크롬웰의 군목으로 아일랜드로 감
1651 옥스퍼드 크라이스트 처치의 학장으로 임명됨
1652 옥스퍼드 대학의 부총장으로 임명됨
1657 부총장직을 그만둠.『성도와 하나님과의 교제』출판
1660 찰스 1세 즉위. 청교도에 대한 억압이 시작되면서 존 번연이 투옥됨
1663-4 런던과 그 인근에서 살면서 목회
1668-84 『히브리서 주석』출판
1674 『성령론』출판
1675 첫 번째 부인인 메리가 죽음
1676 도로시 도일리와 결혼
1679 『기독론』출판. 존 번연의『천로역정』출판
1683 일링에서 숨을 거둠

10

아메리카의 신학자

조나단 에드워즈   *Jonathan Edwards*

제대로 배운 아이들이라면
잠자리에 들면서
에드워즈씨의 하나님을 만날까 봐
두려워 떨었을 것이다.

잘못을 참아 보지 못하는
진노로 가득 찬 아브라함의 하나님
성부나 성자 하나님이 아닌
거룩한 공포의 하나님이다.

— 필립스 맥긴리 Phyllis McGinley, '조나단 에드워즈의 신학'

조나단 에드워즈는 너무나 오랫동안 『진노하시는 하나님의 손 안에 있는 죄인』 Sinners in the Hands of an Angry God 을 설교한 끔찍한 구닥다리 설교자라는 악평에 시달렸다. 평면적인 단순한 인물(호통치기를 좋아하는 고지식한 사람)로 쉽게 무시될 수도 있었다. 그러나 최근 몇십 년간 에드워즈는 광범위한 관심과 탁월한 능력을 가진 신학자로 재발견되기 시작했고, 이제는 많은 사람들이 그를 아메리카가 낳은 가장 위대한 신학자로 여긴다.

에드워즈의 생애

사실 조나단 에드워즈는 스스로를 영국인으로 알았다. 미국 혁명이 있기 70여 년 전에 코네티컷 Connecticut 의 이스트 윈저 East Windsor 에서 태어난 그는 스스로를 영국의 켄트와 같은 식민지 귀족 계층의 일원으로 알고 살았고 또 그렇게 죽었다. 영국의 켄트와 마찬가지로, 뉴잉글랜드는 불편하리만큼 프랑스 가톨릭의 영향에 인접해 있었다(북쪽과 서쪽으로 뉴프랑스 식민지가 그렇게 멀지 않았다). 인디언의 공격에 쉽게 노출되는 변경이라는 점만 달랐다.

에드워즈의 아버지 티모시 에드워즈 Timothy Edwards 는 뉴잉글랜드 청교도 전통을 따르는 목사였다(가족에 대한 평판에 현혹되면 안되겠지만, 조나단의 "조모는 제멋대로 방탕한 삶을 살았고, 그의 큰고모는 유아를 살해했으며, 그의 종조부는 도끼로 살인을 저질렀다"[1]). 티모시 에드워즈 역시 부흥사였다. 아버지의 목회가 조나단의 사고를 형성하는 데 지대한 영향을 미쳤다. 당시 9살이던 조나단은 아버지의 설교를 듣고 일시적인 영적 '각성' awakening 으로 이끌리고 잠시 동안 엄청난 종교적 열심을 보였다. 그러나 열심은 금방 사그라져 버렸다. 성인이 된 에드워즈는 이때를 생각하며 과연 종교적 열심이 영적 건강을 위한 확실한 안내자인가에 대해 의구심을 가졌다.

13살이 되던 해 그는 장차 예일 대학이 될 곳으로 가서 수학한다. 이는 곧 조나단이 듣도 보도 못했던 럼주, 총, 그리고 분방한 사춘기의 기괴함이 판치는 세계로 들어가는 것을 의미했다. 워낙 책을 좋아하고 열심히 공부하고 늘 진지했던 그였기에, 어슬렁거리며 어울려 다니거나 모여서 농담을 주고받는 생활이 맞지 않았다. 그만큼 그곳에 적응하는 것이 쉽지 않았다. 뿐만 아니라 거의 죽을 정도로 시달린 중병으로 촉발된 영적인 방황기 때문에 더욱 누구를 사귀기가 어려웠다. 그러던 어느 날, 디모데전서 1:17을 읽고 이전에는 전혀 해본 적이 없는 방식으로 "신적인 존재의 영광을 지각"하는 놀라운 경험을 했다.[2] 이번에는 한 번 일어났다 사라지는 방식이 아니었다. 그 일이 있은 이후 수개월 동안 그는 홀로 숲과 들을 거닐며 그 구절에 계시된 그리스도의 영광에 탄복하거나, 성경을 열어 자기 앞에 펼쳐진 그리스도의 영광을 만끽했다.

18살이 되던 1722년 여름, 그는 뉴욕시에 있는 한 작은 교회의 목사를 돕기 위해 그곳으로 갔다. 자신의 생각을 노트에 기록해 두는 습관이 바로 여기 있는 동안 시작되었다. 구체적이고도 거룩한 자기 훈련의 삶을 살도록 하는 70가지 '결심문'Resolutions 역시 이곳에 있으면서 작성했다. 예를 들어, 결심문 4는 다음과 같다. "영으로든 육으로든, 많든 적든 무엇이나 오직 하나님께 영광이 될 만한 것만 하자. 내가 할 수 있는 한 그렇지 않은 일은 무엇이나 피하고 용납하지 말자."³ 에드워즈는 한 주에 한 번 이 결심문을 읽으면서 자신이 이 결심문을 힘써 지키고 있는지 면밀히 살폈다. 그의 일기에서 볼 수 있는 바와 같이, 그 결과 에드워즈는 영적인 널뛰기를 거듭했다. 이처럼 영적으로 주의 깊게 살아갔지만, 실제로는 지나치게 자신의 의지력을 의존하여 싸우고 있었다.

이듬해 그의 아버지는 에드워즈가 이스트 윈저 인근 작은 마을인 볼튼에서 목회를 하도록 주선했다. 그의 의지와 상관없이 불편하게 자리를 지키고 있었기 때문에, 예일에서 강사 제안이 오자 에드워즈는 바로 볼튼을 떠났다. 그러나 예일로 가게 된 것은 단순히 강사 자리 때문만은 아니었다. 13살된 사라 피에르폰트Sarah Pierpont 역시 예일에 있었다. 예일로 간 지 2년이 지난 뒤 약혼한 그들은 그로부터 두 해가 더 지나 결혼에 이른다.⁴ 조나단이 '진귀한 연합'uncommon union이라고 부르곤 한 사랑의 시작이었다(이 연합으로 여덟 명의 아들과 세 딸을 얻었지만, 오직 한 명의 딸만이 성년이 되도록 살았다). 사라를 향한 그의 사랑을 통해 조나단이 공적으로는 수줍어하는 성격인 반면 개인적으로는 다정다감하고 따뜻한 사람이었음이 분명히 드러난다. 이 사실이 의미 있는 이유는, 따뜻한 사랑이 에드워즈에게 아주 중요했기 때문이다.

에드워즈가 결혼한 바로 이 즈음에, 그의 조부인 명망 높은 솔로몬 스토다드Solomon Stoddard는 코네티컷 벨리의 교회들을 돕는 노샘프턴 Northampton에 있는 자신의 교회에서 목회를 돕도록 그를 자신의 협력 목사로 세웠다. 그로부터 2년이 채 지나지 않아 스토다드가 죽고 에드워즈가 그 자리에서 목회를 이어갔다. 스토다드는 노샘프턴에서 46년간을 목회하면서 그 지역에서는 거의 교황과 같은 권위를 쌓았다. 이러한 정황에서 그의 후임 목사 에드워즈는 그가 인정하지 않는 특정한 관습들—예컨대 회심한 표지를 보이지 않는 자들도 성찬에 참여하도록 하는 것—을 유지하며 목회를 해갈 수밖에 없었다(스토다드는 성찬을 통해 사람들이 회심할 수 있다고 주장했다).

에드워즈는 1,300명이 모이는 이 거대한 교회를 5년 동안 목회했다. 1734년 그는 갑자기 숨을 거둔 한 젊은이의 장례식 설교를 했다. 이 설교를 통해 많은 사람들이 영적 안일함에서 깨어나 참된 회심에까지 이르렀다고 에드워즈는 믿었다. 영적인 갱신이 온 도시를 휩쓸었다. 많은 사람들이 기도와 찬양을 하기 위해 모이고 상담을 받으려고 그의 집으로 모여들었다. 또한 부도덕한 행실로 악명 높은 한 여인이 회심하면서 부흥의 불길이 더욱 강렬하게 일어나 다른 마을에까지 번졌다. 에드워즈는 수많은 사람들이 회심하는 모습을 보았다. 비상한 현상은 마을에서 점점 질병을 찾아볼 수 없게 되었다는 점이다.

동시에 에드워즈는 '절망하라, 그리스도를 위하여!'Despair, but for Christ! 라는 메시지로 부흥에 불을 지폈다. 그럼에도 불구하고 어떤 사람은 "절망하라!"는 말만 듣는 것처럼 보였다. 각성이 일어난 지 겨우 1년이 지났을 때 에드워즈의 이모부가 자신의 목을 그어 자살을 했다. 그러자 모든 일이 다 이전으로 되돌아가는 것처럼 보였다. 수개월 동안 마을에서 육신적, 정신적 질병이 사라진 것처럼 보였지만, 이 일이 일어나자 이제 여러 사람들이 갑자기 자살을 촉구하는 환청을 듣고 자살에 대한 유혹을 받는 것같이 보였다. 그만큼 이 부흥은 흥미로운 유산을 남겼다. 한편으로 에드워즈는 당시의 사건들을 토대로 『놀라운 부흥과 회심 이야기』A Faithful Narrative of *the Surprising Work of God*를 기록했다. 이 작품은 이내 대서양을 사이에 둔 양 지역에서 일어나게 될 부흥을 위한 영감을 제공했다. 다른 한편으로 노샘프턴의 부흥이 지나간 뒤 삶은 이전과 같이 다시 돌아갔고, 에드워즈는 대각성에 영향을 받은 사람들에게 일어난 일들을 자신이 어떻게 성급하게 참된 회심으로 간주했는지를 숙고하게 되었다.

에드워즈가 부흥에 대한 생각을 포기했다는 말이 아니다. 전혀 그렇지 않다. 오히려 그는 부흥을 위해 쉼 없이 기도했다. 영국의 대표적인 부흥 설교자라고 할 수 있는 조지 윗필드 George Whitefield가 바로 그 무렵 뉴잉글랜드에 왔고, 1740년에 노샘프턴에 도착했다. 그의 사역과 더불어 새로운 각성이 일어났다. 첫 번째보다 더 큰 각성이었다. 바로 이때가 에드워즈의 생애에서 가장 악명 높은 사건의 배경이 되었다. 이듬해 7월 부흥이 계속해서 그 지역을 휩쓸고 있을 때, 에드워즈는 가까운 도시인 엔필드를 방문해서 '진노하시는 하나님의 손 안에 있는 죄인'을 설교했다. 조지 윗필드와 반대로 에드워즈의 설교에는 극적이고 불같은 외침이 없었다. 오히려 그의 설교에 이끌리도록 하는 것은 그가 가진 잠잠한 강렬함이었다. 하지만 이 설교가 끝나기 전, 온 건물이 큰 울부짖음과 고통의 신음소리로 가득 찼다. "내가 어찌하여야 구원을 얻단 말인가! 오호라, 내가 지옥으로 가는구나. 오, 내가 어찌하는 것이 그리스도를 위하는 것인가!"[5] 에드워즈는 회중에게 잠잠해 줄 것을 요청했다. 그러나 외마디 비명과 울부짖음은 더이상 걷잡을 수 없게 되었고, 에드워즈는 회중에게로 나아가 개별적으로 말씀을 전할 수밖에 없었다.

이 설교에서 드러나지 **않는 것**은 에드워즈가 항상 설교하려고 **했던 것**이다. 사실 지옥은 에드워즈가 믿었던 한 진리일 뿐이다. 그렇기 때문에 이 설교를 들어 에드워즈의 전반적인 사고를 나타낸다고 여기는 것은 지극히 순진한 (또한 전혀 잘못된) 생각이다. 이 설교가 **보여주는 바는** 에드워즈가 항상 **어떻게** 설교하려고 했는가 하는 것이다. 그의 목적은 청중이 각각의 교리를 철저히 깨닫고 관련된 진리의 실체를 절감할 수 있는 방식으로 설교하는 것이었다. 이 설교를 통해 청중은 회개하지 않은 상태의 죄인이 처한 끔찍한 위험을 절감하게 되었다. 하지만 다른 설교에서 그들은 '신앙생활의 즐거움'이나 '그리스도 안에 있는 안전, 충만함, 그리고 달콤한 회복'을 느꼈다.

  2년이 지나자 이 두 번째 부흥도 잦아들었다. 첫 번째 부흥 이후와 마찬가지로 사람들이 그 전에 살던 불경건한 행동 양식을 슬그머니 가져왔다. 이제 사람들은 더 이상 자신들이 살아가는 방식을 꾸짖는 설교를 들으려고 하지 않았다. 이로 인해 에드워즈와 그의 교구민들 사이의 관계(이전에는 더 이상 온화할 수 없을 정도로 좋았던 관계)는 점점 불편하고 부자연스러워져 갔다. 그러던 차에 에드워즈가 사람들이 도무지 생각할 수 없었던 일을 추진했다. '교황' 스토다드가 오랫동안 실행해 온 관습인 비회심자를 성찬에 참여하도록 하는 관습을 폐지하자고 제안한 것이다. 에드워즈가 노샘프턴에서 목사로 섬긴 지 이제 갓 20년을 넘긴 때였다. 하지만 여전히 교회는 옛날 자신들을 섬기던 목사가 하던 관습이 부정되는 것을 견디지 못했다. 교회 회의는 에드워즈가 목사직에서 사임하도록 발 빠르게 움직였다(다른 설교자가 올 때까지 거의 모든 주마다 설교해 주도록 그들이 에드워즈에게 부탁함으로써 그가 수개월 동안 불편하게 남아 있었어야 했음에도 불구하고).

  이듬해(1751년) 초, 그는 모히칸 인디언들을 위한 선교 거점이었던 스톡브리지Stockbridge의 목사로 와달라는 청빙을 수락했다. 어느 때부턴가 그의 마음에는 인디언에게 복음을 전해야 한다는 생각이 자라고 있었다. 몇 년 전, 선교사인 데이비드 브레이너드David Brainerd가 치명적인 폐렴에서 회복하기 위해 에드워즈의 가족과 함께 머물렀던 적이 있었다. 당시 에드워즈는 브레이너드와 함께 지내면서 인디언 선교에 큰 영향을 받은 것으로 보인다. 브레이너드가 죽은 뒤 거의 곧바로 에드워즈는 그의 전기인 『데이비드 브레이너드의 생애』The Life of David Brainerd를 집필하기 시작했다. 이 전기는 가장 영향력 있는 선교 이야기 가운데 하나로 드러났다. 인디언에 대한 에드워즈의 선교적 관심을 강화시킨 것 외에, 브레이너드가 실제로 에드워즈에게 얼마나 많은 영향을 미쳤는지에 대해서는 거의 알 수가 없다. 다만, 브레이너드가 전해 주는 인디언들에 대한 이야기에 눈을 휘둥그레 뜨고 열중하는 '진노하시는 하나님의 손 안에 있는 죄인'의 설교자를 상상해 볼 뿐이다. "두려움에 떨게 하는 말 한마디 사용하지 않고 전하는 다정다감하고 마음을 녹이는 복음의 초청에 그들의 마음이 어떻게 감화되는지를 보면 정말 놀랍다."[6] 그럼에도 불구하고 실제로는 서로가 서로에게서 격려를 얻은 것처럼 보인다. 서로의 마음과 생각이 너무나 닮았기 때문이다. 브레이너드의 놀라운 언급은 에드워즈 자신이 강조하는 바를 반영하는 것이 틀림없었다.

에드워즈의 인디언 선교가 이전까지의 사역과 다른 점은 성경이 그들의 언어로 번역되지 않았다는 것이다. 그래서 에드워즈는 그들에게 영어를 가르치려고 애썼다. 흥미롭게도 그는 그들에게 노래를 가르치려는 노력을 게을리하지 않았다. 그가 믿기로 "음악은 마음을 부드럽게 해주고 감정을 순화시키며 탁월한 성품의 대상을 즐거워하는 마음을 주기 때문이다."[7]

스톡브리지에서 보낸 시간이 편하지는 않았다. 영국 정착민들은 끊임없이 분쟁을 일삼았기 때문에 상시적인 공격의 위협으로 인해 긴장을 누그러뜨릴 수 없었다. 하지만 변방의 작은 지역이었기 때문에 그곳에서 에드워즈는 전보다 더 많은 시간을 집필을 위해 확보할 수 있었다. 특히 그는 칼뱅주의를 변호하는 글을 쓰고자 했다.

여기서 그는 핵심적인 작품 『의지의 자유』The Freedom of the Will를 썼다. 에드워즈는 이를 토대가 되는 교리로 보았다. 인간이 스스로 결정하는 존재(무엇을 택할지에 대해 우리가 스스로 결정할 수 있다)라는 생각은 복음을 정면으로 거스른다고 그가(그보다 앞서간 루터와 칼뱅과 마찬가지로) 믿었던 것이다. 물론 내가 원하는 바를 하기로 내가 선택하고 그런 의미에서 내 의지가 자유롭다는 사실을 그는 알았다. 나는 완전히 자유롭게 이 컵에 담긴 차를 마신다. 하지만 내가 무엇을 원하느냐는 전적으로 내가 사랑하는 것에 의해 형성된다. 내가 하수구의 구정물이 아닌 차를 마시기로 한 것은, 차를 좋아하고 하수구의 구정물에 끌리지 않기 때문이다. 마찬가지로, 우리는 결코 하나님을 택할 수 없다. 본성적으로 하나님을 사랑하지 않기 때문이다. 우리는 오직 우리가 사랑하는 것을 택한다. 그렇기 때문에 신적이고 초자연적인 빛이 뚫고 들어와 하나님을 사랑하도록 우리 마음의 방향을 재설정하지 않으면 우리는 결코 그런 선택을 할 수 없다.

칼뱅주의에 대한 또 다른 대표적인 논증은 『원죄론』 Original Sin 이다. 우리의 운명은 타자에 의해 결정되었는데, 그 이유는 우리가 아담으로부터 죄책과 부패를 모두 물려받았기 때문이라는 개념을 변호하는 내용이다. 하지만 오래된 이 교리를 명확히 진술함에 있어서 에드워즈는 독특한 이야기를 꺼낸다. 피조물에게 자기 결정의 여지를 전혀 남겨 두지 않기 위해 힘쓰는 가운데 에드워즈는 이런 진술까지 한다. "하나님께서 피조된 실체를 붙드시는, 즉 매 순간 피조된 존재를 있도록 하시는 것은 **매 순간 무로부터 직접 만들어 내시는 것**과 전혀 다르지 않다."⁸ 이제 하나님이 매 순간 무에서 모든 것을 재창조하시는 분이라고 함으로써 피조물이 자기 결정의 여지를 전혀 갖지 못하도록 한 것이다. 하지만 그로 인한 대가는 무엇인가? 하나님은 지금도 (그리고 매 순간) 타락한 세상의 창조자이시다.

에드워즈가 『원죄론』 집필을 다 마쳤을 때 프린스턴에 자리한 뉴저지 칼리지 College of New Jersey 에 부흥이 일어났다. 그러면서 새로운 총장을 물색하기 시작했는데, 에드워즈가 가장 적임자로 드러났다. 하지만 에드워즈는 망설였다. 그가 끝내기를 원했던 두 개의 '위대한 작품들'을 준비하고 있었기 때문이다. 『구속사』 A History of the Work of Redemption 와 『신약과 구약의 조화』 The Harmony of the Old and New Testaments 이다. 이 두 작품은 아마 그의 일생의 사상을 담아내는 그의 최종적인 걸작이었을 것이다. 프린스턴에서는 그런 그의 계획을 이해하고 있었고, 이에 에드워즈는 1758년 그곳의 총장직을 수락했다.

한 달 후, 에드워즈는 당시 뉴저지를 휩쓸고 있던 천연두에 대한 예방

접종을 맞으려고 했다. 하지만 일들이 예기치 않은 방향으로 진행되었고, 에드워즈의 구강과 인후에 천연두가 발병하기에 이르렀다. 이로 인해 아무것도 삼킬 수 없게 된 에드워즈는 결국 3월 22일에 숨을 거두었다.

에드워즈의 사상

에드워즈 사상의 전반적인 형태를 알고 맛보기 위해 우리는 먼저 그의 『신앙감정론』Religious Affections 을 살펴볼 것이다. 그러고 나서 앞에서 언급한 그의 두 '위대한 작품' 『구속사』와 『신약과 구약의 조화』의 골자를 간추려 보려고 한다. 그렇게 하는 가운데 『하나님의 세상 창조의 목적』The End for Which God Created the World 과 같은 몇 가지 다른 저작들도 맛볼 것이다.

『신앙감정론』

1746년, 노샘프턴에서 (윗필드를 통한) 두 번째 대각성이 지나간 지 얼마 지나지 않아서 에드워즈는 자신의 『신앙감정론』을 출판했다. 목적은 두 가지였다. 먼저, 부흥을 비판하는 자에게 신앙감정은 필요하고 중요함을 보여주고, 반대로 아마도 놀라운 신앙적 체험에 압도되었을 자에게는 어떻게 그런 일들이 잘못 해석될 수 있는지를 보여주는 것이다. 계속해서 에드워즈는 진실로 회심했다고 믿었던 자들이 결국에는 그리스도에 대해 냉랭한 상태로 전락하는 모습을 보았다. 그래서 오직 하나님만이 사람의 마음을 진실로 아신다는 사실을 확인하는 한편, 사람이 참으로 회심했다고 확신할 만한 표지들이 무엇인지를 기술하려고 했다.

『신앙감정론』을 읽을 때 놀라게 되는 점은, 단지 에드워즈가 가진 꿰뚫는 비상한 통찰력 때문만이 아니라 그가 독자들에게 호소하는 방식 때문이다. 그의 모든 설교와 저작들을 보면 항상 그는 청중이나 독자들이 당면한 진리를 느끼게 하려고 했다. 그런 그가 신앙감정에 대해 무정하고 생명력 없게 생각하고 말한다고 평하는 것은 맞지가 않는다. 오히려 그의 설교와 저작은 한 번 접하면 잊어버릴 수가 없다.

1부: 신앙감정의 본질과 중요성

에드워즈 당시 사회에서는 대부분의 사람들이 기독교의 기본 진리에 대해서 어느 정도 이론적으로는 알고 있었다. 하지만 마귀도 그 정도는 안다고 에드워즈는 생각했다. 그렇기 때문에 에드워즈는 복음에 대한 이론적인 단순한 이해는 참된 회심과는 전혀 다른 것으로 보았다. 그래서 그는 "참 신앙은 많은 부분에 있어서 거룩한 감정으로 이루어진다"고 주장했다.[9] 진실로 회심한 자는 단순히 중립적인 변화를 넘어서서("동물적인 육체의 본성과 생각의 움직임이 현저하게 달라지기 시작한다") 분명히 인지할 수 있을 정도로 그리스도를 사랑하고 그 안에서 기뻐하는 데까지 나아간다고 주장했다.[10]

이는 사람됨에 대한 총체적 이해가 함축된 말이다. 우리가 사랑하는 대상이 우리의 행동 하나하나를 몰아간다고 그는 주장한다. 예를 들면, 우리가 돈을 추구하는 것은 그것을 사랑하기 때문이다. 우리의 생명을 사랑하기 때문에 위험이 있을 때 그것을 피한다. 그래서 우리가 성령을 받을 때 그가 우리 안에 행하시는 역사는 우리로 하여금 성부와 성자를 향한 사랑에 참여하도록 하는 것이고, 이 사랑이야말로 "처음 느끼는 최고의 신앙감정이요 모든 신앙감정의 원천이다."[11] 우리가 그리스도를 사랑하게 될 때 다른 감정들이 따라온다. 기쁨과 감사, 죄에 대한 증오를 느끼기 시작한다.

이것이 바로 하나님께서 설교자를 세우신 이유라고 에드워즈는 말한다. 우리 안에 사랑을 불러일으키지 않는 "성경에 대한 주해"를 단순히 전하기 위한 것이 아니다. 오히려 설교자는 "성도들 앞에 복음에 속한 것들을 각각의 합당한 색깔로 배열함으로써" 성도들의 순전한 지각을 일깨우고, 그들의 사랑을 촉발시킨다("그들 안에 특별히 사랑과 기쁨이라는 두 가지 감정을 증진한다").[12] 특히 이런 설교자는 십자가를 증거한다. "찬양받으실 여호와의 영광과 아름다움이 생각할 수 있는 가장 사랑스러운 방식으로 극명히 드러난 것이 바로 십자가이기" 때문이다.[13]

실제로 하나님의 모든 구속하신 방식은 가장 위대하며, 우리 가슴의 가장 부드러운 부분에까지 영향을 미치고, 우리의 사랑을 가장 강력하고 현저하게 불러일으키도록 예비되었다. 그러니 우리 안에 최대한의 사랑이 촉발되기 위해 우리가 티끌에까지 낮아져야 할 이유가 얼마나 큰가![14]

반대로 죄는 마음의 완고함과 냉랭함에 관한 것이다. 더 이상 그리스도를 향한 참 사랑이 없는 마음에서는 어떤 선한 것도 나올 수 없다. 그래서 에드워즈는 당대에 감정에 대해 회의적인 자들, 기본적으로 '신앙은 논리적으로 바른 길을 선택하는 지성에 대한 것'이라고 가르친 자들을 최대한 경계했다.

다른 사람이 보이는 고조된 감정을 비난하는 자는 분명히 그런 고조된 감정을 갖지 못할 것이다.…… 바른 길은 모든 감정을 거부하는 것도, 무조건 인정하는 것도 아니다. 감정들을 분별하여 옳은 감정은 긍정하고 그렇지 않은 감정은 거부하는 것이다.[15]

2부: 신뢰할 수 없는 회심의 표지

쓰라린 경험들을 통해 에드워즈는 인간 마음의 복잡함과 기만성을 철저히 경계해야 함을 배웠다. 이 작품의 두 번째 부분을 보면, 많은 분명한 회심의 표지들이 완전히 거짓된 표지들로 드러나는 것 때문에 아주 회의적인 태도를 취하고 있다. 에드워즈가 이런 표지들이 필연적으로 잘못되었다고 말하는 것은 아니다. 그런 표지들은 마음의 실제 상태를 나타내는 것으로 신뢰할 만하지 못하다는 것이다.

여기서 에드워즈가 말하는 핵심은 여러 이유들로 사람은 아주 피상적인 영적 감정에 완전히 사로잡힐 수 있다는 것이다. "호산나!"를 외쳤던 군중은 이내 "십자가에 못 박아라!"고 부르짖었다. 이처럼 사람들이 나타내는 열정과 열심은 그들 마음의 근본적인 변화에서가 아닌 일시적인 감정의 거품에서 비롯될 수 있다. 바로 이 점을 지적하면서 에드워즈는 아주 중요한 구분을 한다. 참된 신앙은 대부분 거룩한 감정들로 이루어져 있지만, 이런 감정들은 마음과 성향에 깊고 확연한 변화를 가져온다. 마치 혈당 수치와 같이 오르내리는 일시적인 열정과 혼동해서는 안 된다.

하지만 일시적인 (혹은 거짓된) 열정도 충분히 받아들일 만하게 드러날 수 있다. 진정으로 사랑하는 것처럼 보일 수도 있고, 죄에 대해 강하게 깨달은 것처럼 보일 수도 있고, 교회 활동에 열심히 참여하는 것처럼 보일 수도 있고, 성경 설교를 즐겨 듣는 것처럼 보일 수도 있고, 신앙과 성경에 대해 이야기하기를 즐겨 하는 것처럼 보일 수도 있다. 이런 것들을 통해 다른 사람들이, 심지어 나 자신조차 회심을 확신할 수 있다.

이 부분을 읽으면 전반적으로 맥이 쭉 빠지고 빨리 다음 부분으로 넘어가고 싶은 마음이 든다.

3부: 회심의 참된 표지[16]

진정으로 거듭난 감정임을 나타내는 표지는 그것이 성령으로부터 온 것인가 하는 것이다. 성령은 신자의 마음을 거룩하게 하신다. 거룩은 "다름 아닌 신성의 아름다움과 사랑스러움"이고 이는 성령이 신자들에게 나누어 주시는 것이라고 에드워즈는 설명한다.[17] 성령은 자기 본성의 선함을 나누어 줌으로써 그리스도인들이 "의의 태양이 뿜어내는 빛을 반사함으로 동일한 종류의 밝음, 동일하게 온화하고, 달콤하고, 명랑한 빛"을 비춘다.[18] 에드워즈는 그리스도께서 얼마나 '사랑스러우신지'와 어떻게 그분이 그리스도인을 '사랑스럽게' 만드시는지를 반복적으로 언급한다. 그렇다고 에드워즈가 감정주의에 빠져 있다고 생각하면 오산이다. 이 '사랑스러움'은 절대 약한 것이 아니라, 본성적으로 유쾌하지 않은 악독함으로 미끄러지듯 빠져들어가는 것에 맞서서 드러나는 힘이기 때문이다.

실제로 에드워즈는 진실로 회심한 사람은 하나님의 사랑스러우심을 맛보는 사람임을 알았다. 그는 두 사람을 비교한다. "꿀이 달다는 것을 단지 들어서 아는 사람이 하나요, 꿀을 맛보아 그 달콤함을 앎으로써 그것을 크게 기뻐하고 사랑하는 사람이 다른 하나다."[19] 회심이 바로 그렇다. 단지 '하나님은 사랑스럽다'라고 이해하는 것만이 아니다. 지금 내가 그 사랑스러움을 느끼고 누리는 것이다. 맛보고 보는 것이다.

하나님에 대한 것들의 달콤함을 맛보는 것은 본질적으로 하나님의 아름다움을 누리는 것과 관련이 있다. 에드워즈에게 있어서 하나님은 모든 다른 존재와 구분된다. 특히 그분의 아름다움에 있어서 그렇다. 이 아름다움은 무엇보다 마음에 사랑과 변화를 불러일으킨다. 그래서 참 신자는 먼저 하나님이 계신 그대로의 모습인 하나님의 아름다움에 감화를 받는다. 복음을 통해 그들이 얻는 것 때문에 감화를 받는 것이 아니다.

이런 사실을 아는 에드워즈는 기독교인의 위선과 위선 가득한 설교를 고통스러울 정도로 신랄하게 비판하지 않을 수 없었다. 문제는 그리스도의 아름다움을 잃을 때 시작된다. 그렇게 될 때 기독교의 메시지는 다름 아닌 영원한 지옥 불에 대비한 보험과 같은 값싼 형태로 전락한다. 그러나 위선자는 그런 복음을 좋아한다. 근본적으로 위선자는 자기 자신을 사랑하기 때문에 우선적으로 하나님이 자신을 위해 해줄 수 있는 일에 감화를 받는다. 위선자는 하나님이 아닌 자기 자신을 사랑하고, 그저 기분 좋게 하나님의 섬김을 받을 수 있다는 사실을 좋아한다.

위선자의 정체를 알 수 있는 한 가지 방법은, 그의 관심사를 보는 것이다. 그의 관심사는 본질적으로 자기 자신이기 때문에 그는 '그리스도의 아름다움이 아닌 그가 경험하는 것의 아름다움'에 주목한다. "위선자는 자신이 발견한 것을 열렬히 이야기할 뿐 그가 발견한 것에 대한 실천을 말하지 않는다."[20] 문제는 여기에 자기애가 결부되어 있기 때문에 이런 잘못된 감정이 실제로는 신자로 하여금 항상 하나님을 더 알고 사랑하는 데

굶주리도록 하고, 죄를 더욱 더 미워하도록 하는 등, 성령의 참된 역사에 정면으로 배치되는 방향으로 마음을 완고하게 만들어 버린다는 데 있다.

위선자는 하나님을 향한 참된 사랑이 없기 때문에 겸손함 또한 자신에 관한 것으로 오해한다. 기쁨으로 기꺼이 하나님을 위해 자신을 버리기보다는 특정한 것들만을 버린다(예를 들어, 부와 쾌락). 그것도 자기 의를 부추기기에 딱 좋을 정도로만 그렇게 할 뿐이다. "이 정욕을 팔아 다른 정욕으로 옮아가고, 마귀적인 정욕을 부추기기 위해 짐승의 정욕을 파는 것일 뿐이다."[21] 그에게 하나님을 향한 사랑이 없다는 사실은 그 생활의 불균형에서 확연히 드러난다. 하나님을 사랑한다고 주장하면서 사람들을 사랑하지 않는다. 일요일에 교회에서 사람들을 사랑하지만 월요일에는 자기 아내를 때린다.

참 신자는 성령의 감화를 받고 산다. 그를 감화하는 것은 자신 안에 있는 것이 아니다. 그는 항상 성경을 통해 이루어지는—하나님에 대해 성령이 계시하시는—계시들에 감화를 받는다. "거룩한 감정은 빛이 없이 뜨겁기만 한 것이 아니다. 지각을 통해 얻게 된 정보에서 시작하여 영적인 교훈, 빛, 혹은 실제적인 지식을 얻는다."[22] 하나님을 더 잘 앎으로써 그를 더 사랑하게 된다. 그렇기 때문에 경건한 감정은 단순한 감정이 아니라 성경에 계시된 하나님을 맛보고 즐거워하는 것이다. 이런 "신적인 것들이 가진 신령한 탁월함과 아름다움을 지각함으로써 지성은 복음이 진리임을 더욱 직접적으로 확신하게 되고," 이를 통해 신자는 더 이상 복음의 진리됨에 대해 고민하지 않고 담대하게 그 진리를 의지하고 살아간다.[23] 복음이 가진 신적인 탁월함은 복음에 대한 편견을 눈 녹듯 사라지게 한다. 근본적으로 복음 자체를 의지하지 않고 복음을 신뢰할 만한 것으로 만드는 외적인 증거를 의지하는 자와 매우 다르다. 외적인 증거는 불충분하기 때문에 그것을 의지하는 자에게는 "끝없는 의심과 망설임이 남아 있다."[24]

에드워즈는 그리스도인의 실천은 "은혜의 모든 표지들 가운데 가장 주요한 것"이요, 자기 자신과 타인에게 내가 거듭난 사람임을 나타내는

것이라고 말하며 책을 마무리한다.[25]

> 그리스도는 성도의 마음 속 무덤에 있지 않고 그의 성전에 계신다. 다시 말해, 아무것도 하지 않는 장사된 구원자로 계신 것이 아니라 죽음에서 다시 살아난 이로 계신다. 그들의 마음에 구주로 사시면서 부활과 더불어 받으신 다함이 없는 생명의 능력을 따라 역사하신다.[26]

『구속사』

에드워즈는 죽기 전 "내가 『구속사』라 부르는 역사의 형태로 진술된 전혀 새로운 방식의 조직 신학"을 쓸 것을 계획하고 있었다.[27] 영원 전부터 시작해 왜 하나님께서 세상을 창조하고 구속하기로 하셨는지를 살펴볼 계획이었다. 그러고 나서 처음부터 마지막까지 창조의 역사(천국, 세상, 그리고 지옥)를 본격적으로 진술하려고 했다. "모든 신적인 교리가 드러나 크게 유익하게 하는" 너무나 아름답고 흥미진진한 작품이 될 것으로 그는 믿었다. 얼마나 원대한 계획인가!

에드워즈가 결코 저술한 적이 없는 작품을 약술하려고 하는 것이 터무니없게 보일지도 모르겠다. 하지만 이 작품의 첫 번째 부분은 앞선 그의 작품인 『하나님의 세상 창조의 목적』을 토대로, 두 번째 부분은 이전에 그가 행한 설교 시리즈인 『구속사』를 토대로 하게 될 것이라는 사실은 그가 명백히 주지한 바다. 그렇기 때문에 앞선 두 작품을 살펴봄으로써 에드워즈가 보았던 그의 신학이 담긴 걸작을 상당 부분 가늠해 볼 수 있을 것이다.

『하나님의 세상 창조의 목적』

『신앙감정론』이 에드워즈의 목회적 통찰을 담아낸 것이라면, 『하나님의 세상 창조의 목적』은 그의 역동적인 지성과 지극히 창조적인 능력을 탁월하게 보여주는 작품이다. 그럼에도 불구하고 썩 좋은 시작은 아니다. 10쪽에 이르는 서론에서 용어를 정의하는 데 할애한다. '궁극적인 목적'(그 자체로 가치가 있는 것)과 '지배적인 목적'(가장 가치 있는 궁극적인 목적)이 핵심 용어다. 하지만 여기서 에드워즈가 말하는 바가 무엇인지 정확히 알지 못해도 이 작품을 읽어 가는 데는 큰 지장이 없기 때문에, 한 번 훑어보거나 (까다롭게 여겨진다면) 아예 그냥 건너뛰는 것이 낫다.

1장: 이성이 말해 주는 것

에드워즈는 이성만으로 하나님이 세상을 창조하신 지배적인 목적이나 뜻을 확증할 수 있다고는 믿지 않는다. 그럼에도 불구하고 지금부터 자신이 주장하려고 하는 것은 합리적으로 일관성이 있다고 가정하고, 먼저 그렇다는 것을 입증한다. 독자는 이 사실을 염두에 두어야 한다. 그렇지 않고 1장의 주장을 논리적 증명으로 읽는다면 오히려 빈약하게 보일 것이다. 예를 들어, "하나님의 영광이 피조된 존재들로 이루어진 영광스러운 사회에 알려지는 것은 그 자체로 무한히 선한 일이다"라고 그는 주장할 것이다.[28] 2장에서는 성경을 통해 이에 대한 의미 있는 주장을 펼친다. 하지만 1장에서와 같이 이 주장은 전혀 자명한 것으로 드러나지는 않는다.

먼저 하나님의 창조의 목적에 대한 합리적인 진술 가운데 어떤 것도 어떤 식으로든 하나님이 창조를 필요로 한 것으로 설명하지 않는다. 창조 전부터 존재한 하나님이 창조에 의존할 수 없다. 그렇다면 하나님의 창조 목적은 무엇인가? 가장 가치 있는 목적이 있음에 틀림없는데, 물론 그것은 하나님 자신이다. 하지만 그것은 무엇을 의미하는가? 에드워즈는 하나님의 속성 혹은 성품에 주목하고 이렇게 말한다. "만약 세상이 창조되지 않았다면 하나님의 속성은 결코 발휘되지 않았을 것이다."[29] 물론 이는 경솔한 표현이다. 예를 들어 '성부가 성자께 선하지 않으셨나?' 부분을 보면 가끔씩 그가 묘사하는 하나님은 성자가 성부를 아는 것과 같은 삼위일체가 아닌 홀로 외로운 존재로 보일 수 있다. "하나님의 영광스럽고 완전한 속성은 하나님 자신 외에 다른 존재에게 알려지고 발휘되며 표현되어야 한다. 이는 그 자체로 합당하고 바람직하게 보인다."[30]

그러고 나서 에드워즈는 자신이 주장하는 바의 핵심에 다다른다. 하나님의 목적은 "자신의 무한히 충만한 선을 나누어 주시는 것"이라고 그는 말한다.[31] 하나님은 선함의 원천과 같고, 자신의 선함, 행복, 하나님 자신을 아는 지식과 자신으로 인한 기쁨이 전파되기를 기뻐하신다고 설명한다. 이중 어떤 것도 하나님이 자신의 피조물을 위해서 무엇을 하는 것이 아니다. 오히려 하나님의 위대한 목적은 자신의 선함과 행복을 나타내는 것이다. 그러나 하나님께서 창조를 작정하시자마자 이 목적은 다름 아닌 자신의 선함을 자신의 피조물에게 나누어 주는 일에 매진하는 것을 의미했다. 이처럼 "하나님이 자신을 위해 한 행위, 즉 자기 자신을 그의 최종적인 목적으로 삼는 것과 하나님이 피조물을 위해 한 행위는 서로 상치되지 않는다."[32]

이런 주장을 통해 에드워즈는 훌륭하게 곤경을 해결한다. 만약 하나님 자신이 창조의 유일한 목적이라고 한다면, 우리는 하나님을 자신의 목적을 위해 우리를 이용하는 이기적인 존재로 만드는 것이다. 하지만 하나님의 창조의 목적이 우리와 우리 자신의 유익을 위한 것이라고 한다면, 이번에는 우리가 하나님을 이용하는 이기적인 존재가 된다. 그러나 에드워즈에게 있어서 하나님의 창조의 위대한 목적은 자기 자신의 영광이다(하나님은 자기 자신보다 더 상위의 목적에 종속되지 않는다). 하지만 가장 최고의 목적은 자기를 섬기는 것 self-serving 이 아니라 자기를 내어주는 것 self-giving 이다.

이제 에드워즈는 제기될 만한 반론들에 답한다. 첫 번째 반론은, '그런 주장은 실제로 하나님이 마치 자신의 선함을 나누어 주기 위해서 창조를 한 것처럼 하여 하나님을 피조물에 의지하는 존재로 만드는 것이 아닌가?'이다. 이는 에드워즈가 단호하게 거리를 두려고 했던 입장이다. 스스로 완전하고 행복한 분이신 하나님은 결코 피조물로부터 무엇을 얻지 않으신다. 오히려 충만하게 넘쳐나는 자신의 본성적인 선함을 나누어 주시는 분이다. "그의 기쁨은 피조물로부터 무엇을 받는 것이 아닌 피조물에

게 자신의 선함을 발산하고 나누어 주는 데 있다."³³

두 번째 반론은, '이런 주장은 하나님을 자기중심적인 우주의 이기주의자로 만드는 것이 아닌가?'이다. 이 반론 역시 에드워즈는 전혀 용납하지 않았다. 하나님을 "합당한 사랑이나 열정적인 감정과 상관이 없는 분, 피조물에 대해 참된 기쁨이나 행복을 전혀 느끼지 않고 오로지 자신의 목적만 달성하는" 분으로 상상하는 자들을 맹렬히 비난하곤 했다. 에드워즈에게 하나님은 갈채받기만을 추구하는 이기적인 분이 아니다. 오히려 자신의 선함과 행복을 나누어 주고 그것에 참여하도록 하는 것을 목적으로 삼는 분, 이기심과는 전혀 상관이 없는 자애로운 분이다. "자기 자신을 추구함으로써, 다시 말해 자신을 발산하고 나타내는 것을 통해(이는 자신의 아름다움과 충만함을 기뻐하시는 것만큼이나 하나님이 기뻐하시는 일이다) 피조물의 영광과 행복을 추구하신다."³⁴

2장: 성경의 증거

에드워즈는 하나님을 알파와 오메가, 만물의 기원과 목적으로, 만물이 그로부터 나고 그를 위해 있고, 만물의 목적은 하나님을 영화롭게 하는 것이라고 증거하는 성경구절들을 독자들에게 속사포처럼 쏘면서 이 장을 시작한다. 많은 성경구절들을 통해, 하나님을 영화롭게 하는 것이 그리스도인의 삶의 핵심이듯이 그리스도는 항상 하나님을 영화롭게 하는 것을 목표로 삼았음을 증명한다.

이처럼 성경은 하나님의 영광을 창조와 구속의 제일 된 목적으로 나타낸다. 하지만 성경에서 말하는 '하나님의 영광'은 정확히 무엇을 의미하는가? 이것이 바로 핵심 질문이다. '하나님의 영광'은 때로 "삼위 가운데 두 번째 위격을 가리킨다."³⁵ 하나님이 자기 영광을 위해 일하시는 것은 물론 자기 이름을 위해 행하신다고 반복적으로 말씀하시는 것과도 부합한다. '여호와의 이름'은 그리스도를 일컫는 말로 사용되는 또 다른 표현이다. 다른 곳에서 이사야 30:27을 주석하면서("보라, 여호와의 이름이 원방에서부터 오되/ 그의 진노가 불붙듯 하며 빽빽한 연기가 일어나듯 하며/ 그의 입술에는 분노가 찼으며/ 그의 혀는 맹렬한 불같으며"), 에드워즈는 "하나님의 이름을 명백히 인격적인 존재로 이야기한다"고 말한다.[36] 그리스도는 하나님의 이름이고 그의 영광이다.

하지만 여전히 그것은 무엇을 뜻하는가? 성경을 보면 어떤 것의 영광은 그것이 가진 무게, 위엄, 본질을 뜻한다고 그는 말한다. 하지만 이 말은 또한 "빛이 발산할 때 나타나는 광휘 혹은 광채와 같이 영광이 가시적으로 드러나는 것을 의미한다. 그래서 해와 달과 별의 광채를 그것들의 '영광'이라고 한다."[37] 그래서 성경은 그리스도를 "하나님의 영광의 광채"라고 묘사하기도 한다(히 1:3). 우리가 보는 바와 같이 에드워즈는 빛이 영광을 본질적으로 가장 잘 나타내는 말로 여긴다. 빛은 지식과 깨달음에 가장 근접한 이미지다. 하지만 빛은 또한 내비친다. 밝게 비추는 영광스러운 빛의 이미지는 영광에 대한 에드워즈의 이해를 잘 드러낸다.

> 하나님이 자기 영광을 지각에 나타내거나 마음에 그것을 나누어 주는 것은 하나님이 무엇을 받기 위함이 아니라 내보내기 위함이다. 하나님이 자기 영광을 비추는 주된 목적은 그 광채가 자기에게 되돌아오는 것이 아닌 나가는 데 있다.[38]

하나님의 영광을 그리스도 안에서 내보내는 것은 하나님의 의로움, 지혜, 선함, 긍휼을 알고 맛보도록 하기 위해서다. 또한 이것이 바로 피조물이 존재하는 이유다. 그래서 자기 백성이 하나님을 누리도록 하는 것이다. 그렇다면 하나님의 영광은 다름 아닌 그의 은혜다(에드워즈는 엡 3:16의 "그의 **영광**의 풍성함을 따라"라는 구절을 '그의 **은혜**의 풍성함을 따라'와 같은 것으로 생각한다). 그래서 그리스도의 죽음이 바로 그가 영광을 받으신 때다. 그리스도께서 사랑으로 자기 교회를 위해 자기 자신을 내어주심으로써 그의 충만한 영광 가운데 그가 계시되었기 때문이다. 그렇기 때문에 교회는 그리스도의 영광이다. 자기를 내어주는 은혜의 열매가 교회이기 때문이다.

이 모든 주장에는 강력한 삼위일체적 토대가 깔려 있다. 이는 거의 드러나지 않지만 염두에 두어야 할 사실이다. 에드워즈가 사용하는 표현들(예컨대, 자기 자신을 향한 하나님의 사랑) 가운데 일부는 그가 성자를 향한 성부의 사랑을 생각하고 있음을 깨닫지 못하면 이해하기 어렵다. 실제로 이 작품 전체는 삼위일체적으로 형성되어 있다. 특히 두 번째 장은 더욱 그렇다. 하나님의 창조의 이유는 성부가 성자를 향해 품으시는 사랑을 다른 피조물에게 나타내고 나누어 주기 위함이다. 그리고 "이 연합이 보다 완전하고 완벽해지고, 성부 하나님과 성자 간의 연합을 더욱 닮아가며 그것에 더 가까워질수록" 우리는 이 교제 안에서 끝없이 더해 가는 행복을 누리게 될 것이다.[39]

『구속사』[40]

하나님의 창조의 목적 다음으로 에드워즈가 이 주제로 넘어간 것은 지극히 타당했다. 하나님의 사랑을 나타내고 나누는 구속의 역사가 창조의 목적이기 때문이다. 에드워즈는 자신의 역사를 구약, 신약, 그리고 그리스도의 재림까지 이어지는 교회의 역사에 따라 세 부분으로 나눈다.

1부: 창조로부터 성육신까지

『하나님의 세상 창조의 목적』에서 에드워즈는 영원 전부터 있었던 하나님의 의도에 주목함으로써 그분의 역사에 대한 기술을 벌써 시작했다. 영원 전부터 성부께서는 성자를 구속자로 세우셨다. 하지만 그리고 나서 "인간이 타락하자마자 그리스도께서는 즉시로 자신의 중보의 사역을 시작하셨다."[41] 즉각적으로 복음이 선포되었고(창 3:15), 하나님께서는 죄인들에게 긍휼을 베푸시고 그리스도를 통해 그들을 구원하셨다. 아담과 하와는 이제 그들이 가리움을 받은 그리스도의 의로움의 외적인 표지로서 짐승의 가죽으로 옷을 입게 되었다.

또한 구속은 항상 그리스도를 통해서 이루어짐을 에드워즈는 분명히 한다.

거룩한 역사[구약성경]를 통해 때를 따라 하나님이 자기 백성과 교회를 향해 하신 일과 그들에게 하신 말씀과 그들에게 보이신 계시를 보면, 특히 삼위일체의 제2위에 대해 깨닫게 된다. 또한 하나님이 때를 따라 어떤 가시적인 모양이나 자신의 임재에 대한 외적인 표지로 나타나는 대목을 읽으면, 보통 우리는 그것이 다름 아닌 삼위의 제2위임을 깨닫는다.[42]

에드워즈의 글에서 그가 할애한 시간으로 보건대 에드워즈에게 이 대목은 아주 중요했다. 여호와의 천사인 그리스도가 성부로부터 구별되는 믿어야 할 인격이라는 것과 실제로 그가 백성을 위해 오셔서 속죄를 이루실 것을 알았기에, 하나님의 백성이 그들을 구원할 이 사람을 신뢰했음이 이스라엘의 교회에 온전히 그리고 명확하게 계시되었다는 것을 주장하는 데 전체 지면을 할애했다(예를 들어, '어떤 의미에서 구약성경 시대의 성도들은 그리스도를 믿어 의롭다 함을 받았는가?').[43]

그리고 이제 최초의 부흥, "에노스 시대에 그리스도로 말미암은 성령의 첫 번째 놀라운 부으심"이 찾아왔다.[44] 이는 처음으로 몸이 죽음에서 구속함을 받은 중요한 예를 제공한 에녹과 같은 사람들의 구원으로 이어졌다. 이는 또한 장차 이어질 역사의 패턴을 이루었다. 구속의 역사는 주로 성령의 위대한 부으심을 통해 이루어질 것이다.

하나님은 또한 예언과 모형(예를 들어, 십자가에 대한 '본보기'로서의 제물)을 교회에 주셔서 성도들이 장차 이루어질 구속에 소망을 두도록 했다. 하지만 "장차 이루어질 그리스도의 구속을 예표하는 가장 위대한 보증과 전조는 출애굽이었다." 그럼에도 불구하고 교회에는 도래하는 구속에 대한 약속만 남은 것은 아니었다. 그리스도께서 친히 그들과 함께했다. 떨기나무(그가 입게 될 인간의 본성, 즉 하나님의 진노의 불에 살라지나 소멸되지 않는 본성을 나타냈다) 가운데 모세에게 나타나시고 출애굽기를 쓰신 분은 하나님이다.

여기에 그리스도의 고난과 성육신의 위대한 신비가 나타났기 때문에 모세는 "내가 돌이켜 이 큰 광경을 보리라"라고 했던 것이다(출 3:3). 육체로 나타나시고, 끔찍한 죽음을 당하시고, 사망에서 다시 일어나신 하나님을 나타낸 장면이었기에 그것을 일컬어 큰 광경이라고 한 것은 당연했다.[45]

이어서 "그리스도께서 구름기둥과 불기둥으로 그들보다 앞서 행하셨고" 자기 손가락으로 친히 기록한 십계명을 모세에게 주셨다.[46]

십계명만이 아니라 전체 율법이 모형의 학교였다. 이를 통해 "복음이 이스라엘에게 풍성하게 선포되었다. 율법에 특정한 복음 교리가 나와 있지 않지만, 율법을 일정하게 준수함으로써 복음을 특별히 깨닫고 이해할 수 있기 때문이다."[47] 이 정도면 에드워즈가 모형에 큰 관심이 있었다는 사실이 독자들에게 분명히 드러난다(조금 뒤에 더 다루게 될 것이다). 그는 세 종류의 모형이 있다고 믿었다. **규례** institution, 여기서 가장 중요한 규례는 제사다. **사건** event, 여기서 가장 중요한 사건은 출애굽이다. 그 자신이 모형인 **개인** individual으로, 여기서 가장 중요한 인물은 다윗이다(교회를 가리키는 가장 중요한 모형이며, 예루살렘을 구원한 하나님의 기름부음을 받은 자이다).

다윗은 "처음부터 하나님의 교회와 백성이 소망하고 기대하는 바였던 그리스도 구속의 위대한 일들"을 노래한 선지자였다.[48] 또한 그리스도의 오심이 가까워지자 그리스도의 구속을 예언하는 일들도 많아졌다. 하나님께서 선지자를 위한 영구한 학교를 세워 그리스도의 오심을 선포할 사람들이 계속해서 끊어지지 않도록 했기 때문이다. 또한 선지자임이 가장 명백한 자들에게(예를 들어, 이사야, 다니엘, 에스겔) 그리스도께서 친히 나타나실 것이다.

하지만 솔로몬이 우상숭배에 빠지면서 상황이 암담해졌고, 에스라

시대에 있었던 성령의 부르심에도 불구하고 교회는 전반적으로 무지에서 비롯된 미신으로 빠져들어갔다. 모형을 통한 빛이 꺼져 버렸기에 모형의 성취인 그리스도만이 유일한 빛으로 보였다. 성전은 훼파되고, 열왕들은 사라졌다. 예언된 위대한 선지자가 오실 때가 되자, 예언도 마침내 그쳤다. "이처럼 영광스러운 의의 태양이 떠오를 때가 임박하자 구약성경의 빛이 사그라졌다."⁴⁹

그러나 오실 이는 단지 이스라엘의 소망만이 아니라 새창조의 첫 열매였기 때문에, 온 피조물이 그의 출생을 위해 진력했다. 역사는 바벨론이 페르시아에 망하고, 페르시아는 그리스에, 그리스는 로마에 망하는 등 가장 심한 격동기로 접어들었다. 이교 제국들 가운데서 사탄은 그의 최후의 패배를 위해 예비된 가운데 가장 강력하게 일어나도록 허락되었다. 또한 이교 철학의 한계와 하늘로부터 온 교사가 나타나야 할 필요가 적나라하게 드러나도록, 이교 철학이 아테네에서 만개하게 되었다.

동시에 유대인들이 열국으로 흩어지기 시작했는데, 이를 통해 성전 제사제도의 불충분함과 비현실성이 드러났다. 더욱이, 이와 더불어 이방인이 집단으로 구원받기 위한 준비로서 메시아에 대한 기대가 세상으로 퍼져 갔다. 상당한 성공에 힘입어 에드워즈는 다음과 같이 믿었다.

> 그리스도가 태어난 때보다 약간 이전에 이탈리아에서 살았던 유명한 시인 베르길리우스는 약속된 위대한 왕의 출생과 의와 평화의 시대의 도래에 대한 기원을 담은 시를 썼는데, 이중 어떤 부분은 선지자 이사야의 말과 아주 유사하다.⁵⁰

성경 또한 열방의 언어인 그리스어로 번역됨으로써 "예수 그리스도에 대한 사실들이 세상에 공공연히 알려졌다."⁵¹

이처럼 구약성경(또한 참으로 모든 세상 역사)은 창세 전에 계획된 구속을 성취하기 위해 그리스도가 오실 때를 예비했다.

2부: 구속의 성취

추측하건대, 다른 곳에서 이미 다루었기 때문에 에드워즈는 그리스도의 성취를 말하는 2부를 아주 간략하게 다룬다. 역사적 기술이라기보다는 그리스도의 성취에 대한 개괄처럼 느껴질 정도다.

    성육신 이전에 그리스도께서 행한 모든 것은 바로 이때를 위한 준비였다. 하지만 자신이 인간들 중 하나가 되지 않고서는 그들을 실제로 구속할 수 없었다. 하지만 잉태된 순간부터 그리스도는 구속을 성취하는 일을 시작했다. 그는 태어날 때부터 낮아지기 시작했다. 마리아와 요셉 "모두가 가장 존귀한 가문이 다윗의 계보에 속했고, 요셉은 합법적인 후사였으나 그의 가족은 가장 비천한 처지로까지 낮아졌기" 때문이다.[52] 또한 할례받을 때에 실제로 고통을 맛보기도 했을 것이다. 하지만 이 모든 것은 필연적이었다. 심지어 잉태될 때부터 시작된 낮아짐과 고통을 통해 그는 율법과 행위 언약의 요구를 성취한 것이기 때문이다. "할례 때 그가 흘린 피는 속죄의 피였다. 하지만 이 피는 모세의 율법에 부합하는 것으로 그 공로적인 의로움의 일부였다."[53]

    물론 이 구속은 십자가에서 정점에 이르렀다.

> 바로 그때 율법의 위협을 만족시키기 위해 필요한 모든 일, 보응하는 공의가 요구했던 극대치인 하나님의 공의를 충족시키기 위해 필요한 모든 일이 끝났고 모든 빛이 청산되었다. 바로 그때 영생을 획득하는 모든 일이 끝났다.[54]

3부: 오순절부터 그리스도의 재림

마지막 부분은 세상에 그리스도가 이루신 구속이 전파되는 것에 주목한다. 에드워즈는 하나님이 주로 부흥의 때에 그의 성령을 비상하게 부으셔서 역사하신다고 주장했다. 그리스도의 나라는 네 가지 위대한 단계의 각 성을 통해 확장된다고 보았다. 부흥의 때마다 타락과 복음에 대한 적대감이 심화된다. 바로 이때 하나님이 심판을 행하심으로써 교회가 건짐을 받고 수많은 사람들이 새생명을 받는다.

첫 번째 위대한 단계는, 이 땅에서의 그리스도의 사역과 더불어 시작했고 주후 70년 예루살렘 파괴와 함께 끝났다. 성전이(모든 제사제도 역시 함께) 훼파되는 가운데 하나님은 모든 구약 모형의 성취이신 그리스도가 아닌 그 모형을 믿어 온 믿음 없는 유대인들을 심판하셨다. 이렇게 구속은 이방인들에게로 더욱 퍼져 갔다.

두 번째 단계는, 로마의 콘스탄티누스 황제의 회심을 포함한다. 에드워즈는 그의 회심이 "노아의 홍수 이래로 이 땅에 있어 온 일들에 정면으로 배치되는 가장 위대한 변화요 대격변"이었다고 말하기를 주저하지 않는다.[55] 왜 그런가? 이를 계기로 그토록 교회를 압제하던 이교 제국인 로마가 파괴되었기 때문이다. 실제로 이는 전체 이교도 세계에 대한 심판을 의미했고, 바로 이 심판에 이어 복음이 인도와 아일랜드와 같은 먼 나라들에까지 전해졌다.

세 번째 단계는, 교황의 영향력 아래 있는 로마의 파괴와 관련이 있다. 이 사건이 의미심장한 것은 "요한계시록의 많은 부분이 이 시기에 일어날 사건들에 대한 예언으로 채워져 있기" 때문이다.[56] 콘스탄티누스의 회심이 있은 후, 사탄은 두 가지 중요한 일을 이루었다. 옛 로마제국의 동쪽 절반에서 이슬람교를 발흥시켰고, 서쪽 절반에서는 적그리스도의 나라가 세워지도록 했다. 로마의 일곱 언덕에 앉아 성도들의 피를 마시고 취한 사탄은 물론 로마의 교황 제도를 가리켰다.[57] 하지만 종교개혁을 통해 적그리스도의 몰락이 시작되었다.

이 모든 것은 이제 사탄 왕국의 몰락이 멀지 않음을 의미했다. 에드워즈는 인디언에게 복음을 전하는 자신의 사역을 그 증거로 보았다. 사탄이 먼저 사람들을 복음이 닿지 않는 곳으로 옮기기 위해 아메리카로 데리고 왔다고 그는 믿었다. 하지만 이 외딴 지역의 사람들에게까지 복음이 전해지다 보면 땅 끝까지 복음이 전파될 것이 분명했다. 최후의 발악으로 적그리스도와 이슬람교가 교회를 대적하기 위한 최후의 연합을 맺을 것이지만 그들은 신속히 패퇴할 것이라고 보았다. 그러고 나면 전례 없는 부흥의 때가 도래할 것이다. "하나님의 말씀이 온 지면에 민첩하고 신속하게 전파될 것이다."[58] 유대인과 이교도들이 한꺼번에 돌이킬 것이다. 그렇게 되면 여호와를 아는 지식으로 충만해진 이 땅은 천 년 간의 평화와 번영을 누릴 것이다.

그러고 나면(최후의 배도가 있은 후) 그리스도께서 다시 오시는 네 번째 단계가 도래한다. 실제로 처음 세 단계가 그리스도께서 모든 형태로 오시는 단계였다면, 이제 그리스도는 온 세상을 심판하실 것이다. 영적으로만이 아니라 육적으로도 수많은 자들을 새생명으로 불러 모으실 것이다. 그렇게 되면 "그리스도의 교회는 이 저주받은 세상을 영원히 떠나 더 영화로운 세상인 지극히 높은 하늘로 들어가게 된다." 세상은 불타 없어질 것이고 "비참하고 악한 동류들은 이 저주받은 땅에 남아 그들에게 형벌로 주어지는 저주받은 장래를 맞게 된다."[59]

물론 문제의 여지가 있는 내용도 없지 않다(예를 들어, 이 세상이 새롭게 되지 않고 실제로 폐기된다는 생각). 하지만 우리는 아마도 이 점에 대해 우리 자신들이 보일 반응에 특별히 주의해야 할 것이다. 에드워즈가 당대의 사건들을 요한계시록의 사건들과 아주 직접적으로 연결시키는 것을 보면서 옛 사람의 단순한 생각으로 치부하기가 쉽다. 이 연결이 잘못된 것일 수 있다. 하지만 이에 대한 우리의 반응은 우리 안에 있는 훨씬 더 우려스러운 점을 드러낸다. 즉 현대를 살아가는 우리는 '실제' 세속 역사가 하나님의 우주적인 구속 계획에 따라 이루어져 간다고 하는 생각은 말할 것도 없고, 그것과 연결되어 있을 수밖에 없다는 생각을 본성적으로 믿을 수 없는 것으로 여긴다. 반면에 에드워즈는 이런 이원론을 거부했다. 적어도 그는 모든 역사를 대담하게 기독교적인 관점으로 이해하고 있었다.[60]

『신약과 구약의 조화』

에드워즈가 계획했던 또 다른 이 '위대한 작품'을 통해 그는 먼저 구약성경의 메시아 예언들을, 그 다음으로는 복음에 대해 증거하는 구약성경의 모형들을, 그리고 세 번째로는 "교리와 규례와 관련된 신약과 구약의 조화"를 상세히 살피려고 했다.[61] 에드워즈에게 있어서 이런 주제들은 아주 중요한 문제들이었다. 하지만 그의 『구속사』를 살펴본 우리로서는 에드워즈가 이 작품을 어떤 식으로 전개해 갔을지를 충분히 짐작해 볼 수 있다. 구약성경은 "그리스도의 복음으로 가득 차" 있고, "그리스도와 그가 이룬 구속은 온 성경의 가장 중요한 주제"라는 사실을 더욱 분명히 드러냈을 것이다.[62]

그렇다고 하더라도, 그가 이 작품에서 살펴볼 것이라고 한 모형의 문제가 에드워즈에게는 우리가 지금까지 볼 수 있었던 것보다 훨씬 근본적인 것이었다. 구약성경에서 하나님이 모형을 사용하신 빈도를 볼 때 에드워즈는 모형은 하나님께서 성경에 있는 진리뿐 아니라 영적인 진리를 나누어 주시기 위해 일반적으로 사용하신 방편임을 확신했다. 실제 에드워즈는 하나님께서 자기 자신을 나누어 주시기 위해 세상을 창조하셨기 때문에, 물질적인 실체는 자연스럽게 보다 근본적인 실체를 나타내고 반영했다고 주장했다. 창조는 하나님의 생각의 투사이고, 그만큼 창조주와 완전한 조화를 이룬다고 그는 주장했다. 이는 "말이 단어들로 가득한 것처럼 피조물이 신적인 것들의 형상으로 가득함을 의미하는 것이었다."[63] 한 가지 중요한 예로서, 에드워즈는 삼위의 위격들이 "모든 것을 아우르는 최고의 조화"를 구성하는 것으로 생각했다.[64] 삼위의 조화는 조화로운 화음으로 부르는 노래가 신적인 아름다움을 반영하는 것과 같이 모든 피조된 조화를 위한 이치를 제공한다(에드워즈는 가족들과 함께 노래 부르기를 좋아했다).

서로 간의 달콤한 지성의 일치를 표현하는 방식, 곧 우리가 가진 가장 탁월하고 가장 아름답고 가장 완벽한 방식은 음악이다. 내 마음에 최상의 행복으로 채워진 사회는, 서로를 향한 사랑스런 노래를 통해 그들의 사랑과 기쁨과 내면의 일치와 조화와 그들의 영혼이 가진 영적인 아름다움을 표출하는 곳이다.[65]

이 모든 것은 에드워즈가 나무와 강을 따라 걸으면서 지속적으로 복음을 깨닫고 그것을 떠올렸음을 의미했다. 주변의 가장 작은 세세한 것들까지도 지식을 쏟아냈다. 피조물에서 모형을 인식할 때 그는 기본적으로 성경을 따랐다. 예를 들어, "해가 뜨고 지는 것은 그리스도의 죽음과 부활의 모형이다"라는 사실을 깨달았을 때 그는 세상의 빛, 의의 태양과 빛과 어둠의 보다 넓은 주제들과 같은 성경적 개념들로부터 깨달음을 얻고 있었다.[66] 그렇다 할지라도 에드워즈는 성경이 피조물에서 발견될 수 있는 모든 각각의 모형들을 나열하고 있다고 믿지는 않았다. 오히려 성경은 그 원리를 가르치고 있다고 믿었다. 그래서 예를 들어 그는 "아이들이 피범벅으로 지저분하게 된 빈 몸뚱이를 가지고 아무 힘도 없이 울면서 세상에 태어나는 모습은, 영적인 헐벗음과 본성의 부패함과 그들의 비참한 상태를 나타낸다"고 했다.[67]

피조물에서 발견한 유사한 것들을 묘사함으로써 너무나 풍성하게 (그리고 능숙하게) 자신이 말하고자 하는 바를 설명하는 그의 저술들은 정말이지 탁월하다. 하지만 자신이 무슨 새로운 설명을 발명했다고 믿지는 않았다. 이미 피조물은 창조주와 그 구속의 역사에 대한 진리를 나타내도록 구체적으로 설계되어 있기 때문이다. 하나님의 존재와 그가 행하시는 모든 방식은 '조화'라고 에드워즈는 믿었다.

계속 읽어 가기

에드워즈의 어떤 작품부터 읽기 시작해야 할지 고민하지 않아도 된다. 대체로 그의 글은 꽤 느긋하게 읽어 갈 수 있다. 두말할 것도 없이 『신앙감정론』에서부터 시작하는 것이 좋다. 이 작품을 아무 변화 없이 읽을 수 있는 독자는 없다. 하지만 너무 길다 싶으면 『신적이며 영적인 빛』A Divine and Supernatural Light 이나 『성령의 역사 분별 방법』Distinguishing Marks of a Work of the Spirit of God 와 같은 설교를 통해서도 금방 같은 맛을 볼 수 있다. 『하나님의 세상 창조의 목적』은 이보다 조금 까다롭다. 하지만 앞에 어려운 부분은 건너뛰고 2장으로 바로 들어가도 동일한 유익을 얻을 수 있다.

배너 오브 트루스Banner of Truth 는 『신앙감정론』과 『구속사』를 간편하게 가지고 다니며 읽을 수 있도록 단행본(그의 다른 저작들과 더불어)으로 출간했다. 여기서는 또한 두 권으로 된 『조나단 에드워즈 선집』Works of Jonathan Edwards도 출간했다. 에드워즈의 가장 핵심적인 저작과 설교들을 가장 저렴한 가격에 사서 읽을 수 있다. 하지만 이 저작집이 그의 모든 저작을 포함하는 것은 아니다. 본격적으로 에드워즈를 파고들고 싶은 사람이라면, 26권으로 된 『조나단 에드워즈 전집』Works of Jonathan Edwards, New Haven: Yale University Press, 1957-2008 결정판을 읽어 보라. 이 전집에 비견될 것은 없다. 그렇다고 결정판을 사느라 무일푼이 될 필요는 없다. 예일 대학교 조나단 에드워즈 센터Yale University's Jonathan Edwards Center에서 제공하는 웹 페이지(http://edwards.yale.edu)를 통해 온라인에서 무료로 전권을 읽을 수 있기 때문이다. '읽는다'read고 했는데 '맛본다'sampled고 하는 것이 더 맞겠다. 에드워즈의 주요 작품들을 컴퓨터 스크린으로 읽는 것은 오래된 가죽 바닥에 붙은 캐비어를 핥아서 떼어 내는 것만큼이나 가혹한 일이 될 것이기 때문이다.

'필독서'가 하나 더 있다. 조지 마즈던George Marsden의 『조나단 에드워즈 평전』Jonathan Edwards: A Life, New Haven: Yale University Press, 2003 이다. 에드워즈의 생애를 흥미로우면서도 담담하게 풀어가는 통찰력이 가득한 탁월한 전기다.

조나단 에드워즈 연표

1703　코네티컷 이스트 윈저에서 출생
1716　예일 대학에서 수학이 시작됨
1721　회심 경험
1722　뉴욕시에서 협력 목사로 섬김. '결심문' 작성
1723　코네티컷 볼톤에서 목회
1724　예일 대학에서 가르침
1727　노샘프턴에서 협력 목사로 섬김. 사라 피에르폰트와 결혼
1729　솔로몬 스토다드의 죽음. 에드워즈가 담임 목사가 됨
1734-5　노샘프턴의 부흥
1739　『구속사』 설교
1740　노샘프턴에서 조지 윗필드를 통해 제2차 부흥이 일어남
1741　에드워즈가 『진노하시는 하나님의 손 안에 있는 죄인』을 설교함
1746　『신앙감정론』 출판
1747　데이비드 브레이너드의 방문. 브레이너드가 에드워즈 집에서 숨을 거둠
1751　스톡브리지 선교 기지에서 목사로 섬김
1755　『하나님의 세상 창조의 목적』 저술
1758　뉴저지 대학(오늘날의 프린스턴 대학)의 총장으로 취임. 숨을 거둠

11

현대 신학의 아버지

프리드리히 슐라이어마허 *Friedrich Schleiermacher*

1789년 7월 14일 성난 폭도들이 파리에 있는 바스티유 감옥의 안쪽 뜰로 들이닥쳤다. 프랑스 혁명이 촉발된 것이다. 그러나 프랑스 혁명과 그로 인한 공포 시대는, 하나님과 그가 세운 왕과 권세자들에 대항하는 당시의 일반적인 시대정신이 가장 폭력적으로 표출된 것이었다. 이들은 종교적 회의주의를 위한 토대를 마련해 준 모든 철학자들이 더없이 고마운 세대였다. 바로 이 틈바구니로 프리드리히 슐라이어마허Friedrich Schleiermacher라는 눈길을 끄는 지식인이 등장했다. 그는 남달리 예술적인 재능을 가지고 기독교의 성령과 자기 세대의 시대정신을 조화시키는 일을 시작한 인물이다.

특이한 점은 대부분의 영어권 사람들이 슐라이어마허라는 이름은 모르는 데 반해, 그를 모르고는 신학을 할 수 없을 정도로 그에게 큰 영향을 받고 있다는 사실이다. 그가 죽은 바로 다음날 베를린 대학의 신학 교수인 어거스트 네안더August Neander는 자신의 학생들에게 "언젠가 그에게서 기원을 찾는 교회 역사의 새로운 시기가 도래할 것이다"라고 했다. 그가 옳았다. 얼마 지나지 않아 그런 시기가 도래했다. 슐라이어마허의 정신은 19세기의 많은 부분을 지배했고, 곧 신학에 있어서 새 시대가 시작된 것이 분명해졌다. 자유주의의 시대가 도래한 것이다.

자유주의의 아버지로서의 슐라이어마허의 위치를 생각하면, 그가 보수주의자들의 공분을 샀을 것으로 예상할 수 있다. 그럼에도 불구하고 사실 슐라이어마허는 그 생각이 얼마나 그리스도 중심적이었던지, 보수주의자들조차 그를 어떻게 이해해야 될지 고심하지 않을 수 없을 정도였다. 그에게 노골적인 정죄 대신 "그리스도를 지키기 위해 그는 모든 것을 포기했다"는 칭송 아닌 칭송을 보냈다. 19세기 프린스턴 보수 신학의 보루 찰스 하지 Charles Hodge 는 그가 베를린에 있을 때 종종 슐라이어마허의 교회 예배에 참석했다고 적었다.

> 그곳에서 부른 찬송들은, 항상 현저하게 복음적이고 경건하며 우리의 구속자에 대한 찬송과 감사로 넘쳐났다.……또한 저녁 예배 때 슐라이어마허는 옆에 앉은 아이들에게 종종 "쉿, 애들아, 그리스도를 높이는 찬송을 같이 부르자"라고 말하곤 했다. 지금도 그가 그런 찬송들을 부르고 있을 것에 대해 의구심을 가질 수 있을까? 누구든 그리스도를 하나님으로 아는 사람은 또한 그리스도를 구원자로 안다고, 사도 요한이 우리에게 확증한다.[1]

틀림없이 슐라이어마허는 예수를 사랑했다. 여기에는 의심의 여지가 있을 수 없다. 하지만 그는 사고가 굉장히 복합적이고 독창적인 사상가였다. 그렇기 때문에 그가 실제로 그리스도를 살아 계신 하나님으로 생각했는지의 여부를 분간하기 위해서는 그와 조금 더 씨름해야 할 것이다. 그러나 슐라이어마허와는 그렇게 씨름할 가치가 있다! 사랑하는 독자여, 실제로 당신은 그가 마치 경멸당해 마땅한 거만한 사람이나 되는 것처럼 무시해 버리려는 유혹으로부터 자신을 지켜야 한다. 슐라이어마허는 신학자들 중에서도 거인이다. 교회는 그로부터 막대한 영향을 받았다. 오만하게 그를 무시하거나 그의 신학에 설득될까 봐 조바심을 낸다면, 오늘날 우리를 둘러싸고 있는 그의 유산을 이해하지 못하게 될 것이다.

슐라이어마허의 생애

친구들 사이에서 프리츠라 불린 슐라이어마허Fritz Schleiermacher는 1768년 브레슬라우(당시는 프로이센 왕국의 일부였고, 지금은 폴란드 남부의 브로츠아프다)에서 태어났다. 친가와 외가 모두 수세대에 걸쳐서 개혁파 목사들을 낸 집안이었고, 그의 아버지 고틀리브Gottlieb는 군목이었다(프리메이슨단의 습관과 제도가 칼뱅주의 강령들보다 그의 마음에 더 다가왔음에도 불구하고).

그 후 프리츠가 9살이 되던 해, 그의 가족은 헤른후트파Herrnhuter 공동체 근처로 이사를 했고, 이는 나중에 그의 생애의 큰 전환점으로 드러났다. 헤른후트파(혹은 모라비아파)는 예수를 믿는 살아 있는 믿음이 필요하다고 믿고 당시의 냉랭한 정통주의에 반발했던 경건주의자들Pietists이었다. 그들은 정통주의에게 교리는 마치 죽은 나비들과 같이 한데 모아 분류해서 목록을 작성하는 것에만 소용이 있는 것처럼 느꼈다. 모라비아에서 쫓겨난 그들은 헤른후트에서 나중에 이들의 감독이 될 니콜라우스 친첸도르프 공작Count Niklaus Ludwig von Zinzendorf의 영지에 자리한 쉼터를 제공받았다. 슐라이어마허의 가족은 살아 있는 믿음으로 살아가는, 기쁨이 넘치는 이 공동체에 큰 감화를 받았다. 먼저 아버지가 회심했다. 그들의 체험적 강조를 사랑했던 프리츠 역시 나중에 그가 '더 고상한 삶'으로의 출생이라고 언급한 경험을 곧 하게 되었다.

프리츠가 헤른후트파를 좋아했던 것은 좋은 일이었다. 그의 부모가 자녀 교육을 그들에게 맡겼기 때문이다. 얼마 후 어머니가 돌아가시고 그의 아버지는 군대와 함께 늘 옮겨 다니느라 자녀들을 더 이상 돌보지 못했다. 그렇게 헤른후트파가 그의 새로운 가족이 되었고, 이후 지속적으로 그의 삶을 형성했다. 그들이 가진 교리의 엄격함에 점점 더 좌절감을 느낀 그였기에, 그는 항상 참된 신앙은 단순히 교육될 수 있는 것이 아니라 반드시 체험되어야 하는 것임을 깨달았다. 그의 생애 말기에 그는 "나는 다시 더 고상한 질서만을 따르는 헤른후트파가 되었다"라고 말함으로써 스스로를 정의했다.

"다시 헤른후트파가 되었다······"는 말은 먼저 그 길을 떠났었다는 말이다. 이 모든 일은 슐라이어마허가 학교에서 시작한 비밀 철학 클럽으로 시작됐다. 거기서 루소Rousseau와 같은 철학자로부터 영향을 받은 그는 헤른후트파의 교리적 핵심에 의구심을 갖기 시작했고, 그중 일부(죄로 인한 하나님의 심판, 십자가에서 이루어진 그리스도의 대속의 희생, 성자의 영원한 신성)를 거부했다. 그는 이 교리적 족쇄를 벗어 버렸기 때문에 자신이 참된 기독교에 점점 가까워지고 있다고 느꼈다. 그러나 죄로 인한 영원한 성자의 대속의 희생은 헤른후트파 경건의 핵심이었기 때문에, 이런 교리를 저버린 그에게는 거기에 따르는 대가가 기다리고 있었다. 자신의 새로운 관점을 설명하는 편지에 경악한 그의 아버지는 가장 무자비한 말로 그를 힐책했고 부자간의 연은 돌이킬 수 없게 멀어져 버렸다.

하지만 아버지 고틀리브는 자신의 아들이 할레Halle 대학에 가야 한다는 데에는 동의했다. 프리츠가 헤른후트 대학에서 하루 속히 벗어나 원하는 곳으로 가서 자유롭게 탐구하기를 원했다. 이곳에서 프리츠가 강의를 많이 들은 것은 아니다. 평범한 강의에 실망한 그는 자신만의 굉장히 도전적인 연구 프로젝트를 수행했다. 칸트 연구에 몰두하고 아리스토텔레스와 플라톤을 많이 읽으면서 그는 자신이 아주 독창적인 신학 작업을 하기 시작했음을 알게 되었다. 그럼에도 불구하고 그는 할레에서 대부분 침울하게 보냈다. 어렸을 때 누이가 그를 떨어뜨리는 바람에 약간 몸이 굽고 기형이 된 이래로 작고 가냘픈 체격을 가졌던 그는 한 번도 건강했던 적이 없었다. 이제는 그가 행한 모든 은둔적인 연구의 결과 몸의 한계에 다다랐고 건강을 완전히 잃어버리게 되었다. 독서를 통해 그는 회의적인 사람이 되었고 사람들과의 단절은 그를 고독하게 했다. 헤른후트에서 그가 누렸던 모든 사회적이고 영적인 온기가 온데간데없이 다 사라지고 만 것이다.

바로 그때 프리츠는 당시 자신과 같은 위치에 있는 사람들이 흔히 선택하던 것처럼 프러시아의 슐로비텐Schlobitten에 있는 귀족 도오나 백작Count von Dohna 집의 가정교사직을 받아들였다. 이 행복한 대가족과 함께 지내면서 할레의 상아탑에 있는 동안 그를 사로잡았던 차가운 냉소주의가 눈 녹듯 사라지고 사랑의 감정이 싹트기 시작했다(예수를 향한 사랑과 한 젊은 백작부인을 향한 은밀한 사랑). 그는 다시 헤른후트파로 변모해 갔다. 정기적으로 설교도 하기 시작했다. 열정적인 그의 설교는 도덕적 도전을 쏟아냈고 우리의 모범과 이상이신 그리스도로 가득했다. 마치 "내면으로부터의 계시"를 가진 듯 했다고 그는 말했다. 이같은 직관에 힘입어 그의 신학은 급속한 발전을 이루어 갔다.

그는 슐로비텐을 떠나 란츠베르그Landsberg에 있는 개혁 교회에서 2년 동안 부목사로 있었다(여기 있는 동안 그는 촌각을 아껴 가며 범신론 철학자 스피노자를 읽었다). 그 후 22살이 되던 1796년, 베를린에 있는 아주 크고 지저분한 자선병원의 원목으로 부임해 처음으로 책임 있는 목회를 시작했다. 슐라이어마허에게 베를린은 시인과 철학자와 낭만주의[2]에 대한 이야기로 넘쳐나는 살롱들이 있는 프러시아의 에덴동산이었다. 좋은 모임과 교양 있고 재치 있는 대화가 있는 이곳에는 헤른후트에서 느낀 온정과 더불어 그렇게도 열망해 마지않던 '고차원'의 대화가 있는 것처럼 보였다.

이곳은 하나님에 대한 여지가 없는 세상이었다. 어떤 신도 끼어들 만한 여지가 없는 세상이었다. 이렇게 슐라이어마허는 자신의 처녀작인 『종교론』On Religion: Speeches to Its Cultured Despisers[3]을 쓰게 된다. 여기에서 그가 정의한 참된 종교는 교리의 죽은 문자와 계몽주의 회의론이 비아냥거린 역사적 사건에 관한 것이 아니라 신에 대한 살아 있는 경험에 관한 것이다(그 중 기독교가 가장 고상한 종교의 형태다). 다시 말해, 낭만주의의 '세련된 종교 혐오자들'은 하나님과 인간의 불멸성과 같이 당혹스럽게 하는 교리 때문에 괴로워할 필요가 없다. 참된 종교는 다름 아닌 인간이 무엇인지, 우주에 대한 직관과 감정을 갖고 무한을 맛보는 것이 무엇인지에 대한 모든 것이다. 낭만주의가 실제로 추구했던 이상은 다름 아닌 기독교가 말하는 비전이었다.

그렇게 슐라이어마허는 유명해졌고, 자신의 원숙한 신학의 궤적을 확립했다. 하지만 그는 나중에 후회하게 될 말을 했다. 범신론자인 스피노자를 성령이 충만한 거룩한 사람이라 칭했고, '세상,' '우주,' '일자'는 우리가 경건하게 숭배해야 할 합당한 대상이라고 말했다. 그는 곧 범신론적인 용어 사용을 억제해야 함을 깨달았다.

사교 모임 안팎에서 슐라이어마허는 본성적으로 사람들과 사귀기를 좋아했다. 사람들은 그를 편하게 대했고 그에게 흥미를 느꼈다. 특히 그는 여자들과 어울리기를 좋아했다. 실제로 한번은 여자 친구에게 자신이 여자일 수 있으면 좋겠다고 인정했다(여자들이 감정을 더 소중히 여긴다고 느꼈던 것이다). 이런 성향으로 인해 참으로 불편한 상황이 연출되기도 했다. 일례로, 두 명의 결혼한 여인들과 로맨틱한 관계를 맺기도 했다. 그중 한 명인 엘레노 그루노 Eleonore von Grunow 는 목사인 남편과 행복하지 않은 결혼 생활 가운데 있었다. 슐라이어마허는 그런 결혼은 참된 결혼일 수 없다고 결론 내리고 그녀에게 구애를 해서 은밀하게 약혼을 했다. 이같은 상황을 보다 못한 색 감독 Bishop Sack 은 슐라이어마허를 멀리 발트해 스툴프 Stolpe 에 자리한 작은 교구로 보냈다.

베를린에서 낭만주의와 어지러운 시간을 보낸 후 그는 스툴프에서 조용하고 소박하게 시간을 보냈다. 하지만 그것도 오래가지 못했다. 할레 대학에서 신학 교수와 대학 설교자로 그를 부른 것이다. 여기서 그는 처음으로 신약성경에 대한 강의를 했다. 그의 강의안을 보면 구약성경을 제외한 모든 것에 대해 강의를 했다. 하지만 할레에서도 오래 있지 못했다. 2년 즘 지난 1806년에, 나폴레옹의 대육군이 거리를 행진하고 있었고 할레 대학은 시 전역에 걸친 혼란으로 문을 닫았다.

전쟁의 포연과 대학살을 겪은 슐라이어마허는 더 열렬한 새로운 설교자가 되었다. 나폴레옹을 자유를 저해하는 마귀적 인물로 본 슐라이어마허는 진력을 다해 애국적인 저항을 촉구하는 불같은 설교를 토해냈다.

여성적 감수성에 남자다운 민족주의가 어우러진 그의 설교 방식에는 마음을 사로잡는 무언가가 있었다. 그의 설교는 프러시아 전체를 동요시켰다. 1808년 그는 베를린으로 돌아왔다. 이제 온 도시가 감정에 호소하는 그의 감동적이고 카리스마 넘치는 설교와 프러시아 편에 선 하나님에 대한 낙관적인 비전으로 고동쳤다(그의 유산은 계속 이어졌다. 나중에 그는 젊은 비스마르크를 견신례를 위해 준비시켰다).

슐라이어마허가 베를린으로 돌아온 실제 이유는 트리니티 교회의 유력한 목사직을 맡기 위해서였다. 그는 남은 생애를 이 교회에서 교회당을 꽉 채운 청중에게 거의 매 주일 설교를 하며 보냈다. 이때는 더 이상 여성들과 노닥거리지 않았다. 그는 이제 헨리에타 폰 빌리히Henriette von Willich 라는 한 여인만을 생각했기 때문이다. 그녀는 그의 친구의 미망인으로 슐라이어마허보다 20살 정도가 어렸다. 이들은 곧 결혼을 했고 그들의 집은 교회처럼 아이들로 채워졌다(그녀의 처음 결혼으로부터 얻은 두 명의 자녀와 그들 사이에 얻은 네 명, 총 여섯 명의 자녀를 두었다).

당시 그가 베를린으로 돌아온 데에는 보다 원숙하고 안정된 단계에 접어든 그를 향한 또 다른 요구가 있었기 때문이다. 바로 새로운 베를린 대학을 세우는 것이었다. 슐라이어마허는 이 일을 위한 핵심 설계자들 가운데 하나였다. 대학이 설립되자 슐라이어마허는 학장으로 여러 해를 섬겼고, 얼마 동안은 총장으로도 섬겼다. 주중에는 날마다 강의를 했는데, 구약성경을 제외한 신약성경, 교리, 교회사를 비롯해 거의 모든 신학 분야를 가르쳤다.

신학부의 설립자로서 교수 요목을 작성해야 했던 그는 자신의 신학 비전을 개설했다. 바로 이것을 가지고 그는 지극히 계몽적인 자신의 『신학 연구 개요』Brief Outline of the Study of Theology 에 대한 밑그림을 그렸다. 여기서 슐라이어마허는 신학은 세 가지 기본적인 분야로 나뉘어야 한다고 주장한다. 우선 철학신학이다. 여기서는 기본적으로 기독교의 핵심을 정의해야 한다고 주장했다. 두 번째는 역사신학이다. 여기서는 어떻게 기독교 신앙이 역사를 통해 진술되었는지를 설명해야 한다. 아마도 가장 흥미로운 사실을 드러내 주는 점은 그가 역사신학이 주석을 포함해야 한다고 믿었다는 사실일 것이다. 여기서 그가 말하는 주석이란 기독교 체험과 교리가 (신약성경에서) 가장 처음으로 표현된 방식들이 무엇인지를 살피는 것을 의미하는데, 이는 오늘날 기독교 체험이 표현되는 방식과 다름 없다. 다시 말해, 신약성경과 기독교 교리는 단순히 기독교 체험의 역사적이고 문화적인 표현에 불과하다. 세 번째 기본적 분야는 다른 분야들에서 배운 것을 오늘날의 교회에 적용하는 실천신학이어야 한다고 그는 믿었다.

베를린에서 왕성한 시간을 보내는 가운데 그의 건강이 쇠퇴했고, 그런 와중에 어떻게 해서라도 회복될 길을 찾고 있는 자신을 발견했다. 심지어 아내의 친구로 그들과 함께 살던 심령술사에게도 자문을 구했다. 그럼에도 불구하고 그의 죽음은 심각한 폐렴과 함께 예기치 않게 찾아왔다. 1834년 2월이었다. 가족들을 불러 성찬식을 하는 도중 숨을 거두었다. 아주 소박한 가족 예식이었다. 하지만 온 프로이센가 국민적 선지자의 죽음에 큰 충격을 받았고, 수많은 사람들의 행렬이 베를린 거리를 지나 묘지로 가는 그의 관을 따랐다.

슐라이어마허의 사상

슐라이어마허의 관심사는 광범위하고 포괄적이었다. 플라톤을 권위 있게 번역했고, 셀 수 없이 많은 설교를 했으며, 신약성경 연구서와 해석학 교본, 조직신학, 예수의 생애, 교회사 등을 저술했다. 하지만 이 모든 관심 이면에는 한 가지 근본적인 관심이 자리한다. 그는 전통적인 기독교 신앙이 신뢰를 얻고 시의성이 있도록 기독교 신앙을 재진술하기를 원했다. 다시 말해, 다른 무엇이기 전에 그는 변증가였다. 심지어 신학의 토대는 "변증학으로부터 빌려 온 명제들"을 통해 형성되었다고 말한다.

실제로 이는 계몽주의로부터 비롯된 합리적 공격들이 전혀 미치지 못하는 지점으로 기독교를 끄집어들이는 것을 의미했다. 기독교는 배타적인 종교적 체험에 관한 것이기 때문에 계몽주의로부터 비롯된 교리나 구체적인 역사적 사실에 대한 의심이 아무런 상관이 없는 것으로 드러날 뿐이다. 이런 방식으로 기독교는 지적인 공격을 당하지 않게 될 뿐 아니라, 그리스도인됨에 대한 믿음을 더 이상 저버릴 필요가 없는 현대인들에게 더욱 유효하게 되었다.

『기독교 신앙』

슐라이어마허의 지적 능력이 가장 정점에 있던 베를린 대학에서의 완숙한 시기에 저술한 그의 **걸작**인 『기독교 신앙』 The Christian Faith 은, 자유주의 개신교의 핵심 진술이면서 흔히 칼뱅의 『기독교 강요』와 나란히 개신교 신학의 가장 중요한 작품들 가운데 하나로 여겨진다. 의심할 여지없이 이 작품은 눈부신 독창성과 상당히 아름다운 필체로 이루어진 걸작이다. 서로 상관없이 따로따로 떨어진 교리들을 오가는 다른 조직신학서들과 완전히 대비된다. 이 책은 여러 교리들이 서로 연결되어 있음을 분명히 보여주는 일관되고 유기적인 총체다. 이 사실만으로도 어떻게 신학을 해야 하는지에 관한 지형을 바꾸어 놓았다. 슐라이어마허 이후로는 서로 상관없이 따로따로 교리들을 진술하는 조직신학들은 단편적이고 투박하게 보인다.

    이 작품은 아주 중요한 서론으로 시작하는데, 이는 기본적으로 곧 이어질 요리를 위한 조리법이다. 먼저 재료가 나열되고 요리 방법을 개략한다. 이어지는 1부에서는 그리스도인이 상정해야 할 철학적 원리와 일반적인 종교적 전제가 무엇인지 설명한다. 그리고 나서 2부에서는 이런 전제들을 통해 형성된 토대 위에 기독교적 사유라는 건물을 보다 구체적으로 세워 간다.

서론

경건의 핵심에 대한 슐라이어마허의 묘사는 이어지는 모든 것의 뿌리와 시작이다. 이것은 "절대의존감정"이라고 그는 말한다.⁴ 그리고 인간의 역사를 이 감정의 발달사로 묘사해 간다. 처음에 의존감정은 원시적인 주물숭배와 다신론을 통해 투박하게 표현되었을 뿐이다. 그러나 종교가 발달함에 따라 이 의존감정은 점점 일신론적이 되었고 기독교에 와서야 비로소 그 정점에 이르렀다.⁵ 슐라이어마허에게 기독교는 가장 순전한 형태의 일신교이고, 따라서 종교적 진화의 최종 단계다. 유대교와 이슬람교는 기독교의 순전한 일신론에 비슷하게 근접하지만 엄밀히 일신론이라고 하기에는 물리적인 것에 지나치게 매인다(삼위일체론을 볼 때 이는 많은 유대교도와 이슬람교도들이 쉽게 납득하기 어려운 주장이다). 이처럼 슐라이어마허는 기독교를 유대교와 구약성경의 신앙으로부터 떨어뜨려 놓으려고 애썼다. 기독교가 역사적으로 구약성경과 연관이 있다는 것을 인식했지만 그는 구약성경의 신앙이 더 원시적인 형태의 종교라고 생각했다. 기독교는 플라톤, 아리스토텔레스와 같은 철학자들과 더 관련이 있다고 믿었다.

이런 종교 역사에서는 참 예배와 우상숭배 사이의 예리한 구분이 없다. 대신에 종교적 본능은 보편적으로 선하고 다른 방식으로 표출될 뿐이다. "결코 우리는 이 모든 인간 정신의 산물들이 가진 동질성을 부정해서는 안 되고, 보다 열등한 능력 역시 동일한 근원을 가졌음을 인정해야 한다."⁶ 기독교에 다다르기까지 종교의 부드럽고 진화론적인 발달을 전반적으로 묘사한다. 여기서 기독교는 인간 탐구의 정점이고, 자연에 대한 인간 정신의 승리와 궁극적인 교화이다.

찰스 다윈Charles Darwin 보다 한 세대 앞서 글을 쓰면서 슐라이어마허가 자신의 체계의 중심에 아주 가깝게 진화의 모델을 세웠다는 사실이 놀랍게 보일지도 모르겠다. 하지만 다윈의 생물학적 진화 모델은 당시 이미 존재하던 실체에 대한 진화론적 이해 속에서 비롯되었다. 베를린 대학에서 슐라이어마허의 동료들 가운데 한 사람은 철학자 헤겔G. W. F. Hegel이었다. 슐라이어마허가 『기독교 신앙』을 펴낼 준비를 하기 10년 전에 헤겔은 모든 역사의 진화적 움직임—자기 자신과 그의 사회를 향하는—에 대한 방대한 주장을 내놓았다.⁷ 위를 향해 가는 종교의 행복한 진보를 말하는 슐라이어마허의 모델은 이처럼 시대와 잘 맞아떨어졌다.

이 모델은 또한 초자연적 필요가 전혀 없어도 문제될 것이 없다. 기독교는 더 이상 구원을 위해 끼어든 하나님에 대한 것이 아닌 하나의 과정의 정점에 관한 것이다. 실제로 슐라이어마허에게는 성육신도 하나님이 세상에서 초자연적으로 행하신 행위라기보다 진화적인 한 단계에 가깝다. 그리스도가 온 목적은 "전 인류를 점진적으로 보다 고상한 삶으로 이끌기 위함이었다."⁸

이 진화 모델은 또한 많은 다른 종교들이 존재함으로써 생기는 문제들을 해결한다. 슐라이어마허에게 다양한 종교들의 존재는 앞다투어 궁극적인 실체를 묘사하기 위해 경쟁하는 것이 아니다. 인류에게 보편적인 종교적 충동이 다양하게 표현된 것일 뿐이다. 또한 기독교가 이제까지 이루어진 종교적 진화의 가장 높은 단계인 것으로 보일 수 있음에도 불구하고 그것이 곧 그리스도가 이 모든 단계의 마지막이라는 말은 아니다. 그리스도도 대체될 것이다.

한 명의 기독교 신학자가 이 모든 것을 말할 수 있는 이유는 "기독교 교리는 말로 표현된 기독교의 종교적 감정에 대한 진술이기 때문이다."⁹ (독자들이여, 낙담하지 마시라!) 슐라이어마허의 핵심 주장에서 우리는 조나단 에드워즈와의 흥미로운 유사성을 볼 수 있다. 둘 다 기독교에 대한 계몽주의의 비판에 직면해서 글을 썼고, 기독교 신앙을 일련의 교리들에 대한 동의에 불과한 것으로 축소될 수 있다는 생각을 거부했으며, 체험과 종교적 감정의 중요성을 강조했다. 하지만 지금 슐라이어마허는 에드워즈의 신학 세계를 완전히 뒤집어엎고 있다. 에드워즈는 거룩한 감정은 교리에서 비롯된다고 믿었던 반면, 슐라이어마허는 교리는 우리의 종교적 감정의 산물이라고 주장했다. 진실로 신학에 대한 코페르니쿠스적 혁명이었다. 이제 종교적 감정이 이전에 신적 계시가 차지하고 있던 중심적인 자리를 차지했다. 종교적 감정이 우리가 갖는 신학 지식의 원천이 될 판이었다.

(오늘날 어떻게 슐라이어마허의 혁명이 성공을 거두고 있는지 금방 알 수 있다.)

슐라이어마허에게 교리는 하나님에 대한(혹은 하나님으로부터 온) 진리가 아니었다. 실제로 하나님은 말로 표현될 수 없고, 그렇기 때문에 하나님에 대한 말은 표현할 수 없는 실체를 설명해 보려는 혀 짧은 시도일 수밖에 없기 때문이다. 오히려 교리는 종교적 의식의 보다 깊은 실체를 문화적으로 표현한 것이고, 종교적 체험을 소통하기 위한 공동체적 시도다. 하지만 이런 사실이 슐라이어마허에게는 너무나 행복한 깨달음이었다. 기독교인은 더 이상 교리적 차이 때문에 분열될 필요가 없다. 아무런 제약 없이 보편교회적일 수 있다. 슐라이어마허가 그랬다. 베를린의 트리니티 교회는 루터파와 개혁파가 함께 모인 회중이 되었고, 그는 프로이센 교회의 일치와 평화를 위해 열정적으로 일하고 설교했다.

이 모든 일에 있어서 당시 종교개혁을 지지하는 그의 믿음에는 흔들림이 없었다. 그에게 종교개혁의 가장 위대한 영웅은 당연히 교리와 빛의 일치를 이룬 에라스뮈스였다. 또한 칼뱅과 종교적 감정에 대한 칼뱅의 관심을 격찬했다. 그는 『기독교 신앙』이라는 제목이 복음적이고 종교개혁적인 진술이라고 생각했다. 그는 '오직 믿음', 다시 말해 어려운 교리와 상관없는 믿음의 신학자였기 때문이다. 그는 '믿음' 자체에 초점을 맞추었다. 하지만 '믿음' 자체를 살핀 결과 슐라이어마허의 믿음은 종교개혁자들—그들의 눈이 하나님 자신을 나타내는 하나님의 계시를 향한—과 달리 기본적으로 자기 성찰적인 것이 될 수밖에 없었다.

1부

신학의 방향을 설정한 슐라이어마허는 특별히 기독교 체험의 기저에 있는, 보다 분명한 기본적인 종교적 전제들을 설명해 가기 시작한다.

그는 먼저 창조에서부터 시작한다. 아니 아마도 세상의 존재로부터 시작한다고 하는 것이 보다 정확할 것이다. "우리는 존재의 시작에 대한 의식이 없기" 때문이다.[10] 즉 우리의 '절대의존감정'이 하나님 안에 세상의 기원이 있다고 말함에도 불구하고, 세상의 시작이 있었는지에 대해 말할 수 있을 만큼은 아니다. 그렇기 때문에 "세상의 영원한 혹은 시간적 창조에 대한 논란은……절대의존감정의 내용과는 상관이 없고, 따라서 이 문제는 어떻게 결정되든 아무래도 상관이 없다."[11] 또한 천사의 존재에 대해서도 동일한 종류의 불가지론을 가질 필요가 있다. 그는 천사는 아무런 상관이 없을 뿐 아니라 신약성경에 보면 구약성경의 보다 원시적인 종교들의 잔존물과 같이 드러난다고 말한다. 마귀에 대해서는, 이 개념은 "너무나 불안정해서 사람들이 이것을 진리로 확신하기를 기대하기가 어렵다"고 말한다.[12]

이제 창조 세계의 보존으로 나아간다. 슐라이어마허는 전체 창조의 이면에 신적이고 영원한 단일한 작정decree이 놓여 있다고 믿었다. 또한 완벽한 하나님의 작정이 창조 세계를 확립했기 때문에 피조물이 매 순간 직접적으로 하나님을 의지해야 할 필요가 전혀 없다. 창조 세계는 "자연의 체계"를 따라 시계처럼 작동할 수 있다.[13] 더욱이 하나님은 선하기 때문에 선한 우주를 창조했고, 하나님이 개입해서 바로잡을 필요가 전혀 없다. 그가 창조한 것은 선하다(그리고 분명한 점은 창조 이래 어떤 것ㅡ인간의 역사적 타락과 같은ㅡ도 선한 것을 어그러뜨리지 못한다). 이제 하나님은 피조물 전체와 관계한다. 한 개인이나 피조물의 어느 한 부분과 특정하게 연관될 필요가 없다. 피조물의 특정한 부분을 직접 다루거나 관계해야 한다면, 실제로는 그가 애초에 선한 우주를 창조하지 않았음을 인정하는 것이 될 것이다. 그렇기 때문에 이런 하나님은 어떤 기적도 일으키지 않고 어떤 개인적인 관계도 맺지 않는다. (무덤에 있는 루터, 칼뱅, 오웬, 에드워즈가 들으면 까무러칠 이야기다).

그런 다음 슐라이어마허는 묻는다. 이 모든 사실로부터 우리가 하나님에 대해 알 수 있는 점은 무엇인가? (하나님은 말로 표현될 수 없고 교리는 우리의 종교적 감정의 산물이기 때문에 슐라이어마허는 하나님에 대한 교리 자체를 논할 수 없다고 한다. 대신 우리의 '의존감정'에 보다 직접적으로 명백한 것으로부터 하나님에 대해 표현될 수 있는 것을 따라 그는 『기독교 신앙』 전반을 통해 하나님에 대한 자신의 교리를 설파한다.) 먼저 언급되어야 할 점은, 우리가 절대적으로 의존되었다고 느끼기 때문에 하나님은 절대적인 원인이어야 한다는 것이다. 시간과 시간적 존재의 원인이 하나님이기 때문에 그는 영원하고 모든 시간을 절대적으로 초월해야 한다. 하지만 시간만이 아니다. 하나님은 모든 공간을 있게 하기 때문에 반드시 편재해야 한다. 실제로 그는 모든 유한한 것들의 원인이다. 그렇기 때문에 그는 반드시 무한해야 하고 그래서 전능해야 한다. 또한 그는 모든 것의 원인이기 때문에 모든 것을 알아야 하고 따라서 전지해야 한다. (그가 우리에게 알리신 보다 덜 중요한 다른 신성이 있지만 그 속성들은 지금 보다 직접적으로 명백한 것들로부터 추론될 수 있을 뿐이다.)

2부

이 작품의 나머지 부분은 죄와 은혜의 주제를 중심으로 전개된다(은혜를 살피는 이 부분에서는 전반적인 주장이 드디어 매우 명백하게 기독교적이다).

우선 죄는 본질적으로 하나님을 망각하는 것이다. '절대의존감정'을 갖지 못하는 것이고, 그 결과 비의존적으로 느끼려고 하는 시도다. 그러나 스스로 비의존적으로 느낄 때 나는 마치 내가 스스로의 존재를 있게 하기라도 한 것처럼 상상함으로써 스스로를 기만하고 있을 뿐이다. 그렇게 하나님을 망각함으로써 나는 내 자신에 대해 무지하게 된다(하나님을 아는 지식과 자신을 아는 지식은 서로 얽혀 있다. 이는 분명 칼뱅의 영향이다). 하나님을 망각함으로써 나는 무지하게 되고, 스스로를 비의존적인 존재로 생각함으로써 아무것도 의지하지 않는 취약한 상태로 여겨진다. 두려움과 외로움에 싸여 자신이 타인과 경쟁관계에 있다고 생각하기 시작한다. 두려움과 착각과 이기심, 이것이 바로 '육체'^{flesh}다.

슐라이어마허는 오늘날 우리 안에 있는 죄를 주목함으로써 죄에 대한 고찰을 시작한다. 이렇게 하는 데는 마땅한 이유가 있다. 그가 아담의 역사적 타락을 믿지 않았기 때문이다. 물리적 세상의 순전한 본질을 뒤바꾼 대재앙적 사건에 의해 역사의 원만한 발달이 저해될 수도 있었다는 것은 순전히 공상일 수밖에 없다고 생각했다. 그러나 슐라이어마허는 원죄에 대한 몇 가지 개념에 대해 자신의 믿음을 확실히 하기를 원했다. 외부의 원천으로부터 죄와 죄책이 물려받거나 받아들여졌다고 인정할 수 없었다. 정확히 어떻게 하나님을 망각하는 것을 물려받을 수 있는가? 우리가 하나님을 망각하는 사회에서 자랐기 때문에 우리 스스로 하나님에 대해 망각할 수밖에 없을 뿐이다.

그러나 아담의 역사적 타락에 대한 믿음을 저버린 것은 아마 슐라이어마허가 애초에 예상했던 것보다 더 중대한 행보로 드러났다. 그는 곧장 죄를 설명하기 위해 애썼다. 예를 들어 "우리는 죄를 신의식 God-Consciousness 으로의 성향이 아직 우리 안에 적극적으로 나타나지 않았던 때의 행위와 능력으로 의식한다"고 말하곤 했는데, 이 말은 진화적 진전의 개념과 잘 맞아떨어졌다. 하지만 이것이 우리가 피조된 본성적 상태가 죄악된 것이었음을 의미했는가?[14] 그의 대답은 혼란만 가중시킬 수 있다. 죄의 "존재가 인간이 원래 완전했다는 개념을 무효로 만드는 것은 아니지만, 우리는 이것을 우리 본성의 교란으로 여겨야 한다."[15]

다음으로 슐라이어마허는 악으로 넘어간다. 악은 죄의 결과요 죄에 대한 심판이다. 본질적으로 악은 신의식의 상실이다. 하나님을 망각할 때 어떤 것은 악이다. 하지만 악은 상대적인 것이다. 교통사고로 내 가족이 죽을 수 있다. 하지만 그 사고가 내 신의식을 어지럽히지 않았다면 그것은 악이 아닐 것이다. 이 사고로 인해 내가 하나님을 망각했을 경우에만 그것은 악이다. 그렇기 때문에 하나님이 선의 조성자인 것과 같은 방식으로만 하나님은 악의 조성자로 묘사될 수 있다. 우리가 악으로 인식하는 것은 우리가 하나님을 망각하기 때문에 우리에게 악할 뿐이다. (짐작할 수 있듯이, 슐라이어마허는 결코 도덕적 악에 대한 논의를 시도하지 않는다.) 그렇기 때문에 우리의 의무는 악의 종식이 아니라 하나님에 대한 망각의 종식이다.

슐라이어마허는 묻는다. 그렇다면 이런 사실로부터 우리가 하나님에 대해 알 수 있는 점은 무엇인가? 우선 우리에게 구속이 필요한 것은 분명하다. 그래서 하나님이 거룩하다고 한다. 또한 악을 죄의 결과로 정하는 그는 의로워야 한다. 그럼에도 불구하고 그는 자비로운가? 이 대목에서 슐라이어마허가 긴장한 기색이 역력하다. 자비는 인격적인 감정과 반응을 보이는 하나님을 의미하기 때문이다. 하지만 그런 것은 하나님에게 맞지 않다고 그는 말한다.

대신에 그는 계속해서 자신의 두 번째 중심 주제에 대해 말한다. 바로 은혜다. 은혜는 죄가 우리에게 오는 것과 동일한 방식으로 찾아온다고 주장한다. 즉 신을 망각하는 사회에서 자란 결과 우리가 하나님을 잊어버리는 것처럼, 신의식의 사회에서 살면서 신의식을 새롭게 할 수 있다는 것이다. 신의식의 공동체(교회)에서 우리는 신망각으로부터 절연할 수 있고 신의식의 새로운 원리가 우리 안으로 들어올 수 있다.

그렇다면 신의식의 공동체는 어디로부터 오는가? 궁극적으로 그리스도에게서 온다. 이제부터 슐라이어마허는 그리스도를 고찰한다. 그는 그리스도를 완전한 신의식을 가졌던 사람으로 본다. 실제로 바로 이런 신의식으로 인해 우리는 하나님이 '그리스도 안에' 있었다고 말할 수 있다. "그렇기 때문에 구속자는 인간 본성의 정체성에 있어서 모든 인간과 같다. 하지만 그의 신의식이 지속적으로 영향력을 발휘함으로써 모든 사람과 구별되는데, 이는 하나님이 그 안에 진실로 존재하는 것이었다."[16] 이처럼 그리스도는 선재한 영원한 아들이 아니라 완전히 경건한 사람이었다. 사실상 그는 최초의 그리스도인이었다. 하나님이 사람이 된 것이 아니라 사람이 경건하게 된 것이다. 이런 관점은 그리스도의 인성에 대한 교회의 전통적인 가르침에 대한 전면적인 재평가를 의미한다는 사실을 슐라이어마허도 잘 인식하고 있었다. 하지만 그는 그렇게 하기를 열망했다. 이는 곧 그의 체계가 "사실상 전혀 교리적 목적을 찾아볼 수 없는" 당혹스럽게 하고 현대성이 없는 교리들—동정녀 탄생과 같이—을 없앨 수 있다고 생각했기 때문이다.[17] 실제로 만일 단지 그리스도의 신의식이 그 안에 있는 하나님의 존재 자체에 해당할 수 있다면 심지어 인격적인 하나님에 대한 교리도 완전히 달라져야 할 것이기 때문이다.

이 모든 주장에 놀란 나머지 정작 이로 인한 가장 큰 충격적인 사실을 놓치기 쉽다. 하나에서 열까지 슐라이어마허는 의도적으로 종교적 감정의 산물로서의 신학을 추구했다. 하지만 이제 이 모든 것의 중심에 그리고 우리가 신의식을 소유할 가능성 바로 이면에 우리가 가져야 할 것은 다름 아닌 역사적으로 실재한 사람이다. 그렇다면 무엇이 맞는가? 역사 속에서 성취된 외적인 구속인가, 아니면 내면의 감정인가? 우리의 종교적 감정이 실제로 모든 교리의 원천이든지(이 경우 그리스도의 역사적인 모습이 들어설 자리는 없다. 그저 부당하게 끼워 넣었을 뿐이다) 아니면 역사적인 실재와 그에 따른 교리적 사실이 있든지 둘 중 하나다.

그리스도의 신의식으로 다시 돌아가서, 슐라이어마허는 그리스도에게 신의식은 그가 악을 전혀 경험하지 않을 수 있었던 "현저한 복됨"unclouded blessedness과 같은 상태였다고 말한다.[18] 고통과 고난은 그를 괴롭히지 않았고, 그 어떤 것도 그의 신의식을 약화시킬 수 없었다. (약화시킨다는 표현이 맞다면, 겟네마네에서 그리스도의 고뇌와 자신이 버림받은 것에 대한 십자가상의 부르짖음은 슐라이어마허가 완화시켜 말하고 싶어 하는 순간들이었다.) 또한 그리스도의 구속 사역은 말 그대로 자신의 신의식을 다른 사람들에게 나누어 주는 것으로 이루어진다. "과연 그리스도가 이룬 가장 고상한 성취는 우리 자신이 신의지의 보다 완전한 성취로까지 이끌릴 정도로 우리에게 생명력을 불어넣은 데 있다."[19]

슐라이어마허에게 구속은 그리스도의 죽음에 관한 것이 아니다. 그리스도가 살아 있는 동안에 가졌던 신의식에 대한 것이다. 십자가의 대속 제물로서의 그리스도에 대한 개념은 전적으로 거부된다. 그렇다면 그리스도의 십자가에 대해서는 뭐라고 진술하는가? 그것은 그리스도가 무슨 일이 있어도 자신의 신의식이 흐트러지지 않음을 입증한 것이다. "고난의 정점에서조차 굴복되지 않은 사실을 통해서만이 그가 가진 복됨이 최고의 완전함 가운데 드러날 수 있었다."[20] 그렇기 때문에 우리가 십자가상의 그리스도를 볼 때에 그의 복됨에 감명을 받을 수 있고, 그로 말미암아 우리 자신이 십자가로 이끌릴 수 있다.

슐라이어마허는 부활과 승천이 기독교 신앙의 핵심은 아니라고 주장하면서 의도적으로 생략했다. 여기서는 자세하게 말하지 않지만, 그의 주장은 예수가 실제로 십자가에서 죽었는지에 대한 그의 의구심과 맞물려 있는 것이 거의 분명하다. 슐라이어마허는 예수가 죽은 것처럼 보여서 십자가에서 내려진 것일 뿐 그 후에 다시 회생했다는 주장에 마음을 두고 있었다.

여기서 하나님의 전능한 구원 역사를 제대로 말할 수 있는 사람은 없다. 하지만 다시 한 번 이 모든 것은 슐라이어마허가 말하는 인간의 점진적 진화에 꼭 들어맞는다. 그리스도가 가지고 오는 것은 심지어 진화적 도약도 아니다. 실제로 그리스도가 가졌던 신의식은 단지 우리 모두가 가진 것보다 강력한 형태일 뿐이다. 그리스도는 인간 역사에서 우리를 보다 완전한 혹은 온전한 단계로 끌어올려 주는 조력자라 할 수 있다. 슐라이어마허는 그리스도를 구속자라고 한다. 하지만 구속받을 타락이 없는 이상, 그리스도를 여기서 우리를 완전케 하는 자라고 하는 것이 그의 생각을 더 정확히 잡아내는 말일 것이다.

그리스도의 신의식과 관련하여 주목할 만한 가치가 있는 또 다른 점은, 그것이 실제로는 하나님과의 인격적인 관계에 해당하지 않는다는 것이다. 어쨌든 슐라이어마허는 하나님과의 인격적인 관계를 가능한 것으로 보지 않았다. 그 결과 그리스도를 사람이라기보다는 원리처럼 보기 시작했다(이런 체계에서 역사적으로 실존한 인물의 존재가 얼마나 곤란한지를 이해한다면 그렇게 놀라지 않아도 될 것이다). 예를 들어, 그리스도의 왕적 직분은 그의 인격적인 통치와 관계되는 것으로 묘사되지 않는다. 이는 "신자의 공동체가 자신의 안녕을 위해 필요로 하는 모든 것이 끊임없이 그로부터 나아온다는 사실에 부합한다."²¹ 그리스도는 우리에게 나누어지는 좋은 향기일 수 있다. 우리와 직접 관계 맺지 않는 무한자의 보편적인 현존이다.

이어서 슐라이어마허는 그리스도의 은혜가 신자에게 끼치는 영향에 주목한다. 물론 그 무엇보다 개인적인 의지의 구속은 그리스도의 신의식과 복됨에 참여하게 되는 것을 의미한다. 중생이란 일깨워진 신의식을 발견하는 것이다. 성화는 이 신의식이 심화되는 것이다. 하지만 이것만이 아니다. 슐라이어마허는 또한 우리의 칭의에 대해서도 언급한다. 슐라이어마허에게 있어서 칭의가 이제부터 개인적으로 내가 하나님 앞에서 의롭다는 신적 선언과 같은 것일 수 없음은 분명하다. 하나님은 개인을 그렇게 대하지 않는다. 그렇지 않다. 하나님에게는 "그리스도로 말미암아 인간을 의롭다고 하는 오직 하나의 영원하고 우주적인 판결"만이 있다.²² 칭의란 전체로서의 인간을 위한 영원한 판결이다. 그렇기 때문에 나 자신의 칭의란 이 판결을 내 스스로 누리는 것일 수밖에 없다.

이것이 뜻하는 바는 무엇인가? 한결같이 일관적인 태도로 슐라이어마허는 신적인 진노와 같은 것은 없고, 그런 원시적인 개념은 성마른(인격적인) 하나님을 암시할 뿐이라고 단언했다. 실제로 실제적인 죄와 실제적인 죄책은 찾아볼 수 없는 것처럼 보인다. 그저 우리가 그런 것을 느낄 뿐이다. 어쨌든 우리는 선하게 창조되었다. 더 나은 행동을 할 수 있도록 채근받기 위해 죄책을 인식할 뿐이다. 따라서 죄 용서는 우리를 용서하는 하나님에 대한 것일 수 없다. 죄책으로부터 깨끗하게 되는 우리의 양심에 관한 것이다(어떻게 이런 이해가 효력을 발휘하는지, 죄책이 실제가 아니고 실제로 신적인 용서를 받을 수 없다면 이런 이해가 어떤 목회적 위로를 줄 수 있을지 이해하기가 어렵다).

독자들이 어떻게 느끼는지는 아랑곳하지 않고 슐라이어마허는 이제 교회에 대한 새로운 이해로 나아간다. 그는 그리스도가 자신의 복됨으로 제자들을 감화하여 신의식의 공동체를 세웠을 때 교회가 시작되었다고 말한다. 그렇게 다른 사람들을 감화시킴으로써 제자들은 다른 곳에서와 같이 우리의 신망각 대신에 우리의 신의식을 나누는 새로운 공동체의 토대가 되었다. 인간의 신의식의 완성을 추구하는 이 공동체는 인간의 미래요, 언젠가 심지어 죽음 이후에라도, 모든 인류를 포함하게 되기까지 끊임없이 확장해 가는 공동체가 되어야 했다. 아직 이 교제에 속하지 않은 모든 사람은 언젠가 은혜의 신적 작용을 통해 여기에 붙들려 그 안으로 들어오게 될 것이다."[23]

중요한 점은 슐라이어마허가 성령을, 한때 나사렛 사람 예수를 충만하게 했고 이제는 이 새로운 공동체의 공동 정신이 되었다고 소개한다는 것이다. 성령은 인격이 아니고 심지어 초자연적 능력도 아니다. 이제 성령은 "더 이상 그 어떤 개인에게도 인격적으로 영향을 미치지 않는다. 하지만 이후로는 신자들의 교제 가운데 적극적으로 그들의 공동 정신으로 나타난다."[24] 다시 말해, 성령은 교회 공동체가 함께 나누는 신의식의 공동 성향이다. 성령이 공동체를 함께 엮어 주고 분리하게 하는 죄에서 풀어 주어 우리를 원래 창조된 의도대로 더욱 온전한 인간으로 만들어 준다.

이런 새로운 공동체에서 우리는 특별히 신약성경의 증거와 그리스도를 설교함으로써 서로의 신의식을 고양한다. 그는 전통적 복음주의의 단호함을 가지고 "믿음은 설교를 통해 온다"고 말한다.[25] 그리스도의 복됨을 기억하면서 우리는 우리의 신망각이 제거되기를 바란다. 하지만 단순히 우리의 종교적 감정을 나누기보다 신약성경을 펴야 하는 이유는 무엇인가? 신약성경이 권위를 가지고 있거나 그것이 신뢰할 만 해서가 아니다. 그것이 초기 기독교인들의 체험을 기록하고 있어서 우리를 감화하고 영감을 주기 때문이다. 그것이 신약성경의 역할이다. 물론 율법주의의 표현이자 기독교 신앙 이전에 기록된 구약성경은 할 수 없는 일이다. "심지어 가장 고상한 시편에서조차 기독교 경건이 항상 완전하고 순전하게 표현되었다고 인정할 수 없다."[26] 그래서 슐라이어마허는 구약성경을 "잉여 권위"로 여긴다.[27]

그리고 나서 슐라이어마허는 어떻게 우리가 세례를 통해 교회로 받아들여지고, 주의 성찬에서 정기적으로 그리스도를 기억함으로써 견고해지는지를 설명한다. 그의 속내가 드러나는 기도에 대한 분석을 시작한다. 어떻게 하나님이 개인들과 관계하거나 그들을 다루지 않는지에 대한 그의 언급들을 고려할 때 간청하는 기도에 대한 경고를 보고 그리 놀랄 필요는 없다. 찬송은 합당하지만 우리가 하나님께 영향을 줄 수 있다거나 그와 관계할 수 있다고 생각할 수 없다. 간청은 동료 인간, 특히 동료 신자들이 연합하도록 그들을 위해 해야 한다. 이어서 슐라이어마허는 교회 일치를 위한 열렬한 호소로 맺는다.

논의를 계속해 가기에 앞서 슐라이어마허는 교회에 관한 부분에 중요한 부록을 삽입한다. 여기서 그는 인류가 시작된 이래 서로 자신들의 신의식을 공유한 사람들이 있어 온 반면, 교회는 나사렛 예수라는 사람과 더불어 시작했다고 주장한다. "그리스도는 자기 앞서 살았던 사람들 일부에게는 구속의 영향을 발휘하지 못했을 것이다(실제로 어릴 때 그를 알았던 시므온과 같은 사람에게는 구속의 영향을 미치지 못했을 것이다)."[28] 슐라이어마허는 여기서 자신이 위험을 감수하고 있음을 깨달았다.

> 신앙고백은[신조와 정통신앙 고백서]……그리스도를 믿는 믿음이 그의 인격적인 행위[성육신] 전부터 있었다고 가정한다. 하지만 그와 같은 가정은 믿음을 그의 인격적인 행위에 의존하게 하고 그 행위로부터 믿음이 기인한 것으로 여기게 한다.[29]

그는 성육신이 있기 전에 사람들은 그리스도를 의지하는 대신 약속을 의지했다고 했다. 약속은 모호할 수밖에 없었다. 실제로, 만약 이 약속들이 구체적이었다면 그리스도가 세상에 올 필요가 없었다. 성육신을 통해 그가 가져온 모든 것이 이 약속을 통해 이미 명확해졌을 것이기 때문이다.

슐라이어마허가 마지막으로 논의한 주요한 주제는 그가 '교회의 완성'consummation of church이라고 부른 것이다. 그는 자신이 사용할 단어를 주의해서 선택했다. 지금부터 그는 대개 장래의 사건들을 가리키는 것으로 이해되는 단어를 사용해 어떻게 실제로 그것들이 "우리가 가까워져야 할 패턴"인지를 설명하려고 하기 때문이다.[30] 사실은 만약 교리가 우리 자신의 체험을 표현한 것이라면, 우리는 장래에 대해 말하지 못할 것이다. 장래에 대한 체험이 없기 때문이다. 슐라이어마허는 우리는 장래에 대한 논리적 추론만 할 수 있을 뿐이라고 주장했다. 예를 들어, 영원한 정죄는 그리스도가 인류 전체에게 나누어 주는 영원한 복됨과 부합하지 않다. 그러므로 이 개념은 잘못된 것임을 추론할 수 있다.

그렇다면 신약성경이 말하는 그리스도의 재림의 개념은 어떻게 이해해야 하는가? 문자 그대로 그것을 이해해서는 안 된다. 오히려 그것은 기본적으로 "신자들이 그리스도와 더불어 이루는 재결합"에 관한 것이다.[31] 그것은 현재와 미래의 경험 모두를 의미한다. 유사하게 최후의 심판은 세상으로부터 교회의 분리에 관한 것이다. 그럼에도 불구하고 우리가 막연히 느낄 수 있는 바는, 무한하고 불멸하는 신이 그리스도 안에서 인간과 연합하기 때문에 죽음 너머에 우리를 위한 어떤 종류의 연속성, 심지어 "우리의 현재 상태와 닿아 있는 고리를 가진 유기적 생명"이 있음이 분명하다는 것이다.[32] 그때에는 우리가 그리스도의 '현저한 복됨'을 나누어 가질 것이다(그럼에도 불구하고 그리스도에게 있는 '현저한 복됨'이 자기 머리 둘 자리도 없고, 피곤함과 십자가를 포함하는 것을 볼 때, 아마도 모든 기독교인을 흥분시킬 만한 결말은 아닐 것이다).

마지막으로 슐라이어마허는 묻는다. 은혜라는 주제를 온전히 이해함으로써 우리가 하나님에 대해 알 수 있는 바는 무엇인가? 본질적으로, 우리가 본 것은 "절대적 존재 Supreme Being 가 자기 자신을 나누어 준다"는 사실이고, 이를 통해 우리는 그가 지혜롭고(자기 자신을 나눌 수 있도록 일들을 정할 만큼) 사랑하는 존재라고 결론 내릴 수 있다.[33] 스스로를 나누어 주는 행위를 사랑과 동등하게 생각하는 것은 차라리 대담하게 보일 정도다(어쨌든 하수구 냄새도 자기 자신을 나누어 주니 말이다). 하지만 이것은 바로 슐라이어마허가 타려고 하는 외줄이다. 하나님을 사랑으로 부를지언정 인격적인 존재로 말하지는 않는다.

하나님의 사랑에 이어 마지막으로 그는 "기독교 교리의 정점"인 삼위일체를 이야기한다.[34] "그리스도의 인격과 교회의 공통의 영 안에 있는 신적 본질과 인간 본성의 결합"을 살펴본 우리는 삼위일체로서 하나님을 경험한다고 결론 내릴 수 있다.[35] 그렇다고 이 말이 슐라이어마허가 성부, 성자, 성령을 세 분의 신격으로 생각했다는 것은 아니다. 그는 성령은 물론 인격이 아니고, 성령에 대한 인격성의 개념은 통상 하나님의 무한성을 저해한다고 느꼈다.

그 결과 그가 가진 전반적인 체계와 하나님에 대한 이해라는 몸통에 붙은 쓸모없고 부조리한 세 번째 젖꼭지같이 보이는 것이 삼위일체에 대한 논의다. 그도 그럴 것이 슐라이어마허의 하나님은 근본적으로 비인격적이고 비관계적이기 때문이다. 그는 우리와 관계하지 않고, 우리는 그와 관계할 수 없다. 슐라이어마허는 "절대의존감정"은 하나님과의 관계 가운데 있는 것과 같다고 주장한다.[36] 하지만 정말 그런가? 나는 공기에 의존하지만 내 아내와 관계하는 방식으로, 혹은 심지어 내 개(내가 의지하는 것은 아니다)와 관계하는 것과 동일한 방식으로 공기와 관계하는 것은 아니다. 성자를 향한 성부의 사랑, 세상을 향한 하나님의 사랑, 혹은 하나님을 향한 우리의 사랑에 대한 이야기는 단순히 『기독교 신앙』의 체계로부터 비롯될 수 없다.

그러나 다시 말하지만, 슐라이어마허는 자신이 전통적인 기독교 신앙을 자신의 시대를 위해 재발명하고 있다는 사실을 알았다. 삼위일체가 자신에게는 부록과 같은 것이었음을 인정할 준비가 상당히 되어 있었던 것이다. 다음과 같이 그는 전통적 개념에 의문을 제기하기를 열망했다.

삼위 가운데 제2위와 제3위 모두는 심지어 세상의 창조에도 관계했다. 한편 제2위는 또한 그 후 구약성경에 기록된 모든 신현의 주체였다. 구

약성경의 전체 예언 운동의 동력은 제3위로부터 왔다.[37]

그가 『기독교 신앙』 말미에 삼위일체를 언급해야만 하겠다고 느낀 이유는, 그는 상당히 의식적으로 "오래된 형태의 교리에 대한 철저한 비판"을 위해 애쓰고 있었기 때문이다.[38] 실제로 "본 저작에서 삼위일체 교리에 주어진 위치는 어쩌면 이 목적을 향한 예비적인 단계일 것이다."[39]

계속 읽어 가기

슐라이어마허는 읽기가 쉽지 않다(하지만 아이러니하게도 읽으면 마음이 따뜻해진다). 그러나 대개 그런 것처럼, 그에 대한 수많은 2차 자료보다는 읽기가 수월하다. 2차 자료들은 대개 너무나 무미건조하고 혼란을 가중시키는 경향이 다분하다. 『기독교 신앙』 The Christian Faith, ed. H. R. Mackintosh와 J. S. Stewart 은 여전히 출판되고 있다(2nd ed. of *Der Christliche Glaube* [Berlin: Reimer, 1830-31]; Edinburgh: T. & T. Clark, 1999). 또한 키이스 클레멘트 Keith Clements의 『프리드리히 슐라이어마허: 현대신학의 개척자』 *Friedrich Schleiermacher: Pioneer of Modern Theology* London: Collins, 1987는 좋은 서론, 노트들과 함께 몇 가지 다른 핵심 본문들을 선별적으로 발췌한 유용한 작품이다.

읽을 가치가 있는 다른 두 작품으로 하나는 슐라이어마허의 자유주의 유산에 대한 신랄한 비판인 메이첸 J. Gresham Machen의 『기독교와 자유주의』 *Christianity and Liberalism*, New York: Macmillan, 1923 이고, 다른 하나는 제임스 바 James Barr의 『근본주의 신학』 *Fundamentalism*, London: SCM, 1977 이다. 메이첸의 저작과 정반대의 관점에서 쓰여진 이 작품은 무엇보다 보수 신학에 대한 동일하게 흥미로운 비판으로, 슐라이어마허의 유산에 거의 공통적으로 굴복하는 것들을 다루고 있다.

슐라이어마허 연표

1760 니콜라우스 폰 친첸도르프 백작의 죽음
1768 브레슬라우에서 슐라이어마허 출생
1770 헤겔 출생
1776 미국 혁명
1783-7 니스키와 바비에 있는 헤른후트파 학교들에 출석
1787-9 할레에서 대학을 다님
1789 프랑스 혁명
1790-3 슐로비텐에서 폰 도나 가족의 가정교사를 지냄
1794-6 란트베르크에서 협력 목사로 사역
1796-1801 베를린의 자선병원 원목을 지냄
1799 『종교론』 저술
1802-4 스툴프에서 목사로 사역
1804-6 할레 대학의 신학 교수
1806 나폴레옹의 프러시아 침략
1808 베를린의 트리니티 교회에서 목사로 사역
1809 헨리에타 폰 빌리히와 결혼. 베를린 대학 교수로 재직
1811 『신학 연구 개요』 저술
1821-2 『기독교 신앙』 저술
1834 슐라이어마허의 죽음

12

신학자들의 놀이터에 떨어진 폭탄

칼 바르트

Karl Barth

칼 바르트 Karl Barth 는 오늘날 신학 지형에서 월등하게 탁월한 신학자로 남아 있다. 그가 거대하게 보이는 이유가 단지 그가 우리와 시간적으로 가까운 시대에 살았기 때문일까? 물론 거대하게 클로즈업된 대상 앞에서 객관적이기를 기대하는 것은 무리가 있지만 확실히 그는 지난 세기에 신학계를 평정했던 거인이었다. 또한 모든 거인이 그랬던 것처럼 바르트 역시 사람들을 압도했다. 13권의 두꺼운 책들(그마저도 아직 끝난 것이 아니다)로 이루어진 그의 어마어마한 주요 저작인 『교회 교의학』 Church Dogmatics 은 그를 이해하기를 바라는 대부분의 사람들로 하여금 서둘러 2차 자료나 선집을 찾아 동분서주하게 하기에 충분했다. 그런 자료들을 통해 바르트에게 '신정통주의' neo-orthodox 나 혹은 그와 같은 꼬리표가 붙어 다니는 것을 보았을 것이다. 하지만 그런 꼬리표들은 대개 정확하지 않을 뿐더러 별 도움도 되지 않는다. 그럼에도 불구하고 정작 바르트의 저작에 직접 다가가지는 못하면서 그에 대한 슬로건만을 가지고 있는 학생들이 비일비재하다. 이는 비단 학생들만의 문제는 아니다. 심지어 가장 명망 있는 신학자들조차도 자신들만의 주관적인 이미지를 따라 바르트를 그려 낸 것으로 알려졌다. 바르트 자신도 이 문제로 실망했던 것이 분명하다.

내가 수많은 사람들의 공상 속에서……편리한 대로 서둘러 받아들여져 무수히 베껴지는, 물론 또 그만큼 쉽게 버려지는—대개는 어떤 사람이 어느 때 황급히 그려 내는 그림들이 대부분 백발인 형태로만 존재한다는—인상을 받는다면 내가 속는 것인가?[1]

바르트가 자신이 부당한 대우를 받고 있다고 느낄 만했다. 그는 심지어 자신이 동의하지 않는 저자(프리드리히 슐라이어마허와 같은)의 난해한 저작들조차 매우 존중하면서 읽기를 서슴지 않았기 때문이다.

그렇다면 이 거인은 도대체 어떤 사람인가?

바르트의 생애

칼 바르트는 1886년 스위스 바젤Basel에서 목사의 아들로 태어났다. 당시의 상황으로 볼 때 그의 아버지는 전반적으로 보수적 신학을 가진 목사였다. 그렇기 때문에 그가 18살이 되는 해 당대의 가장 위대한 자유주의 신학자들인 베를린의 아돌프 하르낙Adolf von Harnack과 마르부르크의 빌헬름 헤르만Wilhelm Herrmann 밑에서 수학하기 위해 독일로 떠났는데, 이때 보수적인 아버지와 현저한 긴장을 맛볼 수밖에 없었다. 얼마 지나지 않아 그는 자유주의 신학의 떠오르는 별로 각광을 받았다. 머지않아 자유주의 신학과 완전히 절연하게 되었지만, 이 기간은 그에게 아주 중요한 영향을 미쳤다. 특히 슐라이어마허의 제자라고 할 수 있었던 헤르만은 예수를 향한 명백하게 진실되고 깊은 사랑으로 바르트에게 깊은 감화를 주었다.

공부를 마친 바르트는 제네바 개혁교회의 부목사가 되었고 거기서 처음으로 칼뱅의 『기독교 강요』에 빠져들었다. 심지어 그는 칼뱅이 섰던 오래된 강단에서 설교하기도 했다. 나중에 그는 이렇게 적었다. "그 당시 내가 그의 강단에서 했던 설교들을 칼뱅이 들었다면 별로 탐탁해하지 않았을 것 같다!"[2] 그러나 그로부터 몇 년이 채 지나지 않아 취리히와 베른 사이에 자리한 자펜빌Safenwil이라는 작은 마을의 목사로 부임한 후 그는 실제적으로 자유주의 신학에서 완전히 떠나기 시작했다. 사람들에게 종교적이 되라고 말하는 것은 그들에게 아무런 도움이 되지 않음을 확연하게 깨달았다.

그러던 차에 1914년 제1차 세계 대전이 발발했고, 자신의 자유주의 스승들이 독일의 전쟁을 지지하는 모습을 보고 바르트는 충격에 빠졌다. 복음을 전적으로 문화에 동화시키는 모습에 그들과 그들의 신학을 향해 가졌던 모든 신뢰가 흔들렸다. 그래서 "나는 점점 성경으로 돌아갔고," 거기서 "묘한 신세계"를 발견했다. 루터와 마찬가지로 이런 돌이킴은 로마서와 더불어 시작되었다. 1916년 여름에 "나는 사과나무 아래 앉아 당시 가용한 모든 자료를 통해 로마서 연구에 전념하기 시작했다.…… 이전에 한 번도 읽은 적이 없는 것처럼 로마서를 읽기 시작했다."³ 이로 인해 그는 이전의 신학 유산을 모두 거부하고 새롭게 사고하는 방식을 찾아 나설 수밖에 없었다.

『로마서 주석』은 1919년 초에 출판되자마자 많은 격분을 불러일으켰다. 그도 그럴 것이 바르트는 오래전에 역사적으로 재구성된 맥락에서 본문을 골라내는 전통적이고 자유주의적인 비평 방법을 버리고, 대신 "축자적 영감Verbal Inspiration이라는 옛 교리"를 사용해 본문이 직접 말하도록 하기를 원했기 때문이다.⁴ 그런 그였기에 이 작품을 다음과 같이 당돌한 말로 시작한다.

그 시대 사람으로서 바울은 당대의 사람들에게 설교했다. 하지만 선지자와 하나님 나라의 사도로서 그가 모든 세대의 모든 사람에게 실제로 말하고 있다는 사실이 훨씬 더 중요하다. 그때와 지금, 그 자리와 여기의 차이들로 인해 주의 깊은 연구와 숙고가 요구되는 것은 물론이다. 그러나 그렇게 연구하는 목적 역시 그런 차이들이 실제로 너무나 사소하다는 사실을 나타내는 데 있을 뿐이다.⁵

그렇기 때문에 예를 들어, 바울이 율법에 대한 유대인의 태도에 대해 말한 것은 자유주의 신학의 종교성에 대한 이해에 적용된다. 다시 말해, 자유주의 신학은 종교성을 하나님에게 다다르는 사다리처럼 취급했다. 자유주의 신학은 하나님의 어떤 도움이 없이도 우리가 그에 대해 말하고 그를 알 수 있다고 믿었다.

이런 자유주의적인 태도와 달리 바르트는 실제로 하나님과 인간 사이에 '직접적인' 관계가 있다고 주장하기를 점점 더 원했다. 바꾸어 말해, 하나님은 절대타자 absolutely other 다. 사람과 하나님, 시간과 영원이라는 것은 질적으로 다르기 때문에 기본적으로 우리는 하나님께 이야기할 수 없다. 만약 그렇게 하려고 하면, 자기 자신에 대해 (마치 큰 소리로) 이야기하고 있는 우리 자신을 발견할 뿐이다. 하나님과 우리 사이의 거대한 간극은 오직 하나님 자신을 통해서만 건널 수 있다. 그가 자기 세상에서 이 일을 한다. 그렇기 때문에 오직 자기 자신에 대한 그의 계시를 통해서만 우리는 하나님을 알 수 있다.

1921년, 바르트는 괴팅겐 Göttingen 대학의 개혁 신학 교수로 초빙되었다. 거기서 그는 개혁주의 신학과 역사에 대한 자신만의 특별강좌를 열었다. 또한 칼뱅, 츠빙글리, 개혁주의 신앙고백, 슐라이어마허에 대해 새롭게 발견한 지식을 통해 그는 자유주의 신학과 싸울 인상적인 신학적 무기들을 방대하게 모으기 시작했다.

4년 뒤 그는 뮌스터로 옮겨갔고 1930년에 다시 본으로 갔다. 그가 안셀무스를 읽은 것은 이 시기다. 안셀무스를 읽으면서 많은 것들이 보다 선명해졌다. '이해를 추구하는 믿음'이라는 안셀무스의 금언으로부터 그는 신학은 우리 자신의 독립적인 논리로 하는 것이 아니라, 하나님의 말씀에 비추어 믿음으로 사고하고 깨닫는 것임을 알았다.[6]

1950년대에 스위스의 로마 가톨릭 신학자인 한스 폰 발타자르 Hans Urs von Balthasar 는 1930년경에 바르트의 신학이 중요한 방향 전환을 이루었다고 주장했다. 그 전에는 바르트가 하나님과 사람 사이의 변증법적 관계를 주장한 반면, 그때 이후로는 이 관계를 유비적으로 보기 시작했다는 것이다(하나님과 사람 사이에 실제로는 하나님이 정한 일치성이 있다는 것이다)[7]. (이 주장을 알고 있었음에도) 바르트 자신은 결코 발타자르의 신학과 의견을 달리한 적이 없었기 때문에 그 후 수십 년 동안 이 주장이 지배적이었다. 하지만 부분적으로는 브루스 맥코맥Bruce McCormack이 행한 바르트 사고의 초기 단계에 대한 중요한 재고찰과,[8] 또 부분적으로는 대부분이 이전에 출판된 적이 없었던 1920년대 바르트가 작성한 자료들이 최근 출판됨에 따라, 실제적인 방향 전환에 대한 이론이 이제는 조악한 주장으로 드러나고 있다. 그의 '변증법적' 신학은 단순히 변화의 여정에 있는 미성숙한 단계가 아니었다. 1930년경에 많은 것들이 명확해졌다. 바르트가 보다 추상적으로 '말씀'the Word이라고 한 것은 그 이후로 상당히 분명하게 예수 그리스도라는 특정한 인격—우리가 하나님을 알 수 있는 유일한 길로서—을 가리켰다.

    1930년대 초기에 이르러 바르트는 유럽의 지도적인 개신교 사상가가 되어 있었다. 이때 그는 거의 자신의 남은 모든 생애를 통해 이루어질 프로젝트를 시작할 준비가 되었다. 『교회 교의학』을 집필할 준비가 된 것이다. 그러나 그가 이 프로젝트를 시작하자마자 히틀러가 독일의 권력자가 되어 모든 것을 바꾸어 버렸다. 많은 독일 개신 교회들은 발 빠르게 그에게 무릎을 꿇었다. 하지만 독일 개신 교회들의 굴복을 하나님의 말씀 밖에서 비롯된 신학이 가장 최근에 보인 정치적 표현일 뿐이라고 본 바르트는 무릎 꿇지 않았다. 이로 인해 그는 곧 자신의 일을 잃을 판이었다. 하지만 그 와중에 바르트가 한 일을 보면 참으로 인상적이다. 나치 신학을 받아들이기를 거부하는 고백교회를 설립하기 위해 선봉에 서는 것과는 거의 상관이 없이, 바르트는 전에 없던 큰 열정을 가지고 신학 작업에 몰두했다. 지금은 발 빠른 반응을 위해 깊은 신학을 저버릴 때가 아니라 복음을 회복하고 지키기 위해 더 열렬하게 신학에 매진할 때임을 바르트는 알았던 것이다.

1935년에 그가 교수직에서 해고되자마자 바젤 대학이 그를 붙잡았고 다시 자신의 고국인 스위스로 돌아왔다. 계속해서 나치당에 압박을 가할 수 있었음에도 불구하고, 그는 『교회 교의학』을 집필하는 데 온전히 집중했다.

난국, 각고 그리고 엄청난 명성으로 인해 그는 자신이 몹시 좋아했던 것들을 누리지 못했다. 그것은 바로 알프스를 오르고 파이프 담배를 즐기는 그의 순전한 인간성이었다. 끊임없는 호기심과 애정으로 그는 모차르트에 거의 열광하다시피 했다. 이런 사실은 그에 대해 시사하는 바가 크다. 바르트 특유의 명랑함, 그리고 종종 드러나는 개구쟁이 같은 쾌활함을 볼 때 비슷한 성향의 모차르트에게 이끌린 것이 분명하다. 바르트는 신학자는 바로 그런 성향을 가져야 한다고 생각했다. "자신의 일에서 즐거움을 누리지 못하는 신학자는 결코 신학자가 아니다. 화가 난 듯한 얼굴, 어두운 사고, 따분하게 하는 말은 신학자에게 전혀 어울리지 않는다."⁹

1964년에 그의 건강은 급격하게 나빠지고, 더 이상 이전처럼 일을 할 수 없는 상태가 되었다. 바르트는 1968년 12월에 숨을 거둔다. 다음 날에 있을 강의를 위해 "하나님은 죽은 자의 하나님이 아니라 산 자의 하나님이다"라고 적었고, 기도하기 위해 손을 모았다. 그의 아내 넬리Nelly가 그를 발견했을 때는 이 모습 그대로 숨을 거둔 뒤였다. 물론 모차르트의 음악이 흐르고 있었다.

『교회 교의학』

바르트가 쓴 대작의 제목은 오늘날에도 여전히 충격을 준다. 그리스도인의 **신앙**과 체험에 대해 쓴—바르트와 대척점에 있는—슐라이어마허와 고의적이고 직접적으로 상반되는 의미에서, 바르트는 하나님으로부터 절대적 진리, 도그마Dogma에 대해서 쓰기를 원했다.

뒤이어 이 저작은 엄청난 분량과 낯선 문체로 사람들을 압도하고 두렵게 한다. 이런 두려움은 대부분 바르트의 글쓰는 방식을 이해함으로써 금방 해소될 수 있다(저작의 분량은 실제로 이런 방식의 결과다). 바르트는 신학의 과제와 설교의 과제가 동일하다고 믿었다. 그렇기 때문에 『교회 교의학』에서 바르트가 하는 것은 다름 아닌 설교다. 그러나 설교는 단순히 정보 공유에 관한 것이 아니다. 그것은 마음을 얻는 행위이고, 따라서 시간을 들여 설득하고 반복하는 일을 포함한다. 핵심을 강조하고 독자들의 마음을 얻어야 한다. 그 결과 바르트의 글에서 깊은 감동을 얻을 수 있다. 이는 또한 그를 인용하기가 까다로움을 의미한다. 일단 문맥을 알아야 한다. 그를 인용할 때 대개 복잡함과 당혹감을 느끼는 것도 바로 이런 이유다. 그럼에도 불구하고 무엇보다 중요한 점은 바르트가 설교하듯이 기술하고, 이야기체로 글을 쓰고 있기 때문에 독자들이 긴장을 풀어도 된다는 말이다. 몇 페이지를 제대로 이해하지 못한다고 해서 힘들어 할 필요가 없다. 그가 주장하는 범위는 그것보다 크기 때문이다. 더 큰 그림을 그리는 것이 중요하다. 콜린 건튼Colin Gunton은 이렇게 말했다.

> 바르트는 심미적인 신학자. 바르트에게는 신학화 이전에 예배가 먼저다. 여기서 모차르트에 대한 그의 사랑을 주목할 필요가 있다. 바르트 신학의 구조는 단언적이지, 논쟁적이지 않다. 그래서 일종의 음악처럼 여겨질 수 있다. 모차르트 음악만큼이나 바르트는 논증에 관심이 없다. 모차르트는 그냥 연주될 뿐이다. 내가 생각하기에 그것이 바로 바르트가 목적하는 바다. 하나님의 계시의 진리와 아름다움이 빛나도록 그것을 연주하는 것이다.[10]

물론 이는 바르트가 당신이 시간을 들일 것을 요구한다는 말이다. 그가 신학적 패스트푸드를 무턱대고 나누어 주지 않을 것이다. 하지만 그에게 시간을 들인다고 해서 그 사람이 보다 사려 깊은 신학자가 되는 것은 아니다. 심지어 이 짧은 소개를 통해서 내가 바라는 바는 바르트에게 동의하든 아니든 간에(다양한 부분에서 동의하기도 하고 그렇지 않기도 할 것이라는 것은 거의 확실하다) 그로 인해 당신이 궁리하고 의아해하게 되는 것이다. 그의 글은 우리를 자극하고 우리의 생각을 확장시켜 준다. 다른 문체적 특징만큼이나, 그것은 아마도 그의 글이 가진 또 다른 문체적 특징 때문일 것이다. 그의 글은 의도적으로(종종 격분하게 할 정도로) 도발적이다.

안타깝게도 『교회 교의학』의 엄청난 분량에 비추어 볼 때 본서의 이 짧은 스케치는 기껏해야 만평에 불과할 수밖에 없다. 시간 관계상 복잡한 그의 주장과, 웃음에서부터 라이프니츠Leibniz에 이르기까지 모든 것을 섭렵하고 있는 흥미로운 모든 작은 활자들은 후다닥 지나쳐야만 한다. 이 대작을 그저 조망하는 정도로 만족할 수밖에 없다(아니 인공위성에서 내려다본다고 해야 맞을 것이다).

『교회 교의학』에는 네 '권'의 주요 부분들이 있다. **성경론**The Doctrine of the Word of God, **신론** The Doctrine of God, **창조론** The Doctrine of Creation, **화해론** The Doctrine of Reconciliation. 그리고 다섯 번째 책인 **구속론** The Doctrine of Redemption(성령과 종말을 다룬다)은 계획했으나 집필되지 못했다(바르트는 이 책에 대해 전혀 암시를 남기지 않았다). 실제로, 네 번째 책 역시 바르트의 죽음으로 중단되어야 했다. 각 '권'은 부로 나뉘는데, 각 부가 또 한 권을 이룬다. 그렇게 책들은 I권은 1부(I/1), III권은 2부(III/2) 등으로 이루어진다.

I권: 성경론

I/1 바르트 당시에는 교의학과 같은 신학 전집을 집필할 때 전통적으로 사용된 두 가지 방식이 있었다. 첫째는, 하나님을 아는 것이 가능한지에 대한 물음으로 시작하는 것이다. 이런 질문은 앞뒤가 바뀐 것이라고 주장하면서 자신의 작품을 시작하는 바르트는 보란 듯이 이런 전통을 거스른다. 하나님이 실제로 자신을 알리셨는데 그런 추상적인 가능성에 대해 질문할 필요가 있느냐는 것이다. 이런 물음은 하나님이 실제로 하신 일을 간과하는 아주 위험한 일이다.

두 번째 전통은 삼위일체와 관련이 있었다. 슐라이어마허가 삼위일체를 자신의 『기독교 신앙』 부록으로 치부한 이래로 삼위일체는 모든 신학 주제들 가운데 가장 외면되어 온 주제가 되었다. 다시금 바르트는 이런 전통에 반기를 들고 오히려 삼위일체를 자신의 신학의 서두에 두었다. 삼위일체를 모든 것이 따라야 할 원리인 근본적인 전제로 삼았다(하나님에 대한 일반적인 원리나 이해가 아니다).

심지어 더욱 혁명적이었던 점은 바르트가 두 주제, 곧 계시와 삼위일체를 결합한 것이었다. 그래서 그의 신학은 자신을 알린 하나님으로부터 시작했다. 즉 자기를 계시하는 삼위일체로부터 시작한 것이다. 하나님은 삼위일체이기 때문에 그는 자신을 삼중적인 말씀으로 계시하신다. 먼저, 계시된 하나님의 말씀인 그리스도다. 둘째, 이 계시는 기록된 하나님의 말씀인 성경 안에서 확증된다. 또한 셋째, 이 성경이 설교되거나 선포됨으로써 세상이 하나님의 말씀을 듣는다. 그러나 이는 단순한 정보 전달이 아니다. 이 말씀을 통해 하나님이 친히 우리에게 오셔서 자신을 알리신다. 성부 하나님이 계시자다. 성자 하나님은 계시다. 성령 하나님은 '계시됨'revealedness, 즉 우리로 하여금 그 계시를 깨닫도록 하는 분이다.

바르트는 '오직 은혜'라는 저 옛날 종교개혁의 모토를 계시 교리에 적용하고자 했다. 우리에게 있는 하나님을 아는 지식은 우리가 갖다 붙이는 무수한 전제로도 전혀 뒷받침되지 않는 신적인 선물임을 보이기 위해, 하나님을 아는 지식에 있어서 모든 펠라기우스주의(즉 우리 스스로가 실제로 이 지식에 기여한다)를 거부하기를 원했다. 이처럼 우리는 하나님이 어떤 존재인지에 대해 미리 결정할 수 없다. 만약 그렇게 할 수 있다면 하나님의 계시란 우리가 만들어 놓은 구조물에 한 층을 더 얹는 것에 불과하게 될 것이다. 심지어 우리는 계시가 없이는 '하나님'이 참으로 의도하는 것조차 알 수 없다. 이처럼 바르트는 모든 '자연 신학'을 거부했다.

이 부분에 있어서 그에 대한 오해가 광범위하게 퍼져 있다. 앞으로 보게 되겠지만 그는 창조 신학을 거부하지 않는다. 창조를 통해 하나님이 말씀하심을 부인하는 것도 아니다. "하나님은 러시아의 공산주의, 플룻

콘체르토, 꽃이 피는 관목, 혹은 죽은 개를 통해서도 말씀할 수 있다."[11] 핵심은 오직 그의 말씀을 통해서만 우리가 하나님을 알 수 있게 된다는 것이다. 일단 그렇게 되면, 우리는 도처에 자신을 드러내신 계시의 참된 의미를 올바로 인식할 수 있다. 자연 신학은 정반대 방향으로 진행된다. 먼저, 하나님을 알 가능성에 대한 이론을 세운 뒤 그것을 잣대로 사용해 참인지 아닌지를 재단하는 것이다. 실제로 자연 신학은 하나님을 아는 지식, 따라서 우리의 믿음을 하나님의 계시가 아닌 다른 토대 위에 놓는다.

계시로부터 시작한 바르트는 이제 이 하나님의 삼위일체적인 본성에 집중한다. 성부로서 하나님은 자신을 **창조자** creator로 계시한다. 성자는 자신을 **화해자** reconciler로, 성령은 자신을 **구속자** redeemer로 계시한다. 이처럼 바르트는 『교회 교의학』의 구조를 하나님의 삼위일체적 존재를 따라 구체화할 의도를 보여준다. 전체로서 성경론(I권)과 신론(II권)을 살핀 후 그의 관심은 창조(III권, 성부에게로 돌려진), 화해(IV권, 성자에게로 돌려진), 구속(V권, 성령에게로 돌려진)으로 향한다.

삼위일체에 대한 전통적인 사고에 있어서 한 가지 영역만 재진술되면 된다고 그는 믿었다. 하나님의 세 '위격'이라는 말은 오해의 소지가 있는 표현이라고 생각했다. 하나님은 한 신격 혹은 주체이지 셋이 아니라고 주장했다. 하나님의 세 '위격'이라고 말하기보다는 세 가지 '존재 양태'로 있는 하나님을 말하는 것이 더 정확하다는 것이다. 이는 고대 양태론의 이단과 같지 않다고 단언했지만, 오늘날 많은 사람들은 적어도 그가 그 방향으로 천천히 움직였다고 느낀다.

I/2 하나님의 말씀에 대한 두 번째 부분의 책에서 바르트는 삼위 하나님과 그의 자기 계시라는 중심 주제에 살을 입힌다. 그가 하나님의 계시된 말씀인 예수로부터 시작하는 이 지점이 아마도 우리가 바르트의 신학의 심장에 가장 가까이 다가가는 부분일 것이다. "전체로서 그리고 모든 각각의 부분들에 있어서 교회의 교의학은 당연히 기독론적으로 결정되어야 한다"고 그는 적었다.[12] 그리스도는 하나님의 계시이기 때문에, 성

경과 모든 바른 신학은 반드시 그를 가리키고 그를 바라보는 것에 관한 것이어야 한다. 바르트가 가장 좋아한 이미지는 그뤼네발트Grünewald의 이젠하임Isenheim 제단화다(그는 자신의 책상 위에 걸어 두었다). 이 그림을 보면 세례 요한의 큰 손가락이 그림을 보는 사람들이 십자가에 못 박힌 그리스도를 바라보도록 분명하게 그리스도를 가리키고 있다. 바르트에게 있어서 이런 모습은 교회와 교회의 모든 교의학의 임무에 대한 요약이었다.

그는 계속해서 성령을 우리로 하여금 하나님의 계시를 받도록 하는 분으로 묘사한다. 그리고 나서 성령이라는 표제하에 성경을 다룬다. 성경은 둘째 손가락과 같이 하나님의 계시된 말씀인 그리스도를 증거하기 위해 존재한다. 성경이 그 자체로 하나님의 말씀이 아니라는 의미는 결코 아니다. 그는 이 사실을 분명하고도 주의 깊게 다루었다.[13] 성경이 그리스도 다음으로 하나님을 아는 대안적인 수단이 아니라는 것이 그의 요지였다. 성경은 그리스도를 증거한다.

바르트는 그리스도를 바라보지 않고 성경을 연구하는 위험에 아주 민감했다. 그래서 오직 그리스도만이 있어야 할 자리에 성경을 두려는 경향에 강하게 맞섰다. 일례로 그는 성경은 우리에게 하나님의 말씀 '인'being 것이 아니라 하나님의 말씀으로 '되어 가는'becoming 것이라고 말했다. 우리가 스스로 노력하여 하나님을 알 수 있도록 하는 수단으로서 이제 우리가 임의로 사용할 수 있는—우리에게 맡겨진—정보로 성경을 보는 개념을 우려한 나머지, 그는 성령을 통해서 오직 하나님의 은혜로 말미암아 우리에게 하나님의 말씀으로 되어 가는 것으로 성경을 말하기를 좋아했다. 다시 말해, 성경은 우리가 결코 하나님의 말씀을 임의로 사용하기 위한 것이 아니다. 우리는 항상 우리를 마주 대하는 그의 은혜 안에서 그를 의지해야 한다.

일단의 동일한 이유로 그는 보다 강하게 인간 예수가 그 안에 죄를 지을 가능성을 가지고 있었듯이 인간 저자들(신 저자는 물론)이 기록한 성경 역시 오류를 포함할 가능성을 가지고 있다고 주장했다. 이런 말에 성경무오를 붙드는 사람들이 긴장하는 것은 당연하다. 예를 들어, 성경의 '오류 가능성'을 언급하는 바르트의 수사는 여기서 우리가 민감하게 신경 쓰는 것을 완화하는 데 전혀 도움이 되지 못한다.[14] 하지만 복음주의자들이 성경의 영감에 대한 바르트의 일부 서술에 불편할 이유가 있다고 무작정 그의 말에 귀를 닫는 것은 분명히 어리석은 일이다. 아이러니한 점은 우리 스스로 바르트가 가장 강조한 메시지에 귀를 닫으면서 바르트 자신이 항상 추구했던 대로 우리의 절대적 권위로서 성경에 우리의 모든 생각을 복종시킨다는 것이다. 성경에 대한 바르트의 관점에 대한 가장 제대로 된 이해는 이 주제에 대한 그의 주장만이 아니라, 실제로 그가 『교회 교의학』에 있는 작은 글씨로 인쇄된 많은 주석 부분들 가운데 하나에서 이 주제를 어떻게 다루고 있는지를 보는 것이다. 물론 바르트가 말하는 모든 부분에 동의하기를 기대할 수는 없다. 하지만 거기에는 성경이 말하는 바를 듣고 그것에 복종하려는 열망을 한결같이 품은 신학자가 있다.

그리고 나서 바르트는 기록된 하나님의 말씀에서 선포된 하나님의 말씀으로 나아간다. 교회는 하나님의 말씀을 듣고 그것을 말해야 한다. 이것이 바로 신학의 실천이 자리하는 현장이다. 교리는 하나님의 말씀을 새롭게 듣고 들은 말씀을 신실하게 외치라고 교회에게 명한다.

II권: 신론

II/1 바르트가 예수에 의해 형성되지 않은 '일반적인 하나님'에 대한 신앙과는 전혀 상관이 없다는 것은 주지의 사실이다. 그렇기 때문에 이제 우리는 "바른 의미에서 '하나님'을 말할 수 있어야 할" 것이다.[15] 어떻게 그렇게 할 수 있는가? '하나님은 어떤 존재일 것인가 혹은 어떤 존재이어야 하는가'를 물어서가 아니라 '하나님이 실제로 자기 자신을 어떻게 드러내는가'를 물음으로써 그렇게 해야 한다. 바르트에게 있어서 하나님을 아는 지식에 대한 모든 것은 "하나님에 의해 알려진 하나님"이라는 중심 사실에서 비롯된다.[16] 다시 말해, 그리스도 안에서 자기 자신을 아는 하나님 즉 그리스도를 보내심은 하나님 자신에 대한 하나님의 지식을 하나님이 나누어 주신 것이다. 이뿐 아니라 '하나님은 오직 하나님을 통해서 알려지고' 따라서 우리는 오직 그리스도 안에서만 하나님을 알 수 있다.

그렇다면 그의 계시로부터 우리가 하나님에 대해 알 수 있는 바는 무엇인가? 그리스도 안에서 우리는 우리와 교제하기를 원하시는 하나님을 뚜렷이 본다. 그는 사랑하시는 하나님이다. 하나님의 계시는 진실로 그가 누구인지를 드러낸다. 따라서 사랑이 마치 하나님 안에서 일어난 일시적 현상인 양 하나님이 우연히 우리를 사랑하게 된 것을 의미하지 않는다. 하나님은 사랑하는 하나님으로 자신을 계시했다. 성부, 성자, 성령으로서 하나님은 사랑할 다른 대상이 필요 없이 영원히 사랑하신다. 더욱이 그리스도 안에서 우리가 보는 하나님은 우리와 교제를 필요로 하시는 하나님이 아니다. 그리스도 안에서 우리가 보는 하나님은 그 안에 생명을 가지시지만 순전한 사랑으로 우리와 그 생명을 나누러 오신 분이다. 그렇기 때문에 우리는 '자유롭게 사랑하시는' 하나님을 본다. 그 무엇에도 제한되지 않는 하나님이기에 하나님은 지금 우리가 아는 하나님과 같이 자유롭게 사랑하시는 하나님일 수 있다.

이런 토대 위에서 비로소 바르트는 전통적으로 신적 속성이라고 하는 것을 살펴 갈 수 있다(하나님이 자신을 계시한 바에 따라 그것들을 인식하는 대신, '속성'이라는 말은 아무래도 우리가 이런 성품을 하나님께 부여했음을 연상시키기 때문에 바르트는 '속성'이라는 말 대신 신적 '완전성'이라고 부르는 것을 선호한다). 본질적으로 속성은 하나님이 '자유롭게 사랑하시는 이'라는 사실이 뜻하는 바를 풀어 보여주는 것이고, 그 결과는 하나님이 자신을 계시한 것에 놀랍도록 부합하는 모습으로 나타난다. 바르트는 신적 속성들을 단순히 따로따로 나열하기보다 하나님의 완전성 간의 상호 관계를 보여준다.

먼저, 하나님의 사랑의 완전성이다. 하나님은 은혜롭고 거룩한 분이다. 우리와의 교제를 확립함하는 데 있어서 은혜롭고, 이 교제를 추구하실 때 악이 남아 있는 것을 거부하는 데 있어서 거룩하다. 유사하게, 그는 자비롭고 의롭다. 또한 오래 참으시고 지혜로우시다. 자신의 피조물이 존재하도록 하는 데 있어서 오래 참으시고, 피조물이 존재하도록 만물을 주장하는 데 있어서 지혜로우시다.

둘째, 하나님의 자유의 완전성이다. 하나님은 한 분으로 편재하시고, 변함이 없으시며, 전능하시고, 영원하고, 영화로우시다. 언뜻 보면, '일반적인 하나님'에 대한 표준적인 묘사인 것처럼 보일 수 있다. 하지만 실제 내용은 상당히 구체적이다. 예를 들어, 바르트는 하나님의 불변성immutability에 대한 전통적인 개념을 채택하지 않았다. 비인격적이고 추상적인 불변성을 의미할 수 있었기 때문이다. 그는 하나님의 불변성constancy을 선호했다. 그는 또한 이런 하나님이 전능하다는 것이 무엇을 뜻하는지를 말한다.

> 십자가에 달린 예수 그리스도……그 자신이 하나님의 능력이다. 이는 하나님의 능력이 지혜의 능력인 것과 같은 의미에서 진리다. 십자가에 못 박힌 예수 안에서 이 모든 것이 계시되고 그 안에서 이 모든 것을 알 수 있다. 이를 통해 첫 번째로 알 수 있는 점은 우리는 참으로 하나님의 계시와 나란히 하나님의 화해를 우리 목전에 두어야 한다는 것이고, 우리가 참으로 그의 화해 자체를 그의 계시로 깨달아야 한다는 것이다.[17]

II/2 바르트는 신론에서 이제 다음으로 선택을 다룬다. 여기서 선택이 나오는 이유는 바르트가 선택을 본질적으로 자기 자신을 선택하는 하나님에 대한 것으로 보았기 때문이다. 그는 그리스도와 거의 상관 없는 선택 교리를 가르친 아우구스티누스의 해로운 영향을 경계하며 이 교리를 배제하기를 원했다.[18] 물론 실제로 우리의 구원을 뒷받침하는 것은 그리스도 그분이 아닌, 알지 못하는 신적인 결정이라는 생각을 바르트는 용납할 수 없었던 것이다. 이런 생각은 그리스도를 배제할 뿐 아니라 하나님이 그리스도 안에서 자기 자신을 계시하지 않았음을 암시했기 때문이다.

대신 그리스도 이면에 하나님의 깊은 것이나 구원이 있는 것은 아니다. 영원 전에 예수 그리스도 외에 다른 결정은 없었다. 그러므로 예수 그리스도는 하나님이 선택하신 자였다. 예수의 선택과 더불어 그 안에서 인간이 선택되었다. 따라서 하나님은 그리스도 안에서 인간에게 은혜로우시다. 사실 그리스도는 택함을 받은 자일 뿐 아니라, 십자가에서 거절된 자였다. 죄악된 인간에 대한 하나님의 거절을 스스로 담당한 것이다. 그렇기 때문에 이 진리를 거슬러 거절된 자로 남아 있는 자는 하나님이 그를 위하신다는 사실을 거부하는 자다.

그러므로 우리에게 선택이란 예수 그리스도를 선택한 하나님의 선택에 붙들린 것을 의미한다. 하지만 우리가 부름을 받은 관계는 어떻게 보이는가? 이제 바르트는 이 물음을 살핀다. 우리를 선택함으로써 하나님은 우리를 자유롭게 하시며 우리로 하여금 그를 택하도록 하셨다고 그는 말한다. 하나님은 우리를 사랑하시고 우리에게 은혜로우셔서 우리 역시 은혜롭고 사랑하도록 우리를 자유롭게 하셨다. 다시 말해, 하나님처럼 되도록 하기 위해 우리를 자유롭게 하신 것이다. 자유롭게 하나님이 우리를 사랑하시는 것처럼 우리 역시 사랑할 수 있도록 자유롭게 된다(그리스도를 사랑하는 것이야말로 유일한 자유다).

중요한 점은, 바르트가 『교회 교의학』 전반에 걸쳐서 자신의 윤리학을 진술한다는 사실이다. 그는 윤리학을 교리와 별개로 실천할 수 있는 분야로 믿지 않았다. 윤리학은 오직 교리로부터 흘러나올 수 있다. 그가 그리스도와 상관없이 추상화된 교리를 완전히 기피했던 것처럼, 추상적인 윤리학도 멀리했다. 일례로 그는 어떤 행위의 선함은 그것이 얼마나 하나님을 닮았는지(얼마나 경건하게 은혜로운지)에 따라 결정된다고 주장하곤 했다.

III권: 창조론

III/1 바르트는 창조론에 회복되어야 할 것이 많다고 느꼈다. 신학자들은 자연 과학자들의 창조에 대한 진지한 연구라면 무엇이든 비판 없이 받아들이곤 했는데, 이는 곧 창조 교리가 창조와 관련하여 구체적으로 기독교에서 말하는 바를 상실한 채 기원에 관한 단순한 연구로 전락했음을 의미한다.

또한 창조는 엄밀히 기독교 교리라고 바르트는 주장했다. 창조는 믿음의 내용이다. 하나님은 세상을 존재하게 하는 원리, 어떤 철학이라도 상상할 수 있는 추상적인 원리에 불과한 것이 아니다. 하나님은 인격적인 존재다. 실제로 창조자는 성부 하나님이다. 그렇기 때문에 성자를 통하지 않고서는 창조자를 알 길이 없다. 창조자를 아는 것만이 아니다. 창조 자체도 오직 예수 그리스도 안에서 계시된 하나님의 목적에 비추어 볼 때에 이해될 수 있다. 창조는 다름 아닌 하나님과 인간 간의 언약관계에 관한 것이기 때문이다. 창조는 바로 이 관계로 말미암아 존재한다. 그렇기 때문에 이 관계가 단순히 타락에 대한 반응에 불과한 것이 아니다. 무엇보다 이 관계가 바로 하나님이 창조하신 이유다. 따라서 이 관계를 가능하게 한 그리스도와 상관 없이는 결코 창조를 이해하지 못한다.

하나님의 본질적인 선하심이 밖을 향할 때 창조의 행위가 있었다. 그 결과는 바로 그 자체로 선한 창조다. 그러나 선함이 창조 자체에서 분명하게 드러나는 것은 아니다(그저 주변을 둘러보는 것만으로 그렇게 결론 내리지는 못할 것이다). 오히려 계시를 통해 우리는 창조에 대한 진리를 배운다. 창조가 선하며, 빛이 어둠보다 강하다는 것을 배운다. 창조가 선하기 때문에 매우 실제적인 존재를 가질 수 있다.

다음의 모든 말에 드러난 바르트의 특징적인 반反직관적인 논리를 주목하라. "우리가 창조에 대해 알아서 창조자를 믿는 것이 아니다. 오히려 하나님이 실제로 존재함을 알기 때문에 창조가 실제로 존재함을 우리가 믿을 수 있다." 콜린 건튼은 이 말에 "세상이 온전한 실체로 확인된 것은 오직 기독교의 영향을 통해서라고 주장했다. 플라톤주의에서는 그렇지 않다. 힌두교에서도 그렇지 않다. 오직 기독교의 복음이 전파된 곳에서만 사람들이 세상이 구체적으로 존재한다고 믿었다"라고 주석을 단다.[19]

III/2 하나님과 인간 사이의 관계가 창조의 이유라고 주장한 바르트는 다음으로 인간 자체를 살핀다. 여기서 우리는 바르트가 자연 신학을 어느 정도로까지 거부하는지 볼 수 있다. 계시가 없이는 하나님을 알 수 없다고 주장한 바르트는 이제 이렇게 주장한다. 하나님이 우리에게 계시하지 않으면 인간이 무엇인지조차 알 수 없다! 오직 예수 그리스도를 바라볼 때에만 우리를 향한 하나님의 목적을 알 수 있고, 또 우리가 누구인지 알 수 있다. "하나님의 말씀은 사람이 누구이고 무엇인지를, 하나님이 누구시고 어떤 분이신지에 대한 계시만큼이나 구체적이고 단호하게 선포한다."[20]

실제로 어떤 면에서 그가 처음 사람이기 때문에 그리스도는 인간이 무엇인지를 우리에게 계시하신다. 어떻게 계시하시는가? 그리스도는 본질적으로 '사람이라는 것은 하나님과 함께 있다는 것'이라는 사실을 보여준다. 그는 탁월하게 하나님과 함께하는 이시고 그를 통해서 다른 누구라도 하나님과 함께할 수 있게 되는 유일한 존재다.[21] 그럼에도 불구하고 그리스도는 단순히 사람이 무엇인지를 모본으로만 보여주는 것이 아니다. 그리스도 안에서 인간이 하나님과 함께하며 하나님이 인간과 함께한다. 그래서 죄는 하나님과 분리되려는 시도이고, 불가능한 일을 하려는 시도다. 죄는 "불가능한 가능성"이다.[22]

바르트가 이런 용어를 얼마나 강하게 사용했던지, 많은 사람들은 그가 모든 사람이 구원에 이르게 된다는 사상인 보편구원론을 전파하는 것은 아닌지 의아해했다. 바르트는 반복적으로 이를 부인했다. 하지만 바르트 자신은 그런 결론으로 이끌리지 않기를 바랐음에도, 그의 신학의 상당한 무게 중심이 적어도 모든 인간에 대해 지나치게 낙관하는 것처럼 보이는 것은 분명하다.

III/3 앞의 1부와 2부의 주제들을 함께 묶어 이제 바르트는 어떻게 이 창조주가 자신의 피조 세계의 주Lord이신지를 살핀다. 다시 말해, 바르트는 섭리 교리를 주목한다. 그는 하나님의 섭리에 대한 매우 기독교적인 진술을 원한다. 어떻게 최고의 존재가 자신의 피조 세계와 관계하는지에 대한 이론적인 진술에는 관심이 없다. 하나님이 구체적으로 어떻게 역사하는지를 알고자 한다.

하나님의 주되심 lordship은 아버지로서의 주되심이고 예수 그리스도와의 관계에서 표현된다고 그는 설명한다. 피조 세계, 특히 인간을 향한 하나님의 뜻은 실제로 예수 그리스도를 향한 그의 뜻의 역사다. 그렇기 때문에 하나님의 주되심은 가장 자애롭고 보호하는 주되심이다!

그렇다면 피조 세계에 있는 악은 어떻게 말하는가? 바르트는 악을 '무'nothingness라고 정의한다. 물론 악이 존재하지 않는다는 말이 아니다. 전혀 그렇지 않다(아돌프 히틀러 치하의 어둠 속에서 오랜 시간을 보냈던 그였기에 악의 실체에 대해서 누구보다 잘 인식하고 있었다). 악은 하나님께서 존재하지 않도록 의도하셨던 것이다. 하나님이 창조하신 것이 아니기 때문에 악은 참 실제 존재가 아니라 피조 세계에 있는 틈과 같다. 하나님이 선하다고 선언하고 자기 스스로를 헌신한 것을 손상시킨다. 어둠과 같이 악은 결핍이다. 세상의 빛이신 그리스도의 광채 앞에서 꼼짝 못하며 사라지고 있고 또 반드시 사라지게 될 것이다.

III/4 바르트는 지금까지 창조에 대한 자신의 진술을 그것으로부터 비롯되는 윤리학을 살피는 것으로 마무리한다. 먼저, 창조의 윤리학은 어떤 식으로든 중립적으로 '비기독교적'이거나 일반적일 수 없다. 결코 그럴 수 없다. "예수 그리스도 안에서 사람에게 은혜로우신 한 분 하나님의 이 하나의 계명은 또한 그를 창조하신 자의 계명이고, 그렇기 때문에 이미 피조물로서의 인간의 행위와 거부에 대한 성화다."[23] 창조자가 자신의 자애로운 주권으로 인간을 자기 자신에게로 부르신다. 이는 곧 우리의 존재가 그의 다스림 아래 있다는 말이다. 인간으로 존재한다는 것은 그분을 고백하고 알도록 부르심을 받은 것을 의미한다.

이 사실은 삶 전체에 반향을 가져온다. 성부의 다스림 아래서 우리는 그분을 향하는 것은 물론 서로를 향하도록 명령을 받는다. 우리의 가장 가까운 가족과의 관계에서부터 우리로부터 가장 멀리 있는 자들과의 관계에 이르기까지 우리가 갖는 각각의 모든 관계는 그를 향한 근본적인 순종과 그를 누리는 것의 반향이다. 또한 그분이 우리의 존재를 인정하시기 때문에 우리 역시 우리 자신의 생명과 "다른 모든 사람의 생명 역시 우리가 빌린 것으로 인정하고 모든 급변으로부터 그것을 보호해, 그들의 생명이 하나님께 순종하고 누리는 일을 위해 준비되고 사용될 수 있도록 해야 한다."[24] 생명을 거스르는 것은 그것을 인정하시는 하나님을 대적하는 것을 의미한다.

IV권: 화해론

『교회 교의학』의 네 번째 권은 3부로 이루어진다(3부의 영어 번역은 두 부분으로 나뉜다. IV/3i 와 IV/3ii). 그리고 바르트 사후에 출판된 유고 단편들이 4부를 이룬다. 4권은 구성이 좀 다르다. 순서에 따라 이루어지는 주장이 아니라 태피스트리tapestry와 같이 여러 주제들이 엮여 있다. 전통적으로 교리들은 서로 분리되어 있으나(그리스도의 인격과 사역과 같이) 여기서는 서로 엮여 있다. 그리스도의 인격을 그의 사역과 분리하는 것은 옳지 않음을 보여주기를 바르트가 열망했기 때문이다. 그가 하는 일은 곧 그가 누구인지를 보여준다. 그의 행하시는 일 가운데 드러나는 모습이 바로 그다.

이 책을 통해 바르트는 조직적인 순서에 따라 교리를 정렬하는 대신 하나의 이야기를 들려준다. 이 이야기의 기본 구조는 탕자의 비유에서 따왔다. '먼 나라로 들어가는 하나님 아들의 길'로(하나님의 아들이 탕자와 같이 악하다는 것이 아니라 부정하게 된 땅으로 가기 위해 자기 아버지를 떠난 것을 의미한다) 시작한 이야기는 승리에 찬 '인자의 귀향'으로 전개된다.

여기서 지금 바르트가 어떻게 전개해 나가는지(얼마나 명쾌하게 배열하고 있는지)를 제대로 음미하기 위해서는 '화해론'의 세 부분을 각각 나란히 읽어야 한다. 다음의 표는 어떻게 다양한 주제들이 IV권의 각 부분에서 선별되고 다루어지는지를 보여준다.

1부 예수 그리스도, 종으로서의 주	2부 예수 그리스도, 주로서의 종	3부 예수 그리스도, 참된 증인
§59 하나님 아들의 순종	§64 인자의 승귀	§69 중보자의 영광
§60 인간의 교만과 타락	§65 인간의 나태와 비참함	§70 인간의 어리석음과 정죄
§61 인간의 칭의	§66 인간의 성화	§71 인간을 향한 부르심
§62 성령과 기독교 공동체의 모임	§67 성령과 기독교 공동체의 성립과 발전	§72 성령과 기독교 공동체의 파송
§63 성령과 기독교의 믿음	§68 성령과 그리스도인의 사랑	§73 성령과 그리스도인의 소망

IV/1 첫 번째 부분에서는 어떻게 주 그리스도께서 종이 되셨는지를 말하는 '먼 나라로 들어가는 하나님 아들의 길' 이야기를 들려준다. 우리와 함께하는 하나님으로 오시고, 십자가에까지 자기를 낮추신 하나님이신 예수에 관한 이야기다. 늘 그렇듯이, 바르트는 다시 한 번 우리의 기대를 뒤집는다. 예수의 겸손과 비천한 종됨은 그의 인성이 아닌 그의 신성과 관계된다. 그리고 이는 하나님의 본성에 대한 무한히 심오한 사실을 드러내 준다. 예수의 겸손은 하나님께 낯설거나 이질적인 것이 아니다. 예수의 자기 비하는 하나님의 영광이 겸손하게 자신을 내어주는 것이라는 사실을 계시해 준다. 이것이 바로 하나님께서 자신의 주되심 가운데 계시는 모습이다.

성자가 순종하여 자기 비하를 실천한 가장 낮은 자리는 그가 '우리의 자리에서 심판받은 심판자'가 되셨을 때인 십자가 위에서다. 그곳에서 하나님의 거절된 사랑에 합당한 진노를 감당하며 죽음으로써 우리를 대신해 고난을 받았다. 또한 그렇게 함으로써 완전한 승리를 이루었다. "죄의 사람, 첫째 아담, 하나님으로부터 절연된 우주, '이 악한 세대'가 그 안에서 그와 더불어 붙잡혀 십자가 위에서 죽임을 당하고 장사되었다(갈

1:4)."²⁵ 하나님이 항상 의도했던 참 사람인 새 아담이 되기 위해 옛 사람이 멸망을 당한 것이다.

예상대로 바르트는 죄인인 우리가 본성적으로 죄가 무엇인지를 아는 것은 전혀 불가능하다고 생각했다.

> 자기 자신에게 함몰된 인간은 죄가 무엇인지를 볼 눈이 없거나 혹은 그것을 이해할 범주가 없다.……자신이 죄인임을 알 길이 없음은 그 스스로가 죄인이기 때문이다.……내면의 본성적인 자기 존재의 모순 너머를 보지 않고 그것에 직면할 경우, 후회하고 연민에 빠지고 침울해지고 심지어 비통한 풍자를 늘어놓을 수 있다. 진정한 두려움을 느끼지는 못하고 자신의 죄책인 모순과 하나님과의 화해를 필요로 하는 단절에 완고하게 소경과 귀머거리로 남아 있기를 고집하는 가운데, 항상 자신을 달래고 자기를 변명하기에 급급한 인간의 모습에서 이런 사실이 드러난다. 사람은 심지어 비뚤어진 자기 자신의 모습을 보고 생각하고 아는 것에서조차 비뚤어졌다.²⁶

죄의 가면을 벗겨 죄를 죄로 드러내는 것은 오직 죄에 대한 그리스도의 심판을 통해서(특히 십자가 위에서) 이루어진다. 또한 여기서 예수 그리스도의 신적인 비하는 죄가 그것과 정반대되는 반역의 극점에서 드러나도록 한다. 자기를 내어주는 겸손을 비방하는 나는 내 자신에 대한 주권적인 판단자가 되기를 바란다.

> 참으로, 인간이 원하는 것이라고는 타인을 심판하는 것이다. 스스로 높은 보좌에 앉았다고 생각하지만, 실제로는 자신의 작은 나팔을 불고 작은 채찍을 휘두르며 지독히 진지한 태도로 자신의 작은 손가락을 들어 사람들을 가리키며 어린아이의 작은 걸상에 앉아 있을 뿐이다. 반면에 언제나 정말로 중요한 일이라고는 하나도 일어나지 않는다. 그저 재판장을

> 흉내내는 것이 전부다. 호사가와 얼간이에 불과할 뿐이다.……27

그렇다면 그리스도는 인간 상태에 대한 해결책이기도 하다. 그는 우리 대신에 그 자리에서 심판을 받으셨을 뿐 아니라 또한 우리를 대신한 심판자다. 이 말은 우리의 어리석은 교만을 버릴 수 있다는 의미다.

화해론 전체에 걸쳐 바르트는 전통적으로 선지자, 제사장, 왕으로 일컬어지는 그리스도의 직무들을 엮어 낸다. 여기서 그리스도는 하나님과 인간 사이의 화해를 성취하는 제사장, 특히 우리의 칭의를 성취하는 우리의 제사장으로 드러난다.

마지막으로 그는 그리스도의 몸인 교회, 즉 성령께서 믿음으로 말미암아 교만한 옛 사람에게 내린 하나님의 정죄 아래 기꺼이 살기를 바라도록 만드신 사람들의 모임을 형성하는 성령의 역할을 살핀다.

IV/2 이 이야기는 이제 유턴을 해서 '인자의 귀향'과 주이신 종에 대해 살핀다. 예수를 부활과 승천을 통해 하나님과 함께 있기 위한 승귀를 이룬 사람(새롭고 참된 사람)으로 묘사한다. 그의 인성과 그의 신성이 결합되었기 때문에 이제 그의 인성은 그의 승귀와 결합된다. 이제 예수는 하나님이 앉으신, 자신의 왕의 직분 가운데 있는 인자로 묘사된다. 그 안에서 인간은 지금 하나님과 함께 있고 우리는 하나님이 우리에게 의도하신 참 인간의 모습을 본다.

승귀는 예수가 자기 아버지께로 갈 때 그와 함께 가기를 비참함 가운데 거부한 나태함의 죄를 한층 더 드러낸다. 인자의 부활을 통해서 우리는 정반대 인간의 패배한 모습을 본다.

> 그는 그의 자유를 누리려고 하지 않고 자기 자신에게 함몰된 저급한 존재로 만족한다. 그래서 치료가 불가능하게, 철저히, 그리고 전적으로 자신의 어리석음, 비인간성, 방탕과 불안에 굴복하고 스스로의 사망에 넘겨졌다.28

하지만 그의 부활과 승천을 통해 예수는 인간을 하나님과 함께 있도록 데려갔고 우리의 나태함을 거부하고 거룩하게 될 수 있도록 했다. 우리가 참 인간이 되고 참으로 살아 있고 하나님과 함께 있음이 확실해지면서 하나님과 동료 인간을 위하고 있다는 자만으로부터 자유로워진다. 참 인간이 되도록 자유롭게 되었기 때문에 우리는 이제 하나님과 같이 될 자유, 곧 사랑할 자유를 갖게 된다.

마지막으로, 바르트는 어떻게 성령이 그리스도의 몸을 하나님을 닮은 사랑의 성숙함으로 세워 가는지를 살핀다. 이처럼 권세를 입은 교회는 이제 세상에 그리스도가 가져온 자유와 인간성을 세상에 나타낸다.

IV/3 세 번째 부분은 선지자 그리스도를 다룬다. 선지자 그리스도를 다룸으로써 그리스도가 자기 자신이 아닌 다른 메시지를 선포하는 것이 아님을 밝히고자 한다. 모든 다른 선지자와 달리 그가 하는 모든 일에 있어서 그는 자기 자신을 하나님과 인간을 자기 안에서 연합하게 하는 중보자로서 선언한다. "계시는 화해 안에서 화해와 더불어 일어난다. 실제로, 후자는 또한 계시다. 하나님이 그 안에서 행하시는 것처럼 그는 또한 말씀하신다. 화해는 우중충하고 눅눅한 사건이 아니라 명료하고 분명한 사건이다."[29] 여기서 바르트가 선호하는 이미지는 생명의 빛의 이미지다. 그리스도의 생명을 주는 화해는 빛을 가져다 준다.

진리의 빛은 죄를 그리스도의 진리로부터 숨으려고 하고 삶을 인간 자신의 것이라는 죄악된 의미로 이해하려는 시도요, 인간 스스로를 정죄하는 편벽된 거짓말이라고 폭로한다. 그러나 그리스도는 진리를 알고 그 진리를 세상에 선포하도록 우리를 불러 일깨운다. 그래서 그리스도는 우리에게 조명하는 성령을 주어서 우리 안에 있는 기만을 이기고, 그리스도 안에서 소망을 갖도록 하며, 모든 사람을 불러 그 소망을 알게 하도록 한다.

IV/4 세상을 떠나면서 마무리하지 못한 네 번째 부분에서 아마도 바르트는 화해를 향해 우리가 믿음으로 반응하는 것을 살펴보았을 것이다. 또한 성령으로 세례를 받는 것처럼, 우리가 어떻게 "하나님께 신실한

이 생명의 첫걸음"으로서 물세례를 받도록 부름을 받는지를 살펴보았을 것이다.[30]

계속 읽어 가기

바르트에 대한 책과 논문, 웹 사이트들은 끝이 없지만, 바르트에 대해 이제 막 알아가기 시작하는 사람이 실제로 이해할 수 있고 도움을 받을 수 있는 곳은 현저하게 드물다. 또한 '바르트를 말하는' 자료들은 바르트에 대한 경험이 없는 사람들이 다가오지 못하도록 고안된 레이저 철조망과 같이 느껴질 수 있다. 그럼에도 불구하고 이어서 읽어 갈 수 있는 좋은 책으로 두어 권 정도가 떠오른다. 현저하게 긍정적인 소개와 평가를 위해서는 존 웹스터John Webster의 『칼 바르트』Karl Barth, London: Continuum, 2000를 보라. 아니면 읽기에 즐겁고 보다 비판적인 개관을 위해서는 콜린 건튼의 『바르트 강좌』The Barth Lectures, London: T. & T. Clark, 2007를 보라. 후자는 또한 위대한 신학자인 콜린 건튼과 그의 신학을 어느 정도 알아가는 즐거움도 줄 것이다.

하지만 이제 독자들은 바로 이 사람의 저작을 직접 읽도록 추천한다고 놀라서는 안 된다. 그의 문체에 익숙해졌기 때문에 이제 그렇게 할 수 있는 것이다. 실제로 어느 부분이든 『교회 교의학』에서 읽고 싶은 부분으로 바로 들어갈 수 있다. 하지만 많은 사람들이 분량이 적은 III/1이 시작으로는 좋다고 추천한다. 그렇지 않고 여전히 『교회 교의학』이 너무 부담스럽다면, 그의 보다 짧은 분량의 책인 『개신교 신학 입문』Evangelical Theology: An Introduction, Grand Rapids: Eerdmans, 2004이나 『칼 바르트 교의학 개요』Dogmatics in Outline, London: SCM, 1949도 좋다.

칼 바르트 연표

1886	바젤에서 바르트 출생
1904	베른, 베를린, 튀빙겐, 마르부르크에서 신학 수학
1909	제네바에서 부목사로 청빙
1911	자펜빌의 목사로 청빙
1914	바르트의 자유주의 신학 스승들이 제1차 세계 대전을 지지
1916	로마서 연구
1919	『로마서 주석』 출판
1921	괴팅겐에서 개혁 신학 교수
1925	뮌스터에서 강의
1930	본에서 조직신학 교수, 『교회 교의학』 집필 시작
1933	아돌프 히틀러가 독일의 수상이 됨
1934	나치 신학을 거부하는 독일 개혁 교회를 위한 바르멘 선언 공동 집필. 자연 신학에 열린 태도를 취한 에밀 브룬너에 대항하여 『아니오!』No! 집필.
1935	교수직에서 해임되고 바젤에서 신학 교수로 임명됨
1939-45	제2차 세계 대전
1940	스위스 군대에 자원함
1962	교수직에서 은퇴
1968	바르트의 죽음

13 청교도 신학 연구가

J. I. 패커　　*J. I. Packer*

긴장한 한 젊은 조교가 들어선 그 방은 기독교계 명사들로 가득했다. 너무나 원치 않았지만, 그녀는 거기서 기다리라는 말을 들었다. 그녀가 거기 있는 것을 누구도 신경 쓰지 않았다. 단 한 사람 외에는. 그녀에게 다가온 한 남자가 따뜻하게 그녀를 맞아 주었다. 그가 바로 짐 패커였다. 그리고 그녀는 지금 그의 아내다.

패커의 성품과 사역에 있어서 핵심적인 부분을 보여주는 순간이었다. 패커는 전혀 젠체함 없이 한 명 한 명의 그리스도인들이 환영받고 있다는 것, 다름 아닌 신학의 내실에서 비롯되는 것을 느끼도록 하는 데 전념하는 사람이었다. 이를테면 그는 복음주의를 20세기 초기의 신학적 곡예였던 것에서 신학적 능력으로 인식되도록 변혁한 핵심 인물 가운데 하나였다. 실제로 패커를 아는 것만으로도 현대 복음주의를 잘 이해할 수 있다.

패커의 생애

제임스 이넬 패커 James Innell Packer 는 1926년 7월 22일 영국의 글로스터 Gloucester 에서 대서부 철도 사무관의 아들로 태어났다. 하마터면 역사책이 전혀 알아채지도 못할 만큼 아주 짧은 생을 마감하게 될 뻔했다. 7살 되던 해 어린 패커는 학교에서 자기를 쫓는 친구를 피해 학교 앞 복잡한 길로 뛰쳐나오다 그만 빵 배달 트럭에 치이고 말았다. 이 사고로 머리에 큰 손상을 입었고 이후로 지금까지 눈에 보일 정도로 움푹 패인 자국이 남아 있다. 그 결과 소년들이 하는 놀이와 친구들과 어울리는 것을 기피하게 되었고, 가뜩이나 내성적이고 책 읽는 것을 좋아했던 그는 이 사고로 더욱 내성적인 성격이 되었다. 그 뒤 11살 생일에 대부분의 소년들이 받는 자전거가 아니라 타자기를 선물로 받았다. 금세 이 타자기는 그의 기쁨과 자랑이 되었고, 그 이후로 내내—심지어 컴퓨터 시대로 들어선 후에도—타자기로 작업을 하곤 했다.

패커는 고전을 공부하기 위해 글로스터의 학교에서 옥스퍼드까지 올라갔다. 그때까지만 해도 그가 '참 기독교'라고 부르던 것과 거의 접합점이 없었다. 조지 윗필드의 이름은 익숙했다. 패커는 윗필드의 이름이 붙여진 집이 딸린 오래된 문법 학교의 졸업생이었다. 그러나 패커의 가족은 명목상의 국교도일 뿐이었기 때문에 그는 영적인 질문에 대한 답을 얻을 수가 없었다. 하지만 유니테리언파Unitarian 친구와의 대화 중에 기독교에 대한 궁금증이 일었고, 그의 할머니의 성경을 흥미를 가지고 읽기 시작했다. 이어서 대학의 첫 학기 초, 1944년 10월 22일 일요일에 그는 세인트 올데이즈 교회St Aldate'qs Church의 복음 전도 예배에 참석했다. 나이 지긋한 목사의 설교는 인상적이지 않았다. 그런데 그 목사가 자신이 회심한 경험을 이야기하는 것을 들으며 패커는 이제까지 생각해 오던 것과 달리 자신은 아직 그리스도인이 아니라는 사실을, 그리스도께 '속해야' 한다는 사실을 깨달았다. 그날 밤 패커는 1735년에 조지 윗필드가 회심했던 장소에서 불과 얼마 떨어지지 않은 곳에서 자신의 삶을 그리스도께 드렸다.

이후 2년여 동안 학생으로서 패커는 그리스도인으로서의 새로운 삶의 방향을 정하게 될 세 가지 신학적 움직임을 보였다. 첫 번째, 자라면서 가지게 된 성경에 대한 자유주의 신학의 견해와 결별했다. 성경을 읽을 때 그는 항상 성경을 종교적 체험과, 유용하지만 오류가 있을 수 있는 인간 저자들의 잡동사니를 모아 놓은 것 정도로 생각했다. 하지만 회심한 지 6주 후 성경이 설교되는 것을 들은 그는 놀라움 가운데 성경은 다름 아닌 하나님의 말씀이라는 사실을 확신하게 되었다.

두 번째 움직임은 그의 첫 번째 크리스마스 방학 때 일어났다. 문법 학교 동문인 조지 윗필드의 전기를 읽기로 마음먹었다. 이를 통해 패커는 국교도이면서도 교단에 제한되기를 거부한 청교도의 심장을 가진 복음 전도자 조지 윗필드를 발견했다. 패커는 남은 생애를 지내면서 이런 강조점들을 함께 나누었다.

마지막 움직임은 단순히 '하나님이 하시도록 내려놓는' 모든 사람에게 죄에 대한 승리와 복을 약속하는 승리주의적 가르침인 '케직 신학'Keswick theology과 관련이 있다. 당시 완전한 포기를 통해 완전한 평화를 얻는다는 말은 옥스퍼드의 학생들에게는 막연했지만, 패커에게는 그를 격분시키는 신기루였다. 이 말이 의미하는 구원을 열망했지만, 아무리 여러 번, 아무리 절박하게 자신을 내려놓아도 항상 손에 잡히지 않는 환상임을 발견했던 것이다.[1] 나중에 잡동사니가 쌓인 한 지하실에서 그는 도련되지 않은 『존 오웬 전집』Works of John Owen 세트를 발견했다. 6권에서 '신자들 안에 내재하는 죄'와 '죄 죽임'이라는 제목에 이끌린 그는 그것을 펴서 읽었다. 케직의 가르침과 분명하게 대비되는 이 작품에서 오웬은, 현실적인 관점에서 신자들 안에 지속되는 죄의 문제를 다루고, 아무리 성숙하다 할지라도 모든 그리스도인은 날마다 죄와 싸워야 한다는 것을 보여준다.

이 모든 힘든 경험은 두 가지 방식으로 패커의 삶에 영향을 주었을 것이다. 먼저, 케직 신학에 열중했던 그였기에 그는 항상 죄와의 싸움과 성화의 중요성에 특별히 관심하며 이를 강조했을 것이다. 둘째, 오웬에 대한 경험을 통해 청교도에 대한 지치지 않는 열정을 얻게 되었을 것이다.

졸업 후, 패커는 1년간 그리스어와 라틴어를 가르치기로 하고 런던 북쪽에 자리한 오크 힐Oak Hill 칼리지로 옮겼다. 거기 있는 동안 그는 교수로서의 재능을 발견했다. 이로 인해 그는 장래에 대한 계획을 세워 갈 수 있었다. 국교회의 목사가 되고 싶었던 그는 이제 신학대학에서 가르치는 것이 자기에게 맞다고 생각하게 되었다. 또한 같은 해 일요일 저녁마다 웨스트민스터 채플에 참석하면서 마틴 로이드 존스Martyn Lloyd Jones를 알게 되었고 그에게 '청교도 컨퍼런스'The Puritan Conference를 제안했다. 그 뒤로 20년 동안 건강한 신학이 어떻게 영적으로 그리고 목회적으로 풍성해질 수 있는지를 증거한 이 컨퍼런스는 그 자체로 영국 복음주의를 형성하는 데 크게 기여했다.

그 후 다시 옥스퍼드로 돌아온 그는 위클리프 홀Wycliffe Hall에서 안수를 위한 훈련을 받았고, 계속해서 박사 학위를 위해 청교도 리처드 백스터 Richard Baxter에 대한 연구를 이어갔다.² 박사학위를 위한 연구 과정을 마친 그는 논문을 쓰면서 하본에 있는 세인트 존스 교회의 목사보로 섬기기 위해 1952년에 버밍엄 교외로 옮겨갔다. 버밍엄으로 옮겨간 그 달에 패커는 키트 멀릿Kit Mullett이라고 하는 젊은 웨일즈 여성에게 프로포즈를 했고 그로부터 19개월 후 둘은 결혼에 이른다.

부목사로 지내면서 그는 자신이 설교보다는 학문적으로 가르치는 일에 더 맞다고 확신했다. 2년 후 브리스톨에 있는 틴데일 홀의 강사직으로 옮겨갔다. 학생들은 그를 따뜻하게 맞아 주었다. 3년 후 그는 자신의 첫 번째 책인 『근본주의와 성경의 권위』'Fundamentalism' and the Word of God를 출판했다. 이 책은 성경의 권위를 주장함으로써 복음주의자들의 사기를 진작시키는 슬로건의 역할을 했고, 미묘함과 정교함을 가지고 성경에 대해 생각할 수 있도록 그들의 수준을 끌어올렸다. 또한 이 책을 힘입어 패커는 복음주의 운동의 신학 지도자로 자리매김하게 되었다.

1961년 그는 국교회 내에서 신학적으로 복음주의적 목소리를 내는 데 주력하는 연구소인 옥스퍼드의 라티머 하우스의 학장으로 옮겨갔다. 패커에게는 더 힘든 시간의 시작이었다. 단지 교실의 활기찬 질의응답을 더 이상 누릴 수 없어서가 아니었다. 논쟁의 소용돌이가 일기 시작했기 때문이다. 1966년 국제 복음주의 협회 National Assembly of Evangelicals에서 마틴 로이드 존스는 복음주의자들에게 국교회를 떠나 순수한 복음주의 교회들의 협회로 다시 모일 것을 호소했다. 존 스토트 John Stott는 즉각 나서서 그런 생각에 반대했다. 이 문제는 로이드 존스와 패커 간에 점증하는 불일치점 가운데 하나였고, 급기야 패커는 공개 논쟁에서 (스토트와 더불어) 로이드 존스의 반대편에 서게 되었다.

하지만 패커가 가졌던 로이드 존스와의 관계와 복음주의 지지자들 (특히 비국교도들)과의 관계는 악화일로로 치달았다. 국교회와 감리교회를 연합시키려는 운동이 암암리에 계속되었고, 그것을 반대하는 패커의 입장은 마침내 로이드 존스와의 단교로 이어졌다. 이로 인해 둘이 함께 이끌던 청교도 컨퍼런스 역시 종국을 맞이한다. 국교도와 감리교도 간의 합병이 많은 교리 문제들을 경시하는 것을 보고, 패커와 또 다른 복음주의자인 콜린 뷰캐넌 Colin Buchanan은 이 합병을 반대하기 위해 국교회 고교회파인 에릭 매스콜 Eric Mascall과 그래햄 레너드 Graham Leonard와 손을 잡았다. 이들은 국교회 고교회파와 복음주의자들은 공통된 명분하에 함께 모여 협력할 수 있다고 주장하는 『연합을 향하여』 Growing into Union를 함께 집필했다. 하지만 공통된 명분의 성격은 많은 복음주의자들에게 우려를 불러일으켰다. 스토트와 로이드 존스 모두 국교도 고교회주의와 교리적으로 타협하는 것에 대해 우려를 표명했고, 특히 로이드 존스는 이 책이 "오직 믿음으로 의롭다 함을 받는 것과 관련하여 명확히 하지 않고 있다"는 사실을 우려했다. 패커는 『복음주의 매거진』 The Evangelical Magazine과 성경 컨퍼런스 위원회의 이사회에서 제명되었다.

같은 해(1970년) 패커는 다시금 틴데일 홀 Tyndale Hall의 학장으로 새로 임명되었다. 그럼에도 그의 상황이 즉각적으로 호전되지 않은 것은 당시 주교 회의가 신학 대학들을 통합하고 있었기 때문이었다. 이로 인해 브리스톨은 정치 공작이 난무한 곳으로 남게 되었다. 얼마 지나지 않아 틴데일은 브리스톨에 있는 새로운 트리니티 칼리지로 병합되었고, 알렉 모티어 Alec Motyer가 학장을, 패커가 부학장직을 맡게 되었다. 이로 인해 그는 집필을 위한 시간을 더 가질 수 있었고, 이듬해 『하나님을 아는 지식』 Knowing God 으로 결실이 드러났다. 이로 인해 패커는 이전보다 훨씬 탁월하고 저명한 국제적인 인사가 되었다.

동시에 그는 시야를 해외로 돌렸다. 1977년 그는 국제 성경무오 협회 International Council on Biblical Inerrancy 의 창립 위원이 되었고, 이듬해 시카고에서 열린 지도자 회의에 참석해서 「성경무오에 관한 시카고 선언문」 Chicago Statement on Biblical Inerrancy 을 도출해 냈다. 이 문서는 복음주의 세대가 분명한 확신을 가지고 성경무오를 견지하도록 도왔다.[3]

다음 해에 그는 오랫동안 영국을 떠나 리젠트 Regent 칼리지에서 가르치기 위해 밴쿠버에 자리를 잡았다. 이 움직임에 대해 그가 스스로 급하게 결정을 내린 것인지, 아니면 계속된 설득에 어쩔 수 없이 결정한 것인지 말이 많았다. 아마도 두 가지 다일 것이다. 실제로 리젠트의 학장인 제임스 휴스턴 James Houston 의 요청이 있었다(대학시절부터 패커의 친구다). 또한 행정 업무에 대한 부담 없이 가르치는 일에만 전념할 수 있는 자리라는 것도 큰 매력이었다. 집필을 위해 시간을 더 들일 수 있다는 점과 국교도로 남아 있을 수 있다는 사실, 그리고 북미 역시 명백히 그를 필요로 하고 있다는 점이 작용했다. 하지만 『연합을 향하여』와 로이드 존스와의 결별로 인해 영국에 있는 동안 그는 환영받지 못한다는 느낌—충족되지 않는—을 떨쳐 버릴 수 없었다. 이 움직임은 단순히 도피가 아니었다. 영국의 복음주의 현주소를 보여주는 것이었다. 두뇌 유출이 시작되었고, 영국 복음주의의 재원들은 해외에서 더 많은 결실을 맺을 수 있음을 발견하게 되었다.

1996년 공식적으로 은퇴하기까지 패커는 리젠트에 머물며 가르쳤다. 은퇴 후에도 계속해서 파트 타임으로 가르쳤다. 이 기간 동안 순회 강연을 하고 끊임없이 논문과 책을 출판해 내는 것은 물론 『크리스채너티 투데이』 Christianity Today 의 편집자—실제로는 신학 자문—가 되었다. 그 후

1998년에 그는 영어표준역 English Standard Version의 대표 편집자로 선임되어 관련된 실무를 진두지휘했다. 나중에 그는 이 일이 하나님 나라를 위해 자신이 한 가장 중요한 일이었을 것이라고 회고했다.

그럼에도 불구하고 영국에서는 논쟁이 쉽게 가라앉지 않았다. 1994년에 패커는 개신교와 가톨릭 간 연대 문서인 이른바 ECT Evangelicals and Catholics Together 선언에 대한 지지를 표명함으로써 거의 1970년대의 사건들을 되풀이하다시피 했다. 『연합을 향하여』와 같이 이 문서는 로마 가톨릭과 복음주의의 개인들이 기독교 선교에 동역하는 길을 닦기 위한 에큐메니컬 문서였다. 하지만 이 일로 인해 다시 한 번 많은 복음주의자들은 신학적인 물이 흐려진 것처럼 느꼈다. 특히 칭의 분야와 관련해서 더더욱 그렇게 느꼈다. 이 문서는 "우리는 그리스도로 말미암아 믿음으로 의롭게 된다는 것을 함께 확언한다"라고 천명한다.[4] 비판자들에 따르면, 문제는 복음주의자와 로마 가톨릭교도가 이 언명을 통해 각각 염두에 두는 바가 다르다는 점에 있고, 이를 통해 종교개혁이 결코 일어나지 않았던 것처럼 하고자 하는 의도가 있었다는 것이다. 1970년에도 그랬던 것처럼, 패커는 ECT를 지지한 것 때문에 많은 복음주의자들로부터 신랄한 비난을 받았다.

나중에 일어난 또 다른 주요 논쟁에는 캐나다 성공회 ACC, Anglican Church of Canada가 연루되어 있었다. 일생 동안 패커는 독실한 국교도 신자로 지내 왔다. 하지만 2002년, 계속해서 자유주의화하는 ACC로 인한 좌절감이 최고조에 도달했다. 주교 회의가 동성애 결혼의 축복을 승인하자, 그와 일부 다른 복음주의적 사제들은 다음과 같이 말하며 국교회에서 나왔다.

> 정황으로 볼 때, 금번 결정은 그리스도의 복음을 왜곡하고, 성경의 권위를 저버리며, 동료 인간들의 구원을 위험에 빠뜨리고, 신적 진리의 요새와 보루로서의 교회의 역할을 배신한 것이다.[5]

그 후 2008년 그가 20년 넘게 명예 목사보로 섬겼던 세인트 존스 쇼네시 St John's Shaughnessy 교회는 ACC를 떠나 남미 원뿔꼴 교구 Southern cone 의 주교 지도 아래 들어가기로 결정했다. 가는 교회마다 어려움을 겪었지만 그럼에도 불구하고 그는 국교도로 남아 있었다.

패커의 사상

패커는 자신에 대해 이렇게 쓴 적이 있다.

> 나를 한 명의 청교도로 생각해 주었으면 한다. 즉 내가 17세기에 대서양 양편에 살았던 위대한 지도자들과 같이 내 자신 안에서 학자, 설교자, 목사의 역할들이 조합되기를 구하고, 바로 그런 목적을 가지고 당신에게 이야기하는 사람으로 생각해 달라는 것이다.[6]

이는 패커의 자기 인식과 자기 안에 깊이 자리한 열망을 나타내 주는 말이다. 패커야말로 대서양의 양 진영에 걸쳐서 학자, 설교자, 목사로서만이 아니라 다방면에서 오늘날의 청교도로 살아 왔기 때문이다. 학부생으로서 처음 오웬의 책을 집어든 이래로 끊임없이 계속되어 온 청교도들과의 고마운 만남을 통해 형성된 그의 신학적 확신과 강조점들은 모두 청교도적이다. 그는 철저한 칼뱅주의자다. 신학을 지극히 중요하게 여겼다. 하지만 신학을 항상 상아탑의 유희로 가두어 놓으려는 생각을 거부했다. 또한 그리스도인의 거룩과 교회의 개혁에 깊은 관심을 기울였다.

    청교도라는 자기 진술은 또한 그의 섬세하고 넓은 역사의식을 보여 준다. 자기 앞서 간 C. S. 루이스와 같이, 패커는 항상 지난날의 지혜에게 묻고자—결코 경시하지 않고—하는 강력한 성향을 가지고 있었다. 자신의 송영 (그리고 청교도) 신학의 정수인 『하나님을 아는 지식』을 다음과 같이 소개하는 것도 이런 연유에서다.

"너희는 길에 서서 보며 옛적 길 곧 선한 길이 어디인지 알아보고 그리로 가라. 너희 심령이 평강을 얻으리라"(렘 6:16). 본서가 발하는 초청이다. 간접적으로 들릴 수는 있어도, 이 책은 새로운 길에 대한 비판이 아니다. 오히려 선한 길은 예전에도 여전히 선한 길이었다는 사실에 기반한 단도직입적인 옛 길로의 부름이다.[7]

자신의 분야에서 능력 있는 학자로 인정받았음에도 불구하고 목회적 관심 때문에 패커는 모든 생각하는 그리스도인이 읽고 이해할 수 있는 경건을 돕는 작품을 쓰는 데 초점을 맞추었다. 알리스터 맥그래스Alister McGrath는 다음과 같이 결론 내린다. "패커를 위대한 신학자라 말할 사람들이 있을 것이다. 그러나 그를 일컬어 위대한 '신학 연구가'theologizer — 하나님을 알고 사랑하고 생각하고, 그러한 열정을 자신의 책을 통해 전달하는 사람—라고 하는 것이 더 정확할 것이다."[8]

이 말이 곧 신학적 재능과 지식을 자신의 편에서 최대한 발휘하지 못했음을 의미하는가? 물론 로이드 존스가 그렇게 보았다. 패커에게 보낸 1970년 청교도 컨퍼런스를 끝낸다는 편지에 그는 이렇게 적고 있다.

> 지난 수년 동안 나는 당신에게 있는 지성과 사고의 큰 재능에 탄복했을 뿐 아니라 당신에 대한 깊은 존경을 가지고 있었습니다. 머지않아 이런 재능을 통해 워필드B. B. Warfield 전통의 주요한 작품을 낼 것으로 고대해마지 않았습니다. 하지만 당신은 교회에 관한 일들에 참여하는 것이 당신을 향한 부르심이라고 느꼈습니다. 내가 느끼기에 이는 다름 아닌 큰 비극이고 교회의 실질적인 손실입니다.[9]

그 후로 몇 년 동안 많은 다른 사람들로부터 같은 비판을 받았다. 실제로 패커는 한때 온전한 형태의 조직신학을 집필하기로 계약을 맺은 적이 있었다(Tyndale House Publishers). 하지만 결국 집필하지 않기로 결정했다.

그 이유로 다음과 같이 말했다.

> 교수들이 쓴 복음주의 조직신학서들이 이미 무수히 많다.……우리가 추론할 때마다 사용할 수 있는 많은 조직신학서들이 있다. 따라서 주류 개혁주의 사상가의 한 사람으로서 나는 이 저자들이 이제껏 말하지 않은 전혀 새로운 내용을 가지고 있지 않기에 내가 또 다른 책을 더할 필요는 없다고 본다. 다만 내게 시간이 더 주어진다면, 내가 '고등 교리문답의 차원'—전문적으로 신학 교육을 받지 않았으나 자신이 믿는 바를 정확히 알고 기독교 근본 진리에 뿌리를 박고 있는 사려 깊은 일반 교인에게 말하는 수준—이라 부르는 수준으로 기독교 교리 전체를 개관하고 싶다.[10]

다시 한 번 그의 깊은 속을 들여다 볼 수 있는 대목이다. 패커의 생생함은 항상 의사 전달의 명료함에 있지, 그가 전달하는 내용의 새로움에 있지 않다. 그는 기본적으로 기독교의 핵심 진리를 가르치는 교리문답 교사 catechist이지 신학을 주창하는 사람이 아니다.

그의 방대한 조직신학서가 없는 것은 또한 대체로 직접적으로 유용한 신학을 선호하는—일생을 통해 드러난—그의 성향과도 잘 맞는다. 그는 자신과 같은 신학자들을 자주 교회의 하수 처리 전문가와 물 공학자로 묘사했다. 하나님의 백성이 순전하고 신령한 물을 마시도록 하기 위해 신학적 하수를 처리하는 사람들이라는 말이다.[11] 이처럼, 패커는 이따금씩 자기 주변에서 발견되는 위협과 필요에 대한 반응으로 글을 쓰는 작가가 되기도 했다.

이런 몇 가지 일들을 통해서 패커의 사상을 소개하는 것이 간단치가 않음을 알 수 있다. 먼저 나는 객관성을 가지고 그를 평가하지 못할 만큼 시간적으로 그와 너무 가까이서 글을 쓴다는 것을 깨달았다. 뿐만 아니라 본서에서 소개한 다른 모든 신학자와 달리 패커는 현대 영어로 글을 썼고, 그렇기 때문에 달리 해석이 필요하지 않다. 따라서 나는 그의 저작들이 보여주는 보다 크고 대략적인 그림만 그리려고 한다. 하지만 또 다른 복병이 있다. 항상 부지런하고 오래 살기까지 한 패커는 기가 죽을 만큼 많은 책들을 써냈다. 그 많은 책들 중에 어떤 책을 택할 것인가? 내가 생각하기에 그의 사상과 집필에서 지배적으로 드러나는 5개의 주제가 있다. 바로 성경, 청교도, 하나님을 아는 것, 십자가, 그리고 성화이다. 그렇기 때문에 우리는 각각의 주제를 대표하는 저작을 하나씩 선택해서 총 다섯 작품을 살펴볼 것이다(그 외에 다른 작품들은 한데 묶어서 언급하려고 한다). 이런 저작들을 순서대로 말하면 이렇다. 『근본주의와 성경의 권위』, 『청교도 사상』 A Quest for Godliness / Among God's Giants, 『하나님을 아는 지식』, 『십자가는 무엇을 성취했는가』 'What Did the Cross Achieve?', 그리고 오웬의 『죄 죽임』 On the Mortification of Sin 에 대한 그의 서문이다.

『근본주의와 성경의 권위』

처녀작이 흔히 그런 것처럼, 패커의 첫 번째 책 역시 저자 사상의 토대를 드러내 주었다. 이 책이 다룬 주제들은 그가 쓴 모든 저작을 통틀어 메아리치고, 또한 그의 이력을 통해 반복적으로 드러났다. 그가 쓴 복음주의 성경 교리의 고전적 표현인 『하나님이 가라사대』 God Has Spoken, 1965 에서, 「성경무오에 대한 시카고 선언문」 Chicago Statement on Biblical Inerrancy 에 드러난 신중한 뉘앙스에서, 그리고 영어표준역(ESV)의 책임 편집자로서 그가 한 일을 통해서 볼 수 있다.

하지만 이 작품은 또한 당시 일어나고 있던 사건들에 대한 반응(적어도 상당 부분)으로서의 성격도 있었다. 1940년대와 1950년대 자유주의자들은 '근본주의'라는 경멸조의 딱지를 붙여 복음주의에 오명을 씌우는 경향이 있었다. 이런 경향은 허버트 A. G. Hebert 의 『근본주의와 하나님의 교회』 Fundamentalism and the Church of God, 1957 에서 거리낌 없이 표현되었다. 성경무오에 대한 복음주의 신앙을 그들은 "생소하고, 기괴하고, 실제로는 오래갈 수 없는"것으로 폄하했다.[12] 당시 자신이 성경에 대해 이미 말했던 바를 상세히 기록하려던 그는 허버트의 책에 대해 복음주의에서 대답을 해야 할 필요가 있다고 느끼고 그렇게 하기로 마음먹었다. 그 결과가 바로 자유주의에 대한 통렬한 비난을 겸한 명확하고 설득력 있는 복음주의 성경 교리였다. 공격적이고, 대담하게 단호하고, 확신에 차 있고, 명료한『근본주의와 성경의 권위』에는 당시 패커의 초기 저작의 특징이었던 모든 수사학적 무모함이 고스란히 담겨 있었다.

패커는 먼저 '청교도'나 '감리교도'와 같이 '근본주의자'라는 단어가 막연하고 경멸적인 의미로 사용되고 있음을 보임으로써 시작한다. 이런 경우 성경에 대한 복음주의의 입장을 쉽게 무시할 수 있도록 한다. '근본주의'는 새로운 이단 사설이 아니라 역사적 복음주의, 오랜 정통 신앙이었을 뿐이라는 것이 실체였다. 이런 왜곡을 통해 자유주의가 지적인 정직성과 자유를 가리키는 것으로 인식되었을 때 복음주의는 지적인 현실 도피를 뜻하는 것이 되었다. 패커에 따르면, '근본주의자'라는 통칭은 본질을 흐리는 속임수에 불과하다. 정말 중요한 문제는 열린 지성인지 아닌지가 아니라 교회의 권위에 대한 것이다.

> 그리스도의 권위에 대한 복종은 성경의 권위에 대한 복종을 포함한다고 우리는 주장해야 한다.……전통을 권위 있게 여기거나(로마 가톨릭이 하는 것처럼) 혹은 이성을 권위 있게 여기는(자유주의자들이 하는 것처럼) 기독교 형태들은 기독교 신앙에 대한 왜곡이다. 이들은 하나님의 말씀이 아닌 사람의 말을 권위의 자리에 두기 때문이다.[13]

패커는 성경에 대한 복음주의적 입장을 지지하기 위해 계속해서 예수, 사도들, 그리고 초대 교회가 성경을 어떻게 대했는지를 살핀다. 그리고 각각의 경우마다 성경을 최고의 권위로 두었음을 확인한다. 하나님께 기원을 둔 성경은 하나님의 진실된 말씀, 진리를 계시하는 말씀이다. 그렇기 때문에 우리 믿음의 토대다. 성경은 '정확 무오' inerrant 하고 '무류' infallible

하다고 패커는 주장한다. "'무류'는 결코 속이거나 호도하지 않는 특징을 가리키고, 그렇기 때문에 '전적으로 신뢰하고 의지할 수 있다'는 의미다. '정확 무오'는 역사적 사실적 문제에 있어서 '전혀 오류가 없다'는 말이다."¹⁴

그렇다면 어떻게 믿음과 이성이 서로 연관되는가? "여기서 진정한 반정립은 믿음과 이성 간에 있는 것이 아니라(믿는 것과 생각하는 것이 상호 배타적이기라도 한 양), 믿음으로 이성을 사용하느냐 그렇지 않느냐 사이에 있다."¹⁵ 이성은 하나님의 말씀을 **받아들여야 한다**. 그것을 삶에 적용하고, 최종적으로 다른 사람들에게 나누어 주는 데 사용되어야 한다. 이성을 모든 진리의 원천이라고 여기지 **말아야 한다**(오히려 그 반대. 그리스도의 말씀으로 조명되지 않는 이성은 빛을 발하지 **못할 것이다**). 이런 오류를 자행하면서 인간 지성을 진리를 판가름하는 가장 탁월한 최고의 심판자라고 생각하는 이성주의적 세속주의는, 세속주의적 개념에 맞게 이성으로 믿음을 '고치려고' 한다. 자유주의 역시 이성으로 믿음을 '고친다.' 그러나 기독교에서 믿음은 계시된 진리에 비추어 세속주의를 도전하고 바로잡기를 추구한다.

이 책 전반에 걸쳐 칼뱅, 오웬, 그리고 워필드의 가르침이 메아리치는 소리를 분명하게 들을 수 있다. 패커가 자유주의에 대한 자신의 최종 평결을 내리는 뒷부분으로 갈수록 메이첸 느낌이 난다. "자유주의는 기독교이고자 하는 주관주의다."¹⁶ 즉 사람의 말은 듣지만 하나님의 말씀은 듣지 않는다. 그리스도의 권위를 도외시하고, 자신의 세상을 다스리는 창조주의 통치를 부정하며, 지성으로 돌이키기를 거부한다. 복음주의가 아니라, 시류의 편견에 사로잡혀 있는 자유주의야말로 지성을 편협하게 한다.

『청교도 사상』

『청교도 사상』 Among God's Giants을 위해 사용된 대부분의 자료들은 그 전에 출판된 글과 논문들을 모은 것이다(미국에서는 *A Quest for Godliness*로 출판되었다). 하지만 하나의 작품으로서 패커가 중요하게 여긴 핵심 주제를 잘 보여준다. 바로 청교도이다. 60여 년 동안 열렬한 청교도 학자이자 학생인 패커이기에 그의 많은 서론적 에세이와 논문들을 포함할 수도 있었다. 하지만 패커의 사상을 나타내는 책으로서 매우 적합한 요소가 있었다. 바로 이 책에 존 오웬의 흔적이 지배적으로 드러난다는 점이다.

또한 **왜** 패커가 그토록 강력하게 청교도에게 이끌릴 수밖에 없었는지, 그가 청교도들을 **어떻게** 보았는지에 대한 중요한 단서를 제공한다. 이 책의 서론에서 그는 적는다. "다른 나무들 위로 높이 솟은 아메리카 삼나무가 눈길을 끄는 것처럼, **위대한 청교도들의 성숙한 거룩함과 원숙한 강인함**은 칠흑 같은 밤 등대에서 내비치는 빛처럼 우리 앞을 비춰 준다."[17] 다시 말해, 학생으로서 엄청난 존재적 위기에 봉착했을 때, 존 오웬을 읽음으로써 그는 성화에 대한 케직의 이해의 유혹을 벗어날 수 있었다. 그에게 청교도들은 **거룩의 챔피언**처럼 보였다. 물론 그들에게 있던 신학적 진지함과 방향이 핵심적인 요소이기도 했지만, 그들이 가진 신학과 거룩의 실천이라는 그들만의 독특한 성격에 매료된 것이다. 그 결과 패커는 청교도들을 바로 그 관점에서 바라보게 되었다. 다시 말해, 자주 청교도들을 분열시켰던 심각한 신학적 차이에 대해서는 그의 글에서 거의 언급을 하지 않았다. 예를 들어, 이 책의 후기에서 패커는 청교도들을 하나의 몸으로 소개하며 이렇게 적는다.

교회의 예식과 질서의 문제와 관련하여, 특별히 폐지되어야 할 것이 무엇인지에 대한 일치보다 훨씬 더 복잡한 것은, 그 대신에 무엇을 도입해야 할지에 대해 합의를 보는 것이었다. 하지만 죄를 죽이고, 은혜의 습관을 살리고, 안식일을 지키고, 가정을 잘 다스리고, 성경을 숙달하고, 각자 부름받은 곳에서 힘써 일하고, 모든 관계에서 순전함과 정의와 사랑을 실천하고, 정기적이고 끊임없는 기도로 하나님과의 교제를 유지함으로써 하나님을 영화롭게 하고 기쁘시게 하기를 구하는 데 있어서만큼은 청교도 모두가 하나였다. 또한 청교도 설교자들이 가장 강조했던 점이 바로 이런 것이었기 때문에 더더욱 그럴 수 있었다.[18]

모든 것이 실제로 사실이다. 하지만 청교도들은 예식과 교회 질서에 관한 몇 가지 문제들을 제외하고 핵심적인 모든 것에 기본적으로 동의했다는 잘못된 인상을 주는 것도 사실이다. (비판하자는 것이 결코 아니다. 누구나 자신이 원하는 영역—또한 청교도의 경건은 특정하기에 좋지 않은 영역이 아닌 것도 분명하다—으로만 한정할 수 있지만, 청교도 옹호자로서 패커의 영향력이 큰지라 그가 집중했던 부분과 그렇지 않았던 부분을 아는 것은 나쁘지 않다.)

각 장을 요약하는 것은 별로 의미도 없고 매우 지루한 작업이다. 다만 서론에 보면 청교도들이 패커 자신을 형성한 7가지 방식을 나열하고 있다. 이 7가지 방식은 살펴볼 가치가 있다. 첫째, "존 오웬은 모든 그리스도인과 더불어 나도 부름받은 죄 죽임과 자기 의심의 훈련, 그리고 계속되는 나의 죄악됨에 대해 실제적인 태도(근시안적으로 보거나 그로 인해 좌절하지 않고)를 갖도록 나를 도왔다."[19] 둘째, 오웬은 내가 "그리스도 구속의 사랑의 주권성과 면밀함"을 보도록 도왔다.[20] 셋째, 리처드 백스터는 정기적으로 묵상을 하고 자기 자신에게 설교함으로써 그 진리를 찬송으로 바꾸는 것의 중요성을 깨닫게 했다. 넷째, "백스터는 또한 안수받은 목사의 목회적 직무에 주목하도록 했다."[21] (패커는 특히 그가 서문을 제공한 백스터의 『참된 목자』를 염두에 두고 있었다.[22]) 다섯째, 청교도들은 그에게 어떻게 일생을 살지를 가르쳐주었다.

청교도들은 삶을 살아가면서 우리는 죽음 가운데 있고, 영원까지는 단 한 걸음밖에 남아 있지 않다는 사실을 인식했다. 그로 인해 그들의 삶에는 요즘같이 부유하고 유약하고 세속적인 서구의 기독교인들은 결코 따라갈 수 없는, 고요하지만 열정적인 깊은 진지함이 드리워져 있

었다.²³

여섯째, 청교도들은 패커가 정통 신앙을 개인의 삶, 교회 구조, 더 넓은 사회에서의 도덕성, 사회적 증거에서의 긍휼 등으로부터 분리하지 않는, 개혁에 대한 총체적인 이해를 갖도록 했다. 일곱째, 청교도들은 "신학이 선하든 악하든, 긍정적이든 부정적이든 그 신학을 받아들이는 사람들이 하나님과 관계를 갖거나 혹은 그런 관계를 갖지 않는 것에 영향을 준다는 의미에서 모든 신학은 또한 영성이라는 사실을 나로 알게 했다."²⁴

패커는 이 책을 통해 청교도는 사려가 깊고 기도에 힘쓰는 예배자이며, 소망에 차 있는 투쟁가이자, 신앙을 개인의 것으로만 제한하지 않고 보편교회에 대한 강한 책임감을 가졌던 영적 거인들로 보여준다. 그들의 영향을 받아 이 모든 삶의 방식이 패커에게 형성되었음은 두말할 나위가 없다.

『하나님을 아는 지식』

패커가 『하나님을 아는 지식』으로 가장 잘 알려진 것은 틀림없는 사실이다. 이 책에는 하나님을 잘 나타낼 뿐 아니라 저자의 중심이 잘 드러난다. 신학적으로 부요할 뿐 아니라 지극히 경건하기까지 한 이 책은 묵상을 촉구하고, 기도를 촉발하며, 찬양으로 이끄는 지극히 '청교도적인' 책이다. 이 책을 쓴 동기를 읽어 보면 이는 다름 아닌 인간 삶의 목적에 대한 진술인 것을 알 수 있다. "오늘날 만연한 교회의 유약함의 기저에는 하나님에 대한 무지—그분이 누구신지, 그분과 어떻게 교제하는지에 대한 무지—가 자리한다는 것이 이 책의 기저에 자리한 확신이다."²⁵

이 책은 원래 1960년대 『복음주의 매거진』을 위해 기고한 기사 시리즈로 시작되었다. 각 기사마다 논지를 전개했고, 각 논지마다 독자가 삶에서 실천할 신학 진리의 적용으로 끝났다. 약간의 편집과 수정을 한 후 이 기사들을 책으로 함께 모았고, 놀랍게도 이 책은 베스트셀러로 태어났다.

일련의 기사들을 모아 놓았기 때문에 이 책은 패커가 서문에서 말한 바와 같이 "기껏해야 구슬을 꿰어 놓은 것이다."[26] 읽기 쉬운 것도 아니고 실용적인 책도 아니다. 하지만 이 책은 모든 그리스도인이 열망하는 바를 제공해 준다. 바로 살아 계신 하나님을 아는, 보다 친밀한 지식이다.

『하나님을 아는 지식』은 조직신학서가 아니다. 심지어 신론을 포괄적으로 다룬 책도 아니다. 예를 들어, 하나님의 삼위일체적 본성이 언급되기는 한다. 하지만 여기서 제시하는 하나님의 모습을 형성하는 아주 명백한 요소는 아니다(패커가 묘사하는 바와 같이 복음의 본질을 강하게 형성하기는 하지만). 그래서 하나님의 위엄, 사랑, 질투 등을 개략하기는 해도 그 이면에 삼위일체적 논리가 전개되거나 언급되지는 않는다.

오히려 『하나님을 아는 지식』은 하나의 여정이다. 하나님을 향해 가는 여정이다. 독자들이 하나님에 **대해** 혹은 경건에 대해 알도록 돕는 것 이상이다. 독자들이 하나님을 인격적으로 알고 의지해서 그를 **위한** 힘과 용기를 갖고 그 **안에서** 만족과 기쁨으로 살도록 이끌어 주려고 한다. 이는 곧 두 가지를 의미한다. 하나님이 누구신지 공부해야 하고, 또 복음 안에서 그분이 어떻게 우리와 관계하시는지를 알고 누려야 한다. 누군가 하나님의 위엄과 거룩하심에 대해 무엇을 알게 되면, 바로 그 빛을 통해서 비로소 자기 자신을 알기 시작하기 때문이다. 자신이 바로 악한 죄인임을 깨닫는다. 그럴 때 비로소 그분의 긍휼에 자기를 맡기고 예수로 말미암아 자신이 용납됨을 발견할 수 있다. 그때, 오직 그때—하나님을 알고 자신이 하나님께로 나아갈 수 있다는 것을 아는 때—에라야 그들은 하나님의 충분하심에 떨 듯이 기뻐한다. 이것이 바로 이 책의 목표다.

이 모든 것이 우리를 어디로 데리고 왔는가? 바로 성경적인 신앙의 중심이다. 시편 16편의 다윗과 같이 기도하고 고백할 수 있는 지점으로 우리를 데리고 온 것이다. "하나님이여, 나를 지켜 주소서. 내가 주께 피하나이다. 내가 여호와께 아뢰되 주는 '나의 주님이시오니 주 밖에는 나의 복

이 없다 하였나이다.'"²⁷

『십자가는 무엇을 성취했는가』

『하나님을 아는 지식』이 출판된 1973년은 또한 이 신학 연구가가 학문적인 틴데일 성경 신학 강좌Tyndale Biblical Theology Lecture에서 강좌를 한 해다. '십자가는 무엇을 성취했는가' 강좌의 제목은 '형벌 대속의 논리'The Logic of Penal Substitution였다. 패커는 주도면밀하게 "전세계적인 복음주의 형제애의 특징적인 표지"라고 불리는 것을 변호함으로써 시작했다. "이는 우리를 기독교 복음의 중심으로 데려가는" 개념이다.²⁸ 즉 속죄의 형벌 대속적 '모델'이다.

흔히 오해되고 풍자되는 것과 달리(심지어 이 모델의 지지자들에 의해), 패커는 형벌 대속에 대한 개혁주의 설명이 지나치게 이성주의적이고 방어적인 경향이 있었다고 믿었다. 그래서 그는 속죄 교리를 완전히 규명한 듯이 하지 않고 복음의 신비를 보존한 성경적인 주장을 제공하려고 했다.²⁹

십자가의 신비를 조금이라도 알기를 원한다면, 성경과 성경에서 주어진 사고의 모델들을 주의해 보아야 한다. 거기서 우리는 그리스도의 죽음이 대속적이라는 사실을 분명히 본다. 그리스도는 **우리를 위해** 죽으셨고, **우리를 위해** 저주가 되셨고, 자기 생명을 **많은 사람을 위한** 속전으로 주셨다. 이 점을 분명히 하기 위해 그는 교회사에서 십자가에 대한 세 가지 기본적인 이해가 있었고, 이는 각각 하나님과 죄와 구원에 대한 독특한 이해를 반영한다고 설명한다.

- 첫 번째 이해는 십자가가 하나님의 사랑을 우리에게 계시하든지, 죄를 미워하도록 하든지, 아니면 단순히 우리에게 자기희생의 경건을 위한 모범을 제공하든지 십자가를 우리에게 영향을 주는 것으로 본다. 이런 이해는 "하나님을 향한 동기와 신적인 생명이 흘러들어 오도록 열려 있지 못한 우리에게 기본적으로 필요한 것이

고, 우리가 하나님과의 관계를 바르게 하기 위해서는 이 두 가지 점에서의 변화가 필요한데, 그리스도의 죽음이 그것을 가져 온다"고 가정한다.[30]
- 두 번째 이해는 십자가를 적대적인 영적인 세력들에 대한 승리로 보는 것이다. "사람의 곤경은 전적으로 하나님과 상관없는 적대적인 우주적 세력 때문에 일어난다고 가정한다."[31]
- 세 번째 형태의 진술은 그들이 완전하다는 가정 말고는 위의 다른 두 견해가 주장하는 그 어떤 것도 부인하지 않는다.……이 세 번째 이해에서는 그리스도의 죽음이 먼저 하나님께 영향을 주었고, 십자가로 인해 **화목하게 되었다**(아니 스스로 화목하게 되었다고 하는 것이 더 낫다). 또한 "오직 하나님께 미친 영향 때문에 흑암의 권세가 전복되었고 죄인을 찾아 구원하시는 하나님의 사랑이 계시되었다."[32]

이 주장의 두 번째 단계에서는 십자가에서 이루어진 그리스도의 대속이 그 성격상 **형벌적인 것**이었다. 즉 그리스도께서 우리 자리에서 우리를 위해 (온전히) 짊어진 것은 다름 아닌 우리에게 임한 하나님 심판의 형벌이었다. 패커는 형벌 대속이 우리 구원 전체를 포함하지는 않지만(예를 들어, 십자가를 이렇게 말하지만 부활에 대해서는 이렇게 말하지 않는다) 우리에게 복음의 핵심을 계시하고 하나님의 삼위일체적 사랑을 들여다 볼 가장 깊은 통찰을 가져다준다는 것은 매우 분명하다고 말한다.

여기서 그가 한 또 다른 언급은 그의 생각에 자리한 보다 넓은 무엇을 보여준다. 바로 기독교 동기에 대한 이해다. "형벌 대속을 인정한다는 것은 신자들이 특별히 이로 인해 그리스도께 빚을 졌고, 이것이 바로 이제와 또한 영원히 그들의 기쁨과 평화와 찬양의 주된 원인이라는 것을 의미한다."[33] 우리가 조나단 에드워즈에게서 보았던 것과는 강조점이 현저하게 다른데(필연적으로 상반되는 것은 아니지만), 이는 아주 중요한 차이다. 패커는 하나님 그분의 어떠하심 때문에 하나님을 즐거워하는 것이라 기보다는 감사를 "그들이 가진 기쁨과 평화와 찬양의 주된 원인"으로 주장했다.

존 오웬의 『죄 죽임』 서문

마지막 작품은 언급될 만큼 중요한 작품이 아니라 생각될 수도 있지만, 사실은 짧게 소개하는(또한 그가 만난 첫 번째 청교도인 존 오웬에 관한) 작품이기 때문만이 아니라, 그 내용 때문에 패커를 아주 **잘 나타내는** 작품이기 때문이다. 이는 또한 그의 일생에 걸친 관심을 주제로 한 작은 논문이다. 바로 성화이다.[34] 또한 그의 원천을 잘 보여준다. 패커는 오웬을 통해 종교개혁에 뿌리를 깊게 내린 성화의 신학을 발전시켰다.

그의 성화 신학이 가진 종교개혁적인 이해의 첫 번째 측면은 그의 놀랍지만 (안타깝게도) 짧은, 1957년 루터의 『노예의지론』에 대해 쓴 서문이다. 여기서 그는, 우리가 하나님 앞에서 스스로를 향상시킬 수 있는 일정한 본성적 능력을 가지고 있다고 생각한 에라스뮈스와 정반대로 루터는 죄를 인간적으로 치료가 불가능한 질병으로 보았다고 설명했다. 문제는 이것이라고 패커는 설명한다. 타락한 사람은 "죄 짓기만을 **원하고**, 그의 선택은 그래서 항상 죄악되다."[35] 다시 말해, 문제는 우리 마음의 욕구다. 우리는 본성적으로 그른 것을 원한다. 우리의 회심에 있어서 이 사실은 중요하다. 우리의 마음과 마음의 욕구가 반드시 돌이켜져야 한다(그른 것을 원하는 우리 스스로는 결코 할 수 없는 것이다).

하지만 이 동일한 진리가 우리의 성화와 관련된다. 이는 패커가 오웬의 『죄 죽임』의 서문에서 덧붙인 말이다.

> 성경과 오웬의 글에서 욕구는 개인의 마음을 나타내는 눈금이고, 동기는 행위의 선악을 판단하는 결정적인 시금석이다. 예수님이 바리새인들에게 계속해서 말씀하신 것처럼, 경외함이나 사랑이나 순전함이나 겸손이

나 용서하는 생각이 없이 마음이 잘못되어 있다면, 교만으로 찌들어 있고, 자신만을 위한 야망이나 시기나 탐심이나 미움이나 성적 욕구와 같은 것이 없다고 해도, 그런 사람이 할 수 있는 것 중에 하나님이 보시기에 옳은 것은 아무것도 없다.……그리스도인은 죄를 죽여야 한다고 성경이 말할 때, 이는 단지 나쁜 습관을 깨뜨려야 한다는 말이 아니다. 죄악된 욕망과 충동은 그들로부터 생명력을 빼내 버린다.[36]

우리의 성화 가운데 성령께서 생명을 주시고, 생명을 바꾸시는 자신의 능력으로 역사하시는 것이 바로 이런 것이다. 그는 우리 마음을 얻어 다른 것을 욕망하게 하신다. 하나님을 원하고 하나님과 같이 되기를 바라도록 하신다.

이 욕망의 신학이 패커 자신의 독특한 기질의 산물만은 아니다. 그가 성경에서 보았을 뿐 아니라, 위대한 종교개혁자와 청교도들에게서도 발견했기 때문이다. 그럼에도 불구하고, 패커의 모든 지적이고 학자적인 성향과 더불어 그가 활달하고 재즈를 좋아하는 건강한 열정과 열망을 가진 사람이라는 사실을 아는 것이 도움이 된다. 이런 창을 통해 그의 영혼을 들여다보라.

C. S. 루이스가 쓴 제일가는 소설이자 내가 들인 돈에 비추어 놀랍도록 인상적인 기독교 서적은, 존 번연의 알레고리 소설인 『순례자의 귀향』 The Pilgrim's Regress, 1933 이다. 이 작품을 통해 그는 그가 달콤한 욕망 Sweet Desire 과 기쁨 Joy 이라 부르는 매력을 더듬어 간다. 다시 말해……그것은 어떤 피조된 실체나 관계로는 만족될 수 없고 오직 그리스도 안에 있는 창조주의 사랑에 자기를 맡길 때에 가라앉는 열망으로서, 그것 자체를 궁극적으로 드러내는 일상에서 초월적인 것이 갖는 고유의 느낌이다.……나무, 폭포수, 증기기관, 카레와 게의 맛, 바흐의 음악들……루이 암스트롱 Louis Armstrong ……루이스 자신, 그리고 윌리엄, 또한 천사 같

은 백스터, 꿈꾸는 자인 번연, 그리고 거성인 오웬과 같은 것을 이야기할 수 있다.[37]

인간으로 존재한다는 것은 우리가 열정을 가진 피조물이라는 말이다. 우리는 사랑하고 열망한다. 패커가 오웬과 성경에서 본 성화의 본질은, 우리가 그리스도를 바라보고 그의 거룩한 열정에 참여함으로써 죄악된 열망에서 건짐받는 것을 포함한다는 사실이다.

"당신의 죄를 죽이기 위해 그리스도를 향한 믿음을 발휘하라"고 오웬은 말한다. "그의 피는 죄로 병든 영혼을 위한 최고의 치료약이다. 이 피 가운데 살라. 그러면 승리자로 죽을 것이다. 그렇다. 하나님의 선하신 섭리를 통해 당신 발아래 죽어 널브러져 있는 자신의 정욕을 보게 될 것이다."[38]

계속 읽어 가기

"나는 다채로운 것으로 꽉 채워진 간결함을 좋아한다. 또한 내 글들 가운데 어떤 것은 많은 것들로 꽉 채워져 있음을 안다(패커 Packer 라는 이름과 같이 그는 짐을 꾸리는 사람이다). 이런 나의 성향에 너무 집착한 것 때문에 독자들이 모호하게 느끼는 부분이 있다면 용서해 주길 바란다."[39] 그의 글들은 대개 많은 내용들로 꽉 채워져 있다. 하지만 그 글들을 모호하게 느끼는 사람은 거의 드물다. C. S. 루이스를 많이 닮은 그에게 있는 표현의 명료함과 정돈된 생각 때문이다. 생각하기 좋아하는 평신도라면 대부분의 그의 저작들을 어렵지 않게 읽을 수 있다(또 그렇게 의도하고 쓴 글들이다).

뻔한 말이지만, 『하나님을 아는 지식』이나 거기에 소개된 책들로부터 시작하는 것이 좋다. 하지만 내 개인적인 생각—좀 별나게 들릴지 모르지만—을 덧붙이면, 보다 많은 사람들이 그가 쓴 루터의 『노예의지론』 서문을 읽으면 좋겠다. 번뜩이는 내용과 문체의 조합에 있어서 이를 능가하는 글을 찾기가 어렵다. 패커라는 사람과 사상에 대한 보다 심도 있는 분석을 위해서는 리랜드 라이큰Leland Ryken이 쓴 그의 전기『J. I. 패커: 복음주의자의 생애』J. I. Packer: An Evangelical Life, Wheaton: Crossway, 2015가 아마도 가장 최신의 결정판이라는 생각이다.

J. I. 패커 연표

1926	영국의 글로스터에서 출생
1944	옥스퍼드 코푸스 크리스티 칼리지 입학
1948	런던의 오크힐 칼리지에서 강의
1949	옥스퍼드 위클리프 홀에서 안수를 위한 교육
1950	박사학위를 위한 연구
1952	하본의 세인트 존스 교회의 목사보
1954	키트 멀릿과 결혼
1955	브리스톨의 틴데일 홀 강사
1958	『근본주의와 성경의 권위』 저술
1961	옥스퍼드 라티머 하우스의 학장
1966	마틴 로이드 존스와 존 스토트와의 결별
1970	『연합을 향하여』 집필. 청교도 컨퍼런스를 끝냄. 브리스톨의 틴데일 홀의 학장으로 임명
1972	브리스톨의 트리니티 칼리지 부총장
1973	『하나님을 아는 지식』 저술
1978	「성경무오에 관한 시카고 선언문」 발표
1979	밴쿠버 리젠트 칼리지로 옮김
1994	'개신교와 가톨릭의 연대'
1998	영어표준역(ESV)의 책임 편집자
2008	캐나다 성공회 탈퇴

근원으로 돌아가자

13세기 이탈리아는 여기저기 산재한 고대 유적들의 잔해 덩기로 아름다운 풍광을 이루었다. 이곳에 한때 제국의 찬란한 문명이 꽃피웠음을 쉽게 알아차릴 수 있었다. 그럼에도 불구하고 모든 아치와 기둥, 블록들로 이루어진 거대한 대리석 무더기는 공짜 석재를 얻는 것 말고는 사실상 다른 쓸모가 없어 보였다. 돌은 새로 건물을 짓는 데 사용되었고 대리석은 석회가루로 농장 주변에 뿌려졌다. 그것들이 이루었던 과거의 영화는 파괴되고 잊혀진 지 오래였다.

그러던 것이 별안간 풍조가 달라지면서 이제 사람들은 영감을 얻겠노라고 고전적인 과거에 보다 주목하기 시작했다. '근원으로 돌아가자!'를 새로이 주창했다. 그리고 이와 더불어 창조성이 급격하게 증대되었다. 르네상스Renaissance가 있었다. 갱생Rebirth이었다. 과거를 재발견함으로써 예술, 문학, 과학, 철학과 같은 세계(곧 신학 세계에도)에 새로움과 활력이 넘쳐났다. 새로 올라간 건축물조차 그 전과는 상당한 차이를 드러내는 것처럼 보였다. 고대의 유적들로부터 더 많은 돌들을 가져다 썼기 때문이 아니다. 다름 아닌 고전의 건축 양식이 당시 건축에 선명한 윤곽과 황금비율에 대한 열망을 불러일으킨 것이다.

과거의 회복

물론 반동주의자나 낭만주의자가 되는 방식으로 과거에 함몰되는 것도 실제로 가능하다. 하지만 르네상스는 과거를 통해 새롭게 될 수도 있다는 것을 보여준다. 사실, 그렇게 하라고 있는 것이 뿌리가 아닌가? 뿌리를 가장 넓게 뻗어 내리는 나무들이 숲에서 가장 건강하다. 나무는 뿌리를 통해 꽃을 피우고 무성히 자라기 때문이다. 나무가 크게 자라려면 뿌리를 깊이 내려야 한다. 뿌리가 잘리면 나무는 죽는다. 교회에서도 이는 마찬가지다. 과거에까지 깊이 드리운 좋은 뿌리가 없이는 당장 눈앞에 닥친 환경들의 작은 변화에 지나치게 민감해져서, 이리저리 불어대는 이 세대의 무수한 가정과 억측들에 속수무책으로 휘둘리고 더욱 궁색하게 쪼그라들어 우리가 가진 복음은 온통 주름투성이 성마른 것으로 드러날 수 밖에 없다. 실제로 집에서 다음과 같은 실험을 한번 해보라. 출처는 밝히지 말고 에드워즈나 아타나시우스로부터 빌어 온 몇 가지 통찰력 있는 식견들을 끄집어내 보라. 아마도 사람들은 그런 당신을 놀랍도록 독창적이고 참신하다고 생각할 것이다. 안 그럴 것 같은가? 뭐 그럴 수도 있겠다. 하지만 분명히 오래된 것이 새로울 수 있다.

계속해 가라!

최소한 나는 그렇게 해가도록 하기 위해 전혀 독창적이지 않은 이 책을 썼다. 뿌리를 탐구함으로써 그 진가를 인정하고 그렇게 함으로써 약간의 새로움과 도전을 얻도록 하기 위함이다. 이 책을 읽음으로써 그렇게 되었는가? 물론 이것은 미미한 노력에 불과하다. 일부 신학자들을 다루기는 했지만, 지면의 제약도 필요한지라 안타깝게도 너무도 많은 신학자들을 배제할 수 밖에 없었다. 성마른 테르툴리아누스나 클레르보의 베르나르도 Bernard of Clairvaux 와 같은 신학자들을 더 다루지 못한 것이 못내 아쉽다. 하지만 지금 내가 정말로 두려운 것은 독자들이 잘못된 생각을 가지고 이 책을 덮는 것이다. 위대한 신학자들에 대해 읽음으로써 겸손을 더해 가는 것이 맞다. 또한 이런 거인들과 시간을 보내는 사람은 스스로가 아둔하게 여겨질 수 밖에 없다. 그런데 실제로는 유명한 한 인물에 대해 막연하게라도 익숙해지려 할 즈음 어리석게도 뻐기는 마음이 차오르기도 한다. 이처럼 혹여 독자 가운데 이 책을 읽고 나서 여기 신학자들 가운데 자신이 필적하는 것 같은 인상을 받은 사람이 단 한 명이라도 있다면 그것은 내 잘못이다. 소개를 한다는 것이 그만 다루는 신학자들이 별 것 아니라는 인상을 독자에게 전달할 수 있기 때문이다. 어쨌든 어떤 신학자에 대한 서론적인 소개를 읽었다는 것이 곧 그 신학자에 능통하게 되었다는 것은 아니다.

　이 글이 결론이 아닌 것은, 이 책의 전체 요지가 모으고 주워담는 것이 아닌 소개하고 이끌기 위함이기 때문이다. 여기까지 신학자들에 대한 소개를 받았다면 이제 그들을 직접 만나 알아가는 즐거움을 누리게 될 것이다. 대개 위대한 신학자들은 그들에 대해 이야기된 것들보다 무한히 흥미진진한 사람들이다. 그렇기 때문에 저들을 알아가는 일들을 계속해 가라. 근원으로 돌아가라!

주

도입

1. C. S. Lewis, *Studies in Medieval and Renaissance Literature* (Cambridge: Cambridge University Press, 1966), p. 138.
2. C. S. Lewis, Introduction to *On the Incarnation by Athanasius* (London: Centenary, 1944; repr. Crestwood, N. Y.: SVS, 1998), p. 5.
3. 같은 책, pp. 4-5.
4. 같은 책, p. 8.

01 오직 나로 예수 그리스도께 이르게 하라 | 속사도 교부들

1. Eusebius, Church History 3.39; *Nicene and Post-Nicene Fathers*, Second Series, tr. P. Schaff and H. Wace, 14 vols. (Grand Rapids: Eerdmans, 1986-9)에서 인용. (『유세비우스의 교회사』, 엄성옥 역[서울: 은성, 2008])
2. 파피아스가 쓴 『주의 말씀의 해설』의 단편. 라오디게아의 아폴로나리스Apollingnaris가 인용함.
3. *1 Clement* 42.
4. 같은 책, 44.3. 모든 속사도 인용은 Michael Holmes's translation, *The Apostolic Fathers in English*, 3rd ed. (Grand Rapids: Baker, 2006)에서 함.
5. 아마도 바트 어만Bart Ehrman이 오늘날 이런 이해를 지지하는 가장 대표적인 인물일 것이다.
6. *2 Clement* 2.4.
7. B. M. Metzger, *The Canon of the New Testament: Its Origin, Development, and Significance* (Oxford: Clarendon, 1987), p. 44. (『신약 정경 형성사』, 이정곤 역[서울: 기독교문화사, 1993])

391

8. *Magnesians* 7.1; *Smyrnaeans* 8.2. Holmes, *Apostolic Fathers in English*에서 인용.
9. *Ephesians* 6.1; cf. *Trallians* 3.1; *Ephesians* 5.3; *Smyrnaeans* 6.2.
10. *Ephesians* 1.1; cf. *Romans* 6.3.
11. *Trallians* 10.1; cf. *Smyrnaeans* 4.2.
12. *Ephesians* 7.2.
13. *Magnesians* 8.1-2; cf. 9.2
14. *Philadelphians* 9.1.
15. *Romans* 4.1; 5.3.
16. 같은 책, 7.2.
17. 같은 책, 6.3.
18. *Philippians* 11.1.
19. 같은 책, 6.3-7.1.
20. 같은 책, 11.4; 7.1.
21. *Martyrdom* 4.
22. 같은 책, 9.3.
23. 네로Nero, 54-68, 트라야누스Trajanus, 98-117, 마르쿠스 아우렐리우스Marcus Aurelius, 161-80, 셉티미우스 세베루스Septimius Severus, 193-211, 막시미아누스Maximianus, 235, 데치우스와 발레리아누스Decius and Valerianus, 249-60, 디오클레티아누스와 갈레리우스Diocletianus and Galerius, 303-13와 같은 황제들의 통치 때에 이런 조직적인 박해가 있었다.
24. Tertullian, *Apology* 40.
25. *Didache* 11.5-6.
26. *Hermas* 1.7. (『목자』, 하성수 역[서울: 분도출판사, 2002])
27. 같은 책, 2.1
28. 같은 책, 9-21.
29. 같은 책, 29.8; 31.1-7.
30. 같은 책, 13.5; 14.5-7.
31. 같은 책, 36.1, 10.
32. 같은 책, 42.1-2.
33. 같은 책, 56.2-3.
34. 예를 들어, 성공회 39개조 신앙고백의 제14항은 이렇게 말한다. "하나님의 계명을 지킬 뿐만 아니라 그 이상을 자발적으로 행한 것을 여분의 공로라 하는데, 이러한 가르침은 반드시 교만과 불경건을 동반할 수밖에 없다. 인간은 이러한 행위를 가지고 자기가 마땅히 해야 할 일을 하나님께 바치는 것일 뿐 아니라 자기에게 요구되는 의무 이상으로 하나님을 위해 하는 것처럼 선언하기 때문이다. 그러나 그리스도께서는 우리가 계명을 다 지켰을 때조차 우리는 무익한 종이라고 분명히 말씀하셨다."
35. *Hermas* 69.2.
36. 그렇게 발견된 후로도 이 사본이 좋은 대접을 받은 것 같지는 않다. 발견된 사본에서 내용

이 다시 필사되긴 했지만, 1870년에 이 사본을 소장하고 있던 스트라스부르크 도서관이 폭격을 당하는 바람에 그만 소실되고 만다.
37. 유세비우스를 통해 보존된 쿠아드라투스 변증의 일부분은 때로 사도 교부들의 저작집에 포함되기도 한다(Church History 4.3.1-2). 일부 학자들은 이 부분이 『디오그네투스에게 보내는 편지』의 본문에 빠져 있는 부분과 잘 맞을 것으로 믿는다.
38. *Diognetus* 2.5. (『디오그네투스에게』, 서공석 역[서울: 분도출판사, 2010])
39. 같은 책, 3.5.
40. 같은 책, 9.2-5.
41. 같은 책, 6.
42. 같은 책, 10.8.
43. 당시 이 원리가 어떻게 광범위하게 교회들 안에서 기능했는지에 대한 유익한 논의를 위해서는 제럴드 브레이Gerald Bray를 참조하라. *Creeds, Councils and Christ*, 2nd ed. (Fearn: Mentor, 1997), pp. 49-54.
44. Barnabas 9.7.
45. 같은 책, 12.5-6.
46. 같은 책, 12.8.
47. 같은 책, 16.
48. 같은 책, 18.1-2; 9.4.

02 전투 준비 | 순교자 유스티누스와 이레나이우스

1. 초기 속사도 교회 신학자들은 흔히 신격화를 기독교 구원의 핵심적인 측면으로 다루었다. 그러나 이런 말은 상당히 다른 의미를 가질 수 있었다. 그럼에도 불구하고 2세기 신학자들이 신격화를 양자됨과 유사하다고 보는 것이 보통이었다. 다시 말해, 장자이신 그리스도 안에서 그리스도인은 성령으로 말미암아 지극히 높으신 이의 자녀가 된다(참조. *Dialogue with Trypho* 124). 이런 방식으로 그리스도인은 성부, 성자, 성령의 영원한 교제로 들어간다고 이야기될 수 있다.
2. *I Apology* 41. 유스티누스가 단지 기억상의 실수로 이런 주장을 했을 것 같지는 않지만, 현존하는 히브리어 사본을 보면 시편 96:10에 "그 나무로부터"라는 말이 없다(그는 『트리포와의 대화』에서도 같은 주장을 반복한다). 주후 처음 다섯 세기 동안에 활동했던 여러 신학자들 역시 시편 96:10은 "여호와께서 그 나무로부터 통치하시니"라고 읽어야 한다고 믿었다(참조. Tertullian, *An Answer to the Jews* 10, 13; *Five Books Against Marcion* 3.19; Augustine, *Comment on Ps.* 96). 그리스어로 된 이 시편의 두 사본들(70인역)에는 이 말이 있다. 아마도 주후 3세기 중반에 기록되었을 이 시편에 대한 사히드 콥트어Coptic Sahidic 역본에도 해당 텍스트가 발견된다. 또한 구약성경 라틴어 역의 일부 사본들에서도 이 말을 볼 수 있다. 테르툴리아누스와 아우구스티누스가 사용했던, 히에로니무스의 라틴어 역이 출판되기 전 서

방 교회들에서 사용된 버전이다. 그렇기 때문에 유스티누스는 시편의 그리스어 역본을 사용하고 있었을 가능성이 가장 큰 것으로 보인다.
3. *I Apology* 59.
4. 같은 책, 69. 유스티누스의 주장은 오늘날 우리에게는 매우 생소한 것처럼 보일 수 있다. 하지만 기독교가 고대로부터 개념들을 도용해서 자신의 것으로 사용하고 있다는 저 옛날의 고소가 다시 고개를 들면서 현대적으로 의미 있는 주장이 되어 가고 있다. 랍 벨Rob Bell은 가정적으로, 만약 "동정녀 탄생이 예수 당시에 크게 인기를 끌었고 그들의 신들 역시 동정녀를 통해 탄생했다고 말하고 있는 미트라와 디오니소스적 종교적 컬트들을 추종하는 자들의 시선을 끌기 위해 실제로 복음서 기자들이 기록한 것을 단지 신화화한 것이 아닌가?"라고 물으면서 정확하게 바쿠스/디오니시우스의 이 예를 언급한다. (*Velvet Elvis: Repainting the Christian Faith* [Grand Rapids: Zondervan, 2005], p. 26). (『당당하게 믿어라』, 홍종락 역[서울: 두란노서원, 2006]) 유스티누스에게 이는 단순한 문제이다. 기독교와 동정녀 탄생에 대한 약속은 미트라와 디오니소스적 컬트들보다 오래된 것이다. 무엇이든 기독교에서 말하는 바와 비슷한 것이 다른 종교에 있다면 그것은 기독교로부터 도용해 간 것일 뿐 그 반대의 경우는 아니다.
5. *II Apology* 10; cf. *I Apology* 46.
6. 유스티누스가 성령으로부터 성자를 제대로 구분하지 못했다는 주장이 때로 제기된다. 하지만 이런 주장은 부당하다고 거의 확실히 말할 수 있다. 부분적으로는 영원한 말씀을 기꺼이 '영'으로 언급하고 있기 때문이고, 다른 한편으로는 그가 눅 1:35에서 마리아에게 임한 '거룩한 영'이 이 말씀이었다고 믿었다는 사실 때문이다(*I Apology* 33). 하지만 그가 결코 '영'과 성령을 구분하지 않은 적은 없다.
7. *Dialogue* 8.
8. 같은 책, 38.
9. 같은 책, 56.
10. 같은 책, 62.
11. 같은 책, 75.
12. 같은 책, 89.
13. 같은 책, pp. 80-81.
14. 같은 책, 123.
15. 같은 책, 114.
16. 같은 책, 134.
17. 같은 책, 126.
18. *Against Heresies* 1.preface.3.
19. E. Brunner, *The Mediator: A Study of the Central Doctrine of the Christian Faith*, tr. O. Wyon (London: Lutterworth, 1934), p. 262.
20. 그러나 영지주의가 결코 사멸한 것이 아니라는 사실은 이레나이우스의 가르침이 오늘날도 여전히 우리와 상관이 있는 이유다. 이레나이우스는 발렌티누스가 모든 이단을 뭉뚱그리

고 싸잡아 놓은 이단의 결정판을 만들어 냈다고 믿었다. 그 말이 맞다면, 오늘날 우리가 점점 되살아난 영지주의를 따라가는 문화 가운데 살고 있는 것은 전혀 놀랄 일이 아니다(댄 브라운의 『다빈치 코드』*The Da Vinci Code* 와 필립 풀먼의 3부작 『황금 나침반』*His Dark Materials*은 핵심적 영지주의적 주제들을 나타낸다).

21. *Against Heresies* 1.7.2; 3.11.3 (『이단 논박』에 대한 참조사항은 세 가지 숫자들로 이루어지는데, 권, 장, 절을 각각 가리킨다).
22. 영지주의에 대한 다른 증거들이 많지 않기 때문에 수세기 동안 사람들은 이레나이우스가 영지주의를 온당하게 평가했을지에 대해 의문을 가졌다. 허수아비 공격의 오류를 범했던 것은 아닌가? 그러나 1945년 이집트의 나지함마디에서 영지주의 저작들이 발굴되어 영지주의 저작들에 대해 새롭게 이해할 수 있게 되었다(이중 소위 『도마복음』이라고 부르는 저작이 가장 잘 알려졌다). 이런 저작들을 근거로 대부분의 학자들은 이레나이우스가 영지주의를 놀라울 정도로 정확하게 묘사하고 있다는 데 동의한다.
23. 참조. *Against Heresies* 3.12.9. 이레나이우스의 신학 중심에 자리한 오직 '성경'의 원리를 통해 그가 성경보다 사도적 계승권이나 전통에 더 높은 권위를 부여했다는 오해가 허위임이 명백히 드러난다. 물론 그가 사도들과 당시 그들의 계승자와 감독들과의 직접적인 연결성에 소중한 가치를 둔 것은 맞다. 하지만 이런 연결성은 성경을 그것에 억지로 짜맞추는 틀로서가 아닌 성경의 명백한 진리가 교회를 통해 왜곡되지 않고 보존되었다는 증거로 작용했다.
24. 이레나이우스에게 있어서 마리아는 요셉과 유다가 필요했던 것과 비슷한 방식으로 구원을 위해 필요한 존재였다(예수께서 그의 인성을 오직 마리아로부터만 물려받은 것으로 보아 그녀는 훨씬 더 중요한 역할을 했다). 그러나 마리아에게 이런 역할을 부여함으로써 이레나이우스는 마리아가 그리스도와 더불어 '공동 구속자'*co-redemptrix* 라는 이론이 발흥하는 데 일조했다.
25. 이것이 바로 이레나이우스가 그리스도의 성육신 사역이 30세로부터 50세에 이르기까지(레위 제사장들이 제사장으로 섬기는 기간 동안) 지속되었고, 예수가 원숙한 장년기 50대 초반에(2세기 초반) 죽었다고 믿었던 부분적인 이유였다(*Against Heresies* 2.22).
26. 같은 책, 3.20.1.
27. 같은 책, 4.2.7.
28. 같은 책, 4.5.2; 4.9.1; 4.10.1; 4.16.3-4.
29. 같은 책, 4.23.2.
30. 같은 책, 5.preface.
31. 속사도 교회 초기 시대에는 잠언 8장에 지혜로 언급되는 인물이 성육신하기 전의 그리스도라고 믿는 것이 거의 보편적이었다. 이와 달리 이레나이우스는 이 지혜를 성령이라고 믿었다.

03 세상에 맞서다 | 아타나시우스

1. C. S. Lewis, Introduction to *On the Incarnation* by Athanasius (reprint, Crestwood, N.Y.: SVS, 1998), p. 9.

2. 아리우스는 안디옥에서 신학 훈련을 받았기 때문에 알렉산드리아의 신학자들과는 보다 다른 각도에서 신학을 접근했다.
3. 아리우스주의 신학을 곡조에 따라 부르도록 한 것은 수년 동안 아리우스주의가 퍼져나가게 하는 효과적인 책략이 되었다. 정기적으로 아리우스주의 성가대들은 콘스탄티노플 거리에서 밤새 노래를 했고, 콘스탄티노플 감독인 요한 크리소스토무스는 이에 대항하여 정통주의 찬송을 부르는 성가대를 세웠다(이런 대결은 필연적으로 서로 라이벌 관계인 성가대들 간 일종의 길거리 싸움으로 번지게 되었고, 그후 아리우스주의자들이 그렇게 하는 것은 법적으로 금지되었다).
4. 니코메디아의 유세비우스를 그와 동시대 인물인 위대한 교회사가 가이사랴의 유세비우스와 혼동해서는 안된다.
5. 헬라어 *homoousios*는 '동일한'이라는 의미의 *homo*와 '존재'라는 의미의 *ousia*가 합성된 말이다.
6. 아리우스주의자들이 성자를 성부와 다른 종류의 존재로 만들 여지를 마련해 주는 것 때문에 이런 입장을 '반아리우스주의'semi-Arianism라 부르게 되었지만 이런 이름은 정당하지도 않고 도움도 되지 않는다. 하지만 이런 입장은 성부와 성자가 단순히 단일한 존재의 양태나 외양에 불과한 것으로 생각되지 않고 서로 구별되는 별개의 존재임을 명확히 하기 위한 시도에서 비롯되었다.
7. E. Gibbon, *The Decline and Fall of the Roman Empire*, ch. 21, n. 155. (『로마제국 쇠망사』, 윤수인 역[서울: 민음사, 2014])
8. *Against the Heathen* 3.2.
9. *On the Incarnation* §1, p. 26. 강조는 원전의 강조를 표시한 것이다.
10. Lewis, Introduction to *On the Incarnation*, p. 9.
11. *On the Incarnation* §1, p. 25.
12. 같은 책, §13, p. 40.
13. 같은 책, §19, p. 48; §20, p. 49.
14. 같은 책, §25, p. 55.
15. 같은 책, §27, p. 57.
16. 같은 책, §54, p. 93.
17. 주로 할레드 아나톨리오스Khaled Anatolios의 작업이며, 그의 주장은 그의 탁월한 저작이 잘 요약하고 있다. *Athanasius: The Coherence of his Thought* (New York: Routledge, 1998), pp. 70-72.
18. *Letter to the People of Antioch* 7; *Letter* 59.7.
19. *Against the Arians* 1.23.
20. 같은 책, 1.34.
21. 같은 책, 1.17.
22. 같은 책, 2.13.
23. 같은 책, 2.76.
24. 호모우시오스*homoousios*에 대해 아리우스주의자들이 가장 먼저 제기한 반대는 그것이 성

경에서 발견할 수 없는 용어라는 점이었다. 그러나 아타나시우스는 전체 아리우스주의의 접근이 근본적으로 비성경적일 뿐 아니라 그들 스스로도 비성경적인 용어―하나님을 '기원되지 않은 존재'로 칭하고 '아들이 없었던 때가 있었다'는 어구들을 주장한 것―를 사용하고 있음을 효과적으로 논증했다. 사실은 모든 성경적인 용어를 왜곡해 자신들의 비성경적인 철학적 틀에 짜맞추려는 아리우스주의 경향에 맞서기 위해 성경에 없는 용어들을 사용해야만 했던 것이다.

25. *Against the Arians* 3.6.
26. 같은 책, 3.13.
27. 같은 책, 3.30
28. 같은 책, 3.24.
29. 같은 책, 4.4.
30. 같은 책, 4.8.
31. *Life of Antony* 24.
32. Letter 48, *To Amun*.

04 사랑의 지혜 | 아우구스티누스

1. *Confessions* 1.1.1. 어떤 번역도 아우구스티누스의 라틴어 저작이 갖는 흥분과 생명력을 담아낼 수 없는 것처럼 보인다. 본서에서『고백록』으로부터 인용된 글들은 나의 번역이다. (『고백록』, 성염 역[파주: 경세원, 2016])
2. 같은 책, 3.4.7.
3. *Soliloquies* 1.7.
4. "막대기와 돌들이 넘어지고, 죽을 수밖에 없는 사람들의 죽음을 대단한 것으로 여기는 사람은 훌륭한 사람이 아니다"(인용. P. Brown, *Augustine of Hippo* [London: Faber & Faber, 1967], pp. 425-426). (『아우구스티누스: 격변의 시대, 영혼의 치유와 참된 행복을 찾아 나선 영원한 구도자』, 정기문 역[서울: 새물결출판사, 2012])
5. *Confessions* 8.7.17. 6.
6. 롬 13:13-14.
7. *Confessions* 11.14.17.
8. 이 특별한 알레고리는 아우구스티누스의 생각 하나하나가 얼마나 다채로울 수 있는지를 보여주는 좋은 예다. 이에 따른 신학적 결론은 지극히 프로테스탄트적이다. 하지만 이 결론에 이르는 주석은 결코 그렇지 않다.
9. Brown, *Augustine of Hippo*, p. 228.
10. *On Christian Doctrine* 2.3. (『기독교 교양』, 김종흡 역[파주: 크리스천다이제스트, 2017])
11. Brown, *Augustine of Hippo*, p. 242.
12. Letter 123.

13. *City of God* 13.14. (『하나님의 도성』, 조호연 외 역[파주: 크리스천다이제스트, 2016])
14. *On Christian Doctrine* 3.10.16. 『기독교 교리에 관하여』 1권은 '사용하는 것'과 '누리는 것' 사이를 구분한다. 우리는 다른 것들(쇠고기 구이)을 '누리기' 위해 어떤 것들(나이프와 포크)을 '사용한다'. 누리는 것은 어떤 것을 그 자체의 이유로 즐거워하는 것이다. 궁극적으로 참된 즐거움의 유일한 대상은 하나님이다.
15. *Sermon* 362.28.
16. *Confessions* 9.1.
17. *Letter* 145.4.
18. 앤더스 니그렌Anders Nygren은 자신의 저작 *Agape and Eros*(London: SPCK, 1938)에서 아우구스티누스의 사랑은 기독교적이라기보다는 플라톤적이라고 주장하면서 그의 사랑의 신학을 공격한 것으로 유명하다. (『아가페 에로스』, 고구경 역[서울: 크리스천다이제스트, 1998]) 니그렌은 오직 주는 사랑만이 진실로 기독교적인 사랑이라고 주장했다. 바라는 사랑(에로스)은 실상은 죄악된 것이기 때문이라는 것이다. 존 버너비John Burnaby는 아우구스티누스가 기독교가 말하는 사랑은 주는 사랑일 뿐 아니라 갈망하는 사랑이라는 기독교 사랑의 참된 본질을 더 잘 이해했다고 주장하여 보다 공정한 판단으로 그를 옹호한다(*Amor Dei: A Study in the Religion of St. Augustin* [London: Hodder & Stoughton,1938]).
19. *On Grace and Free Will* 33.18; *Retractions* 1.23; cf. J. Burnaby, Introduction to *On the Spirit and the Letter*, in *Augustine: Later Works*, Library of Christian Classics [London: SCM, 1955], pp. 189-192.

05 이해를 추구하는 믿음 | 안셀무스

1. Eadmer, *The Life of St Anselm: Archbishop of Canterbury*, ed. and tr. R. W. Southern (London: T. Nelson & Sons, 1962), vol. 2, p. xiii.
2. R. W. Southern, *Saint Anselm: A Portrait in a Landscape* (Cambridge: Cambridge University Press, 1990), p. 165.
3. *Monologion*, Prologue. (『모놀로기온 프로슬로기온』, 박승찬 역[파주: 아카넷, 2012]) 여기서 사용된 안셀무스 인용은 모두 토마스 윌리엄스Thomas Williams의 번역이다. *Anselm: Basic Writings* (Indianapolis: Hackett, 2007).
4. *Monologion* 1.
5. *Proslogion*, Prologue. (『모놀로기온 프로슬로기온』, 박승찬 역[파주: 아카넷, 2012])
6. *Monologion* 15.
7. 같은 책, 18.
8. 같은 책, 21.
9. 같은 책, 42.
10. *Proslogion*, Prologue.

11. *On the Incarnation of the Word* 6.
12. 임마누엘 칸트는 안셀무스의 주장을 '존재론적 증명'이라고 했다(『프로슬로기온』을 전혀 읽어 보지도 않은 것처럼 보인다). 보통 이 주장을 그렇게 부른다. 하지만 오늘날에는 존재론적 증명의 변형들이 있기 때문에 나는 그것을 당대의 사람들이 부른 것처럼 단순히 '안셀무스의 논증'이라 부를 것이다.
13. *Proslogion* 3.
14. 같은 책, 5.
15. 같은 책, 7.
16. 같은 책, 8.
17. 가우닐로의 'Reply on Behalf of the Fool' 6.
18. *Cur Deus Homo*, Preface. (『인간이 되신 하나님』, 이은재 역[서울: 한들출판사, 2007])
19. 같은 책, 1.3.
20. 같은 책, 1.3.
21. 같은 책, 1.15.
22. 같은 책, 1.25.
23. 같은 책, 2.6.
24. 같은 책, 2.8.
25. 안셀무스의 속죄 이론이 후대에 많은 논란을 불러일으키게 될 신학자인 페트루스 아벨라르두스Petrus Abaelardus, 1079-1142의 속죄 신학과 맞선다는 것은 잘 알려진 사실이다. 하지만 안셀무스가 속죄를 대속론으로 이해했다고 때때로 오해되는 것처럼, 아벨라르두스 역시 보통 사람이 하나님께 속전을 지불할 능력이 안되고, 마귀에게 속전을 지불할 이유가 없기 때문에 속죄는 전혀 속전에 대한 것이 아니라 다름 아닌 하나님 사랑의 감동적인 표현이라고 가르친 것으로 이해된다. 이런 사실은 아벨라르두스를 이단으로 정죄하려고 시도한 '마귀에게 지불된 속전' 이론에 대한 충실한 옹호자인 클레르보의 베르나르도의 아벨라르두스에 대한 묘사가 얼마나 영향이 컸는지를 짐작하게 하는 대목이다. 만약 아벨라르두스가 그렇게 가르쳤다면 그는 펠라기우스주의(우리는 실제 하나님과의 화해가 아닌, 더 사랑하도록 하는 격려가 필요할 뿐이라는)를 주장하고 있다는 것이 베르나르도의 논리였다. 그러나 안셀무스와 마찬가지로, 아벨라르두스는 십자가가 하나님의 사랑을 나타내는 증거로서 우리를 감동시킨다고 생각한 한편, 속죄에 대한 객관적인 이해 또한 고수했다. 그의 로마서 주석을 보면 안셀무스와 달리 분명히 대속론적 이해를 견지했다.
26. *Cur Deus Homo* 2.16.
27. 같은 책, 2.22.

06 우둔한 황소 | 토마스 아퀴나스

1. C. S. Lewis, *Studies in Medieval and Renaissance Literature* (Cambridge: Cambridge

University Press, 1966), p. 45.
2. *Summa Theologiae*(신학개요)는 또한 *Summa Theologica*(신학요약)으로도 알려져 있다.
3. 이런 질문들에 대한 아퀴나스의 대답을 살펴보는 것은 흥미로운 일이겠지만, 『신학대전』의 변두리에서 지체할 시간이 없다(또한 궁금한 독자들은 금방 스스로 그의 대답을 확인해 볼 수 있다). 여기서 내 목적은 그의 가장 특징적인 사고를 골라 이 작품의 논리를 맛보고 조망하는 것이다.
4. '그에 반하여'로 시작하는 부분을 읽을 때는 특별한 주의가 필요하다. 오늘날 우리 눈에는 이 부분이 마치 아퀴나스 자신의 입장을 진술하는 것처럼 보이기 때문이다. 때로는 그렇다. 하지만 항상 그런 것은 아니다. 바로 그 뒤에 이어지는 부분('나는 답한다'로 시작하는)을 아퀴나스의 최종적 견해로 보아야 한다.
5. 이렇게 복잡한 구조를 볼 때, 『신학대전』은 단연코 부담이 되는 참고 체계를 가지고 있다. 기본적으로, 첫 자리 숫자는 부를 나타낸다(1부, 2부, 3부 등). 두 번째 자리 숫자는 문항을 나타낸다. 세 번째 자리 숫자는 항목을 가리킨다. 따라서 *ST* 3.22.6은 『신학대전』 3부 스물두 번째 문항에 있는 여섯 번째 항목을 가리킨다. 복잡한 부분이 하나 있다면 그것은 실제로 두 부분으로 나누어진 2부로, 가상으로 '2부의 첫 번째 부분'과 '2부의 두 번째 부분'으로 명명된다. 이 부분은 1-2, 2-2로 붙여졌다. 따라서 *ST* 2-2.4.5는 2부의 두 번째 부분에 있는 네 번째 문항의 다섯 번째 항목을 가리킨다. 여기서 내가 사용할 참고 체계는 이것보다 더 복잡하지는 않을 것이다! 그러나 아퀴나스에 대한 다른 책들은 조금 다른 체계를 사용한다. *ST* 1-2.3.4 대신 *ST* I-II.3.4, *ST* 1a-2ae.3.4, *ST* Ia-IIae.3.4 등을 사용한다. 즐거움을 더하기 위해 항목의 어느 부분을 언급하고 있는지를 명시하기도 한다. 예를 들어 *ST* 1.6.3c와 같다. 여기서 c는 아퀴나스의 최종적 판단 부분인 항목의 본문이나 주요부분을 뜻한다. *ST* 3.5.3 *ad* 3: *ad* 3은 세 번째 반론에 대한 대답을 나타낸다. *ST* 1-2.6.4 *sed contra*에서 *sed contra*는 역반론을 가리킨다.
6. ST 1.1.1. (『신학대전』, 정의채 역[서울: 바오로딸, 2014])
7. 1.2.2.
8. 1.2.3.
9. 1.5.1.
10. 1.13.7.
11. 1.27.Introduction.
12. 1.27.1.
13. 1.76.1.
14. 1.105.5.
15. 1.92.1.
16. 1-2.3.8.
17. 1-2.94.2.
18. 1-2.106.1.
19. 2-2.4.1.
20. 2-2.23.2. 아우구스티누스 인용. *On Christian Doctrine*, 3.10. '사랑'charity으로 아퀴나

스가 의미한 것은 오늘날 '자선'이라고 하는 가난한 자들에게 돈을 기부하는 것과 전혀 다름을 생각해야 한다.
21. 2-2.23.8.
22. 3.1.1. 위-디오니시우스의 *On the Divine Names*를 가리키는 말이다.
23. 『신학대전』의 독자들은 아퀴나스가 교회의 신학에는 어떤 실제적인 여지도 남기지 않는다는 사실에 종종 충격을 받는다(종교개혁 때까지 누구도 그렇게 하지 않았다). 그러나 아퀴나스는 교회에 대한 상당히 자세한 이해를 가지고 그리스도와 성사에 대한 논의로 나아가고, 심지어 교회에 대한 원대하고 우주적인 비전을 가지고 있다. 교회는 "우리를 그리스도께로 나도록 하는 동일한 믿음과 사랑을 통해 그리스도께로 출생한 구약의 신자들 역시 포함한다"고 그는 설명한다(3.9.3). 여기에는 또한 천사들도 포함된다. 비록 『신학대전』의 표면 아래에 광범위하게 자리하고 있음에도 불구하고, 논의를 계속해 갈수록 우리는 그의 교회론을 더 보게 될 것이다.
24. 1/2.103.4.
25. 3.70.4.
26. 3.75.4.
27. 3.76.1.

07 말씀이 모든 것을 했다 | 마르틴 루터

1. 성계단 성당의 계단은 예수께서 빌라도 법정에 서기 위해 기어올랐을 것으로 생각되는 계단으로 유물에 광적으로 집착했던 콘스탄티누스의 어머니가 나중에 그것을 로마로 옮겨놓은 것이다.
2. 정확히 언제 루터가 '탑 경험'을 하고 하나님의 의에 대한 참된 의미를 발견했는지에 대해서는 여전히 루터를 연구하는 학자들 사이에서 논쟁이 이어지고 있다. 그가 믿음으로 말미암는 칭의에 대해 초기에 이야기하고 있기 때문에, 그가 1513년과 같이 초기에 그것을 경험했다고 믿는 사람들이 있는데, 그렇게 보면 이 95개조 반박문은 그의 새로운 신학의 산물이라는 말이 된다. 다른 사람들은 1519년까지 이 경험이 아직 이루어지지 않았다고 주장하는데, 이는 그의 95개조 반박문과 그의 다른 초기 저작들은 믿음으로 말미암는 칭의에 대한 깨달음보다 앞선 시기에 이루어졌다는 말이다. 루터 자신이 분명히 이 경험을 1519년이라고 하고 있기 때문에 나는 여기서 그가 말하는 연대를 따랐다.
3. 'Preface to the Complete Edition of Luther's Latin Writings', *Luther's Works*, ed. J. Pelikan (vols. 1-30, St. Louis: Concordia; vols. 31-55, Philadelphia: Fortress, 1955-76), vol. 34, pp. 336-337.
4. 'Luther at the Diet of Worms', 같은 책, vol. 32, p. 112.
5. 'Second Sermon, 10 March 1522, Monday after Invocavit', *Luther's Works*, vol. 51, p. 77.
6. To Jerome Weller, July 1530, in *Luther: Letters of Spiritual Counsel*, Library of

Christian Classics, ed. T. G. Tappert (Vancouver: Regent College, 2003), pp. 86-87.
7. 'The Licentiate Examination of Heinrich Schmedenstede', *Luther's Works*, vol. 34, p. 317, cf. pp. 362, 396.
8. 유대인들에 대한 루터의 반감은 나치의 "인종" 교리와는 정반대다.……나는 히틀러가 루터의 작품을 단 한 페이지도 읽어 본 적이 없다고 생각한다. 히틀러와 다른 나치주의자들이 루터를 자신의 편이라고 주장하는 것은 다름 아닌 그들이 전능한 하나님 또한 자신들의 지지자들 가운데 하나로 여겼다는 사실을 증거한다. (Gordon Rupp, *Martin Luther: Hitler's Cause or Cure?* [London: Lutterworth, 1945], pp. 75, 84).
9. 이 분석은 게르하르트 포르데Gerhard O. Forde의 분석에 힘입은 바 크다. *On Being a Theologian of the Cross: Reflections on Luther's Heidelberg Disputation*, 1518 (Grand Rapids: Eerdmans, 1997).
10. 'Heidelberg Disputation, Thesis 23', *Luther's Works*, vol. 31, p. 54.
11. 'Heidelberg Disputation, Thesis 16', 같은 책, p. 50.
12. 'Heidelberg Disputation, Thesis 28', 같은 책, p. 57.
13. 그가 말한 것처럼, 십자가만이 우리의 신학이다. 십자가가 모든 것을 시험하기 때문이다 (*CRUX sola est nostra theologia; crux probat omnia*). *Luther's Commentary on the First Twenty-Two Psalms*, tr. J. N. Lenker Sunbury, Pa.: Lutherans in All Lands, 1903, vol. 1, pp. 289, 294-295.
14. P. Althaus, *The Theology of Martin Luther*, tr. R. C. Schultz (Philadelphia: Fortress, 1966), p. 33. (『마르틴 루터의 신학: 루터의 조직신학』, 이형기 역[서울: 크리스천다이제스트, 2017])
15. J. I. 패커는 루터에게 있었던 몇 가지 우려를 종합하여 설명한다. "'자연' 신학을 부추기고 그것의 대리인 노릇을 하는 이성의 능력 때문에 이성이라고 하는 여주인은 루터의 눈에는 마귀의 창녀로밖에 안보였다. 자연 신학은 원칙적으로 불경하고 실제로는 파산했기 때문이라고 그는 주장했다. 원칙적으로 불경한 것은 이성이 하나님을 아는 지식을 하나님의 선물이 아닌 인간의 성취—인간 지력의 승리—로서 가로채려고 하기 때문이다. 그런 식으로 이성은 인간의 교만을 부추기고 하나님이 자신을 알리고자 하는 여부와 상관없이 원하면 어느 때나 하나님을 알 수 있는 것처럼 여기며 인간을 자신의 창조자보다 높은 곳에 둔다. 이처럼 자연 신학은 인간이 자신의 원죄—인간의 피조성을 부인하고 스스로를 신격화시키고, 이후로는 독립적인 존재로 하나님을 대하려고 하는—를 통해 지지했던 프로그램을 실행시키려는 인간의 또 다른 시도처럼 보인다. 그러나 실제로는 자연 신학은 파산했다. 자연 신학은 자신에게 헌신하는 자들을 결코 하나님께로 데리고 가지 않기 때문이다. 오히려 끊임없이 요동하는 실체 없는 사변의 늪 한가운데서 오도가도 못하도록 그들을 방치한다. 자연 신학은 사람들을 하나님이신 그리스도와 성경과 그가 누운 요람으로부터 멀어지게 하고, 그리스도를 나타내 보여주는 복음의 교리인 십자가 신학으로부터 멀어지게 한다. 그러나 하나님의 뜻과 하나님을 아는 구원하는 지식은 오직 그리스도를 통해서만 알려진다. 그렇기 때문에 하나님을 알고자 하는 사람은 성경의 복음을 통해서만 하나님 알기를 구해야 한다.……본성적으로 사람이 하나님을 기쁘시게 하지 못하는 것처럼 사람은 본성적으

로 하나님을 알지 못한다. 이 사실을 직면하고 인정하도록 해야 한다! 하나님을 하나님 되시게 하라! 사람으로 사람이게 하라! 파산한 죄인이 파산한 죄인이 아닌 것처럼 하기를 그치도록 해야 한다! 자신들이 진노에 찬 창조자의 손에 속절없이 널브러져 있다는 것을 알도록 해야 한다! 그리스도를 찾고 그에게 자비를 구하도록 해야 한다. 이것이 바로 이성을 논박하는 루터의 요지다. 자신들의 무기력함을 부인하는 속수무책인 죄인들의 교만한 허영에 대해 총체적인 예언자적 맹공을 퍼붓는 일이 바로 이성의 위치다." (J. I. Packer and O. R. Johnston, 'Historical and Theological Introduction' to *Martin Luther on The Bondage of the Will* [Cambridge: James Clarke, 1957], pp. 46-47).

16. *Table Talk*, no. 1583: 'The Tempted and Afflicted Understand the Gospel', Between 20 and 27 May 1532, *Luther's Works*, vol. 54, p. 157. (『탁상담화』, 김민석, 정애성 역[서울: 컨콜디아사, 2017])
17. 'Treatise on Good Works', *Luther's Works*, vol. 44, pp. 30, 38-39.
18. 'The Freedom of a Christian', 같은 책, vol. 31, pp. 335-336. (『그리스도인의 자유』, 추인해 역[서울: 동서문화사, 2016])
19. 같은 책, p. 344.
20. 같은 책, p. 352.
21. 신자가 그리스도의 의를 외적으로 덧입는 것은 물론 그리스도께서 신자의 마음으로 영접되는 것에 주목해야 할 필요가 있다. 역사적으로 전자에 대한 지나친 강조로 인해 루터가 칭의에 대한 법정적 이해를 가졌다는 생각을 거부한 일단의 핀란드 루터파 학자들은 아주 흥미롭고 치열한 논쟁을 통해 이 주제를 재평가했다. (참조, C. E. Braaten and R. W. Jenson [eds.], *Union with Christ: The New Finnish Interpretation of Luther* [Grand Rapids: Eerdmans, 1998]).
22. 'Lectures on Isaiah, Chapters 40-66', *Luther's Works*, vol. 17, p. 383.
23. 'The Freedom of a Christian', 같은 책, vol. 31, p. 350.
24. 같은 책, p. 371.
25. 'The Bondage of the Will', *Luther's Works*, vol. 33, p. 294. (『인간에게 자유 의지가 있는가?』, 조주석 역[서울: 나침반, 1988])
26. 기본적으로 우리가 자신의 노력으로 구원을 이룰 수 있고(또 이루어야 한다)는 믿음인 펠라기우스주의에 대해서는 아우구스티누스에 대한 장에서 논의하고 있다. pp. 115-120.
27. 'The Bondage of the Will', *Luther's Works*, vol. 33, p. 64.
28. 'Preface to the Complete Edition of Luther's Latin Writings', 같은 책, vol. 34, pp. 336-337.
29. 'Treatise on Good Works', 같은 책, vol. 44, p. 56.

08 사랑하시는 하나님을 아는 지식 | 장 칼뱅

1. 1922년 6월 8일, 칼 바르트가 에두아르트 투르나이젠 Eduard Thurneysen에게 보낸 편지. 바르

트는 여기서 '마력'demonic이라는 단어를 사용한다. 칼뱅이 초자연적인 능력이었음을 뜻할 뿐 악을 함의하지 않는 단어로 사용되었다.
2. 16세기 인문주의는 20세기 세속 인문주의와 전혀 관련이 없다. 당시의 인문주의는 고전 헬라와 라틴 문화를 재발견하는 일에 헌신된 운동이었다. *Ad fontes!*(근원으로!) 라는 모토가 그 목적을 잘 드러낸다. 인본주의는 꽉 막힌 중세 스콜라주의라고 하는 정체된 연못이 아닌 고대의 맑은 지적 원천에서 직접 마시기를 추구했다.
3. T. H. L. Parker, *John Calvin: A Biography* (Oxford: Lion, 2006), p. 9. (『존 칼빈』, 김지찬 역[서울: 생명의말씀사, 2009])
4. 자신의 시편 주석에 대한 칼뱅의 서문(Edinburgh: Calvin Translation Society, 1844-56, repr. Grand Rapids: Baker, 1993), 1.40.
5. 같은 책, 1.43.
6. F. Wendel, *Calvin: The Origins and Development of his Religious Thought*(London: Collins, 1963), p. 65. (『칼빈: 그의 신학사상의 근원과 발전』, 김재성 역[서울: 크리스천다이제스트, 1999])
7. Letter 90, To Viret, *The Letters of John Calvin*, tr. Jules Bonnet(New York: Franklin, 1972), vol. 4, p. 332.
8. 1534년 급진적 재세례파들은 독일 도시 뮌스터를 장악해 사교적이고 일부다처제의 코뮌으로 탈바꿈시켜서 온 유럽을 경악케 했다. 유혈이 낭자한 공격 끝에 시를 다시 되찾았지만 이로 인해 뮌스터가 도시들을 개혁한다는 이상에 대한 의구심을 거두기까지 한 세기 이상이 소요되었다.
9. *Registers of the Consistory of Geneva in the Time of Calvin*, vol. 1, 1542-4, ed. Robert M. Kingdon, Thomas A. Lambert and Isabella M. Watt, tr. M. Wallace McDonald (Grand Rapids: Eerdmans, 1996), p. 134.
10. T. H. L. Parker, *Calvin's Preaching* (Louisville, Ky.: Westminster John Knox, 1992), pp. 62-63. (『칼빈과 설교: 하나님 말씀의 종 칼빈의 성경과 설교』, 김남준 역[서울: 솔로몬, 2003])
11. 숨을 거두기 몇 달 전 그는 이렇게 적었다. "그때에는 관절염으로 인한 통증도 찾아오지 않았고, 결석으로 인한 통증도 없었다. 담즙산으로 인한 복통이나 치질이나 객혈로 인한 고통도 없었다. 지금은 이 모든 고통이 군대와 같이 동시에 나를 엄습한다. 학질에서 회복되자마자 두 종아리에 극심한 격통이 찾아왔다. 조금 괜찮아지는가 싶더니 두 번째, 세 번째 찾아왔다. 그러다가 마침내 관절 마디마디의 질병으로 번졌다. 치질 속 혈관들에 있는 궤양 때문에 오랫동안 극심한 고통에 시달렸다. 또한 지금은 편충으로 인한 질병으로부터는 자유롭게 되었음에도 장에 있는 회충으로 인한 간지러운 느낌 때문에 고통스럽다. 하지만 지난 여름이 지난 직후에는 신염이 엄습했었다. 말을 탈 때 흔들림을 견딜 수가 없기 때문에 사람들이 나를 들것으로 옮겼다. 돌아가는 길에는 조금이라도 내 발로 걸을 수 있기를 바랐다. 현기증 때문에 1마일도 채 가지 못해 쉬어야 했다. 그런데 소변에서 피가 나와서 깜짝 놀랐다. 집에 도착하자마자 침대로 가서 누웠다. 신염으로 인해 매우 고통스러웠다. 약을 써도 고통이 다 가시지는 않았다. 소변으로 결석이 나왔다. 동반한 극심한 고통에 몸부

림쳤다. 하지만 그로 인해 고통이 약간 경감되었다. 하지만 요도에 상처가 날 정도로 결석이 컸기 때문에 출혈이 심했다. 관장기로 우유를 주입해야 치질이 좀 덜했다. 그 뒤 몇 개의 결석이 더 나왔다. 허리의 뻐근하게 누르는 마비되는 느낌으로 보아 요도결석이 아직 남아 있는 것을 알 수 있다. 하지만 다행스럽게도 미세한 혹은 적어도 너무 크지 않은 작은 조각들이 계속 나오고 있다는 것이다. 발의 통풍으로 인해 앉아 지낼 수밖에 없는 생활 방식 때문에 고쳐지기를 기대하기는 어렵다. 치질 때문에 말을 타는 운동도 하기가 어렵다. 이 모든 것에 더하여, 어떤 영양소든 제대로 소화가 안 되면 담으로 변하는데, 농도 때문에 위 점막에 반죽처럼 들러붙어 버린다"(Letters to the physicians of Montpellier, February 1564, *The Letters of John Calvin*, tr. Jules Bonnet [New York: Franklin, 1972), vol. 4, pp. 371-372

12. Parker, John Calvin, p. 9.
13. 그의 그리스도의 학교에서 이루어진 이런 학습 과정들 간의 관계를 보다 자세히 이해하기 위해서는 다음을 보라. Randall C. Zachman, *John Calvin as Teacher, Pastor and Theologian: The Shape of His Writings and Thought* (Grand Rapids: Baker, 2006).
14. 프랑수와 1세에게 바치는 헌사. Institutes of the Christian Religion, 1536 edition, tr. F. L. Battles (Grand Rapids: Meeter Center & Eerdmans, 1975), p. 1.
15. 요일 2:3 주석.
16. *Calvini Opera Selecta*, ed. P. Barth and W. Niesel (Munich: Kaiser, 1936), p. 255.
17. 성령의 신격을 특정하게 다루지는 않지만, 그럼에도 불구하고 3권 마지막 장에서 칼뱅은 그리스도에 관하여 이미 말한 것들이(2권에서) "성령의 은밀한 역사로 말미암아 우리를 유익하게 한다"고 말한다.
18. *Institutes of the Christian Religion*, tr. F. L. Battles (Philadelphia: Westminster, 1960), 1.13.3. 『기독교 강요』를 가리키는 각주는 세 가지 숫자로 이루어지는데, 각각 권, 장, 절을 가리킨다. (『기독교 강요』, 원광연 역[서울: 크리스천다이제스트, 2015])
19. 같은 책, 1.7.4.
20. 같은 책, 1.7.5.
21. 같은 책, 1.13.1.
22. 같은 책, 1.6.3, 1.8.9-10.
23. 예레미야 36:28에 대한 주석, 참고. 렘 36:4-8, 딤후 3:16에 대한 주석, *Institutes* 1.18.3, 3.25.8, 4.8.6, 9.
24. *Institutes* 1.7.1
25. 같은 책, 1.13.2
26. 같은 책, 1.13.18.
27. 같은 책, 1.17.1.
28. 같은 책, 1.18.4.
29. 같은 책, 2.6.2-3, 참고. 4.8.5.
30. 같은 책, 2.10.2.
31. 사실 이런 차이는 전혀 새로운 것이 아니다. 칼뱅주의가 안디옥 학파의 신학(신성과 인성의

차이를 강조했다)에 보다 부합하는 반면, 루터파는 많은 점에서 고대 알렉산드리아 학파의 신학 유산을 따른다(그리스도 안에서 하나님과 인간의 통일성 강조했다).

32. *Institutes* 2.16.4.
33. 같은 책, 2.16.5.
34. 같은 책, 2.16.16.
35. 같은 책, 3.2.7.
36. T. H. L. Parker, *Calvin: An Introduction to His Thought* (Louisville, Ky.: Westminster John Knox, 1995), p. 82. (『칼빈신학입문』, 박희석 역[서울: 크리스천다이제스트, 2001])
37. *Institutes* 3.13.14.
38. 같은 책, 3.11.23.
39. 같은 책, 3.19.7.
40. 같은 책, 4.1.9. 칼뱅 이후의 개혁 신학은 치리를 교회의 세 번째 표지로 삼곤 했다. 칼뱅은 그렇지 않았다. 물론 그렇다고 칼뱅이 여기에 반대했다는 말은 아니다. 칼뱅 역시 교회 치리의 중요성을 강하게 이야기했고(*Institutes* 4.12.1), 또 실제로 제네바에서 치리를 시행하고자 했다.
41. 같은 책, 4.14.1.
42. 유감스럽게도 지면 관계상 여기서 칼뱅의 성찬 이해가 츠빙글리, 루터, 그리고 로마 가톨릭의 이해와 어떻게 구별되는지에 관한 중요한 질문을 살피지는 못한다. 이 문제에 대한 간략하면서도 정말 유용한 소개가 있다. F. Wendel, *Calvin: The Origins and Development of his Religious Thought* (London: Collins, 1963), ch. 5, pt. 4, pp. 329-355. (『칼빈: 그의 신학사상의 근원과 발전』, 김재성 역[서울: 크리스천다이제스트, 1999])
43. 닉슨L. Nixon이 자신의 작품에서 인용. *John Calvin, Expository Preacher*(Grand Rapids: Eerdmans, 1950), p. 38.
44. 칼뱅의 생애 초기에 일어난 어떤 일들, 특히 그의 학업과 회심과 관련된 사실들은 확실하지 않다. 1527년과 1534년 사이에 일어난 것으로 알려진 그가 회심한 때에 대해서는 특별히 논란이 많다. 여기서는 사료상의 증거를 가장 치열하고 엄밀하게 추리고 연구한 파커T. H. L. Parker의 수정주의적 연대기를 따른다('Arguments for Re-dating', in *John Calvin: A Biography* [Oxford: Lion, 2006], p. 192-198).

09 다 함께 천국을 추구하자 | 존 오웬

1. '칼뱅주의 5대 강령'은 1618-19년 사이의 도르트 회의에서 합의된 것으로 다음 다섯 가지를 주장한다. (1) 전적 타락Total Depravity, 우리가 전적으로 죄악되다는 의미라기보다는 우리 자신의 구원을 위해 어떤 것도 할 수 있는 능력이 없을 정도로 죄가 총체적으로 우리에게 영향을 미쳤음을 의미한다. (2) 무조건적 선택Unconditional Election, 하나님께서 어떤 사람들은 구원으로 다른 사람들은 멸망으로 정하시되 선악 간에 그 사람들 안에 있는 어떤 것

에 따라서가 아닌, 무조건적으로 그렇게 하셨다는 의미다. (3) 제한 속죄Limited Atonement, 그리스도는 십자가에서 오직 선택받은 자들만의 죄값을 갚으셨을 뿐 온 인류의 죄에 대해 그렇게 하신 것은 아니라는 말이다. (4) 불가항력적 은혜Irresistible Grace, 하나님께서 어떤 사람을 구원하시기로 하실 때 그 사람은 거듭나기를 거부하거나 그것에 저항할 수 없다는 말이다. (5) 성도의 견인Perseverance of the Saints, 하나님께서는 참 그리스도인들이 구원에서 '탈락'하도록 허락하지 않으시고 그들을 끝까지 보존하신다는 말이다.

2. *The Savoy Declaration of Faith and Order*, ed. A. G. Matthews (London: Independent, 1959), p. 12.
3. 이 논문은 19세기에 출판된 굴드Goold의 오웬 전집에는 원래 포함되었다. 하지만 Banner of Truth의 오웬 전집에는 라틴어 저작들이 빠져 있다. 하지만 *Theologoumena pantodapa*는 현재 스티븐 웨스트콧의 번역을 통해 *Biblical Theology*(Morgan, Pa.: Soli Deo Gloria, 1994)라는 제목으로 출판되었다.
4. John Owen, *The Works of John Owen*, ed. William H. Goold, 24 vols. (Johnstone & Hunter, 1850-55; republished Edinburgh: Banner of Truth, 1965-91), vol. 1, p. 112. 여기서 사용하는 모든 오웬 인용은 가장 손쉽게 구할 수 있는 굴드판이다. 이탤릭체까지 모두 사용하지 않았다. 오웬의 원래 기록을 분간하기가 어려울 뿐더러 일관되게 사용되지 않아 혼란을 가중시키기 때문이다. (『그리스도의 영광』, 서문강 역[서울: 지평서원, 2011])
5. *Works of John Owen*, vol. 2, p. 32. (『성도와 하나님과의 교제』, 황을호 역[서울: 생명의말씀사, 1994]), (『교제』, 김귀탁 역[서울: 복있는사람, 2016])
6. 같은 책, p. 23.
7. 같은 책, p. 36.
8. 같은 책, p. 59.
9. 같은 책, p. 53.
10. 같은 책, p. 78.
11. 같은 책, p. 237.
12. 같은 책, pp. 229-230
13. 같은 책, p. 265.
14. 같은 책, p. 258.
15. 같은 책, p. 180.
16. 같은 책, p. 230.
17. 같은 책, vol. 1, p. 27.
18. 같은 책, vol. 7, p. 397 (『죄와 은혜의 지배』, 이한상 역[서울: 부흥과개혁사, 2011])
19. 같은 책, vol. 1, p. 65.
20. 같은 책, p. 77.
21. 같은 책, vol. 17. pp. 215-233.
22. 같은 책, vol. 1, p. 16, 저자 강조.
23. 같은 책, p. 101, 120.

24. 같은 책, p. 107.
25. 같은 책, p. 127.
26. 같은 책, p. 144.
27. 같은 책, p. 146.
28. 같은 책, p. 235.
29. 같은 책, p. 395.
30. 같은 책, vol. 3, p. 7.
31. 같은 책, p. 55
32. 같은 책, p. 72.
33. 같은 책, p. 151.
34. 같은 책, p. 160, cf. 같은 책, vol. 1, p. 225.
35. 같은 책, vol. 3, p. 161.
36. 같은 책, p. 200.
37. 같은 책, p. 214.
38. 같은 책, p. 224.
39. 같은 책, p. 225.
40. 같은 책, p. 226.
41. 같은 책, pp. 370-371.
42. 같은 책, p. 445.
43. 같은 책, p. 417.
44. *Biblical Theology*, pp. 678, 680.
45. *Works of John Owen*, vol. 3, p. 389.
46. 같은 책, p. 650.
47. 같은 책, p. 591.
48. 같은 책, pp. 593-594.
49. 『성령론』 *Pneumatologia* 원래 저작이 오웬 전집 3권이다. 이어서 출판된 부록들이 4권을 구성하고 있지만 『성령론』의 일부로 소개한다. 원래 『성령론』에 이어지는 부록으로 의도되었기 때문이다.
50. *Works of John Owen*, vol. 4, p. 70.
51. 같은 책, vol. 10, p. 149.

10 아메리카의 신학자 | 조나단 에드워즈

1. George M. Marsden, *Jonathan Edwards: A Life* (New Haven: Yale University Press, 2003), p. 22. (『조나단 에드워즈 평전』, 한동수 역[서울: 부흥과개혁사, 2006])
2. *Works of Jonathan Edwards*, 26 vols. (New Haven: Yale University Press, 1957-2008), vol.

16, p. 792.
3. 같은 책, p. 753.
4. 사라는 참으로 사랑스러운 어린 약혼자였다. 하지만 당시는 어린 소녀와 약혼하는 것을 부적절하게 여기지 않았다.
5. Stephen Williams, diary, 8 July 1741 (typescript), Storrs Memorial Library, Longmeadow, Massachusetts.
6. *Works of Jonathan Edwards*, vol. 7, p. 307.
7. 같은 책, vol. 16, p. 411.
8. 같은 책, vol. 3, p. 402, 원문 강조. 에드워즈는 각각의 창조의 순간을 하나님의 마음이라는 스크린에 상영되는 스틸 컷과 같이 이해한 것처럼 보인다. 모든 것이 함께 상영됨으로써, 이런 스틸 컷들은 시간과 움직임의 효과를 낸다. (『원죄론』, 김찬영 역[서울: 부흥과개혁사, 2016])
9. 같은 책, vol. 2, p. 95. (『신앙감정론』, 정성욱 역[서울: 부흥과개혁사, 2005])
10. 같은 책,
11. 같은 책, p. 108.
12. 같은 책, p. 116.
13. 같은 책, p. 123.
14. 같은 책, p. 124.
15. 같은 책, p. 121.
16. 앞에서 열두 가지 신뢰할 수 없는 표지를 나열한 것과 마찬가지로 여기서도 에드워즈는 열두 가지 진정한 회심의 표지를 나열한다. 하지만 그것들을 하나하나 뜯어서 이야기하면 독자들에게는 아주 잔혹하게 느껴질 수도 있다! 그래서 그렇게 하기보다는 단순하게 이 부분의 핵심만을 말해 보려고 한다.
17. *Works of Jonathan Edwards*, vol. 2, p. 201.
18. 같은 책, p. 347.
19. 같은 책, p. 209. 스티븐 홈즈Stephen Holmes는 요즘에는 꿀이 흔해서 이 유비가 원래 의도된 것만큼 크게 다가오지 않기 때문에 이를 토대로 한 자신의 유비를 든다. "피트향과 해초맛이 느껴지는 음료에 대해 듣고 그런 제안에 지적으로 동의한다는 의미에서 심지어 그것을 마시는 것이 즐거운 경험이 될 수 있을 것이라고 믿을 수도 있다. 하지만 일단 아일레이의 위스키를 맛보게 되면 그것이 무엇을 뜻하는지 제대로 이해하고 그것을 더 발견하고자 하는 욕구가 일어날 것이다." (*God of Grace and God of Glory: An Account of the Theology of Jonathan Edwards* [Grand Rapids: Eerdmans, 2000], p. 162). 이런 섬세한 유비에 누가 토를 단단 말인가? 하지만 내가 아는 한 에드워즈의 요지에 비추어 보면 중요한 한 가지가 아일레이의 위스키에는 결여되어 있다. 바로 달콤함이다. 그러나 이 유비를 통해서 배울 준비가 되어 있다.
20. *Works of Jonathan Edwards*, vol. 2, pp. 251, 252.
21. 같은 책, p. 315.
22. 같은 책, p. 266.

23. 같은 책, p. 301.
24. 같은 책, p. 304.
25. 같은 책, p. 406.
26. 같은 책, p. 392.
27. 같은 책, vol. 16, p. 727.
28. 같은 책, vol. 8, p. 431.
29. 같은 책, p. 429.
30. 같은 책, pp. 430-431.
31. 같은 책, p. 433. 하나님의 심판과 지옥을 이해하기 위한 심오한 의미가 함축된 말이다. 자신의 선하심을 나누어 주시는 것이 하나님의 궁극적인 목적이기 때문에 정죄는 그 자체가 목적이 아닌 구속 계획의 위대한 목적을 위해 행해지는 것이라고 에드워즈는 주장했다.
32. 같은 책, p. 440.
33. 같은 책, p. 448
34. 같은 책, p. 459.
35. 같은 책, p. 512.
36. 같은 책, vol. 21, p. 377.
37. 같은 책, vol. 8, pp. 514-516.
38. 같은 책, vol. 13, p. 496.
39. 같은 책, vol. 8, p. 533. 에드워즈는 천국과 지옥 모두 진행 중인 상태로 믿었다. 그렇기 때문에 우리의 사랑과 하나님과의 연합은 천국에서 계속해서 더욱 발전되기만 하고 미움은 지옥에서 계속해서 더욱 악화되어 가기만 할 뿐이다.
40. 1739년에 행해진 30편의 설교로 이루어진 이 시리즈는 에드워즈 사후 다른 사람들이 한 권의 책으로 묶은 것이다(Banner of Truth사의 두 권짜리 에드워즈 작품집에 포함되어 있다). 하지만 에드워즈가 쓰려고 했으나 그 뜻을 이루지 못한 '위대한 작품'과 혼동해서는 안 된다. 이 설교 시리즈는 그가 쓰려고 했던 위대한 작품의 두 번째 부분의 토대를 제공하기 위한 것이다. 하지만 이 작품을 준비하는 가운데 작성했던 노트들을 보면 그는 자신이 기록하려는 역사에 교황주의의 역사와 천국, 천사와 마귀들, '세상을 떠난 성도들의 상태', 그리고 새 창조의 역사를 상당히 더 포함시켜 확장시킬 의도가 있음을 분명히 밝히고 있다.
41. *Works of Jonathan Edwards*, vol. 9, p. 129. (『구속사』, 김귀탁 역[서울: 부흥과개혁사, 2007])
42. 같은 책, p. 131.
43. 같은 책, vol. 21, pp. 372, 389.
44. 같은 책, vol. 9, p. 141.
45. 같은 책, p. 175.
46. 같은 책, p. 176.
47. 같은 책, p. 182.
48. 같은 책, p. 210.
49. 같은 책, p. 254.

50. 같은 책, p. 257. 베르길리우스의 네 번째 목가 Fourth Eclogue(C. S. 루이스가 크리스마스 때마다 정기적으로 읽던 부분)를 가리킨다. 그의 일생을 통해, 에드워즈는 고대에(특히 노아의 시대에) 복음 진리가 세계 문화들을 통해 전파되었고, 조금씩 왜곡되어 갔다는 생각에 점점 흥미를 가졌다. 일례로, 미셀러니 1181번을 보라. '삼위일체, 신성의 본성, 낙원의 상태, 타락, 메시아의 구속, 천사의 타락, 참된 종교의 본질에 관련된 이교도의 전통, 특히 중국의 전통들'(Works of Jonathan Edwards, vol. 23, pp. 95-104).
51. Works of Jonathan Edwards, vol. 9, p. 258.
52. 같은 책, p. 300.
53. 같은 책, pp. 307-308. '행위언약'을 위해서는 본서의 존 오웬을 다루는 장의 p. 260-261을 보라.
54. Works of Jonathan Edwards, vol. 9, p. 331.
55. 같은 책, p. 396.
56. 같은 책, p. 404.
57. 종교개혁 초기 이래로 프로테스탄트 신학자들이 로마 교황주의를 요한계시록이 묘사하는 성도들을 핍박하는 바벨론의 음녀로 규정하는 것이 일반적이었다.
58. Works of Jonathan Edwards, vol. 9, p. 466.
59. 같은 책, p. 505.
60. 역사만이 아니다. 예를 들어, 과학적인 내용들을 메모해 놓은 그의 노트를 보면(같은 책, vol. 6) 심지어 가장 미세한 원자들과 관련된 사항과 관련해서도 어떻게 에드워즈가 신학을 자연 세계와 과학 분야로부터 분리시키는 것을 거부했는지 알 수 있다.
61. Works of Jonathan Edwards, vol. 16, p. 728.
62. 같은 책, vol. 9, pp. 289-290.
63. 같은 책, vol. 11, p. 152.
64. 같은 책, vol. 13, p. 329.
65. 같은 책, p. 331.
66. 같은 책, vol. 11, p. 64.
67. 같은 책, p. 54.

11 현대 신학의 아버지 | 프리드리히 슐라이어마허

1. C. Hodge, *Systematic Theology*(1871-3; repr. London: James Clarke, 1960), vol. 2, p. 440, n. (『조직신학』, 김귀탁 역[서울: 크리스천다이제스트, 2002]).
2. 운동이라기보다는 실제로 느낌에 보다 가까운 낭만주의는 계몽주의가 말하는 차가운 이성주의에 대한 거부였다. 대신에 낭만주의는 개인과 개인의 감정, 자기표현, 개인의 창조성, 신비를 옹호했다. 베토벤 심포니가 노래하는 영웅적 자기표현을 들어 보라. 메리 쉘리 Mary Shelley의 『프랑켄슈타인』 Frankenstein, 틴턴 수도원 Tintern Abbey 옛터에 드리운 스산함을

노래하는 워즈워드Wordsworth, 혹은 거센 풍랑에 휩쓸리는 난파선을 현란한 색채로 표현한 터너Turner의 어둡고 의아하게 만드는 신비로움을 떠올려 보라. 그러면 낭만주의의 정신을 느낄 것이다.
3. *Über die Religion*. (『종교론』, 최신한 역[서울: 대한기독교서회, 2002])
4. *The Christian Faith* (2nd ed. of *Der Christliche Glaube* [Berlin: Reimer, 1830-31]), ed. H. R. Mackintosh and J. S. Stewart (Edinburgh: T. & T. Clark, 1999), §4. (『기독교 신앙』, 최신한 역 [서울: 한길사, 2006])
5. 슐라이어마허의 베를린 대학 동료였던 헤겔은 만약 참 종교가 단순히 의존감이라는 것이 맞다면, "개가 가장 좋은 기독교인이다. 개야말로 가장 강하기……때문이다. 개는 뼈다귀를 물고 배고픈 것이 해소될 때 구속감 역시 느낀다"(K. Barth, *The Theology of Schleiermacher* [Grand Rapids: Eerdmans, 1982], p. 186에서 인용됨). 이 비판은 정당하지 않다. 개가 의존감을 가졌을지 몰라도, 기독교인이 갖는 느낌이 되기 위해서는 보다 고상하고 발달된 차원의 감정이어야 하기 때문이다.
6. Schleiermacher, *Christian Faith*, §8, postscript 1.
7. "헤겔이 저지른 유일한 진짜 잘못은 자기 자신을 최종적인 재판관으로 혼동한 것이었고, 이는 여간 잘못된 것이 아니다"라고 로버트 젠슨Robert Jenson은 적었다(R. W. Jenson, *The Knowledge of Things Hoped for: The Sense of Theological Discourse* [Oxford: Oxford University Press, 1969], p. 233).
8. *Christian Faith*, §13.1.
9. 같은 책, §15.
10. 같은 책, §39.
11. 같은 책, §41.2.
12. 같은 책, §44.
13. 같은 책, §47.
14. 같은 책, §67.
15. 같은 책, §68.
16. 같은 책, §94; cf. §99, postscript.
17. 같은 책, §97.2.
18. 같은 책, §101.
19. 같은 책, §104.3.
20. 같은 책, §101.4.
21. 같은 책, §105.
22. 같은 책, §109.3.
23. 같은 책, §118.1.
24. 같은 책, §124.2.
25. 같은 책, §121.2.
26. 같은 책, §132.2.

27. 같은 책, §27.3; cf. §12.
28. 같은 책, §156.1.
29. 같은 책.
30. 같은 책, §157.
31. 같은 책, §160.2.
32. 같은 책, §161.3.
33. 같은 책, §166.1.
34. 같은 책, §170.1.
35. 같은 책.
36. 같은 책, §4.
37. 같은 책, §170.3.
38. 같은 책, §172.2.
39. 같은 책, §172.3.

12 신학자들의 놀이터에 떨어진 폭탄 | 칼 바르트

1. Karl Barth, 'Foreword to the English Translation', in Otto Weber, *Karl Barth's Church Dogmatics* (London: Lutterworth, 1953), p. 7. (『칼 바르트의 교회 교의학』, 김광식 역 [서울: 대한기독교출판사, 1976])
2. Letter to F. J. Leenhardt, 14 February 1959, cited in E. Busch, *Karl Barth: His Life from Letters and Autobiographical Texts* (Philadelphia: Fortress; SCM: London, 1976), pp. 53-54. (『칼 바르트』, 손성현 역 [서울: 복있는사람, 2014])
3. K. Barth, *The Theology of Schleiermacher* (Grand Rapids: Eerdmans, 1982), p. 264.
4. K. Barth, *The Epistle to the Romans* (London: Oxford University Press, 1933), p. 18. (『로마서』, 손성현 역 [서울: 복있는사람, 2017])
5. 같은 책, p. 1.
6. *The Breeze of the Centuries* (Nottingham: IVP, 2010)에서 안셀무스에 대한 나의 소개를 읽은 독자라면 본 저자가 바르트와 다르게 안셀무스를 이해했음을 발견할 것이다.
7. H. U. von Balthasar, *The Theology of Karl Barth: Exposition and Interpretation* (San Fransisco: Ignatius, 1992).
8. B. McCormack, *Karl Barth's Critically Realistic Dialectical Theology: Its Genesis and Development, 1909-36* (Oxford: Oxford University Press, 1995).
9. *Church Dogmatics* (Edinburgh: T. &. T Clark, 1956-75; 이후 CD) II/1, p. 656.
10. C. E. Gunton, *The Barth Lectures* (London: T. &. T Clark, 2007), p. 63.
11. CD I/1, p. 55.
12. CD I/2, p. 123.

13 같은 책, 'Scripture as the Word of God', pp. 473-537.
14. 같은 책, p. 509.
15. CD II/1, p. 3.
16. 같은 책, p. 179.
17. 같은 책, p. 607.
18. 이와 관련하여 바르트는 아타나시우스를 더 선호한다(또한 보다 전반적으로 그렇다). 신플라톤주의가 아우구스티누스의 신학 형성에 깊은 영향을 주었다고 본 그는 이 교리를 일컬어 '달콤한 독약'이라고 했다.
19. *Barth Lectures*, p. 252.
20. CD III/2, p. 13.
21. 같은 책, p. 135.
22. 같은 책, p. 146.
23. CD III/4, p. 3.
24. 같은 책, p. 324.
25. CD IV/1, p. 254.
26. 같은 책, pp. 360-361.
27. 같은 책, p. 446.
28. CD IV/2, p. 378.
29. CD IV/3i, p. 8.
30. CD IV/4, p. 2.

13 청교도 신학 연구가 | J. I. 패커

1. 나중에 그가 "'케직'과 개혁주의 성화교리"에서 케직의 가르침에 가하는 신랄한 비판을 볼 수 있다. *Evangelical Quarterly* 27.3 (1955), pp. 153-167.
2. 이 논문은 결국 『리처드 백스터의 사상에 나타난 인간의 구속과 회복』이라는 제목으로 출판되었다. *The Redemption and Restoration of Man in the Thought of Richard Baxter* (Carlisle: Paternoster, 2003).
3. 이 선언은 온라인으로 볼 수 있다. http://library.dts.edu/Pages/TL/Special/ICBI_1.pdf
4. http://www.firstthings.com/article/1994/05/evangelicals--catholics-together-the-christian-mission-in-the-third-millennium-2.
5. http://www.christianitytoday.com/ct/2003/january/6.46.html.
6. 'Inerrancy and the Divinity and Humanity of the Bible', in *Honouring the Written Word of God: The Collected Shorter Writings of J. I. Packer*, vol. 3, p. 162.
7. *Knowing God* (London: Hodder & Stoughton, 1973), p. 8. (『하나님을 아는 지식』, 정옥배 역[서울: IVP, 1996])

8. *To Know and Serve God: A Biography of James I. Packer* (London: Hodder & Stoughton, 1997), p. 280. (『제임스 패커의 생애』, 신재구 역[서울: 기독교문서선교회, 2004])
9. 1970년 7월 7일, 로이드 존스가 패커에게 보낸 편지. http://banneroftruth.org/uk/resources/articles/2010/the-end-of-the-puritan-conference.
10. http://theresurgence.com/files/pdf/reformation_and_revival_2004-10_james_i_packer_interview.pdf. (『제자에게 요구되는 기본적인 특성』, 서문강 역[서울: 여수룬, 1989])
11. *Hot Tub Religion* (Wheaton: Tyndale House, 1987), p. 13.
12. *'Fundamentalism' and the Word of God* (London: Inter-Varsity Fellowship, 1958), p. 11.
13. 같은 책, 21. (『근본주의와 성경의 권위 & 자유주의』, 옥한흠 역[서울: 개혁주의출판사, 2017])
14. 같은 책, 95.
15. 같은 책, 140.
16. 같은 책, 153.
17. *Among God's Giants: The Puritan Vision of the Christian Life* (Eastbourne: Kingsway, 1991), p. 11, 저자 강조. (『청교도 사상』, 박영호 역[서울: 기독교문서선교회, 2016])
18. 같은 책, 434.
19. 같은 책, 12.
20. 같은 책, 12-13.
21. 같은 책, 13
22. Richard Baxter, *The Reformed Pastor* (repr., Edinburgh: Banner of Truth, 1974). (『참된 목자』, 지상우 역[서울: 크리스챤다이제스트사, 1988])
23. 같은 책, 14.
24. 같은 책, 16.
25. *Knowing God*, p. 6.
26. 같은 책, 5.
27. 같은 책, 313.
28. 'What Did the Cross Achieve? The Logic of Penal Substitution', *Tyndale Bulletin* 25 (1974), p. 3. 지금은 다음 책에서 쉽게 읽어 볼 수 있다, J. I. Packer and Mark Dever, *In My Place Condemned He Stood: Celebrating the Glory of the Atonement* (Wheaton: Crossway, 2007). (『십자가를 아는 지식』, 박세혁 역[서울: 살림, 2013])
29. '신비'의 개념은 그 자체로 패커 신학의 특징과 같은 것이었다. 『복음주의와 하나님의 주권』(Evangelism and the Sovereignty of God, London: Inter-Varsity Press, 1961)(『제임스 패커의 복음전도란 무엇인가』, 조계광 역[서울: 생명의말씀사, 2012])에서 그것을 가장 현저하게 찾아볼 수 있다. 여기서 그는 하나님의 주권과 우리의 책임을 '이율배반'antinomy으로 볼 것을 제안한다. 이 두 가지 사이에는 아무리 많은 연구로도 풀리지 않고 우리의 유한한 지성으로는 안되지만 오직 무한한 하나님 안에서만 완전한 해결책을 찾을 수 있는 명백한 모순이 존재한다는 말이다. 여기에 대해 존 파이퍼John Piper는 나중에 간략하지만 대담한 반응을 한다. "우리의 유한한 지성으로는 하나님의 주권과 인간의 책임 간의 소위 이 모순을 '설명

할 수 없다'는 생각을 어디서 패커가 얻었는지 물어보고 싶다. 단지 직관적으로 이 두 진리의 일치를 우리가 이해할 수 없다고 느끼는 것인가?……내가 아는 한 신약성경에서 우리가 하나님과 그분의 뜻을 알 수 있는 한계를 말하는 곳은 단 한 줄도 없다. 하나님의 신비를 샅샅이 아는 것의 위험에 대해 말하는 너무나 단순한 이야기에 대한 대답으로, 나는 단지 하나님에 대한 내 이해에 따르면 그런 생각은 우스꽝스럽기 짝이 없다고 말할 것이다. 하나님의 지혜를 험준한 산에 비유하고 그것을 점점 이해해 가는 것을 완만하게 올라가는 것에 비유한다면, 어느 날 한밤 중 묵상 가운데 내가 새로운 봉우리에 다다르고(하나님의 은혜로) 갑자기 더 이상 올라갈 봉우리가 없이 산 정상에 이른 것을 발견하는 것을 조금도 두려워하지 않는다. 반면에, 매번 새롭게 더해져서 갖게 된 통찰력의 높이에서 지금까지는 본 적이 없는 가장 영광스럽게 펼쳐진 여러 가지 지혜의 파노라마가 펼쳐진다. 그래서 너무 많이 발견하게 될까 봐 두려운 나머지 이 거룩한 산에는 근처에도 결코 가보지도 않고 아이러니하게도 어떻게 신비를 보존하고 누릴지에 대해 즐거운 듯 말하는 가엾은 영혼을 동정할 수 있을 뿐이다." (John Piper, 'A Response to J. I. Packer on the So-Called Antinomy Between the Sovereignty of God and Human Responsibility', http://www.desiringgod.org/articles/a-response-to-ji-packer-on-the-so-called-antinomy-between-the-sovereignty-of-god-and-human-responsibility).

30. 'What Did the Cross Achieve?', p. 19.
31. 같은 책, 20.
32. 같은 책, 원저자 강조.
33. 같은 책, 25, 저자 강조.
34. 패커는 성화와 거룩에 대한 많은 작품을 썼고, 물론 그중 명백한 작품은 『거룩을 향한 열정』(A Passion for Holiness, Cambridge: Crossway, 1992)이다(제목을 잘 보라). 사실, 종종 명백히 다른 몇 주제를 다루기도 하지만 그의 다른 많은 작품들은 크게는 성화와 관련된다. 예를 들어, 『성령을 아는 지식』(Keep in Step with the Spirit, Old Tappan, NJ.: Revell; Leicester: Inter-Varsity Press, 1984)은 성령의 역사의 다른 어떤 측면보다 많은 부분을 성화의 물음에 할애한다. (『성령을 아는 지식』, 홍종락 역[서울: 홍성사, 2008])
35. J. I. Packer and O. R. Johnston, 'Historical and Theological Introduction' to Martin Luther, The Bondage of the Will (Cambridge: James Clarke, 1957), p. 50, 저자 강조.
36. Introduction to John Owen, The Mortification of Sin (Tain: Christian Focus, 1995), pp. 14-15. (『죄 죽임』, 김귀탁 역[서울: 부흥과개혁사, 2009])
37. Among God's Giants, pp. 16-17. (『청교도 사상』, 박영호 역[서울: 기독교문서선교회, 1992])
38. 같은 책, 16.
39. God's Words (Downers Grove: InterVarsity Press, 1981), 서문.